30일로 끝내는 공무원 한국사

단원별 핵심 개념 모의고사

30일로 끝내는 공무원 한국사 단원별 핵심 개념 모의고사

초판 1쇄 발행 2025년 1월 17일

지은이 소설
펴낸이 장길수
펴낸곳 지식과감성#
출판등록 제2012-000081호

교정 주경민
디자인 정윤솔
편집 정윤솔
검수 한장희, 이현
마케팅 김윤길, 정은혜

주소 서울시 금천구 벚꽃로298 대륭포스트타워6차 1212호
전화 070-4651-3730~4
팩스 070-4325-7006
이메일 ksbookup@naver.com
홈페이지 www.knsbookup.com

ISBN 979-11-392-2360-6(13910)
값 14,000원

- 이 책의 판권은 지은이에게 있습니다.
- 이 책 내용의 전부 또는 일부를 재사용하려면 반드시 지은이의 서면 동의를 받아야 합니다.
- 잘못된 책은 구입하신 곳에서 바꾸어 드립니다.

지식과감성#
홈페이지 바로가기

30일로 끝내는 공무원 한국사

단원별 핵심 개념 모의고사

소설 지음

360 문제

지식과감성#

머리말

『30일로 끝내는 공무원 한국사 단원별 핵심 개념 모의고사』는 30일 동안 매일 12문제를 꾸준히 풀면서 단원별 핵심 개념을 정리하고, 더욱 완벽하게 실전 시험을 대비할 수 있는 교재입니다.

최신 공무원 한국사 기출, 한국사능력검정시험, 고등학교 역사 교과서 등을 완벽하게 분석하여 실제 시험에 맞는 다양한 유형의 문제로 교재를 구성하였으며 공무원 시험에 출제될 가능성이 높은 출제 포인트, 사료, 선택지를 엄선하여 문제를 제작하였습니다.

수험생은 『30일로 끝내는 공무원 한국사 단원별 핵심 개념 모의고사』에 수록된 360문제를 통해 단원별로 자신의 약한 부분을 점검하고, 실전 감각을 익혀 더욱 완벽하게 실전 시험을 대비할 수 있습니다.

아직 한국사의 기초가 부족한 수험생도 문제를 완벽하게 이해할 수 있도록 핵심 키워드와 해설을 상세하게 작성하였으며, 개념 플러스를 통해 반드시 알아 두어야 하는 핵심 개념을 정리하였습니다.

본 교재를 통해 30일 간 매일 문제를 풀며 단원별로 핵심 개념을 정리한다면, 공무원 한국사 고득점에 도움이 될 것이라고 확신합니다.

수험생 여러분의 공무원 합격을 기원합니다.

2025년 1월
소설

CONTENTS

선사 시대
1일	우리 역사의 시작	10

고대
2일	삼국의 성립과 발전	14
3일	삼국의 항쟁과 신라의 삼국 통일	18
4일	남북국의 정치	22
5일	고대의 경제·사회·문화	26

고려 시대
6일	고려의 건국과 통치 체제의 정비	30
7일	문벌 귀족 사회 형성과 무신의 집권	34
8일	원 간섭기와 고려 후기 정치	38
9일	고려의 경제·사회·문화	42

조선 전기
10일	조선의 건국과 통치 체제의 정비	46
11일	사림의 성장과 양난의 발발	50
12일	조선 전기의 경제·사회·문화	54

조선 후기
13일	붕당 정치의 심화와 탕평 정치	58
14일	조선 후기의 경제·사회·문화	62

전근대사(선사 시대~조선 후기)
15일	전근대사 통합	66

근대

16일	흥선 대원군의 정책과 외세의 침략	69
17일	문호 개방과 근대적 개혁의 추진	73
18일	구국 운동과 근대 국가 수립 운동	77
19일	일제의 침략과 국권 수호 운동	81

일제 강점기

20일	일제의 식민 정책과 민족의 수난	85
21일	민족 운동의 전개	89
22일	무장 독립 전쟁의 전개	93
23일	민족 문화 수호 운동	97

현대

24일	대한민국 정부 수립 과정	101
25일	민주주의의 시련과 발전	105
26일	현대의 경제 발전과 통일 정책	109

근현대(근대~현대)

27일	근현대사 통합	113

전범위

28일	전범위 통합(1)	116
29일	전범위 통합(2)	119
30일	전범위 통합(3)	122

정답 및 해설	128

30일로 끝내는 공무원 한국사 단원별 핵심 개념 모의고사

문제

1일 | 우리 역사의 시작

1. 구석기 시대의 생활 모습으로 옳은 것은?

① 철제 무기로 주변 나라를 정복하였다.
② 가락바퀴와 뼈바늘로 옷이나 그물을 만들었다.
③ 동굴이나 바위 그늘, 강가의 막집 등에서 생활하였다.
④ 군장이 죽으면 그의 권력을 상징하는 고인돌을 만들었다.

2. (가)에 해당하는 유적지로 옳은 것은?

> (가) 은/는 한탄강변에 있는 우리나라의 대표적인 구석기 시대 유적지이다. 1978년 주한 미군 병사에 의해 처음 발견되었으며, 여러 차례의 발굴 조사를 통해 긁개·찌르개 등의 석기와 동아시아 최초로 아슐리안형 주먹 도끼가 발견되었다.

① 부여 송국리 유적
② 서울 암사동 유적
③ 창원 다호리 유적
④ 연천 전곡리 유적

3. 다음 유물이 사용된 시대에 대한 설명으로 옳은 것은?

> 빗살무늬 토기, 이른 민무늬 토기, 갈돌과 갈판

① 비파형 동검이 사용되었다.
② 조, 피 등을 재배하는 농경이 시작되었다.
③ 반량전, 오수전 등의 중국 화폐가 사용되었다.
④ 돌을 깨뜨려서 만든 도구인 뗀석기를 주로 사용하였다.

4. 신석기 시대의 유적에 대한 설명으로 옳은 것은?

① 공주 석장리에서는 주먹 도끼가 발견되었다.
② 양양 오산리에서는 덧무늬 토기가 발견되었다.
③ 강화 부근리에서는 탁자식 고인돌이 발견되었다.
④ 여주 흔암리 유적에서는 탄화된 쌀이 발견되었다.

5. 밑줄 친 '이 시대'에 대한 설명으로 옳은 것만을 모두 고르면?

> 이 시대에는 생산력의 발전으로 빈부 격차가 생기고, 계급의 분화가 발생하였다. 우세한 부족은 청동 무기를 사용하여 주변의 약한 부족을 정복하였으며, 이 과정에서 여러 부족을 통합한 권력자인 군장이 출현하였다.

> ㄱ. 자연 현상이나 자연물에도 정령이 있다고 믿는 애니미즘이 생겨났다.
> ㄴ. 반달 돌칼로 벼를 수확하였다.
> ㄷ. 용호동 유적에서 불 땐 자리가 확인되었다.
> ㄹ. 마을 주변에 방어를 위해 목책이나 환호를 둘렀다.

① ㄱ, ㄴ
② ㄱ, ㄷ
③ ㄴ, ㄹ
④ ㄷ, ㄹ

6. 밑줄 친 '법'을 시행한 나라에 대한 설명으로 옳지 않은 것은?

> 백성들에게 금하는 <u>법</u> 8조를 만들었다. 사람을 죽인 자는 즉시 죽이고, 남에게 상처를 입힌 자는 곡식으로 갚는다. 도둑질한 자는 노비로 삼는다. 용서받고자 하는 자는 한 사람마다 50만 전을 내야 한다. …… 여자들은 모두 정숙하여 음란하고 편벽된 짓을 하지 않았다.

① 영고라는 제천 행사가 있었다.
② 상, 대부, 장군 등의 관직을 두었다.
③ 한 무제가 보낸 군대의 침공으로 멸망하였다.
④ 중국의 한과 한반도 남부 사이에서 중계 무역을 하였다.

7. 다음 사건 이후 고조선에서 전개된 사실로 옳지 않은 것은?

> 위만은 망명자의 무리를 꾀어내어 무리가 점차 많아지자, 이에 사람을 보내 준왕에게 거짓으로 알리기를 '한나라의 군대가 10곳의 방향에서 쳐들어오니, 들어가 숙위하기를 청합니다.'라고 하고, 마침내 돌아와 준왕을 공격하였다. 준왕은 위만과 싸웠지만 상대가 되지 못하였다.

① 진번과 임둔 등을 복속시켰다.
② 요동 동부도위 섭하를 살해하였다.
③ 진개의 공격을 받아 영토를 상실하였다.
④ 우거왕이 피살되고 왕검성이 함락되었다.

8. 다음에 해당하는 나라에 대한 설명으로 옳은 것은?

> 구릉과 넓은 못이 많아 동이 지역 중에서 가장 넓고 평탄한 곳이다. 토질은 오곡을 가꾸기에는 알맞지만 과일은 생산되지 않는다. 사람들 체격이 매우 크고, 성품이 강직하고 용맹하며, 근엄하고 후덕하여 다른 나라를 노략질하지 않았다.

① 여러 가(加)들이 사출도를 다스렸다.
② 철이 많이 생산되어 왜에 수출하였다.
③ 호랑이를 신으로 섬기고 제사를 지냈다.
④ 정치적 지배자로 신지, 읍차 등이 있었다.

9. 다음 자료에 해당하는 나라에 대한 설명으로 옳은 것은?

> 그 나라 안의 대가들은 농사를 짓지 않으며 좌식자(坐食者)가 만여 명이나 된다. 하호는 식량과 고기와 소금을 멀리서 져다 이들에게 공급하고 있다. 10월에 하늘에 제사 지내는데, 온 나라가 대회를 가지므로 이를 동맹(同盟)이라 한다.

① 신성 지역인 소도가 존재하였다.
② 국왕의 장례에 옥갑을 사용하였다.
③ 집집마다 부경이라는 창고가 있었다.
④ 같은 씨족끼리는 혼인하지 않는 족외혼의 풍습이 있었다.

10. 밑줄 친 '이 나라'에 대한 설명으로 옳은 것은?

> 이 나라의 혼인 풍속에 여자의 나이가 열 살이 되면 서로 혼인을 약속하고, 신랑 집에서는 (그 여자를) 맞이하여 장성하도록 길러 아내로 삼는다. (여자가) 성인이 되면 다시 친정으로 돌아가게 한다. 여자의 친정에서는 돈을 요구하는데, (신랑 집에서) 돈을 지불한 후 다시 신랑 집으로 돌아온다.

① 대가들이 각기 사자·조의·선인을 거느렸다.
② 남의 물건을 훔쳤을 때는 12배로 배상하게 하였다.
③ 사람이 죽으면 뼈만 추려 가족 공동 무덤인 목곽에 안치하였다.
④ 아이가 출생하면 돌로 머리를 눌러 납작하게 하는 풍습이 있었다.

11. 밑줄 친 '이 나라'에 대한 설명으로 옳은 것은?

> 이 나라는 항상 5월이면 씨 뿌리기를 마치고 제사를 지낸다. 떼를 지어 모여서 노래와 춤을 즐기며 술 마시고 노는 데 밤낮을 가리지 않는다. 그 춤은 수십 명이 모두 일어나서 뒤를 따라가며 땅을 밟고 구부렸다 치켜들었다 하면서 손과 발로 서로 장단을 맞추는데, 그 가락과 율동은 중국의 탁무(鐸舞)와 유사하다. 10월에 농사일을 마친 후에도 이렇게 한다.

① 무덤은 돌을 쌓아 만들고, 소나무나 잣나무로 둘렀다.
② 국읍마다 천신에 대한 제사를 주관하는 천군이 있었다.
③ 만주 송화강 유역의 평야 지대를 중심으로 성장하였다.
④ 남녀 간에 간음을 하거나 투기하는 부인은 모두 죽였다.

12. (가), (나) 국가에 대한 설명으로 옳은 것은?

> ○ (가) 에는 군왕이 있으며 가축의 이름으로 벼슬 이름을 부르고 있다. 마가·우가·저가·구가·태사·태사자·사자 등이 있다. 읍락에는 호민이 있으며 하호는 모두 노복과 같이 여겼다.
>
> ○ (나) 에는 대군왕이 없고, 후·읍군·삼로 등의 관직이 있어 하호를 통치하였다. …… 그 풍속은 산천을 중시하여 산과 내마다 구분이 있어 함부로 들어갈 수 없었다.

① (가) - 목지국의 지배자가 왕으로 추대되었다.
② (나) - 장례에 큰 새의 깃털을 사용하였다.
③ (가) - 왕과 지배층이 국동대혈에 모여 제사를 지냈다.
④ (나) - 단궁이라는 활과 과하마·반어피 등이 유명하였다.

1일 우리 역사의 시작 핵심 사료

1) 고조선의 멸망

> 원봉 3년(기원전 108), 니계상 참이 사람을 시켜 조선왕 우거를 죽이고 항복해 왔지만, 왕검성은 함락되지 않았다. 죽은 우거왕의 대신(大臣) 성기(成已)가 또한 한나라에 반란을 일으키고 다시 군리(軍吏)를 공격하였다. 좌장군은 우거왕의 아들 장항(長降)과 조선상 노인의 아들 최(最)로 하여금 그 백성을 달래고 성기를 주살하도록 하니, 이로써 마침내 조선을 평정하고 진번·임둔·낙랑·현도군을 설치하였다.

키워드
조선을 평정하고 진번·임둔·낙랑·현도군을 설치함

사료 분석
한나라의 공격을 막아 내던 고조선에서는 내분이 발생하여 우거왕이 살해되었고, 이후 대신 성기(成己)가 저항하였지만 결국 고조선은 멸망하였다. 한나라는 고조선 지역에 4개의 군현(진번, 임둔, 낙랑, 현도)을 설치하여 다스렸다.

2) 부여의 영고

> 은력(殷曆) 정월에 하늘에 제사를 지내며 나라에서 대회를 열어 연일 마시고 먹고 노래하고 춤추는데, 영고(迎鼓)라고 한다. 이때 형옥(刑獄)을 중단하여 죄수를 풀어 주었다.

키워드
은력 정월에 하늘에 제사를 지내는데 영고라고 함

사료 분석
부여는 은력 정월(12월)에 영고라는 제천 행사를 열었다.

3) 고구려의 5부와 대가

> 고구려에는 모두 다섯 부족이 있으니, 소노부, 절노부, 순노부, 관노부, 계루부 등이다. 본래는 소노부에서 왕이 나왔으나, 점점 미약해져서 뒤에는 계루부에서 왕위를 차지하였다. 그들이 설치한 관계(官階)에는 상가, 대로, 패자, 고추대가, 주부, 우태, 사자, 조의, 선인이 있다. …… 고구려의 동쪽에 큰 굴이 있는데 그것을 수신(襚神)이라 부르며, 또한 10월에 그 신을 맞이하여 제사를 지냈다.

키워드
고구려에는 모두 다섯 부족이 있으니 소노부, 절노부, 순노부, 관노부, 계루부임, 10월에 제사를 지냄

사료 분석
고구려는 5부를 토대로 연맹체 국가를 이루었다. 왕 아래에 상가, 고추가 등의 대가가 있었고, 이들은 사자, 조의, 선인 등의 관리를 거느렸다.

4) 옥저의 위치와 변천

> 옥저는 고구려 개마대산 동쪽에 있는데 개마대산은 큰 바닷가에 맞닿아 있다. 지형은 동북간이 좁고 서남 방향은 길어서 천 리 정도나 된다. 북쪽은 읍루, 부여와 남쪽은 예맥과 접해 있다. …… 옥저는 큰 나라들 사이에서 핍박을 받다가 결국 고구려의 신하가 되었다.

키워드
옥저는 고구려 개마대산 동쪽에 있음, 옥저는 고구려의 신하가 됨

사료 분석
옥저는 지금의 함경도 지역에 위치한 국가로, 큰 나라들 사이에서 핍박을 받다가 결국 고구려에 복속되었다.

2일 | 삼국의 성립과 발전

1. (가) 국가에 대한 설명으로 옳은 것은?

> (가) 의 호암사에는 정사암이란 바위가 있다. 나라에서 장차 재상을 의논할 때에 뽑을 후보 서너 명의 이름을 써서 상자에 넣고 봉해서 바위 위에 두었다. 얼마 후에 열어 보고 이름 위에 도장이 찍힌 자국이 있는 사람을 재상으로 삼았다.

① 감찰 기관으로 중정대가 있었다.
② 이사금, 마립간 등의 왕호가 사용되었다.
③ 경당을 설치하여 학문과 무예를 가르쳤다.
④ 왕족인 부여씨와 8성 귀족이 지배층을 이루었다.

2. 밑줄 친 '왕'의 재위 기간에 있었던 사실로 옳은 것은?

> 왕이 태자와 함께 정예군 3만 명을 거느리고 고구려를 침범하여 평양성(平壤城)을 공격하였다. 고구려 왕 사유가 필사적으로 항전하다가 화살에 맞아 죽었다.

① 마라난타를 통해 불교를 수용하였다.
② 신라 눌지 마립간과 동맹을 체결하였다.
③ 박사 고흥이 역사서인 『서기』를 편찬하였다.
④ 중앙에는 22부 관청을 두고 지방에는 5방을 설치하였다.

3. (가)~(라)를 시기순으로 바르게 나열한 것은?

> (가) 진대법을 처음으로 시행하였다.
> (나) 전연 모용황의 침입을 받아 환도성이 함락되었다.
> (다) 동옥저를 정벌하고 그 땅을 빼앗아 성읍으로 삼았다.
> (라) 낙랑군을 축출하여 대동강 유역을 확보하였다.

① (가) → (나) → (다) → (라)
② (가) → (다) → (라) → (나)
③ (다) → (가) → (나) → (라)
④ (다) → (가) → (라) → (나)

4. 밑줄 친 '왕'의 재위 기간에 있었던 사실로 옳은 것은?

> 진(秦)나라의 임금인 부견이 사신과 승려 순도를 파견하여 왕에게 불상과 경문을 보내 왔다. …… 왕은 성문사(省門寺)를 창건하여 순도로 하여금 머무르게 하였다. 또한 이불란사(伊弗蘭寺)를 창건하여 아도를 머무르게 하였으니, 이것이 해동 불법의 시초가 되었다.

① 유학 교육 기관인 태학을 설치하였다.
② 서안평을 점령하여 영토를 확장하였다.
③ 계루부 고씨가 왕위를 독점적으로 세습하였다.
④ 관구검이 이끄는 위나라 군대의 침략을 받았다.

5. 밑줄 친 '왕'에 대한 설명으로 옳은 것은?

> 신라가 사신을 보내 왕에게 말하기를, "왜인이 그 국경에 가득 차 성을 부수었으니, 노객은 백성 된 자로서 왕에게 귀의하여 분부를 청한다."고 하였다. …… 왕이 경자(庚子)년에 보병과 기병 5만을 보내 신라를 구원하게 하였다. …… 관군이 이르자 왜적이 물러가므로, 뒤를 급히 추격하여 임나가라(任那加羅)의 종발성에 이르렀다. 성이 곧 귀순하여 복종하므로, 순라병을 두어 지키게 하였다.

① 평양으로 도읍을 옮겼다.
② 영락이라는 독자적인 연호를 사용하였다.
③ 율령을 반포하여 중앙 집권 체제를 강화하였다.
④ 부여를 복속하여 고구려 최대 영토를 확보하였다.

6. 밑줄 친 '이 비'에 대한 설명으로 옳지 않은 것은?

> 내가 일찍이 이 비를 구경하기 위하여 집안현에 이르러 여관에서 만주인 영자평이란 소년을 만나 필담을 나누었는데 비에 대하여 다음과 같이 이야기하였다. "비가 오랫동안 초래(草萊) 중에 묻혀 있다가 발견되었는데, 이 비문 가운데 고구려가 중국 토지를 침탈하였다는 자구들이 들어 있었으므로 중국인들이 그것을 도부(刀斧)로 쪼아냈습니다. 그다음 일본인들은 닳아 없어지거나 이지러진 부분을 석회로 떼어 발랐는데 이 때문에 그동안 인식할 수 없었던 자구가 도리어 생겨나 참된 사실은 삭제되고 위조된 사실이 첨가된 것 같습니다."

① '호태왕비'로 부르는 경우도 있다.
② 국내에 남아 있는 유일한 고구려 비석이다.
③ 임나일본부설의 근거로 활용되기도 하였다.
④ 수묘인의 숫자와 출신지 등이 기록되어 있다.

7. 밑줄 친 '왕'의 재위 기간에 있었던 사실로 옳은 것은?

> 백제 개로왕이 도림의 말을 듣고 나라 사람을 징발하여 흙을 쪄서 성(城)을 쌓고 그 안에는 궁실, 누각, 정자를 지으니 모두가 웅장하고 화려하였다. 이로 말미암아 창고가 비고 백성이 곤궁하니, 나라의 위태로움이 알을 쌓아 놓은 것보다 더 심하게 되었다. 도림이 도망쳐 돌아와 이를 보고하니, 왕이 기뻐하며 백제를 치기 위해 장수들에게 군사를 나누어 주었다.

① 졸본에서 국내성으로 천도하였다.
② 당나라의 침입을 안시성에서 물리쳤다.
③ 남진 정책을 추진하여 한성을 점령하였다.
④ 이문진이 역사서인 『신집』을 편찬하였다.

8. 밑줄 친 '왕'의 재위 기간에 있었던 사실로 옳은 것은?

> 왕 9년 3월에 사방(四方)의 우역(郵驛)을 비로소 설치하고, 담당 관리에게 명하여 관도(官道)를 수리하게 하였다.

① 왕위의 부자 상속제가 확립되었다.
② 신라의 최고 관직인 상대등을 설치하였다.
③ 왕호를 대군장을 뜻하는 마립간으로 변경하였다.
④ 처음으로 수도에 시장을 열어 사방의 물자를 유통시켰다.

9. (가) 나라에 대한 설명으로 옳은 것만을 모두 고르면?

> 북쪽 구지에서 이상한 소리로 부르는 것이 있었다. …… 자줏빛 줄이 하늘에서 드리워져서 땅에 닿았다. 그 줄이 내려온 곳을 따라가 붉은 보자기에 싸인 금으로 만든 상자를 발견하고 열어보니, 해처럼 둥근 황금알 여섯 개가 있었다. 알 여섯이 모두 변하여 어린아이가 되었다. …… 가장 큰 알에서 태어난 수로(首露)가 왕위에 올라 (가) 을/를 세웠다.

> ㄱ. 신라 진흥왕의 공격으로 멸망하였다.
> ㄴ. 후기 가야 연맹을 주도하였다.
> ㄷ. 대성동 고분군을 대표적 문화유산으로 남겼다.
> ㄹ. 낙동강 유역인 변한 지역에서 성립되었다.

① ㄱ, ㄴ
② ㄱ, ㄹ
③ ㄴ, ㄷ
④ ㄷ, ㄹ

10. 밑줄 친 '왕'의 재위 기간에 있었던 사실로 옳은 것은?

> 왕의 이름은 사마(斯摩)이며 모대왕의 둘째 아들이다. …… 양나라 고조가 조서를 보내 왕을 책봉하며 말하였다. "멀리 와서 조공을 바치고, 그 정성이 지극함에 이르니 짐은 이를 가상히 여긴다. 마땅히 옛 법에 따라 이 영예로운 책명을 수여하여 사지절도독백제제군사영동대장군(使持節都督百濟諸軍事寧東大將軍)으로 삼는다."

① 왕위의 부자 상속이 확립되었다.
② 지방의 22담로에 왕족을 파견하였다.
③ 도읍을 금강 유역의 웅진으로 옮겼다.
④ 동진과 국교를 맺고 요서 지방에 진출하였다.

11. 밑줄 친 '왕'의 재위 기간에 있었던 사실로 옳은 것은?

> 왕이 신라를 습격하고자 몸소 보병과 기병 50명을 거느리고 밤에 구천(狗川)에 이르렀다. 신라의 복병이 나타나 그들과 싸우다가 혼전 중에 왕이 병사들에게 살해되었다.

① 금마저로 천도를 추진하였다.
② 국호를 남부여로 고치고 중흥을 꾀하였다.
③ 북위에 사신을 보내 고구려를 공격해 줄 것을 요청하였다.
④ 신라와 결혼 동맹을 맺어 이벌찬 비지의 딸을 왕비로 맞이하였다.

12. 삼국의 정치 제도에 대한 설명으로 옳은 것만을 모두 고르면?

> ㄱ. 신라 화백 회의는 만장일치 원칙이며 회의의 의장은 상좌평이다.
> ㄴ. 국상, 대대로, 막리지 등은 고구려에서 재상의 직위를 지칭하였다.
> ㄷ. 백제는 16품의 관등제를 실시하고, 품계에 따라 옷의 색을 구별하였다.
> ㄹ. 고구려는 대성(大城)에는 처려근지, 그다음 규모의 성에는 욕살을 파견하였다.

① ㄱ, ㄴ
② ㄱ, ㄹ
③ ㄴ, ㄷ
④ ㄷ, ㄹ

2일 삼국의 성립과 발전 핵심 사료

1) 불교를 수용한 소수림왕

> 고구려가 나라를 세운 지 4백여 년 만에 처음으로 태학을 세웠으니, 어찌 그리 학교를 세워 교육을 하는 것이 늦었는가? 지금 왕은 비록 보람 있는 일을 할 만한 자질이나, 중을 받들고 절을 지어서 고구려에서 부처를 믿는 첫 임금이 되어 자손들이 그 허물 됨을 본받아서 재앙이 널리 퍼짐은 이루 다 말할 수 없었다.

키워드
부처를 믿는 첫 임금이 됨

사료 분석
고구려 소수림왕은 전진의 순도가 가져온 불상과 경문을 받아들여 삼국 중 최초로 불교를 수용하였다.

2) 백제를 토벌한 광개토 대왕

> 호태왕(好太王)은 친히 수군을 이끌고 백제를 토벌하였다. …… 백제의 왕은 남녀 포로 천여 명과 세포 천 필을 바치고, 무릎을 꿇고 스스로 맹세하기를 "지금부터 영원히 노객(奴客)이 되겠습니다."라고 하였다.

키워드
호태왕(광개토 대왕)은 친히 백제를 토벌함, 백제의 왕(아신왕)은 영원히 노객이 되겠다고 함

사료 분석
광개토 대왕은 친히 백제를 토벌하여 백제 아신왕을 굴복시키고, 한강 이북 지역을 차지하였다.

3) 금관가야 멸망

> 금관국(金官國)의 왕 김구해(金仇亥)가 왕비와 세 아들, 즉 큰아들은 노종(奴宗)이라 하고, 둘째 아들은 무덕(武德)이라 하고, 막내아들은 무력(武力)이라 하였는데, 이들과 함께 나라의 재산과 보물을 가지고 와 항복하였다. 왕이 예로써 그들을 대우하고 높은 관등을 주었으며 본국을 식읍(食邑)으로 삼도록 하였다.

키워드
금관국(금관가야)의 왕 김구해가 항복함

사료 분석
금관가야의 마지막 왕인 김구해(구형왕)는 나라의 재산과 보물을 가지고 와서 신라 법흥왕에게 항복하였다.

4) 백제 성왕과 관산성 전투

> 백제 왕 명농이 가량(加良)과 함께 관산성에 쳐들어왔다. 군주 각간 우덕(于德)과 이찬 탐지(耽知) 등이 맞서 싸웠으나 전세가 불리하였다. 신주의 군주 김무력(金武力)이 주의 병사를 이끌고 나아가 어우러져 싸웠는데, 비장(裨將)인 삼년산군(三年山郡)의 고간도도(高干都刀)가 빠르게 공격하여 백제 왕을 죽였다. 이에 모든 군사들이 승세를 타고 싸워서 크게 이겼다.

키워드
백제의 왕 명농(성왕)이 관산성에 쳐들어옴, 고간도도가 백제 왕을 죽임

사료 분석
백제 성왕은 신라 진흥왕의 배신으로 한강 하류 지역을 빼앗기자 신라에 복수하기 위해 관산성을 공격하였다. 그러나 성왕은 관산성 전투에서 전사하였고, 백제군은 신라군에 크게 패배하였다.

3일 | 삼국의 항쟁과 신라의 삼국 통일

1. 다음 사건이 발생한 신라 국왕에 대한 설명으로 옳은 것은?

> 우산국은 명주의 동쪽 바다에 있는 섬으로, 울릉도라고도 한다. 땅은 사방 백 리인데, 지세가 험한 것을 믿고 항복하지 않았다. 이찬 이사부가 하슬라주(何瑟羅州) 군주가 되어 말하기를 "우산국 사람은 어리석고도 사나워서 힘으로 다루기는 어려우니 계책으로 복종시켜야 한다."라고 하고, 바로 나무로 사자를 가득 만들어 전함에 나누어 싣고 그 나라 해안에 이르렀다. 이사부는 거짓으로 말하였다. "너희가 만약 항복하지 않으면 이 사나운 짐승을 풀어 밟아 죽이겠다." 그 나라 사람들이 두려워하며 즉시 항복하였다.

① 국호를 '신라'로 확정하였다.
② '인평'이라는 연호를 사용하였다.
③ 고구려 승려 혜량을 승통으로 삼았다.
④ 군사 업무를 총괄하는 병부를 설치하였다.

2. 밑줄 친 '왕'의 재위 기간에 있었던 사실로 옳은 것은?

> 왕이 형리에게 이차돈의 목을 베게 하였다. 이차돈이 죽음에 임하여 말하였다. "나는 불법을 위하여 형벌을 당하는 것이니, 부처의 신령스러움이 있다면 내가 죽고서 반드시 이상한 일이 있을 것이다." 목을 베자, 잘린 곳에서 피가 솟았는데 그 빛깔이 우유처럼 희었다. 사람들이 이를 괴이하게 여겨 다시는 불사를 헐뜯지 않았다.

① 위화부를 설치하였다.
② 단양 적성비를 건립하였다.
③ 아시촌에 소경을 설치하였다.
④ '건원'이라는 연호를 처음 사용하였다.

3. 밑줄 친 '왕'의 재위 기간에 있었던 사실로 옳은 것은?

> 왕이 담당관에게 명하여 월성 동쪽에 새 궁궐을 짓게 하였는데, 누런 빛 용이 그곳에서 나타났다. 왕이 기이하다 여기고 절로 고쳐 짓고서 황룡(皇龍)이라는 이름을 내렸다.

① 분황사와 영묘사를 창건하였다.
② 울진 봉평 신라비를 건립하였다.
③ 시장을 감독하는 동시전을 설치하였다.
④ 화랑도를 국가적인 조직으로 개편하였다.

4. (가) 시기에 있었던 사실로 옳은 것은?

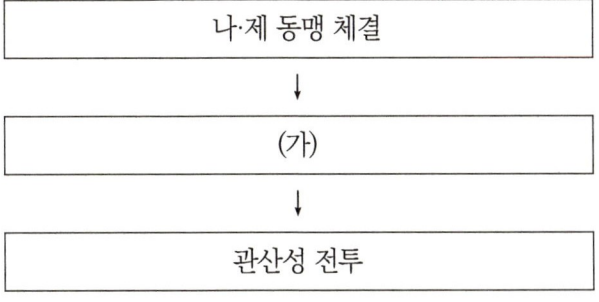

① 백제가 사비로 도읍을 옮겼다.
② 광개토 대왕릉비가 건립되었다.
③ 고구려의 장군 온달이 전사하였다.
④ 신라의 상대등인 비담이 반란을 일으켰다.

5. 밑줄 친 '왕'의 재위 기간에 있었던 사실로 옳은 것은?

> 당 태종이 붉은색·자주색·흰색의 세 가지 색으로 그린 모란과 그 씨 석 되를 보내왔는데, 왕이 그 그림을 보고 말하였다. "이 꽃은 정녕 향기가 없을 것이다." 그리고는 씨를 뜰에 심도록 명하였다. 그 꽃이 피었다 지기를 기다렸는데, 과연 그 말과 같이 향기가 없었다.

① 황룡사 구층 목탑을 건립하였다.
② 율령을 반포하고 백관의 공복을 제정하였다.
③ '개국', '대창', '홍제'라는 연호를 사용하였다.
④ 중국의 의관을 착용하고 아홀(牙笏)을 갖게 하였다.

6. 다음 사건 이후에 전개된 사실로 옳지 않은 것은?

> 안시성 사람이 황제의 깃발과 일산을 멀리서 바라보고, 곧장 성에 올라가 북을 치고 함성을 질렀다. 황제가 화를 내자 이세적이 성을 이기는 날에 남자는 모두 구덩이에 묻어 죽이자고 청하였다. 안시성 사람이 이 소문을 듣고 더욱 굳게 지켰으니, 오래도록 공격하여도 함락되지 않았다.

① 신라가 기벌포 전투에서 승리하였다.
② 영양왕이 요서 지방을 선제공격하였다.
③ 당이 평양에 안동 도호부를 설치하였다.
④ 고구려 대신 연정토가 신라에 항복하였다.

7. (가) 인물에 대한 설명으로 옳은 것은?

> (가) 이/가 왕에게 아뢰어 말하기를, "지금 유교와 불교는 모두 흥하는데 도교는 아직 성하지 않으니, 이른바 천하의 도술(道術)을 갖추었다고 할 수 없습니다. 엎드려 청하오니 당나라에 사신을 보내 도교를 구하여 와서 나라 사람들을 가르치게 하소서."라고 하였다. 태종이 도사(道士) 숙달(叔達) 등 8명을 보내고, 이와 함께 노자(老子)의 『도덕경(道德經)』을 보내주었다.

① 천리장성의 축조를 감독하였다.
② 수나라의 군대를 살수에서 물리쳤다.
③ 신라에 의해 보덕국왕으로 책봉되었다.
④ 당에 견당매물사, 일본에 회역사를 파견하였다.

8. 밑줄 친 '왕'의 재위 기간에 있었던 사실로 옳은 것은?

> 왕은 무왕(武王)의 맏아들이다. 용감하고 대담하며 결단력이 있었다. 부모에게 효도하고 형제간에 우애가 있었으므로 당시에 '해동증자(海東曾子)'라고 불렸다. …… 왕이 궁녀들을 데리고 음란과 향락에 빠져서 술 마시기를 그치지 않았다. 좌평 성충이 적극적으로 말리자, 왕이 노하여 그를 옥에 가두었다. 이로 말미암아 감히 간언하는 자가 없어졌다.

① 익산에 미륵사를 창건하였다.
② 단양이와 고안무를 일본에 파견하였다.
③ 윤충이 대야성을 공격하여 함락하였다.
④ 진흥왕과 연합하여 한강 유역을 일시적으로 회복하였다.

9. 밑줄 친 '그'에 대한 설명으로 옳은 것은?

> 이날 소정방이 부총관 김인문 등과 함께 기벌포에 도착하여 백제 군사와 마주쳤다. …… 소정방이 신라군이 늦게 왔다는 이유로 군문에서 신라 독군 김문영의 목을 베고자 하니, 그가 군사들 앞에 나아가 "황산 전투를 보지도 않고 늦게 온 것을 이유로 우리를 죄주려 하는구나. 죄도 없이 치욕을 당할 수는 없으니, 결단코 먼저 당나라 군사와 결전을 한 후에 백제를 쳐야겠다."라고 말하였다.

① 당나라와 동맹을 체결하였다.
② 적장 우중문에서 5언시를 보냈다.
③ 김춘추의 신라 왕위 계승을 지원하였다.
④ 화랑이 지켜야 할 세속 오계를 제시하였다.

10. 다음 전투가 발생한 시기를 연표에서 옳게 고른 것은?

> 유인원 등과 김법민은 육군을 거느려 나아가고, 유인궤와 부여융 등은 수군과 군량을 실은 배를 거느리고, 웅진강으로부터 백강으로 가서 육군과 합세하여 주류성으로 갔다. 백강 어귀에서 왜국 병사를 만나 네 번 싸워서 모두 이기고 그들의 배 4백 척을 불사르니, 연기와 불꽃이 하늘로 덮고 바닷물도 붉게 되었다.

	(가)		(나)		(다)		(라)	
살수 대첩		백제 멸망		고구려 멸망		소부리주 설치		발해 건국

① (가)   ② (나)   ③ (다)   ④ (라)

11. 고구려의 부흥 운동에 대한 설명으로 옳은 것만을 모두 고르면?

> ㄱ. 복신, 도침 등이 주도하였다.
> ㄴ. 왕족인 안승을 왕으로 추대하였다.
> ㄷ. 흑치상지가 임존성에서 당나라군을 격퇴하였다.
> ㄹ. 한성과 오골성을 근거지로 전개되었다.

① ㄱ, ㄴ
② ㄱ, ㄷ
③ ㄴ, ㄹ
④ ㄷ, ㄹ

12. 다음 사건을 시기순으로 바르게 나열한 것은?

> (가) 웅진 도독부가 설치되었다.
> (나) 나·당 연합군의 공격으로 평양성이 함락되었다.
> (다) 부여융과 문무왕이 취리산에서 회맹을 맺었다.
> (라) 신라가 매소성에서 당나라군을 격퇴하였다.

① (가) → (나) → (라) → (다)
② (가) → (다) → (나) → (라)
③ (나) → (가) → (라) → (다)
④ (나) → (다) → (가) → (라)

3일 삼국의 항쟁과 신라의 삼국 통일 핵심 사료

1) '신라'라는 국호를 정한 지증왕

> 여러 신하들이 아뢰기를, "시조가 창업한 이래로 나라 이름이 일정하지 않아 어떤 이는 사라(斯羅)라 하고 어떤 이는 사로(斯盧)라 하고 어떤 이는 신라(新羅)라 하였으나 신들은 생각건대 '신(新)'은 덕업이 날로 새롭다는 뜻이요, '라(羅)'는 사방을 망라한다는 뜻이니 이것으로 국호를 삼는 것이 좋을 것 같습니다. …… 여러 신하들이 신라 국왕이라는 칭호를 올립니다."라고 하니, 왕이 이에 따랐다.

키워드
신하들이 신라 국왕이라는 칭호를 올리니 왕(지증왕)이 이에 따름

사료 분석
지증왕은 '사라', '사로' 등으로 불리던 국호를 '신라'로 확정하고, 왕호를 마립간에서 '왕'으로 변경하였다.

2) 「국사」를 편찬한 진흥왕

> 이찬 이사부가 아뢰어 말하였다. "나라의 역사는 임금과 신하의 선악을 기록하여 좋은 것 나쁜 것을 먼 후손에게까지 보이는 것입니다. 역사를 편찬하지 않으면 후손들이 무엇을 보겠습니까?" 임금이 진심으로 그렇다고 여겨 대아찬 거칠부 등에게 명하여 문사들을 널리 모아 역사를 편찬하게 하였다.

키워드
임금(진흥왕)이 거칠부 등에게 역사를 편찬하게 함

사료 분석
진흥왕은 거칠부 등에게 명하여 신라 왕조의 역사서인 「국사」를 편찬하였다.

3) 고구려 멸망

> 당나라 장수 이적이 평양을 점령하였다. …… 보장왕이 천남산을 보내 수령 98명을 거느리고 흰 기를 들고 이적에게 나아가 항복하였다. 이적이 예로써 접대하였다.

키워드
당나라 장수 이적이 평양을 점령함, 보장왕이 항복함

사료 분석
나·당 연합군의 공격으로 고구려의 수도인 평양성이 함락되자 보장왕은 항복하였고, 고구려는 668년에 멸망하게 되었다.

4) 기벌포 전투

> 사찬 시득이 수군을 거느리고 설인귀와 기벌포에서 싸웠으나 크게 패배하였다. 시득은 다시 진군하여 크고 작은 22번의 싸움에서 승리하고 4천여 명의 목을 베었다.

키워드
시득이 수군을 거느리고 설인귀와 기벌포에서 싸웠으나 패배함, 시득이 다시 진군하여 크고 작은 22번의 싸움에서 승리함

사료 분석
신라는 676년에 전개된 기벌포 전투에서 설인귀가 이끄는 당나라군을 물리치고 삼국을 통일하였다.

4일 | 남북국의 정치

1. 밑줄 친 '왕'에 대한 설명으로 옳은 것은?

> 왕이 죽으니 여러 신하들이 유언으로 동해 입구의 큰 바위 위에서 장례를 치렀다. 세속에 전하기를, 왕이 변해 용이 되었다고 하므로, 그 바위를 가리켜서 대왕석(大王石)이라고 하였다. 왕이 남긴 조서는 다음과 같다. "과인은 나라의 운(運)이 어지럽고 전란의 시기를 맞이하여, 서쪽을 정벌하고 북쪽을 토벌하여 능히 영토를 안정시켰고 배반하는 자들을 치고 협조하는 자들을 불러 마침내 멀고 가까운 곳을 평안하게 하였다."

① 9주 5소경 체제로 정비하였다.
② 백성들에게 정전을 지급하였다.
③ 진골 출신 최초로 왕위에 즉위하였다.
④ 지방관을 감찰하고자 외사정을 파견하였다.

2. 밑줄 친 '왕'의 재위 기간에 있었던 사실로 옳은 것은?

> 왕이 행차에서 돌아와 그 대나무로 피리를 만들어 월성의 천존고(天尊庫)에 간직하였다. 이 피리를 불면 적병이 물러가고 병이 나으며, 가뭄에는 비가 오고 장마에는 날씨가 개며, 바람이 잦아지고 물결이 평온해졌다. 이를 만파식적으로 부르고 나라의 보물이라 칭하였다.

① 독서삼품과를 실시하였다.
② 궁예가 후고구려를 건국하였다.
③ 교육 기관인 국학이 설립되었다.
④ 수도에 서시와 남시를 설치하였다.

3. 밑줄 친 '왕'의 재위 기간에 있었던 사실로 옳은 것은?

> ○ 왕 6년에 중시를 시중으로 고쳤다.
> ○ 왕 16년에 사벌주를 상주로 고치고, 삼량주를 양주로 고쳤다. …… 하서주를 명주로 고치고, 완산주를 전주로 고쳤으며, 무진주를 무주로 고쳤다.

① 녹읍이 부활되었다.
② 황초령 순수비를 세웠다.
③ 김흠돌의 난을 진압하였다.
④ 상원사 동종이 주조되었다.

4. (가)에 해당하는 인물로 옳은 것은?

> 웅천주 도독 (가) 은/는 그의 아버지 주원이 왕이 되지 못한 것을 이유로 반란을 일으켜 나라 이름을 장안(長安)이라 하고 연호(年號)를 세워 경운(慶雲) 원년이라고 하였다. 무진주·완산주·청주·사벌주 네 주의 도독과 국원경·서원경·금관경의 사신 및 여러 군현 수령을 위협하여 자기 소속으로 삼으려 하였다.

① 김대문
② 최언위
③ 김유신
④ 김헌창

5. (가) 인물에 대한 설명으로 옳은 것은?

> (가) 이/가 흥덕왕을 뵙고 아뢰기를, "중국을 두루 돌아보니 우리나라 사람들을 노비로 삼고 있습니다. 청해(淸海)에 진영을 설치하여 도적들이 사람을 붙잡아 서쪽으로 데려가지 못하게 하기 바랍니다."라고 하였다. 왕이 (가) 에게 군사 만 명을 거느리고 해상을 방비하게 하니, 그 후로는 해상으로 나간 사람들이 잡혀가는 일이 없었다.

① 적산법화원을 건립하였다.
② 『화랑세기』를 저술하였다.
③ 당에 건너가 빈공과에 합격하였다.
④ 기훤, 양길의 휘하에서 세력을 키웠다.

6. 밑줄 친 '왕'의 재위 기간에 있었던 사실로 옳은 것은?

> 나라 안의 여러 군현에서 공부(貢賦)를 바치지 않으니 창고가 비어 버리고 나라의 쓰임이 궁핍해졌다. 왕이 사신을 보내어 독촉하자, 이로 말미암아 곳곳에서 도적이 벌떼처럼 일어났다. 이때 원종과 애노 등이 사벌주에 웅거하여 반란을 일으켰다.

① 발해가 거란에 의해 멸망하였다.
② 관료전을 지급하고 녹읍을 폐지하였다.
③ 위홍 등이 향가를 모아 『삼대목』을 편찬하였다.
④ 국학을 태학감으로 고치고 박사와 조교 등을 두었다.

7. (가) 나라에 대한 설명으로 옳은 것은?

> (가) 에서 귀하게 여기는 것에는 태백산의 토끼, 남해부의 다시마, 책성부의 된장, 부여부의 사슴, 막힐부의 돼지, 솔빈부의 말, 현주의 베, 옥주의 면, 용주의 명주, 위성의 철, 노성의 쌀 등이 있다.

① 중앙군으로 9서당이 있었다.
② 당으로부터 '해동성국'이라 불렸다.
③ 마진, 태봉 등의 국호를 사용하였다.
④ 지방 세력 견제를 위해 상수리 제도를 실시하였다.

8. 밑줄 친 '북국'의 통치 조직에 대한 설명으로 옳지 않은 것은?

> 사신을 북국(北國)에 보내 빙문(聘問)하였다. …… 요동 땅에서 일어나 고구려의 북쪽 땅을 병합하고 신라와 더불어 경계를 서로 맞대었지마는, 교빙한 일이 역사에는 전하는 것이 없었다. 이때에 와서 일길찬 백어를 보내어 교빙하였다.

① 최고 교육 기관으로 주자감을 두었다.
② 6부의 명칭에는 유교 이념이 반영되었다.
③ 관리의 비리를 감찰하는 사정부를 설치하였다.
④ 정당성을 관장하는 대내상이 국정을 총괄하였다.

9. (가) 재위 시기의 사실로 옳은 것은?

당나라 현종은 대문예를 유주(幽州)로 보내 군사를 일으켜 (가) 을/를 토벌하게 하였다. 경신년에는 태복 원외경 김사란을 신라에 사신으로 보내 군사를 일으켜 발해의 남쪽을 공격하게 하였다. 때마침 큰 눈이 1장(丈) 가까이 내리고 산길이 험하여 신라의 군졸이 절반이나 죽으니 공도 세우지 못하고 돌아갔다. (가) 은/는 동생인 대문예를 원망하며 자객을 보내 죽이려 했으나 실패하였다.

① '대흥'이라는 연호를 사용하였다.
② 국호를 진국에서 발해로 바꾸었다.
③ 장문휴가 당나라의 등주를 공격하였다.
④ 거란 태조 야율아보기에 의해 홀한성이 포위되었다.

10. 밑줄 친 '왕'에 대한 설명으로 옳은 것은?

공주는 왕의 둘째 딸이다. 그녀는 궁중에서 태어나 어려서부터 유순한 것으로 유명하였다. 용모는 보기 드물게 뛰어나 옥과 같은 나무에 핀 꽃들처럼 아름다웠고, 품성은 비할 데 없이 정결하여 곤륜산(崑崙山)에서 난 한 조각의 옥처럼 온화하였다. 공주는 보력(寶曆) 4년에 사망하니, 나이는 40세였다. 이에 시호(諡號)를 정혜 공주라고 하였다.

① 5경 15부 62주의 지방 제도를 완비하였다.
② 일본에 사신을 처음 파견하여 국교를 체결하였다.
③ 전륜성왕을 자처하고 황상이라는 칭호를 사용하였다.
④ 고구려 유민과 말갈족을 이끌고 동모산에 도읍을 정하였다.

11. (가) 인물에 대한 설명으로 옳은 것은?

왕의 총애를 받는 이들이 곁에 있으면서 정권을 훔쳐 제 마음대로 하니 기강이 문란해졌다. 게다가 기근까지 겹치자 백성이 떠돌아다니고 도적이 곳곳에서 봉기하였다. 이에 (가) 은/는 몰래 왕위를 넘겨다보는 마음을 갖고, 무리를 불러 모아 왕경의 서남쪽 주현을 돌아다니며 공격하였다. 이르는 곳마다 메아리처럼 호응하여 한 달 만에 무리가 5,000명에 달하니, 드디어 무진주를 습격하였다.

① 후당과 오월에 사신을 파견하였다.
② 『정계』와 『계백료서』를 지었다.
③ 광평성을 비롯한 여러 관서를 설치하였다.
④ 스스로 미륵불이라고 칭하면서 통치를 정당화하였다.

12. 다음 사건을 시기순으로 바르게 나열한 것은?

(가) 왕건이 궁예를 몰아내고 즉위하였다.
(나) 공산 전투에서 신숭겸, 김락 등이 전사하였다.
(다) 신검이 견훤을 금산사에 유폐시켰다.
(라) 고려군이 일리천 전투에서 후백제군에 승리하였다.

① (가) → (나) → (다) → (라)
② (가) → (나) → (라) → (다)
③ (나) → (가) → (다) → (라)
④ (나) → (다) → (가) → (라)

4일 남북국의 정치 핵심 사료

1) 김흠돌의 난을 진압한 신문왕

> 내가 위로는 하늘과 땅의 도움을 받고 아래로는 조상의 신령스러운 보살핌을 받아, 흠돌 등의 악행이 쌓이고 가득 차자 그 음모가 탄로 나게 되었다. 이는 곧 사람과 귀신이 모두 배척하는 바요 천지간에 용납될 수 없는 바이니, 의(義)를 범하고 풍속을 해치는 일에 있어 이보다 더 심한 짓은 없을 것이다. 이리하여 병사들을 모아 못된 무리를 없애고자 하였더니, 어떤 자는 산골짜기로 도망쳐 숨고 어떤 자는 대궐 뜰에 와서 항복하였다.

키워드
흠돌 등의 악행이 쌓이고 음모가 탄로 나게 됨

사료 분석
신문왕은 김흠돌의 난을 계기로 귀족 세력을 숙청하고, 왕권을 강화하였다.

2) '인안'이라는 연호를 사용한 발해 무왕

> 당 현종 개원 7년에 대조영이 죽으니, 그 나라에서 사사로이 시호를 올려 고왕(高王)이라 하였다. 아들 무예가 뒤이어 왕위에 올라 영토를 크게 개척하니, 동북의 모든 오랑캐가 겁을 먹고 그를 섬겼으며, 또 연호를 인안(仁安)으로 고쳤다.

키워드
대조영의 아들 무예, 연호를 인안으로 고침

사료 분석
발해 무왕은 대조영의 아들로 발해의 제2대 왕이다. 발해 무왕은 동북방의 여러 세력을 복속하고 북만주 일대를 장악하였으며 '인안'이라는 연호를 사용하였다.

3) 법화원을 건립한 장보고

> 오후 2시 무렵에 적산(赤山)의 동쪽 해변에 배를 대니 북서풍이 몹시 분다. 적산은 순전히 바위로 되어 있으며 매우 높은데, 곧 문등현(文登縣) 청녕향(淸寧鄕) 적산촌(赤山村)이다. 산 속에 절이 있어 그 이름은 적산법화원(赤山法華院)인데, 이는 장보고가 처음 세운 것이다.

키워드
적산법화원은 장보고가 세운 것

사료 분석
장보고는 신라인의 왕래가 빈번하였던 중국 산둥 반도 적산촌에 법화원이라는 절을 건립하였다.

4) 기훤과 양길에게 의탁한 궁예

> 진성왕 즉위 5년(891)에 선종(善宗)은 죽주의 도적 기훤에게 의탁하였다. 하지만 기훤은 그를 업신여기고 잘난 체하며 예우하지 않았다. 선종은 답답하고 스스로 불안해져서 몰래 기훤 휘하의 원회, 신훤과 결연하여 친구가 되었다. 그는 임자년(892)에 북원의 도적 양길에게 의탁하였다.

키워드
선종(궁예)은 죽주(안성)의 도적 기훤에게 의탁함, 임자년에는 북원(원주)의 도적 양길에게 의탁함

사료 분석
궁예는 신라의 왕족 출신으로 출가하여 스스로 법호를 선종(善宗)이라고 하였으며, 신라 하대의 초적 세력인 죽주의 기훤, 북원의 양길에게 의탁하였다.

5일 | 고대의 경제·사회·문화

1. 신라 촌락 문서에 대한 설명으로 옳지 않은 것은?

① 소와 말의 수 및 각종 나무의 수까지 기록하였다.
② 인구는 남녀로 나누고, 연령에 따라 6등급으로 나누었다.
③ 토지에는 연수유전답, 촌주위답, 내시령답이 포함되어 있다.
④ 토착 세력인 촌주가 변동 사항을 조사하여 매년 작성하였다.

2. 밑줄 친 '이 나라'의 경제 상황으로 옳지 않은 것은?

> 이 나라는 고구려의 옛 땅에 있다. …… 이 나라의 백성은 말갈이 많고 토인(土人)이 적은데, 모두 토인을 촌장(村長)으로 삼는다. 대촌(大村)의 촌장은 도독이라 부르고 그다음 촌의 촌장은 자사라 부르며, 도독과 자사 아래의 촌장은 백성들이 모두 수령이라 부른다.

① 활구라고 불리는 은병이 유통되었다.
② 거란도, 영주도 등을 통해 주변국과 교역하였다.
③ 밭농사가 중심이었지만, 일부 지역에서는 벼농사를 짓기도 하였다.
④ 모피, 인삼 등의 토산물과 불상, 자기 등의 수공업품을 수출하였다.

3. 밑줄 친 ⊙ 신분에 대한 설명으로 옳지 않은 것은?

> 대사의 법호는 무염으로 달마대사의 10대 법손이 된다. …… 고조부와 증조부는 모두 조정에서는 재상, 나가서는 장수를 지내 집집에 널리 알려졌다. 아버지는 범청으로 골품이 진골에서 한 등급 떨어져 ⊙ 득난이 되었다.

① 자색의 공복을 착용하였다.
② 도당 유학생의 대부분을 차지하였다.
③ 관등 승진에서 중위제를 적용받았다.
④ 신라 하대에 호족과 함께 사회 개혁을 추구하였다.

4. 다음 상황이 나타난 시기의 사회 모습으로 옳지 않은 것은?

> 당나라 소종 황제가 중흥을 이룰 때, 전쟁과 흉년이라는 두 가지 재앙이 서쪽에서 그치고 동쪽으로 오니 굶어서 죽고 전쟁으로 죽은 시체가 들판에 별처럼 늘어 있었다.
> - 해인사 묘길상탑기 -

① 진골 귀족들이 왕위 쟁탈전을 전개하였다.
② 만적이 노비 해방을 내세우며 반란을 모의하였다.
③ 승려의 사리를 봉안하는 승탑과 탑비가 유행하였다.
④ 성주 또는 장군이라 칭하는 이들이 지방 행정을 장악하고 조세를 징수하였다.

5. 고구려가 일본에 전파한 문화에 대한 설명으로 옳은 것만을 모두 고르면?

ㄱ. 배를 만드는 조선술과 제방을 만드는 축제술을 전하였다.
ㄴ. 담징이 종이와 먹의 제조 방법을 전하였다.
ㄷ. 혜자는 일본 쇼토쿠 태자의 스승이 되었다.
ㄹ. 노리사치계가 일본에 불상과 불경을 전하였다.

① ㄱ, ㄴ
② ㄱ, ㄹ
③ ㄴ, ㄷ
④ ㄷ, ㄹ

6. 다음 지석이 발견된 왕릉에 대한 설명으로 옳은 것은?

영동대장군(寧東大將軍) 백제 사마왕(斯麻王)은 상기의 금액으로 매주(賣主)인 토왕(土王), 토백(土伯), 토부모(土父母), 상하 2000석 이상의 여러 관리에게 문의하여 신지(申地)를 매입해서 능묘(陵墓)를 만들었기에 문서를 작성하여 명확한 증험으로 삼는다.

① 충남 부여에서 발견되었다.
② 중국 남조의 영향을 받아 벽돌로 축조되었다.
③ 봉토 주위에 둘레돌을 두르고 12지 신상을 조각하였다.
④ 말꾸미개 장식에 천마의 그림이 그려진 유물이 발견되었다.

7. (가)에 해당하는 인물로 옳은 것은?

왕이 수나라에 군사를 요청하여 고구려를 정벌하고자 (가) 에게 명하여 걸사표를 짓게 하였다. (가) 이/가 아뢰기를, "자기가 살고자 남을 죽이는 것은 승려가 할 행동이 아닙니다만, 저는 대왕의 영토에서 살며 대왕의 물과 풀을 먹고 있으므로 감히 명을 따르지 않을 수 없습니다."라고 하고, 곧 걸사표를 지어 올렸다.

① 원광
② 자장
③ 의상
④ 도선

8. 밑줄 친 '그'에 대한 설명으로 옳은 것은?

그는 우연히 광대들이 놀리는 큰 박을 얻었는데 그 모양이 괴이하였다. 그 모양대로 도구를 만들어 화엄경의 "일체 무애인은 한 길로 생사를 벗어난다."라는 문구에서 그 이름을 따서 무애라 하며 이내 노래를 지어 세상에 퍼뜨렸다. 일찍이 이것을 가지고 많은 촌락에서 노래하고 춤추며 교화하고 음영하여 돌아왔으므로 가난하고 무지몽매한 무리들까지도 모두 부처의 호를 알게 되었고, 다 나무아미타불을 부르게 되었으니 그의 법화는 컸던 것이다.

① 당에 유학하여 유식론을 독자적으로 발전시켰다.
② 황룡사에 구층 목탑을 세울 것을 왕에게 건의하였다.
③ 『십문화쟁론』을 저술하여 종파 간의 대립을 해소하고자 하였다.
④ 인도와 중앙아시아 지역을 여행하고 『왕오천축국전』을 저술하였다.

9. (가)~(라)에 들어갈 내용으로 옳은 것은?

□□ 대학교 사학과 추계 학술 대회 개최

□□ 대학교 사학과에서는 신라 유학자들에 대해 알아보는 학술 대회를 진행하고자 합니다. 관심 있는 분들의 많은 참여 부탁드립니다.

■ 학술 대회 강좌 및 주요 활동 ■

제1강 강수 - (가)
제2강 설총 - (나)
제3강 최치원 - (다)
제4강 김대문 - (라)

● 장소: □□ 대학교 3420 강의실
● 기간: □□□□년 □□월 □□일 오전 10시

① (가) - 진성 여왕에게 시무 10여 조를 건의하였다.
② (나) - 이두를 정리하여 한문 교육에 공헌하였다.
③ (다) - 진골 귀족 출신으로 『고승전』을 저술하였다.
④ (라) - 외교 문서 작성에 능하였으며 「청방인문표」를 지었다.

10. 다음 글을 지은 인물의 저술로 옳지 않은 것은?

황소에게 고한다. …… 그러한즉 비록 백 년의 인생 동안 생사는 기약할 수가 없는 것이나, 만사를 마음으로 판단하여 옳고 그른 것은 분별할 줄 알아야 한다. …… 너는 모름지기 진퇴를 참작하고 잘된 일인가 못된 일인가 분별하라. 배반하여 멸망하기보다 귀순하여 영화롭게 됨이 어찌 훨씬 좋지 않겠는가.

① 『계림잡전』
② 『계원필경』
③ 『법장화상전』
④ 『제왕연대력』

11. 밑줄 친 '이 탑'에 대한 설명으로 옳은 것은?

경상북도 경주에 위치한 이 탑은 아사달과 아사녀의 전설에 따라 그림자가 비치지 않는 탑이라는 무영탑이라고도 불리기도 하였으며 보수 과정에서 세계 최고(最古)의 목판 인쇄물인 무구정광대다라니경이 발견되었다.

① 미륵사지 석탑
② 분황사 모전 석탑
③ 불국사 삼층 석탑
④ 쌍봉사 철감선사탑

12. 밑줄 친 '이 나라'의 문화재로 옳은 것은?

이 나라의 관제에는 선조성이 있는데, 좌상(左相)·좌평장사(左平章事)·시중(侍中)·좌상시(左常侍)·간의(諫議)를 두었다. 중대성에는 우상(右相)·우평장사(右平章事)·내사(內史)·조고사인(詔誥舍人)을 두었다. 정당성에는 대내상(大內相) 1명이 좌상(左相)·우상(右相)의 위에 두어졌다.

① 이불병좌상
② 임신서기석
③ 사택지적비
④ 금동 연가 7년명 여래 입상

5일 고대의 경제·사회·문화 핵심 사료

1) 통일 신라의 토지 제도

> ○ 신문왕 7년(687) 문무 관리들에게 관료전을 차등 있게 주었다.
> ○ 신문왕 9년(689) 내외 관료의 녹읍을 혁파하고 매년 조(租)를 주었다.
> ○ 경덕왕 16년(757) 중앙과 지방의 여러 관리에게 매달 주던 녹봉을 없애고 다시 녹읍을 주었다.

키워드
신문왕 때 관료전을 주고, 녹읍을 혁파함, 경덕왕 때 녹봉을 없애고 녹읍을 주었음

사료 분석
신문왕 때는 수조권을 행사할 수 있는 관료전을 지급하고, 조세 수취를 물론 노동력까지 징발할 수 있는 녹읍을 폐지하였다. 이후 경덕왕 때는 녹봉을 없애고 다시 녹읍이 부활되었다.

2) 진골 귀족들의 호화스러운 생활

> (그들의) 집에는 녹(祿)이 끊이지 않았다. 노동(奴僮)이 3천 명이며, 비슷한 수의 갑병(甲兵)이 있다. 소, 말, 돼지는 바다 가운데 섬에서 기르다가 필요할 때 활로 쏘아 잡아먹는다. 곡식을 남에게 빌려 주어 늘리는데, 기간 안에 갚지 못하면 노비로 삼아 부린다.

키워드
그들(진골 귀족)의 집에는 녹이 끊이지 않음, 노동(어린 노비)이 3천 명임

사료 분석
진골 귀족은 가축을 바다 가운데 섬에서 기르다가 필요할 때 잡아먹는 등 호화스러운 생활을 하였다.

3) 세속 5계를 제시한 원광

> 원광이 귀산 등에게 말하기를 "세속에도 5계가 있으니, 첫째는 충성으로써 임금을 섬기는 것, 둘째는 효도로써 어버이를 섬기는 것, 셋째는 신의로써 벗을 사귀는 것, 넷째는 싸움에 임하여 물러서지 않는 것, 다섯째는 생명 있는 것을 죽이되 가려서 한다는 것이다. 그대들은 이를 실행함에 소홀하지 말라."라고 하였다.

키워드
원광이 세속에도 5계가 있다고 함

사료 분석
원광은 사군이충(충성으로써 임금을 섬긴다), 사친이효(효도로써 어버이를 섬긴다)·교우이신(믿음으로써 벗을 사귄다)·임전무퇴(싸움에 임해서는 물러남이 없다)·살생유택(생명 있는 것을 죽일 때는 가려서 죽여야 한다)의 세속 5계를 제시하였다.

4) 당나라에서 유학한 의상

> 성은 김씨이다. 29세에 황복사에서 머리를 깎고 승려가 되었다. 얼마 후 중국으로 가서 부처의 교화를 보고자 하여 원효(元曉)와 함께 구도의 길을 떠났다. …… 처음 양주에 머무를 때 주장(州將) 유지인이 초청하여 그를 관아에 머물게 하고 성대하게 대접하였다. 얼마 후 종남산 지상사에 가서 지엄(智儼)을 뵈었다.

키워드
원효와 함께 구도의 길을 떠났음, 지엄을 뵈었음

사료 분석
의상은 당에 유학을 가서 화엄종 승려인 지엄의 문하에서 수학하였다.

6일 | 고려의 건국과 통치 체제의 정비

1. 다음과 같은 글을 남긴 왕에 대한 설명으로 옳은 것은?

> 우리 동방은 옛날부터 중국의 풍속을 흠모하여 문물과 예악이 모두 그 제도를 따랐으나, 지역이 다르고 인성도 각기 다르므로 꼭 같게 할 필요는 없다. 거란은 짐승과 같은 나라로 풍속이 같지 않고 말도 다르니 의관 제도를 삼가 본받지 말라.

① 노비안검법을 시행하였다.
② 백관의 사색 공복을 정하였다.
③ 개경의 외성인 나성을 축조하였다.
④ 기인 제도를 최초로 실시하여 호족들을 통제하였다.

2. 다음 정책을 시행한 국왕의 재위 기간에 있었던 사실로 옳은 것은?

> ○ 광덕, 준풍 등의 연호를 사용하였다.
> ○ 개경을 황도로, 서경을 서도로 격상하였다.

① 사심관 제도를 처음 실시하였다.
② 중앙 관제를 2성 6부로 정비하였다.
③ 광군을 조직하여 거란의 침략에 대비하였다.
④ 쌍기의 건의에 따라 과거 제도를 시행하였다.

3. 다음 상소문을 올린 왕 대에 있었던 사실은?

> 불교를 행하는 것은 몸을 닦는 근본이며 유교를 행하는 것은 나라를 다스리는 근원이니, 몸을 닦는 것은 다음 생을 위한 밑천이며 나라를 다스리는 것은 곧 지금의 할 일입니다. 오늘날은 지극히 가깝고 다음 생은 지극히 머니, 가까운 것을 버리고 먼 것을 구하는 일이 또한 그릇된 것이 아닙니까.

① '천수'라는 연호를 사용하였다.
② 장학 재단인 양현고를 설치하였다.
③ 초조대장경을 조판하기 시작하였다.
④ 주요 지역에 12목을 설치하고 목사를 파견하였다.

4. (가)의 재위 기간에 있었던 사실로 옳은 것은?

> 햇빛이 붉은 장막을 드리운 것처럼 변했다. 강조의 군사들이 궁문으로 난입해 오자 목종은 어쩔 수 없는 상황임을 깨닫고 태후(太后)와 함께 통곡하며 법왕사(法王寺)로 거처를 옮겼다. 잠시 후 황보유의 등이 (가) 을/를 받들어 왕위에 올렸다. 강조는 목종을 폐위시켜 양국공(讓國公)으로 삼고 군사를 보내 김치양 부자와 유행간 등 일곱 명을 죽였다.

① 교육 기관인 국자감을 설립하였다.
② 5도 양계의 지방 제도를 확립하였다.
③ 청천강에서 영흥만에 이르는 영토를 확보하였다.
④ 균여를 귀법사의 주지로 삼아 불교를 정비하였다.

5. (가)에 들어갈 기구로 옳은 것은?

> 충렬왕이 (가) 을/를 도평의사사로 고쳤는데, 무릇 국가에 큰일이 있으면 네 명 이상의 관료가 모여서 의논하였으므로 합좌라는 이름이 있었다. 원(元)을 섬긴 이래로 일이 창졸간에 많아져서 첨의와 밀직이 매번 합좌를 하였다.

① 상서성
② 어사대
③ 도병마사
④ 식목도감

6. 고려 시대의 정치 기구에 대한 설명으로 옳지 않은 것은?

① 중서문하성 - 국가의 행정을 총괄하였다.
② 삼사 - 화폐와 곡식의 출납을 담당하였다.
③ 중추원 - 군사 기밀과 왕명 전달을 담당하였다.
④ 한림원 - 관리 임명에 대한 서경권을 가지고 있었다.

7. (가)에 대한 설명으로 옳은 것은?

> (가) 에서 사신을 파견하여 낙타 50필을 보냈다. 왕은 (가) 이/가 일찍이 발해와 지속적으로 화목하다가 갑자기 의심을 일으켜 맹약을 어기고 멸망시켰으니, 이는 매우 무도(無道)하여 친선관계를 맺을 이웃으로 삼을 수는 없다고 생각하였다. 드디어 교빙(交聘)을 끊고 사신 30인을 섬으로 유배 보냈으며, 낙타는 만부교(萬夫橋) 아래에 매어두니 모두 굶어죽었다.

① 철령위 설치를 고려에 통보하였다.
② 강조의 정변을 구실로 고려를 침략하였다.
③ 다루가치를 파견하여 고려의 내정을 간섭하였다.
④ 대구 부인사에서 보관하던 초조대장경을 불태웠다.

8. 밑줄 친 '그'에 대한 설명으로 옳은 것은?

> 그가 소손녕에게 말하기를 "우리나라가 곧 고구려의 옛 땅이다. 그러므로 국호를 고려라 하였으니 만일 국토의 경계로 말한다면 상국의 동경(東京)은 전부 우리 지역 안에 있는데 어찌 영토를 침범한 것이라 하는가? 그리고 압록강의 안팎 또한 우리의 지역인데 지금 여진이 그 사이에 도둑질하여 차지하고는 교활하게 대처하고 있어 길의 막힘이 바다를 건너는 것보다 더 심하니 조빙의 불통은 여진 때문이다. 만일 여진을 내쫓고 우리 옛 땅을 되찾아 성과 요새를 쌓고 도로를 만들면 어찌 교빙하지 않겠는가?"

① 묘청의 난을 진압하였다.
② 귀주에서 거란군을 물리쳤다.
③ 여진을 몰아내고 동북 9성을 쌓았다.
④ 강동 6주 지역을 고려의 영토로 확보하였다.

9. (가)에 들어갈 말로 옳은 것은?

> 윤관이 아뢰기를, "신이 적의 기세를 보건대 예측하기 어려울 정도로 굳세니, 마땅히 군사를 쉬게 하고 군관을 길러서 후일을 기다려야 할 것입니다. 또 신이 싸움에서 진 것은 적은 기병인데 우리는 보병이라 대적할 수가 없었기 때문입니다."라 하였다. 이에 그가 건의하여 처음으로 (가) 을/를 만들었다.

① 중방
② 별기군
③ 별무반
④ 삼별초

10. 고려 시대의 지방 제도에 대한 설명으로 옳은 것만을 모두 고르면?

> ㄱ. 향·소·부곡 등의 특수 행정 조직이 있었다.
> ㄴ. 수령이 파견된 주현보다 수령이 파견되지 않은 속현의 수가 많았다.
> ㄷ. 5도에 관찰사가 파견되었다.
> ㄹ. 지방 행정 말단 조직으로 면·리·통을 두었다.

① ㄱ, ㄴ
② ㄱ, ㄹ
③ ㄴ, ㄷ
④ ㄷ, ㄹ

11. 밑줄 친 '이들'에 대한 설명으로 옳은 것만을 모두 고르면?

> 이들의 첫 벼슬은 후단사로 하고, 두 번째 오르면 병사(兵史)·창사(倉史), 세 번째 오르면 주·부(府)·군(郡)·현의 사(史), 네 번째 오르면 부병정(副兵正)·부창정(副倉正), 다섯 번째 오르면 부호정(副戶正), 여섯 번째 오르면 호정(戶正), 일곱 번째 오르면 병정(兵正)·창정(倉正), 여덟 번째 오르면 부호장(副戶長), 아홉 번째 오르면 호장(戶長)으로 한다.

> ㄱ. 공음전을 지급받아 부를 세습하였다.
> ㄴ. 역졸, 조졸 등으로 칠반천역이라고도 불렸다.
> ㄷ. 과거로 중앙 관직에 진출할 수 있었다.
> ㄹ. 지방 호족 출신으로 지방 행정의 실무를 담당하였다.

① ㄱ, ㄴ
② ㄱ, ㄹ
③ ㄴ, ㄷ
④ ㄷ, ㄹ

12. 고려 시대의 음서에 대한 설명으로 옳은 것만을 모두 고르면?

> ㄱ. 사위, 외손자에게는 적용되지 않았다.
> ㄴ. 10세 미만이 음직을 받은 사례도 있었다.
> ㄷ. 음서로 등용된 사람들은 고위 관직에 오를 수 없었다.
> ㄹ. 5품 이상 관료의 자손 등을 대상으로 하였다.

① ㄱ, ㄴ
② ㄱ, ㄷ
③ ㄴ, ㄹ
④ ㄷ, ㄹ

6일 고려의 건국과 통치 체제의 정비 핵심 사료

1) 사심관 제도를 실시한 고려 태조

> 태조 18년(935)에 신라왕 김부가 와서 항복하자 신라국을 없애고 경주라 하고 김부를 경주의 사심관으로 임명하여 부호장 이하 관직 등을 주관토록 하였다. 이에 여러 공신들도 또한 이를 본받아 본주의 사심관으로 삼으니, 사심관은 여기에서 비롯하였다.

키워드
고려 태조가 신라왕 김부(경순왕)를 경주의 사심관으로 임명함, 사심관은 여기에서 비롯됨

사료 분석
고려 태조는 지방을 통제하기 위해 지방 출신 공신을 자기 지방의 사심관으로 임명하여 향리층을 관리하는 사심관 제도를 실시하였다.

2) 노비안검법을 실시한 광종

> 왕이 명령하여 노비를 안검하고 시비를 살펴 분별하게 하였다. 이 때문에 종이 그 주인을 배반하는 자가 헤아릴 수 없을 정도였다. 이 때문에 윗사람을 능멸하는 기풍이 크게 행해지니, 사람들이 모두 원망하였다. 왕비가 간절히 말렸는데도 듣지 않았다.

키워드
왕(광종)이 명령하여 노비를 안검하고 시비를 살펴 분별하도록 함

사료 분석
광종은 본래 양인이었는데 억울하게 노비가 된 사람을 조사하여 다시 양인으로 회복시키는 노비안검법을 실시하였다.

3) 의창을 설치한 고려 성종

> 우리 태조께서 흑창을 두어 가난한 백성에게 진대(賑貸)하게 하셨다. 지금 백성들이 점차 늘어나고 있는데 저축한 바는 늘어나지 않았으니, 미(米) 1만 석을 더하고 이름을 의창(義倉)으로 고친다.

키워드
태조 때의 흑창을 의창으로 고침

사료 분석
고려 성종은 태조 때 설치된 빈민 구제 기관인 흑창을 확대하여 의창을 설치하였다. 의창은 평상시에는 곡식을 저장해 두었다가 흉년이 들었을 때 굶주린 사람을 구호하거나 가난한 사람에게 대여해 주고 가을에 회수하였다.

4) 별무반 조직

> 윤관이 건의하여 처음으로 별무반(別武班)을 조직하였다. 무릇 말을 가진 자를 신기군으로 삼았다. 말이 없는 자는 신보·도탕·경궁·정노·발화 등의 군으로 삼았고, 20살 이상의 남자 가운데 과거 시험을 보는 자가 아니면 다 신보군에 속하게 하였다. 또한, 승려를 뽑아서 항마군으로 삼았다.

키워드
윤관이 건의하여 별무반을 조직함, 신기군·신보군·항마군으로 삼음

사료 분석
별무반은 윤관의 건의에 따라 여진 정벌을 위해 설치된 부대로 신기군(기병)·신보군(보병)·항마군(승병)으로 구성되었다.

7일 | 문벌 귀족 사회 형성과 무신의 집권

1. 밑줄 친 '왕'의 재위 기간에 있었던 사실로 옳은 것은?

주전도감에서 왕에게 아뢰기를 "백성들이 화폐를 사용하는 유익함을 이해하고 그것을 편리하게 생각하고 있으니 이 사실을 종묘에 알리십시오."라고 하였다. 이 해에 또 은병을 만들어 화폐로 사용하였는데, 은 한 근으로 우리나라의 지형을 본떠서 만들었고 민간에서는 활구라고 불렀다.

① 우봉·파평 등의 지역에 감무관을 파견하였다.
② 김위제의 건의로 남경개창도감을 설치하였다.
③ 송나라 사신 서긍이 고려를 방문하고 『고려도경』을 지었다.
④ 경사 6학을 정비하고 향교를 중심으로 지방 교육을 강화하였다.

2. 밑줄 친 '왕'의 정책으로 옳은 것은?

대관(大觀) 경인년에 천자께서 저 먼 변방에서 신묘한 도(道)를 듣고자 함을 돌보시어 신사(信使)를 보내시고 우류(羽流) 2인을 딸려 보내어 교법에 통달한 자를 골라 훈도하게 하였다. 왕은 신앙이 돈독하여 정화(政和) 연간에 비로소 복원관(福源觀)을 세워 도가 높은 참된 도사 10여 인을 받들었다. 그러나 그 도사들은 낮에는 재궁(齋宮)에 있다가 밤에는 집으로 돌아가고는 하였다. 그래서 후에 간관이 지적, 비판하여 다소간 법으로 금하는 조치를 취하게 되었다.

① 여진 정벌을 위해 별무반을 창설하였다.
② 국학에 7재를 설치하여 관학을 진흥하였다.
③ 부모의 명복을 빌고자 현화사를 창건하였다.
④ 개성부를 경중(京中) 5부와 경기로 구획하였다.

3. (가) 왕의 시기에 일어난 사실로 옳은 것은?

(가) 이/가 묘청의 말을 따라서 재앙을 피하기 위하여 서경으로 행차하고자 하였다. 김부식이 아뢰어 말하기를, "올해 여름에 서경 대화궁(大華宮) 30여 곳에 벼락이 쳤습니다. 만약 이곳이 길지(吉地)라면 하늘이 반드시 이처럼 하지는 않았을 것이니, 이곳에서 재앙을 피한다는 것은 또한 잘못이 아니겠습니까? 하물며 지금 서경은 수확이 끝나지 않아 왕의 행차가 나간다면, 반드시 곡식을 밟게 될 것이니 백성에게 인(仁)을 베풀고 만물을 사랑하는 뜻이 아닙니다."라 하였다.

① 국자감에 서적포를 설치하였다.
② 몽골 사신 저고여가 피살되었다.
③ 이자겸이 척준경과 함께 난을 일으켰다.
④ 서민의 질병 치료를 위해 혜민국을 설치하였다.

4. (가) 인물에 대한 설명으로 옳은 것은?

(가) 은/는 십팔자(十八子)가 왕이 된다는 비기를 듣고는 왕위를 빼앗으려고 계획하여 독을 떡에 넣어 왕에게 먹게 하려 했다. 왕비가 몰래 왕에게 알리고 그 떡을 까마귀에게 던져 주었더니 까마귀가 그 자리에서 죽었다. 또 독약을 보내고 왕비를 시켜 왕에게 드리게 하였는데 왕비가 그릇을 들고 일부러 넘어져 엎질러 버렸다. 그 왕비는 바로 (가) 의 넷째 딸이다.

① 금나라의 군신 관계 요구를 수용하였다.
② 천민 출신으로 경대승 사후 집권하였다.
③ 김생, 탄연, 유신과 더불어 신품사현으로 불렸다.
④ 진강후라는 벼슬을 받고 흥녕부라는 기구를 설치하였다.

5. (가), (나) 인물에 대한 설명으로 옳은 것은?

> 역사가들은 단지 왕의 군대가 반란한 적을 친 것으로 알았을 뿐인데, 이는 근시안적인 관찰이다. 그 실상은 낭가와 불교 양가 대 유교의 싸움이며, 국풍파 대 한학파의 싸움이며, 독립당 대 사대당의 싸움이며, 진취 사상 대 보수 사상의 싸움이니, (가) 은/는 전자의 대표요, (나) 은/는 후자의 대표였던 것이다.

① (가) - 개경 중심 문벌 귀족 세력의 대표였다.
② (나) - 『삼국유사』를 편찬하였다.
③ (가) - 국호를 '대위', 연호를 '천개'로 정하고 반란을 일으켰다.
④ (나) - 칭제 건원과 금을 정벌할 것을 주장하였다.

6. 다음 사건이 발생한 시기를 연표에서 옳게 고른 것은?

> 어가(御駕)가 보현원 근처에 이르렀을 때 이고와 이의방이 앞질러 가서 왕의 명령을 위조하여 순검군(巡檢軍)을 모았다. 왕이 원문(院門)에 막 들어가고 여러 신하들이 물러나려는데 이고 등이 임종식·이복기·한뢰를 죽였으며, 왕을 모시던 문관 및 대소 신료·환관들도 모두 살해되었다. 또 개경에 있던 문신 50여 명도 살해되었다. 정중부 등이 왕을 모시고 궁으로 돌아왔다.

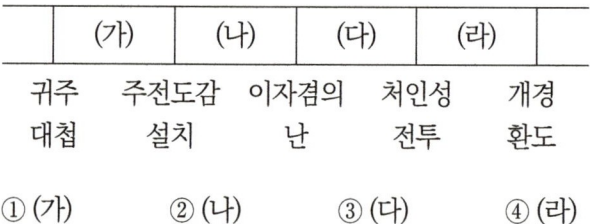

① (가) ② (나) ③ (다) ④ (라)

7. 다음 사건을 순서대로 바르게 나열한 것은?

> (가) 동북면 병마사 김보당이 난을 일으켰다.
> (나) 이연년 형제가 백제 부흥을 주장하며 봉기하였다.
> (다) 김사미와 효심의 난이 발생하였다.
> (라) 전주 관노의 난이 진압되었다.

① (가) → (나) → (다) → (라)
② (가) → (라) → (다) → (나)
③ (다) → (가) → (나) → (라)
④ (다) → (라) → (가) → (나)

8. (가) 인물이 집권한 시기의 사실로 옳은 것은?

> (가) 은/는 왕에게 금군을 출동시켜 정중부와 송유인 부자를 체포할 것을 요청하였다. 정중부 등이 변란의 소식을 듣고 도망쳐 민가에 숨었으나, 모두 체포하고 참수를 한 뒤 저자에 목을 내거니, 온 나라가 크게 기뻐하였다.

① 명학소가 충순현으로 승격되었다.
② 교정도감이 설치되어 국정을 총괄하였다.
③ 사병 집단인 도방을 처음으로 조직하였다.
④ 강화도로 천도하여 대몽 항쟁을 주도하였다.

9. (가) 인물에 대한 설명으로 옳은 것은?

> 신종 원년에 (가) 의 사노비 만적 등이 북산에서 땔나무를 하다가 공사의 노비들을 모아 모의하기를, "우리가 성 안에서 봉기하여 (가) 등을 죽인다. 이어서 각각 자신의 주인을 죽이고 천적(賤籍)을 불태워 삼한에서 천민을 없게 하자. 그러면 공경장상이라도 우리가 모두 할 수 있을 것이다."라고 하였다.

① 이의방을 제거하고 권력을 장악하였다.
② 치안 유지를 위해 야별초를 조직하였다.
③ 왕에게 봉사 10조의 개혁안을 제시하였다.
④ 문신들의 숙위 기관인 서방을 설치하였다.

10. (가)에 해당하는 인물로 옳은 것은?

> (가) 이/가 자신의 집에 정방을 두고 백관의 인사를 다루었는데 문사를 뽑아 이에 속하게 하고 필자적(必者赤)이라 불렀다. 옛 제도에는 이부는 문신 인사를, 병부는 무신 인사를 관장하였는데, 근무 연한의 순서를 정하여 관리의 근면함과 태만함, 공과, 재능이 있고 없음을 논한 후 모두 문서에 기재한 것을 정안(政案)이라 하였다.

① 최우
② 김준
③ 이의민
④ 최충헌

11. ㉠과의 전쟁 중에 있었던 사실로 옳지 않은 것은?

> 김윤후가 충주산성 방호별감으로 있을 때 (㉠)이/가 쳐들어와 충주성을 70여 일 동안 포위하자 비축해 둔 군량이 바닥나 버렸다. 김윤후가 군사들에게 '만약 힘을 다해 싸워 준다면 귀천을 불문하고 모두 관작을 줄 것이니 너희들은 나를 믿으라.'고 설득한 뒤 관노(官奴)문서를 가져다 불살라 버리고 노획한 마소를 나누어 주었다. 이에 사람들이 모두 죽음을 무릅쓰고 적에게로 돌진하니 (㉠)은/는 조금씩 기세가 꺾여 더 이상 남쪽으로 나아가지 못했다.

① 황룡사 구층 목탑이 소실되었다.
② 충주 다인철소 주민들이 항전하였다.
③ 양규가 흥화진 전투에서 승리하였다.
④ 처인성 전투에서 적의 장수 살리타가 전사하였다.

12. (가) 군사 조직에 대한 설명으로 옳은 것은?

> 원종 11년에 수도를 다시 개경으로 옮기면서 방(榜)을 붙여 일정한 기일 내에 모두 돌아가라고 재촉하였지만, (가) 은/는 딴 마음이 있어 복종하지 않았다. …… 배중손과 노영희는 (가) 을/를 이끌고 시랑(市廊)에 모여서 승화후(承化侯) 온(溫)을 협박하여 왕으로 삼고 관부를 설치하고, 대장군 유존혁과 상서좌승(尙書左承) 이신손을 좌우 승선으로 임명하였다.

① 원의 요청으로 일본 원정에 참여하였다.
② 신기군, 신보군, 항마군으로 구성되었다.
③ 쌍성총관부 탈환에 주도적인 역할을 하였다.
④ 진도와 제주도로 이동하며 대몽 항쟁을 전개하였다.

7일 문벌 귀족 사회 형성과 무신의 집권 핵심 사료

1) 금의 군신 관계 요구를 수용한 고려 인종

> 이자겸, 척준경이 말하기를 "금이 예전에는 작은 나라여서 요와 우리나라를 섬겼으나, 지금은 갑자기 흥성하여 요와 송을 멸망시켰다. …… 작은 나라로서 큰 나라를 섬기는 것은 선왕의 도이니, 마땅히 우선 사절을 보내야 합니다." 라고 하니 왕이 그 의견을 따랐다.

키워드
이자겸과 척준경이 금을 섬기자고 하니 왕(고려 인종)이 그 의견에 따랐음

사료 분석
금이 고려에 군신 관계를 요구하자 당시 집권자였던 이자겸 등은 정권 유지를 위해 군신 관계 수용을 주장하였고, 인종은 이자겸의 의견에 따랐다.

2) 서경 천도를 주장하는 묘청

> 제가 보건대 서경 임원역의 땅은 풍수지리를 하는 사람들이 말하는 아주 좋은 땅입니다. 만약 이곳에 궁궐을 지어 거처하면 천하를 다스릴 수 있습니다. 또한 금나라가 선물을 바치고 스스로 항복할 것이고 주변의 36나라가 모두 머리를 조아릴 것입니다.

키워드
서경 임원역의 땅은 풍수지리를 하는 사람들이 말하는 아주 좋은 땅

사료 분석
묘청은 풍수지리 사상을 근거로 고려 인종에게 개경에서 서경으로 천도할 것을 주장하였다.

3) 최충헌의 봉사 10조

> 최충헌이 최충수와 함께 봉사(封事)를 올려 다음과 같이 말하였다. 엎드려 보건대 적신 이의민은 성품이 사납고 잔인하여 윗사람을 업신여기고 아랫사람을 능멸하여 신기(神器)를 흔들려고 했으므로 재앙의 불길이 성하여 백성이 살 수 없었습니다. 신 등이 폐하의 위령을 힘입어 단번에 쓸어버렸으니, 원컨대 폐하께서는 낡은 것을 개혁하고 새로운 정치를 도모하심에 태조의 바른 법을 한결같이 따르셔서 중흥의 길을 빛나게 여시기 바랍니다. 이에 삼가 열 가지 일을 조목으로서 아뢰나이다.

키워드
최충헌이 이의민을 제거하고 봉사 10조를 올림

사료 분석
최충헌은 이의민을 제거하고 정권을 장악한 후 고려 명종에게 봉사 10조의 개혁안을 올렸다.

4) 삼별초 조직

> 처음에 최우가 나라 안에 도적이 많음을 근심하여 용사들을 모아 매일 밤 순행하면서 포악한 짓들을 금하였는데, 이로 인하여 이름을 야별초라고 하였다. 도적들이 여러 도(道)에서도 일어났으므로 별초(別抄)를 나누어 보내 이들을 잡게 하였다. 그 군사가 매우 많아 마침내 나누어 좌우로 삼았다. 또 우리나라 사람으로서 몽고로부터 도망쳐 돌아온 자들을 한 부대로 삼아 신의군이라고 불렀는데, 이들이 삼별초가 되었다.

키워드
최우가 야별초를 조직함, 신의군을 합하여 삼별초가 됨

사료 분석
삼별초는 최우가 조직한 야별초에서 비롯되었으며 좌별초와 우별초, 신의군으로 구성되었다.

8일 | 원 간섭기와 고려 후기 정치

1. (가) 시기의 사실로 옳은 것은?

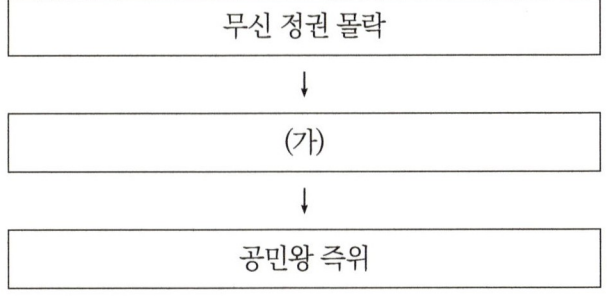

① 건원중보가 주조되었다.
② 정동행성이 설치되었다.
③ 서경 유수 조위총이 난을 일으켰다.
④ 신돈을 등용하여 개혁을 추진하였다.

3. 밑줄 친 '왕'에 대한 설명으로 옳은 것은?

> 원나라 황제가 왕을 원나라 수도에 머물도록 명을 내리니 왕이 연경에 있는 사택 안에 만권당(萬卷堂)을 짓고 당시의 저명한 학자들인 염복·요수·조맹부·우집 등을 초청하여 교유하며 학문을 연구하는 것으로 즐거움을 삼았다.

① 편민조례추변도감을 설치하였다.
② 2성 6부제로 관제를 복구하였다.
③ 안향의 건의에 따라 섬학전을 설치하였다.
④ 국가가 소금을 전매하는 각염법을 시행하였다.

2. 다음과 같은 상황이 나타난 시기의 사실로 옳지 않은 것은?

> 옹주는 지극히 예뻐하던 딸이 공녀로 가게 되자 근심하고 번민하다가 병이 생겼다. 우리나라의 자녀들이 원나라로 끌려가기를 거른 해가 없었다. 비록 왕실의 친족과 같이 귀한 집안이라도 숨기지 못하였으며 어미와 자식이 한번 이별하면 만날 기약이 없었다.

① 중서문하성과 상서성을 합쳐 첨의부로 하였다.
② 지배층을 중심으로 변발과 호복이 유행하였다.
③ 매의 사육과 사냥을 담당하는 응방이 설치되었다.
④ 망이·망소이가 가혹한 수탈에 저항하여 봉기하였다.

4. 밑줄 친 '왕'의 재위 기간에 있었던 사실로 옳은 것은?

> 왕이 지정(至正) 연호의 사용을 중지하고 교서를 내려 말하기를, "기철 등이 군주의 위세를 빙자하여 나라의 법도를 뒤흔들었다. 자신의 기분에 따라 관리를 마음대로 임명하여 정부의 명령이 원칙 없이 바뀌었다. 남이 토지를 가지고 있으면 그것을 차지하고, 노비를 가지고 있으면 빼앗았다. …… 이제 다행스럽게도 조종의 영령에 기대어 기철 등을 처단할 수 있었다."라고 하였다.

① 정치도감을 설치하였다.
② 정동행성 이문소를 혁파하였다.
③ 최영이 홍산에서 왜구를 격퇴하였다.
④ 이승휴가 『제왕운기』를 편찬하였다.

5. (가)~(다) 사건이 일어난 순서대로 바르게 나열한 것은?

(가) 몽골군이 정예 기병을 선발하여 귀주성의 북문을 공격하자 박서는 그들을 쳐서 퇴각시켰다. …… 몽골군은 성을 30일 동안 포위하면서 여러 방법으로 공격하였으나 박서가 임기응변하며 굳게 지키니 이기지 못하고 퇴각하였다.

(나) 성균관을 다시 정비하고 이색을 판개성부사 겸 성균관 대사성으로 삼았다. …… 학자들이 모여들기 시작하였고 서로 함께 눈으로 보고 느끼게 되니, 정주 성리학이 비로소 크게 일어나게 되었다.

(다) 최사전이 척준경의 집에 가서 충의로써 회유하여 말하기를, "이자겸은 신의가 없으니 좋거나 나쁜 일을 함께할 수 없습니다. 공은 마땅히 한 마음으로 나라를 받들어 영원히 전할 공적을 세워야 합니다."라고 하였다. 척준경이 마침내 계책을 정하여 이자겸을 제거하였다.

① (가) → (나) → (다)
② (가) → (다) → (나)
③ (다) → (가) → (나)
④ (다) → (나) → (가)

6. (가)에 들어갈 말로 옳은 것은?

(가) 은/는 고려 후기 권세가들에 의해 불법적으로 빼앗긴 토지를 원래의 주인에게 돌려주거나 억울하게 노비가 된 자들을 양인 신분으로 회복시켜 국가의 통치 질서를 안정시키고자 설치된 임시 기구이다. 원종 때인 1269년에 처음 설치되었고, 이후 충렬왕, 공민왕, 우왕 때 반복해서 설치되었으나 큰 성과를 내지 못하고 폐지되었다.

① 구제도감
② 주전도감
③ 대장도감
④ 전민변정도감

7. 다음 사건 이후에 전개된 사실로 옳은 것은?

홍건적은 개경을 함락한 후 수 개월 동안 진을 치고 머물면서 말과 소를 죽여 그 가죽으로 성을 쌓고는 물을 뿌려 얼음판을 만들어 아군이 기어오르지 못하게 하였다. 또, 남녀 백성들을 죽여 구워 먹는 등 온갖 잔학한 짓을 자행하였다. …… 복주에 도착한 왕이 정세운을 총병관(摠兵官)으로 삼아 교서를 내려 파견했다.

① 여·몽 연합군이 일본 원정에 실패하였다.
② 쌍성총관부를 공격하여 철령 이북 지역을 수복하였다.
③ 요동 정벌을 위해 출병한 이성계가 위화도에서 회군하였다.
④ 적의 침략을 물리치기 위한 염원에서 팔만대장경을 만들었다.

8. 밑줄 친 '왕'의 재위 기간에 있었던 사실로 옳은 것은?

왕의 어릴 때 이름은 모니노(牟尼奴)이며, 신돈의 비첩 반야의 소생이다. 혹자는 말하기를, "반야가 낳은 아이가 죽어서 다른 아이를 훔쳐서 데려다가 길렀는데, 공민왕이 자신의 아들이라고 칭하였다."라고 한다. 공민왕이 훙서한 뒤 이인임의 추대로 왕위에 올랐다.

① 조일신의 난이 일어났다.
② 삼군도총제부를 설치하였다.
③ 박위가 왜구의 소굴인 대마도를 정벌하였.
④ 청주 흥덕사에서 『직지심체요절』을 간행하였다.

9. (가) 인물에 대한 설명으로 옳은 것은?

> 화통도감을 설치했는데, (가) 의 말을 따른 것이다. (가) 은/는 원(元) 염초(焰硝) 기술자인 같은 마을 사람 이원(李元)을 잘 대우하여 몰래 그 기술을 묻고, 가동(家僮) 몇 명으로 하여금 익혀 시험해 본 후 마침내 왕에게 건의하여 설치하였다.

① 조선을 건국하였다.
② 진포에서 왜구를 물리쳤다.
③ 역사서 『사략』을 저술하였다.
④ 여진족을 정벌하고 6진을 개척하였다.

10. ㉠에 대한 설명으로 옳은 것만을 모두 고르면?

▶ 고려 지배층의 변화 ◀

문벌 귀족 → 무신 → (㉠) → 신진 사대부

ㄱ. 성리학을 통해 불교의 폐단을 지적하였다.
ㄴ. 권력을 앞세워 대농장을 소유하였다.
ㄷ. 대체로 과거를 통해 관직에 진출하였다.
ㄹ. 도평의사사에 참여하여 권력을 독점하였다.

① ㄱ, ㄷ
② ㄱ, ㄹ
③ ㄴ, ㄷ
④ ㄴ, ㄹ

11. 다음 시조를 지은 인물은?

> 이 몸이 죽고 죽어 일백 번 고쳐 죽어
> 백골이 진토 되어 넋이라도 있고 없고
> 임 향한 일편단심이야 가실 줄이 있으랴

① 최충
② 이규보
③ 최승로
④ 정몽주

12. 다음 사건을 순서대로 바르게 나열한 것은?

(가) 정지가 관음포 앞바다에서 왜선을 격침시켰다.
(나) 조준 등의 건의로 과전법이 실시되었다.
(다) 이성계가 황산에서 왜구를 물리쳤다.
(라) 공양왕이 폐위되었다.

① (가) → (다) → (나) → (라)
② (가) → (라) → (다) → (나)
③ (다) → (가) → (나) → (라)
④ (다) → (라) → (가) → (나)

8일 원 간섭기와 고려 후기 정치 핵심 사료

1) 각염법을 시행한 충선왕

> 왕이 명하기를, "옛날에 소금을 전매하던 법은 국가 재정에 대비하려는 것이었다. 본국의 여러 궁원·사사(寺社)와 권세가들이 사사로이 염분을 설치하여 그 이익을 독점하고 있으니 국가 재정을 무엇으로써 넉넉하게 할 수 있을 것인가? 이제 장차 내고·상적창·도염원·안국사 및 여러 궁원과 사사(寺社)가 소유한 염분을 모두 관에 납입시키도록 하라."

키워드
소금을 전매, 여러 궁원과 사사(寺社)가 소유한 염분을 모두 관에 납입

사료 분석
충선왕은 국가의 재정을 확대하기 위하여 국가가 소금을 전매하는 각염법을 시행하였다.

2) 반원 자주 정책을 추진한 공민왕

> 왕이 원나라의 제도를 따라 변발을 하고 호복을 입고 전상(殿上)에 앉아 있었다. 이연종이 말하기를 "변발과 호복은 선왕의 제도가 아니오니, 원컨대 전하께서는 본받지 마소서."라고 하니, 왕이 기뻐하면서 즉시 변발을 풀어 버리고 그에게 옷과 이불을 하사하였다.

키워드
왕(공민왕)이 즉시 변발을 풀어 버림

사료 분석
공민왕은 이연종의 건의에 따라 변발과 호복 등 몽골식 풍습을 폐지하며 반원 자주 정책을 추진하였다.

3) 신돈과 전민변정도감

> 신돈이 전민변정도감을 설치하자고 요청하자, …… 이제 도감이 설치되었다. …… 명령이 나가자 권세가 중에 전민을 빼앗은 자들이 그 주인에게 많이 돌려주었으며, 전국에서 기뻐하였다.

키워드
신돈이 전민변정도감을 설치하자고 요청함, 명령이 나가자 전국에서 기뻐함

사료 분석
공민왕은 신돈을 등용하고 전민변정도감을 설치하여 권문세족이 불법적으로 빼앗은 토지를 본래 주인에게 돌려주었다.

4) 최무선과 진포 해전

> 경신년(1380, 우왕 6년)에 왜선 300여 척이 전라도 진포에 침입했을 때 조정에서 최무선의 화약을 시험해 보고자 하였다. 최무선은 부원수에 임명되어 도원수 심덕부·상원수 나세와 함께 배를 타고 화구(火具)를 싣고 바로 진포에 이르렀다. 왜구는 화약이 있는 줄 모르고 배를 한곳에 집결하여 힘을 다하여 싸우려고 하자, 최무선이 화포를 발사해 그 배들을 다 태워 버렸다.

키워드
최무선은 진포에서 왜구의 배들을 다 태워 버림

사료 분석
우왕 때인 1380년에 최무선은 진포 해전에서 화포를 발사하여 왜구를 물리쳤다.

9일 | 고려의 경제·사회·문화

1. (가) 토지 제도에 대한 설명으로 옳은 것은?

> 경종 원년 11월에 비로소 직관(職官)·산관(散官)의 각 품(品)의 ⎡(가)⎦을/를 제정하였는데 관품의 높고 낮은 것은 논하지 않고 다만 인품만 가지고 전시과의 등급을 결정하였다.

① 경기 8현에 한하여 지급하였다.
② 승인과 지리업자에게 별사전을 지급하였다.
③ 관직과 직역에 복무하는 대가로 소유권을 지급하였다.
④ 4색 공복을 기준으로 문반, 무반, 잡업으로 나누어 지급 결수를 정하였다.

2. 고려 시대의 토지 제도에 대한 설명으로 옳지 않은 것은?

① 공해전은 왕실 경비를 마련하기 위해 지급하였다.
② 공음전은 5품 이상의 관리에게 지급하여 세습을 허용하였다.
③ 구분전은 하급 관리와 군인의 유가족의 생계유지를 위해 지급하였다.
④ 한인전은 6품 이하의 관리의 자제로 관직에 오르지 못한 자에게 지급하였다.

3. 다음 자료에 나타난 시기의 경제 상황으로 옳지 않은 것은?

> 조류를 따라 예성항에 이르자, 정사와 부사는 큰 배로 옮겨 탔다. 낮 12시쯤 정사와 부사가 도할관과 제할관을 거느리고 황제의 조서를 봉안하였다. …… 벽란정으로 들어가 조서를 봉안하고 그 일이 끝나자 지위에 따라 나뉘어 잠시 휴식을 취하였다. 다음 날 육로를 따라 왕성으로 들어갔다.

① 십전통보가 주조되어 유통되었다.
② 서적점, 다점 등의 관영 상점이 운영되었다.
③ 경시서의 관리들이 시전의 상행위를 감독하였다.
④ '소'라는 행정 구역의 주민이 국가에서 필요한 물품을 생산하였다.

4. 다음 상황이 나타난 시기의 사회 모습으로 옳은 것은?

> 이승장은 어려서 아버지를 여의었는데, 의붓아버지가 집이 가난하다며 공부를 시키려 하지 않았다. 하지만 어머니가 이를 반대하면서 "제가 먹고 사는 것 때문에 수절하지 못했음을 부끄럽게 여겼습니다. 그러나 그 아이가 다행히 학문에 뜻을 두고 있으니, 아이 아버지의 뒤를 따르게 하는 것이 마땅할 것입니다. 만약 그렇게 못한다면 제가 무슨 얼굴로 지하에서 전남편을 다시 보겠습니까?"라고 말하며 공을 솔성재에 입학시켰다. …… 공은 과거에 응시하여 김돈중의 문생으로 진사시에 2등으로 합격하였다.

① 아들이 없는 경우 양자를 들이는 것이 일반화되었다.
② 부모의 재산은 아들과 딸의 구분 없이 고르게 상속되었다.
③ 부계 위주의 족보를 편찬하면서 동성 마을을 이루어 나갔다.
④ 결혼할 때 여성이 데려온 노비에 대한 소유권은 남편에게 귀속되었다.

5. (가)에 들어갈 기관으로 옳은 것은?

> 왕이 양경과 12목에 ☐(가)☐ 을/를 설치하였다. 그리고 왕께서 말씀하시기를 "『한서』「식화지(食貨志)」에 '천승(千乘)의 나라는 반드시 천금(千金)의 값이 있어 해마다 풍흉에 따라서 곡식을 사고팔되 백성에게 남음이 있으면 적게 거두고 백성이 부족하면 이를 많이 나누어 주었다.'라고 하였다. 그러니 이제 이 법에 의거하여 이를 행한다."

① 흑창 ② 혜민국
③ 제위보 ④ 상평창

6. (가) 인물에 대한 설명으로 옳은 것은?

> 문종이 하루는 여러 아들들에게 일러 말하기를, "누가 승려가 되어 복전(福田)을 지어 이로움을 더할 수 있겠는가?"라고 하자, ☐(가)☐ 이/가 일어나서 말하기를, "제가 세상을 벗어날 뜻이 있으니 오직 임금께서 명하실 바입니다."라고 하였다. 왕이 말하기를, "좋다."라고 하자 드디어 스승을 좇아 출가하였다. …… ☐(가)☐ 은/는 송나라에 유학을 다녀온 뒤 불전과 경서 1,000권을 바치고 흥왕사에 교장도감을 둘 수 있기를 아뢰었다.

① 선종의 일파인 임제종을 들여와 전파하였다.
② 법화 신앙에 중점을 둔 백련 결사를 제창하였다.
③ 보현십원가를 지어 불교 교리를 대중에게 전파하였다.
④ 이론 연마와 수행을 함께 강조하는 교관겸수를 주장하였다.

7. 다음 글을 작성한 인물에 대한 설명으로 옳은 것은?

> 자기의 본성을 보면 이 성품에는 본래 번뇌가 없다. 번뇌가 없는 지혜의 성품은 본래 스스로 갖추어져 있어서 모든 부처와 털끝만큼도 다르지 않다. 이를 돈오(頓悟)라고 한다. …… 비록 본래의 성품이 부처와 다르지 않음을 깨달았지만 오랜 세월의 습기는 갑자기 제거하기 어렵다. 따라서 그 깨달음에 의지해 닦고 점차 익혀 공(功)을 이루고, 오랫동안 성태를 기르면 성(聖)을 이루게 된다. 이를 점수(漸修)라고 한다.
>
> - 『수심결』 -

① 해동 천태종을 창시하였다.
② 유·불 일치설을 주장하였다.
③ 수선사 결사를 주도하였다.
④ 『천태사교의』를 저술하였다.

8. 다음 서문이 실린 서적에 대한 설명으로 옳은 것은?

> 『구삼국사』를 얻어 동명왕본기를 보니 그 신이한 사적이 세상에 전하는 것보다 더하였다. …… 동명왕의 일은 변화의 신이(神異)한 것으로 여러 사람의 눈을 현혹한 것이 아니라 진실로 나라를 세운 신기한 사적이니 이것을 기술하지 않으면 후인들이 장차 어떻게 볼 것인가? 따라서 시를 지어 기록하여 우리나라가 본래 성인(聖人)의 나라라는 것을 천하에 알리고자 한다.

① 『동국이상국집』에 수록되어 전한다.
② 김부식 등이 왕명을 받아 편찬하였다.
③ 예맥, 옥저 등을 단군의 후손으로 서술하였다.
④ 「왕력」, 「흥법」, 「탑상」 등으로 구성되어 있다.

9. 다음 역사서에 대한 설명으로 옳은 것은?

> 제왕이 장차 일어날 때는 하늘의 명령과 상서로운 기운을 받아서 반드시 보통 사람과는 다른 점이 있으니, 그런 뒤에야 능히 큰 변화를 타서 제왕의 지위를 얻고 대업을 이루었다. …… 삼국의 시조들이 모두 신이(神異)한 일로 탄생했음이 어찌 괴이하겠는가. 이것이 책 첫머리에 기이(紀異)편이 실린 까닭이며, 그 의도도 여기에 있는 것이다.

① 유교적 사관에 기초하여 기전체로 서술하였다.
② 고구려 시조의 일대기가 서사시로 표현되었다.
③ 대의명분을 중시한 성리학적 사관을 반영하였다.
④ 불교사를 중심으로 고대의 민간 설화 등이 수록되었다.

10. 고려 시대의 유학자에 대한 설명으로 옳은 것만을 모두 고르면?

> ㄱ. 안향 - 원 간섭기에 성리학을 국내에 처음 소개하였다.
> ㄴ. 이제현 - 만권당에서 원의 학자들과 교류하였다.
> ㄷ. 이색 - 개성의 선죽교에서 죽임을 당하였다.
> ㄹ. 정몽주 - 시화집인 『역옹패설』을 저술하였다.

① ㄱ, ㄴ
② ㄱ, ㄷ
③ ㄴ, ㄹ
④ ㄷ, ㄹ

11. 다음 설명에 해당하는 문화유산은?

> ○ 고려 시대에 지어진 주심포 양식의 건물로 지붕의 형태는 맞배지붕이다.
> ○ 1972년 보수 공사 중에 공민왕 때 중창하였다는 상량문이 나와 우리나라에서 가장 오래된 목조 건물로 보고 있다.

① 안동 봉정사 극락전
② 예산 수덕사 대웅전
③ 보은 법주사 팔상전
④ 영주 부석사 무량수전

12. (가)에 들어갈 문화유산의 명칭으로 옳은 것은?

> (가) 은/는 원 간섭기인 충목왕 때 대리석으로 만들어졌다. 1909년경 일본으로 무단으로 반출되었던 것을 되돌려받았으며, 현재는 국립 중앙 박물관에 전시되고 있다.

① 고달사지 승탑
② 경천사지 십층 석탑
③ 원각사지 십층 석탑
④ 월정사 팔각 구층 석탑

9일 고려의 경제·사회·문화 핵심 사료

1) 경정 전시과

> 문종 30년, 양반 전시과를 다시 고쳤다. 제1과는 중서령, 상서령, 문하시중으로 전지 100결과 시지 50결을 주며, …… 제18과는 한인, 잡류로 전지 17결을 주었다.

키워드
문종 30년에 양반 전시과를 다시 고침

사료 분석
문종 때 시행된 경정 전시과는 제1과는 전지 100결과 시지 50결을 주었으며, 제18과는 전지 17결만을 주었다.

2) 해동통보를 주조한 고려

> 왕이 명령하기를, "백성을 부유하게 하고 나라를 이롭게 하는 데는 돈보다 더 중요한 것이 없다. …… 이제 금속을 녹여 돈을 주조하는 법을 제정하였으니, 주조한 돈 1만 5천 관(貫)은 여러 관리와 군인에게 나누어 주어 이를 통용의 시초로 삼고 돈의 명칭을 해동통보라 하여라."라고 하였다.

키워드
왕(숙종)이 돈을 주조하여 해동통보라고 함

사료 분석
고려 숙종은 화폐의 유통을 촉진하기 위하여 해동통보를 주조하고 여러 관리와 군인에게 나누어 주었다.

3) 의천의 교관겸수

> 나는 도(道)를 구하는 데 뜻을 두어 덕이 높은 스승을 두루 찾아 다녔다. 그러다가 진수대법사 문하에서 교관(教觀)을 대강 배웠다. 법사께서는 강의하다가 쉬는 시간에도 늘 "관(觀)도 배우지 않을 수 없고, 경(經)도 배우지 않을 수 없다."라고 제자들에게 훈시하였다. 내가 교관에 마음을 다 쏟는 까닭은 이 말에 깊이 감복하였기 때문이다.

키워드
진수대법사 문하에서 교관을 배움, 교관에 마음을 다 쏟음

사료 분석
의천은 불교의 교리 체계인 교(教)와 자신의 진정한 마음을 관찰하는 관(觀)을 통합하여 수행해야 한다는 교관겸수를 주장하였다.

4) 혜심의 유·불 일치설

> 나는 옛날 공의 문하에 있었고 공은 지금 우리 수선사에 들어왔으니, 공은 불교의 유생이요, 나는 유교의 불자입니다. 서로 손님과 주인이 되고 스승과 제자가 됨은 옛날부터 그러하였고 지금 처음 있는 일은 아닙니다. …… 그 이름만을 생각한다면 불교와 유교는 아주 다르지만 그 실상을 안다면 유교와 불교는 다름이 없다고 보아야 하지 않겠습니까?

키워드
'유교와 불교는 다름이 없다고 보아야 하지 않겠습니까?'

사료 분석
혜심은 유교와 불교가 다르지 않다는 유·불 일치설을 주장하며 성리학을 수용할 수 있는 사상적 토대를 마련하였다.

10일 | 조선의 건국과 통치 체제의 정비

1. 다음 글을 작성한 인물에 대한 설명으로 옳은 것은?

> 선유(先儒)가 불씨의 지옥설을 논박하여 말하기를, " …… 불법이 중국에 들어오기 전에도 죽었다가 다시 살아난 사람들이 있었는데, 어째서 한 사람도 지옥에 들어가 소위 시왕(十王)이란 것을 본 자가 없단 말인가? 그 지옥이란 없기도 하거니와 믿을 수 없음이 명백하다."라고 하였다.

① 안향을 배향한 백운동 서원을 세웠다.
② 일본에 다녀와서 『해동제국기』를 편찬하였다.
③ 무오사화의 발단이 된 「조의제문」을 작성하였다.
④ 『경제문감』을 저술하여 재상 중심의 정치를 주장하였다.

2. (가) 궁궐에 대한 설명으로 옳은 것은?

> 태조가 판삼사사 정도전에게 분부하여 새 궁궐의 여러 전각의 이름을 짓게 하였다. …… 신 정도전은 분부를 받아 삼가 손을 모으고 머리를 조아려 『시경』에 있는 '이미 술에 취하고 이미 덕에 배부르니 군자는 영원토록 그대의 크나큰 복을 모시리라.'라는 시(詩)를 외우고, 새 궁궐을 (가) 이라고 이름 짓기를 청하오니, 전하와 자손께서 만년 태평의 업(業)을 누리시옵고, 사방의 신민으로 하여금 길이 보고 느끼게 하옵니다.

① 제1차 미·소 공동 위원회가 개최된 곳이다.
② 유네스코 세계 문화유산으로 등재되었다.
③ 주요 건물로는 근정전, 경회루 등이 있다.
④ 일제에 의해 창경원으로 격하되기도 하였다.

3. 밑줄 친 '왕'의 업적으로 옳은 것은?

> 의정부에서 상소하기를 "서울과 외방의 고할 데 없는 백성이 억울한 일을 소재지의 관청에 고발하여도 소재지의 관청에서 이를 다스려 주지 않는 자는 나와서 등문고를 치도록 허락하소서."라고 하니 왕이 이를 그대로 따르고, 등문고를 고쳐 신문고라 하였다.

① 공법을 제정하였다.
② 진관 체제를 실시하였다.
③ 『동국병감』을 편찬하였다.
④ 주자소를 설치하여 계미자를 주조하였다.

4. 조선 세종 대에 있었던 사실로 옳지 않은 것은?

① 훈민정음을 창제·반포하였다.
② 간의를 만들어 천체를 관측하였다.
③ 지리서인 『동국여지승람』을 편찬하였다.
④ 의정부 서사제를 실시하여 왕권과 신권의 조화를 추구하였다.

5. 밑줄 친 '왕'의 재위 기간에 있었던 사실로 옳은 것만을 모두 고르면?

> 성삼문이 아버지 성승 및 박팽년 등과 함께 상왕의 복위를 모의하여 중국 사신에게 잔치를 베푸는 날에 거사하기로 기약하였다. …… 일이 발각되어 체포되자, 왕이 친히 국문하면서 꾸짖기를 "그대들은 어찌하여 나를 배반하였는가?"하니 성삼문이 소리치며 말하기를 "상왕을 복위시키려 했을 뿐이오. …… 하늘에 두 개의 해가 없듯이 백성에게도 두 임금이 있을 수 없기 때문이오."라고 하였다.

> ㄱ. 6조 직계제를 시행하였다.
> ㄴ. 이시애가 반란을 일으켰다.
> ㄷ. 악보인 정간보를 창안하였다.
> ㄹ. 한양으로 다시 천도하면서 이궁인 창덕궁을 창건하였다.

① ㄱ, ㄴ
② ㄱ, ㄷ
③ ㄴ, ㄹ
④ ㄷ, ㄹ

6. 밑줄 친 '왕'의 재위 기간에 있었던 사실로 옳은 것은?

> ○ 왕은 훈구 세력을 견제하기 위하여 김종직 등의 사림 세력을 등용하였다.
> ○ 왕은 『국조오례의』를 완성 및 편찬하여 국가의 예법과 절차를 정하였다.

① 이종무를 파견하여 쓰시마 섬을 정벌하였다.
② 불교 경전을 간행하는 간경도감을 설치하였다.
③ 문하부 낭사를 분리하여 사간원으로 독립시켰다.
④ 관수 관급제를 실시하여 국가의 토지 지배력을 강화하였다.

7. (가)에 들어갈 말로 옳은 것은?

> 세조께서 "우리나라 법의 조목은 너무 번잡하고 앞뒤가 맞지 않는 부분도 많아 관리들이 제대로 받들어 행하지 못하므로 이제 이를 정리하여 만대를 이어갈 법전을 만들고자 한다."라고 말씀하셨습니다. 이어 신 등으로 하여금 여러 조목을 한데 모아 정리하게 하셨습니다. …… 책이 완성되어 여섯 권으로 만들어 바치니, (가) (이)라는 이름을 내리셨습니다.

① 『속대전』
② 『경국대전』
③ 『대전통편』
④ 『조선경국전』

8. 조선 시대의 관청에 대한 설명으로 옳은 것은?

① 사간원 - 수도의 행정과 치안을 담당하였다.
② 의금부 - 재상들이 합의하여 국정을 총괄하였다.
③ 승정원 - 왕의 비서 기관으로 왕명 출납을 담당하였다.
④ 교서관 - 발해의 중정대와 비슷한 기능을 수행하였다.

9. (가)에 들어갈 기구로 옳은 것은?

> 신라 때는 사정부라 하고, 고려 때는 어사대, 금오대라 부르다가 공민왕 때 지금의 명칭으로 굳어졌다. 태조가 고려의 법을 따라 (가) 을/를 설치하여 대사헌을 비롯한 20명의 관리를 두었다.

① 승문원
② 홍문관
③ 춘추관
④ 사헌부

10. 조선 시대의 과거 제도에 대한 설명으로 옳은 것만을 모두 고르면?

> ㄱ. 식년시는 해마다 실시되었다.
> ㄴ. 무과는 서얼도 응시가 가능하였다.
> ㄷ. 소과 복시의 합격자 수는 각 도의 인구 비율로 배분되었다.
> ㄹ. 문과 시험 업무는 예조에서 주관하였다.

① ㄱ, ㄴ
② ㄱ, ㄷ
③ ㄴ, ㄹ
④ ㄷ, ㄹ

11. 조선 시대의 지방 행정 제도에 대한 설명으로 옳지 않은 것은?

① 수령은 자기 출신 지역에 부임하지 못하였다.
② 중앙에서 유향소를 통해 경재소를 통제하였다.
③ 향리가 수령의 행정 실무를 보좌하는 아전으로 격하되었다.
④ 군현 밑에는 면, 리, 통을 두고 다섯 집을 1통으로 편제하였다.

12. (가) 기구에 대한 설명으로 옳은 것은?

> 우부승지 김종직이 아뢰기를, "고려 태조는 여러 고을에 영을 내려 청렴한 선비를 뽑아서 향리들의 불법을 규찰하게 하였으므로 간사한 향리가 저절로 없어져 5백 년간 풍화를 유지할 수 있었습니다. 우리 조정에서는 이시애의 난 이후 (가) 이/가 혁파되자 간악한 향리들이 불의를 자행하여서 건국한 지 1백 년도 못 되어 풍속이 쇠퇴해졌습니다. …… 청컨대 (가) 을/를 다시 설립하여 향풍을 규찰하게 하소서."라고 하였다.

① 옥당, 옥서 등으로 불리기도 하였다.
② 좌수와 별감을 중심으로 운영되었다.
③ 5품 이하의 관원에 대한 서경권을 가졌다.
④ 매향 활동 등 각종 불교 행사를 주관하였다.

10일 조선의 건국과 통치 체제의 정비 핵심 사료

1) 정도전의 『조선경국전』

> 훌륭한 재상을 얻으면 육전이 잘 거행되고 모든 직책이 잘 수행된다. 그러므로 임금이 할 일은 한 사람의 재상을 정하는 데에 있다고 하였다. 재상은 위로는 임금을 받들고 밑으로는 모든 관리를 통솔하여 만민을 다스리는 자리니, 그 직분이 매우 큰 것이다.

키워드
훌륭한 재상을 얻으면 모든 직책이 잘 수행됨

사료 분석
정도전은 태조에게 지어 올린 사찬 법전인 『조선경국전』에서 재상 중심의 국정 운영을 강조하였다.

2) 『삼강행실도』를 편찬한 세종

> 왕께서 집현전 부제학 신(臣) 설순에게 명하여 편찬하는 일을 맡게 하였습니다. 이에 동방 고금의 서적에 기록되어 있는 것을 모두 열람하여 효자·충신·열녀로 뚜렷이 기술할 만한 사람 각각 110명을 찾아내었습니다. 그리하여 앞에는 그림으로 그리고, 뒤에는 사실을 기록하였으며, 모두 시를 붙였습니다. …… 편찬을 마치니, 『삼강행실도』라고 이름을 하사하시고, 주자소로 하여금 인쇄하여 길이 전하게 하였습니다.

키워드
왕(세종)께서 『삼강행실도』라고 이름을 하사하심

사료 분석
세종은 설순에게 명하여 모범이 될 만한 충신, 효자, 열녀의 행실을 모아 『삼강행실도』를 편찬하였다.

3) 6조 직계제를 부활시킨 세조

> 상왕이 어려서 무릇 조치하는 바는 모두 의정부 대신에게 맡겨 논의하고 시행하게 하였다. 지금 내가 명을 받아 왕통을 계승하여 군국 서무를 아울러 모두 처리하며 우리나라의 옛 제도를 복구하고자 한다. 지금부터 형조의 사형수를 제외한 모든 서무는 6조가 각각 그 직무를 담당하여 직계한다.

키워드
상왕(단종)이 어려서 내(세조)가 명을 받아 왕통을 계승함, 지금부터 서무는 6조가 그 직무를 담당하도록 함

사료 분석
세조는 태종이 실시하였던 6조 직계제를 부활시켜 국왕 중심의 통치 체제를 강화하였다.

4) 승정원

> 임금의 후설(喉舌, 목구멍과 혀)이 되는 곳으로서 그 임무가 매우 중요하고 임금과 가깝기 때문에, 나라에서 이를 중시하여 당상관으로 이조(吏曹)나 대사간을 거쳐야 겨우 이를 맡을 수 있었다. …… 왕명을 출납하므로 그 책임이 가장 막중하여, 승지에 임명되는 자는 마치 신선과 같아서 세속 사람들이 '은대학사'라고 부른다.

키워드
왕명을 출납함, 승지에 임명되는 자는 세속 사람들이 '은대학사'라고 부름

사료 분석
승정원은 국왕의 비서 기구로 왕명을 출납하였으며, '은대', '대언사'라고 불렸다.

11일 | 사림의 성장과 양난의 발발

1. 조선 전기 사림에 대한 설명으로 옳지 않은 것은?

① 향사례, 향음주례 등의 실시를 주장하였다.
② 서원과 향약을 기반으로 세력을 확대하였다.
③ 성리학 이외의 타 사상에 대해 개방적이었다.
④ 도덕과 의리를 바탕으로 한 왕도 정치를 강조하였다.

2. (가) 사건이 발생한 시기를 연표에서 옳게 고른 것은?

> 김종직은 경상북도 선산(善山) 사람이다. 자(字)를 계온(季昷)이라고 불렀으며, 호(號)는 점필재(佔畢齋)이다. 후학 중에 김굉필과 정여창 같은 이는 도학으로 명성이 있었고, 김일손, 유호인 등은 문장으로 이름을 알렸으며 그 밖에도 명성을 얻은 이가 매우 많았다. 유자광, 이극돈 등이 주도한 ☐(가)☐ 이/가 일어났을 때 당시 김종직은 이미 세상을 떠났지만, 화가 그의 무덤까지 미치어 부관참시를 당하였다.

(가)	(나)	(다)	(라)
성종 즉위	연산군 즉위	중종 즉위	명종 즉위	선조 즉위

① (가) ② (나) ③ (다) ④ (라)

3. 밑줄 친 '왕'의 재위 기간에 있었던 사실로 옳은 것은?

> 왕께서는 이상적인 유교 정치를 이루기 위해 서울과 지방에서 천거한 선비들을 중용하였습니다. 이들은 소학으로써 인재를 기르고 여씨 향약을 시행하여 백성들을 감화시켰습니다. 그러나 당시 젊은 사람들이 태평 정치를 이루기에 급급하여 너무 서두른 폐단이 없지 않았습니다. 이에 배척당한 구신(舊臣)들이 불만을 품고 기묘년의 망극한 화를 만들어 일시에 많은 선비들이 유배되거나 죽임을 당하였습니다.

① 계유정난이 발생하였다.
② 『이륜행실도』가 간행되었다.
③ 도평의사사를 개편하여 의정부를 설치하였다.
④ 성균관에 존경각을 짓고 서적을 소장하게 하였다.

4. (가) 인물에 대한 설명으로 옳은 것은?

> ☐(가)☐ 이/가 올립니다. "지방의 경우 관찰사와 수령이, 서울의 경우 홍문관과 육경(六卿), 대간들이 임용할만한 능력 있는 자를 천거하게 하십시오. 그 후 그들을 대궐에 모아 친히 여러 정책과 관련된 대책 시험을 치른다면 인물을 많이 얻을 수 있을 것입니다. 이는 조종(祖宗)께서 하지 않으셨던 일이요, 한나라의 현량과·방정과의 뜻을 이은 것입니다. 덕행은 여러 사람이 천거하는 바이므로 반드시 헛되거나 그릇되는 일이 없을 것입니다."

① 『주자문록』을 편찬하였다.
② 소격서의 폐지를 주장하였다.
③ 「조의제문」을 사초에 실었다.
④ 기축봉사를 올려 명에 대한 의리를 강조하였다.

5. 밑줄 친 '왕'의 재위 기간에 있었던 사실로 옳은 것은?

> 왕이 전교하였다. "국가에 반역한 큰 도적 임꺽정 등이 이제 모두 잡혀 내 마음이 매우 기쁘다. 토포사 남치근, 군관 곽순수·홍언성, 전 사복(司僕) 윤임 등에게 각각 한 자급씩을 더해 주고, 종사관 한홍제, 박호원에게는 각각 말을 내려 주라."

① 비변사가 설치되었다.
② 『경국대전』이 반포되었다.
③ 회령에서 니탕개가 반란을 일으켰다.
④ 문정 왕후가 수렴청정하며 불교를 옹호하였다.

6. (가), (나) 세력에 대한 설명으로 옳지 않은 것은?

> 김효원이 이조 전랑의 물망에 올랐으나 그가 윤원형의 문객이었다고 하여 심의겸이 반대하였다. 그 후에 심의겸의 동생인 심충겸이 이조 전랑으로 천거되었으나 외척이라 하여 김효원이 반대하였다. 이로 인해 양쪽으로 편이 갈라져 서로 배척하였는데, 김효원을 지지하는 세력을 (가) , 심의겸을 지지하는 세력을 (나) (으)로 부르기 시작하였다. 이는 김효원의 집이 동쪽 건천동에 있고 심의겸의 집이 서쪽 정릉동에 있었기 때문이었다.

① (가) - 척신 정치 청산에 적극적이었다.
② (나) - 이이와 성혼의 문인을 중심으로 형성되었다.
③ (가) - 정철에 대한 처벌 문제를 둘러싸고 북인과 남인으로 분열하였다.
④ (나) - 예송 논쟁에서 신권보다 왕권을 강조하였다.

7. 조선 전기의 대외 관계에 대한 설명으로 옳지 않은 것은?

① 세종 때 여진을 정벌하고 4군 6진을 설치하였다.
② 류큐에 불경, 범종 등을 전해주어 문화 발전에 기여하였다.
③ 시암, 자와 등 동남아시아의 여러 나라와는 교류하지 않았다.
④ 명과는 조공 관계를 통해서 문물을 받아들이고 경제적 실리를 취하였다.

8. (가) 시기에 있었던 사실로 옳은 것은?

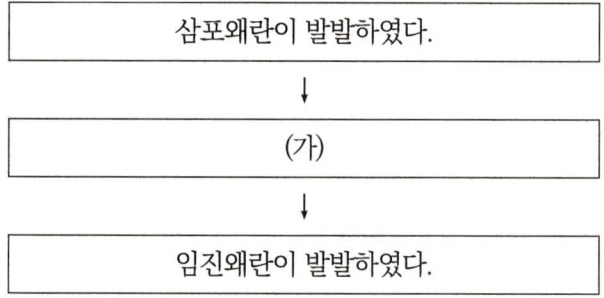

① 기유약조가 체결되었다.
② 갑자사화가 발생하였다.
③ 『의방유취』가 편찬되었다.
④ 왜인들이 을묘왜변을 일으켰다.

9. (가)~(라)를 일어난 순서대로 바르게 나열한 것은?

> (가) 송상현이 동래성에서 항전하였다.
> (나) 원균이 칠천량 전투에서 패배하였다.
> (다) 조·명 연합군이 평양성을 탈환하였다.
> (라) 김시민이 일본군을 맞아 진주성을 지켜냈다.

① (가) → (나) → (라) → (다)
② (가) → (라) → (다) → (나)
③ (라) → (가) → (나) → (다)
④ (라) → (가) → (다) → (나)

10. 다음 글을 작성한 인물에 대한 설명으로 옳은 것은?

> 여러 장수들을 거느리고 우수영 앞 바다로 진을 옮겼다. 벽파정 뒤에 명량이 있는데, 적은 수의 수군으로는 명량을 등지고 진을 칠 수 없기 때문이었다. 여러 장수들을 불러 모아 약속하되 병법에 이르기를 '죽으려고 하면 살고 살려고 하면 죽는다.'라고 하였다.
> - 『난중일기』 -

① 홍의장군이라 불렸다.
② 행주산성에서 일본군을 크게 물리쳤다.
③ 한산도 앞바다에서 일본 수군을 격퇴하였다.
④ 탄금대에서 배수의 진을 치고 일본군에 맞섰다.

11. (가)의 영향으로 옳은 것은?

> 『징비록(懲毖錄)』이란 무엇인가? (가) 이/가 발생한 후의 일을 기록한 것이다. 전국 곳곳이 산산이 무너져 임금께서 수도를 떠나 피란하였는데, 그럼에도 우리나라가 오늘날이 있게 된 것은 하늘이 도운 까닭이다. 그리고 선대 여러 임금의 어질고 두터운 은덕이 백성들을 굳게 결합시켜 백성들의 나라를 생각하는 마음이 그치지 않았기 때문이며, 임금께서 중국을 섬기는 정성이 명나라 황제를 감동시켜 우리나라를 구원하기 위해 명나라 군대가 여러 차례 출동하였기 때문이다. 이러한 일들이 없었다면 우리나라는 위태하였을 것이다.

① 정묘약조가 체결되었다.
② 일본의 도자기 문화가 발달하였다.
③ 부산포, 제포, 염포 등 3포를 개항하였다.
④ 소현 세자와 봉림 대군 등이 청에 인질로 끌려갔다.

12. (가)에 들어갈 말로 옳은 것은?

> 왕께서 (가) 을/를 설치하여 군사를 훈련시키라 명하시고, 나를 도제조로 삼았다. 나는 청하여, "당속미(唐粟米) 1000석을 꺼내어 양식으로 하되 하루에 한 사람에게 두 되씩 준다 하여 군인을 모집하면 응모하는 자가 사방에서 모여들 것입니다." …… 얼마 안 되어 수천 명을 얻어 조총 쏘는 법과 창·칼 쓰는 기술을 가르쳐서 초관(哨官)과 파총(把摠)을 세워서 그들을 거느리고 번을 나누어 궁중에서 보초를 서게 하고, 무릇 행차의 거둥이 있을 때는 이들로써 호위하니 민심이 차츰 믿게 되었다.

① 어영청
② 총융청
③ 수어청
④ 훈련도감

11일 사림의 성장과 양난의 발발 핵심 사료

1) 기묘사화

> 남곤은 나뭇잎의 감즙을 갉아 먹는 벌레를 잡아 모으고 꿀로 나뭇잎에다 '주초위왕' 네 글자를 많이 쓰고서 벌레를 놓아 갉아먹게 하기를 마치 자연적으로 생긴 것같이 하였다. …… 남곤은 벌레가 갉아먹은 나뭇잎을 물에 띄워 대궐 안으로 흘러 보내 왕이 보고 매우 놀라게 하고서 고변하여 화를 조성하였다.

키워드
'주초위왕', 남곤은 왕(중종)에게 고변하여 화를 조성함

사료 분석
남곤은 꿀로 나뭇잎에 '주초위왕'(조씨가 왕이 된다) 글자를 적고 벌레가 갉아먹게 한 다음 왕(중종)에게 고변하였고, 이를 계기로 조광조와 사림들이 제거되었다.

2) 을사사화

> 이덕응이 자백하기를 "평소 대윤·소윤에 휘말리지 않으려고 조심하였는데, 그들과 함께 모반을 꾸민다는 것은 말도 안 됩니다."라고 하였다. 계속 추궁하자 그는 "윤임이 제게 이르되 경원 대군이 왕위에 올라 윤원로가 권력을 잡게 되면 자신의 집안은 멸족될 것이니 봉성군을 옹립하자고 하였습니다."라고 실토하였다.

키워드
이덕응은 윤임이 봉성군을 옹립하자고 하였다고 실토함

사료 분석
명종(경원 대군)의 외척인 소윤(윤원로, 윤원형)은 인종의 외척인 대윤(윤임)을 역적으로 몰아 숙청하였다.

3) 행주 대첩

> 권율이 정병 4천 명을 뽑아 행주산 위에 진을 치고는 책(柵)을 설치하여 방비하였다. …… 적은 올려다보고 공격하는 처지가 되어 탄환도 맞히지 못하는데 반해 호남의 씩씩한 군사들은 모두 활쏘기를 잘하여 쏘는 대로 적중시켰다. …… 적이 결국 패해 후퇴하였다.

키워드
권율이 행주산 위에서 방비함, 적이 패해 후퇴함

사료 분석
임진왜란 때인 1593년 2월에 권율은 행주산성에서 일본군을 상대로 승리하였다.

4) 임진왜란 때 활약한 의병

> 여러 도에서 의병이 일어났다. …… 도내의 거족(巨族)으로 명망 있는 사람과 유생 등이 조정의 명을 받들어 의(義)를 부르짖고 일어나니 소문을 들은 자들은 격동하여 원근에서 이에 응모하였다. …… 호남의 고경명·김천일, 영남의 곽재우·정인홍, 호서의 조헌이 가장 먼저 일어났다.

키워드
고경명, 김천일, 곽재우, 정인홍, 조헌

사료 분석
임진왜란이 발생하자 전국 각지에서 의병들이 조직되었는데, 이들은 향토 지리에 밝은 점을 활용하여 일본군에 큰 피해를 주었다.

12일 | 조선 전기의 경제·사회·문화

1. 밑줄 친 '법'에 대한 설명으로 옳지 않은 것은?

> 대사헌 조준 등이 상소하여 토지 제도에 대해 논하여 말하기를, "하늘이 재앙을 내린 것을 후회하시어 흉악한 무리들을 이미 멸망시켰으며 신돈이 이미 제거되었으니, 마땅히 사전(私田)을 모두 없애 민(民)이 부유하고 장수하는 영역을 여는 것, 이것이 그 기회입니다. …… 이를 규정된 법으로 정하셔서 백성과 더불어 다시 시작하십시오."라고 하였다. …… 도평의사사에서 토지를 지급하는 법을 정할 것을 청하니, 그 의견대로 하였다.

① 현직 관리에게만 수조권을 지급하였다.
② 수신전, 휼양전을 죽은 관리의 가족에게 지급하였다.
③ 지급 대상 토지는 원칙적으로 경기 지역에 한정하였다.
④ 지방 거주의 한량품관에게 군전으로 5결 혹은 10결씩 지급하였다.

2. 밑줄 친 '이들'에 대한 설명으로 옳은 것은?

> 이들의 과거 응시와 벼슬을 제한한 것은 우리나라의 옛 법이 아니다. 그런데 『경국대전』을 편찬한 뒤부터 이들을 금고(禁錮)하였으니, 아직 백 년이 채 되지 않았다. 또한 다른 나라에 이러한 법이 있다는 말은 듣지 못했다. 경대부의 자식인데 오직 어머니가 첩이라는 이유만으로 대대로 이들의 벼슬길을 막아, 비록 훌륭한 재주와 쓸 만한 자질이 있어도 이를 발휘할 수 없게 하였으니, 참으로 안타깝다.

① 매매, 증여, 상속의 대상이 되었다.
② 장례원을 통해 국가의 관리를 받았다.
③ 신분은 양인이었으나 천역에 종사하였다.
④ 일부가 규장각 검서관으로 등용되기도 하였다.

3. (가)에 대한 설명으로 옳지 않은 것은?

> (가) 에 가입하기를 원하는 자에게는 반드시 먼저 규약문을 보여 몇 달 동안 실행할 수 있는가를 스스로 헤아려 본 뒤에 가입하기를 청하게 한다. …… 약정은 여러 사람에게 물어서 좋다고 한 후에야 다음 모임에 참여하게 한다.

① 풍속 교화와 향촌 자치 등의 역할을 하였다.
② 유교 윤리에 따라 여성과 노비는 편성되지 않았다.
③ 지방 유력자가 주민을 수탈하는 배경을 제공하는 부작용도 있었다.
④ 덕업상권, 과실상규, 예속상교, 환난상휼 등을 주요 강령으로 하였다.

4. 밑줄 친 '이 지도'에 대한 설명으로 옳지 않은 것은?

> 이 지도는 태종 때 김사형, 이무 등이 제작한 세계 지도이다. 중국이 세계의 중심이라는 중화사상이 반영되었으며, 중국과 우리나라가 실제보다 크게 그려져 있다.

① 이슬람 지도학의 영향을 받았다.
② 유럽과 아프리카 대륙까지 묘사하였다.
③ 현존하는 동양 최고(最古)의 세계 지도이다.
④ 중국에서 들여온 곤여만국전도를 참고하였다.

5. 밑줄 친 '왕'의 재위 기간에 편찬된 서적으로 옳지 않은 것은?

> 왕은 경자년에 이천에게 명하여 고쳐서 다시 주조하도록 하였는데, 이것이 경자자(庚子字)이고, 갑인년에 경자자의 글자가 잘고 촘촘하다는 이유로 경연에 소장되어 있는 『효순사실』과 『위선음즐』 등의 책을 내다가 김돈 등에게 명하여 20여만 자를 주조하였는데 이것이 갑인자(甲寅字)이다.

① 『동문선』
② 『총통등록』
③ 『삼강행실도』
④ 『향약집성방』

6. 조선 전기의 과학 기술 발달에 대한 설명으로 옳지 않은 것은?

① 주교사를 설치하여 배다리를 건설하였다.
② 장영실 등이 물시계인 자격루를 제작하였다.
③ 토지 측량 기구인 인지의와 규형을 제작하였다.
④ 태조 때 고구려의 천문도를 바탕으로 천상열차분야지도를 돌에 새겼다.

7. (가)에 들어갈 말로 옳은 것은?

> (가) 은/는 안견이 세종의 아들인 안평 대군의 꿈 이야기를 듣고 현실 세계와 이상 세계를 표현한 그림이다. 현재, 일본 덴리 대학 도서관에 소장되어 있다.

① 인왕제색도
② 영통동구도
③ 고사관수도
④ 몽유도원도

8. 조선 전기 문화에 대한 설명으로 옳은 것은?

① 양반 사회를 풍자한 탈춤이 성행하였다.
② 한양을 기준으로 한 역법서인 『칠정산』이 편찬되었다.
③ 대형 석불인 관촉사 석조 미륵보살 입상이 건립되었다.
④ 독창적 기법인 상감법이 개발되어 도자기에 활용되었다.

9. 조선 전기에 편찬된 서적으로 옳은 것만을 모두 고르면?

> ㄱ. 『고려사』
> ㄴ. 『동국통감』
> ㄷ. 『연려실기술』
> ㄹ. 『본조편년강목』

① ㄱ, ㄴ
② ㄱ, ㄷ
③ ㄴ, ㄹ
④ ㄷ, ㄹ

10. (가) 인물에 대한 설명으로 옳은 것은?

> 남명 (가) 은/는 황공한 마음으로 머리를 조아리며 주상 전하께 상소합니다. …… 지금처럼 서리(胥吏)가 나라를 마음대로 했던 것은 들어보지 못했습니다. 정권이 대부에게 있어도 안 될 것인데 더구나 서리에게 있단 말입니까. …… 군민(軍民)의 서정과 나라의 기무가 다 도필리(刀筆吏)의 손에서 나와 아무리 작은 일이라도 대가를 주지 않으면 행해지지 않으니, 안으로는 재물을 모으고 밖으로는 백성을 흩어지게 하여 열에 하나도 남지 않았습니다.

① 이황과 사단 칠정 논쟁을 벌였다.
② 『동호문답』, 『만언봉사』 등을 저술하였다.
③ 왕에게 주청하여 소수 서원이라는 편액을 하사받았다.
④ 경과 의를 근본으로 하는 실천적 성리학풍을 강조하였다.

11. 다음 글을 작성한 인물에 대한 설명으로 옳은 것은?

> 그림을 만들고 설명을 만들어 겨우 열 폭의 종이 위에 서술해 놓았습니다. 이것을 생각하고 익혀서 평소에 조용히 계실 때에 공부하시면 도를 깨달고 성인이 되는 요령과 근본을 바로잡고 나아가 다스리는 근원이 다 여기에 갖추어져 있습니다.

① 『동몽선습』을 편찬하였다.
② '구도장원공'이라는 별칭을 얻었다.
③ 일본의 성리학 발전에 영향을 끼쳤다.
④ 우주를 무한하고 영원한 기로 보는 태허설을 제기하였다.

12. (가) 교육 기관에 대한 설명으로 옳은 것은?

> 흥선 대원군은 나라 안 (가) 을/를 모두 허물고 유생들을 쫓아 버리도록 명령하였다. 감히 항거하는 자는 반드시 죽이라 하니, 사족들이 크게 놀라서 온 나라 안이 물 끓듯 하고 대궐 문간에 나가 울부짖는 자도 수만이나 되었다. …… 그러나 백성들의 춤추고 칭송하는 소리가 천지를 진동하였다.

① 지방의 군현에 있던 유일한 관학이다.
② 성적 우수자는 문과의 초시를 면제해 주었다.
③ 선비와 평민의 자제에게 『천자문』 등을 가르쳤다.
④ 학문 연구와 선현의 제사를 위해 설립된 사설 교육 기관이다.

12일 조선 전기의 경제·사회·문화 핵심 사료

1) 관수 관급제

> 한명회 등이 아뢰기를, "직전의 세(稅)는 관에서 거두어 관에서 주면 이런 폐단이 없을 것입니다."라고 하였다. 대왕 대비가 전지하기를, "직전의 세는 소재지의 지방관으로 하여금 감독하여 거두어 주도록 하라."라고 하였다.

키워드
직전의 세는 소재지의 지방관으로 하여금 감독하여 거두도록 함

사료 분석
직전법이 시행되는 과정에서 관리가 조세를 과다하게 수취하는 경우가 많아지자 성종 때는 지방 관청에서 생산량을 조사하여 직접 조를 거두고 관리에게 나누어 주는 관수 관급제를 실시하였다.

2) 조선 시대의 노비

> 무릇 (갑)의 매매는 관청에 신고해야 하며 사사로이 몰래 사고 팔았을 때는 관청에서 (갑)과 그 대가로 받은 물건을 모두 몰수한다. 나이 16세 이상 50세 이하는 값이 저화 4천 장이고, 15세 이하 50세 이상은 3천 장이다.
> - 『경국대전』 -

키워드
(갑)의 매매, 나이 16세 이상 50세 이하는 값이 저화 4천 장

사료 분석
조선 시대의 노비는 재산으로 취급되어 매매의 대상이었다.

3) 백운동 서원에 사액을 요청한 이황

> 문성공 안유(안향)가 살던 이 고을에는 백운동 서원이 있는데, 전 군수 주세붕이 창건하였습니다. …… 임금(명종)께 아뢰어 서적과 편액을 내려 주시고 겸하여 토지와 노비를 지급하여 재력을 넉넉하게 해 주실 것을 청하고자 합니다.

키워드
백운동 서원에 서적과 편액을 내려 주시고 겸하여 토지와 노비를 지급해 주실 것을 청함

사료 분석
풍기 군수로 재직하던 이황은 우리나라 최초의 서원인 백운동 서원에 사액을 내려 주기를 요청하였고, 백운동은 서원은 명종 때 '소수'라는 이름의 현판과 서적, 토지, 노비 등을 받아 사액 서원이 되었다.

4) 『성학집요』를 저술한 이이

> 제왕의 학문은 기질을 바꾸는 것보다 절실한 것이 없고, 제왕의 정치는 정성을 다해 어진 이를 등용하는 것보다 우선하는 것이 없을 것입니다. 기질을 바꾸는 데는 병을 살펴 약을 쓰는 것이 효과를 거두고, 어진 이를 쓰는 데는 상하가 틈이 없는 것이 성과를 얻습니다.
> - 『성학집요』 -

키워드
제왕의 정치는 어진 이를 등용하는 것보다 우선하는 것이 없음, 『성학집요』

사료 분석
이이는 『성학집요』에서 현명한 신하가 군주에게 성학을 가르쳐 그 기질을 변화시켜야 한다고 주장하였다.

13일 | 붕당 정치의 심화와 탕평 정치

1. (가) 재위 기간의 사실로 옳지 않은 것은?

> (가) 은/는 영창 대군을 몹시 시기하고 모후(母后)를 원수처럼 보아 그 시기와 의심이 나날이 쌓여 갔다. …… 임해군과 영창 대군을 해도(海島)에 안치하여 죽이고 …… 인목 대비를 서궁(西宮)에 유폐하고 대비의 존호를 삭제하였다.

① 허준이 『동의보감』을 완성하였다.
② 경기도에 한하여 대동법을 실시하였다.
③ 명과 후금 사이에서 중립 외교를 추진하였다.
④ 금위영을 설치하여 5군영 체제를 완비하였다.

3. 밑줄 친 '왕' 재위 기간에 있었던 사실로 옳은 것은?

> 용골대 등이 인도하여 들어가 단(壇) 아래에 북쪽을 향해 자리를 마련하고 왕에게 자리로 나가기를 청하였는데, 청나라 사람을 시켜 여창(臚唱)하게 하였다. 왕이 세 번 절하고 아홉 번 머리를 조아리는 예를 행하였다.

① 이괄이 난을 일으켰다.
② 나선 정벌이 단행되었다.
③ 창덕궁 안에 대보단을 설치하였다.
④ 대유둔전이라는 국영 농장을 설치하였다.

2. (가) 시기에 있었던 사실로 옳은 것은?

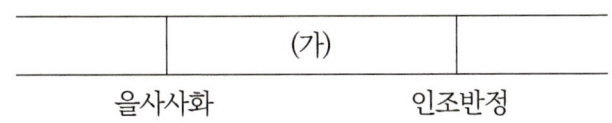

	(가)	
을사사화		인조반정

① 삼전도비가 세워졌다.
② 강홍립이 후금에 항복하였다.
③ 제1차 왕자의 난이 발생하였다.
④ 『신증동국여지승람』이 편찬되었다.

4. 다음과 같이 상소한 인물이 속한 붕당에 대한 설명으로 옳은 것은?

> 장령 허목이 아뢰기를 "장자를 위하여 3년을 입는 까닭은 위로 '정체(正體)'가 되기 때문이고 또 전중(傳重: 조상의 제사나 가문의 법통을 전함)하기 때문입니다. …… 무엇보다 중요한 것은 할아버지와 아버지의 뒤를 이은 '정체'이지, 꼭 첫째이기 때문에 참최 3년복을 입는 것은 아닙니다."라고 하였다.

① 광해군 시기에 국정을 이끌었다.
② 조식 학파를 중심으로 형성되었다.
③ 기사환국을 통해 정권을 장악하였다.
④ 숙종 때 노론과 소론으로 분화되었다.

5. (가), (나) 사이에 전개된 사실로 옳은 것은?

(가) 임금은 궐내에 있던 기름 먹인 장막을 허적이 벌써 가져갔음을 듣고 노하여 이르기를, "궐내에서 쓰는 것을 마음대로 가져가는 것은 한명회도 못하던 짓이다."라고 하였다. …… 임금이 허적의 당파가 많아 기세가 당당하다는 말을 듣고 그들을 제거하고자 결심하였다.

(나) 임금이 명하기를 "중전이 복위하였으니, 백성에게 두 임금이 없는 것은 고금을 통하는 도리이다. 장씨에게 내렸던 왕후의 지위를 거두고, 옛 작호인 희빈을 내려 주도록 하라."라고 하였다.

① 『동국문헌비고』가 편찬되었다.
② 송시열이 관직을 삭탈당하고 유배되었.
③ 자의 대비 복상 문제로 예송이 전개되었다.
④ 청에 인질로 갔던 봉림 대군이 귀국하였다.

6. 밑줄 친 '왕'이 시행한 정책으로 옳은 것은?

왕께서는 적전(籍田)을 가는 쟁기를 잡으시니 근본을 중시하는 거둥이 아름답고, 혹독한 형벌을 없애라는 명을 내리시니 살리기를 좋아하는 덕이 성대하였습니다. …… 정포(丁布)를 고루 줄이신 은혜로 말하면 천명(天命)을 받아 백성을 보전할 기회에 크게 부합되었거니와, 위를 덜어 아래를 더하며 어염세(魚鹽稅)도 아울러 감면되고, 여자·남자가 기뻐하여 양잠(養蠶)·농경(農耕)이 각각 제자리를 얻었습니다.

① 무위영을 설치하였다.
② 신해통공을 시행하였다.
③ 『속대전』을 편찬하였다.
④ 설점수세제를 처음 실시하였다.

7. 다음 사건 이후에 전개된 사실로 옳지 않은 것은?

적이 청주성을 함락시키니, 절도사 이봉상과 토포사 남연년이 죽었다. 이인좌가 자칭 대원수(大元帥)라 칭하며 권서봉을 목사로, 신천영을 병사로, 박종원을 영장으로 삼았다.

① 동학이 창시되었다.
② 규장각이 설치되었다.
③ 『동문휘고』가 편찬되었다.
④ 백두산정계비를 건립하였다.

8. 다음과 같이 주장한 인물에 대한 설명으로 옳은 것은?

달은 하나이며 물은 수만이다. 물이 달을 받으므로 앞 시내에도 달이요, 뒤 시내에도 달이다. 달의 수는 시내의 수와 같은데 시내가 만 개에 이르더라도 그렇다. 그 이유는 하늘에 있는 달이 본디 하나이기 때문이다. 달은 본래 천연으로 밝은 빛을 발하며, 아래로 내려와서는 물을 만나 빛을 낸다. 물은 세상 사람이며, 비추어 드러나는 것은 사람들의 상이다. 달은 태극이며, 태극은 바로 나다.

① 조세 제도를 개편하여 영정법을 제정하였다.
② 초계문신제를 실시하여 관료들을 재교육하였다.
③ 당파와 관계없이 인물을 등용하는 완론 탕평을 실시하였다.
④ 이순신에게 현충이라는 시호를 내리고 강감찬 사당을 건립하였다.

9. (가)~(라) 시기에 있었던 사실로 옳은 것은?

	(가)	(나)	(다)	(라)	
광해군 즉위		효종 즉위	영조 즉위	정조 즉위	순조 즉위

① (가) - 양재역 벽서 사건이 일어났다.
② (나) - 정묘호란이 발생하였다.
③ (다) - 『무예도보통지』를 편찬하였다.
④ (라) - 수원 화성이 완공되었다.

10. 다음 사건이 발생한 국왕 대의 사실로 옳은 것은?

> 사학(邪學) 죄인 황사영은 사족으로서 사술(邪術)에 미혹됨이 가장 심한 자였다. 그는 의금부에서 체포하려는 것을 미리 알고 피신하였는데, 상복을 입고 성명을 바꾸거나 토굴에 숨어서 종적을 감춘 지 반년이 지났다. 포도청에서 은밀히 염탐하여 지금에야 제천 땅에서 붙잡았다. 그의 문서를 수색하던 중 백서를 찾았는데, 장차 북경의 천주당에 전하려고 한 것이었다.

① 『대전통편』이 편찬되었다.
② 임술 농민 봉기가 발생하였다.
③ 미국 상선 제너럴셔먼호가 격침되었다.
④ 공노비 6만 6천여 명을 양인으로 해방시켰다.

11. 조선 후기의 5군영에 대한 설명으로 옳지 않은 것은?

① 수어청은 북한산성에 근거지를 두었다.
② 금위영은 훈련별대와 정초군을 통합하여 설치되었다.
③ 효종 때 북벌을 추진하기 위해 어영청의 병력을 확대하였다.
④ 훈련도감은 척계광의 『기효신서』를 참고하여 훈련하였다.

12. 조선 통신사에 대한 설명으로 옳은 것만을 모두 고르면?

> ㄱ. 매년 정기적으로 파견되었다.
> ㄴ. 조선의 선진 문화와 기술을 전파하는 역할을 하였다.
> ㄷ. 청나라에 파견된 외교 사절단이다.
> ㄹ. 국왕의 외교 문서인 서계를 가지고 갔다.

① ㄱ, ㄴ
② ㄱ, ㄷ
③ ㄴ, ㄹ
④ ㄷ, ㄹ

13일 붕당 정치의 심화와 탕평 정치
핵심 사료

1) 강홍립이 이끄는 원병을 파견한 광해군

> 4월에 누르하치의 군대가 무순을 함락하고, 7월에는 청하를 함락하였다. 이에 명에서 정벌을 결정하고 우리나라에 군사 징발을 요구하였다. 명의 총독 왕가수의 군문에서 약 4만의 병사를 요구하였으나, 양호가 조선의 병사와 군마가 적다고 하여 마침내 그 수를 줄여서 1만 명만 징발하였다. 7월 조정에서 강홍립을 도원수로, 김경서를 부원수로 삼았다.

키워드
명에서 우리나라에 군사 징발을 요구함, 조정에서는 강홍립을 도원수로 삼았음

사료 분석
명의 원군 요청을 받은 광해군은 강홍립을 도원수라 삼아 명을 지원하되 상황에 따라 대처하도록 명령하였다.

2) 탕평비를 건립한 영조

> 왕이 '두루 원만하고 치우치지 않음이 군자의 공정한 마음이요, 치우치고 두루 원만하지 못함이 소인의 사사로운 마음이다.'라는 내용을 담은 탕평비를 성균관 입구에 세우게 하였다.

키워드
탕평비를 성균관 입구에 세우게 함

사료 분석
영조는 탕평의 의지를 천명하고 붕당의 폐해를 경계하는 뜻으로 성균관 입구에 탕평비를 세웠다.

3) 초계문신제를 시행한 정조

> 초계문신의 인원은 반드시 문신(文臣)으로 과거에 합격한 후 승문원에 배속되어 실무를 익히는 사람들로 한다. 이 가운데 6품 이상 종3품 이하의 참상(參上)이나 7품 이하의 참하(參下)를 막론하고 모두 의정부에서 상의하여 37세 이하에 한하여 뽑는다.

키워드
초계문신의 인원은 37세 이하에 한하여 뽑음

사료 분석
정조는 37세 이하의 젊고 유능한 문신들을 선발하여 재교육시키고 인재로 양성하는 초계문신제를 시행하였다.

4) 공노비 6만 6천여 명을 해방시킨 순조

> "임금이 백성을 대할 때는 귀천이 없고 내외 없이 고루 균등하게 적자로 여겨야 하는데, 노(奴)와 비(婢)라고 하여 구분하는 것이 어찌 똑같이 동포로 여기는 뜻이겠는가. 내노비 36,974명과 시노비 29,093명을 모두 양민으로 삼도록 하라. 그리고 승정원으로 하여금 노비 문서를 거두어 돈화문 밖에서 불태우도록 하라."

키워드
내노비 36,974명과 시노비 29,093명을 모두 양민으로 삼음

사료 분석
순조는 노비의 합법적인 신분 상승과 도망 등으로 인하여 신공을 거의 거둘 수 없게 되자, 국가 재정의 확충을 목적으로 중앙 관청에 소속된 공노비 6만 6천여 명을 해방시켰다.

14일 | 조선 후기의 경제·사회·문화

1. (가)에 대한 설명으로 옳은 것은?

> (가) 이/가 처음 경기도에서 실시되자 토호와 방납인들은 그동안 얻었던 이익을 모두 잃게 되었다. 그래서 온갖 수단을 다 동원하여 왕에게 폐지할 것을 건의하였으나, 백성들이 (가) 이/가 편리하다고 하였기 때문에 계속 실시하기로 하였다.

① 재정 감소분을 결작 등으로 보충하였다.
② 풍흉에 관계없이 1결당 쌀 4~6두를 내게 하였다.
③ 공인에게 비용을 지급하고 필요 물품을 조달하였다.
④ (가) 시행 이후에는 현물 납부가 완전히 사라지게 되었다.

2. 조선 후기의 농업 변화에 대한 설명으로 옳지 않은 것은?

① 면화, 담배 등의 상품 작물을 재배하였다.
② 밭농사에서 조, 보리, 콩의 2년 3작이 시작되었다.
③ 이앙법의 확산으로 농사에 필요한 노동력이 절감되었다.
④ 지주들이 노비나 머슴을 고용하여 직접 농지를 경영하는 경우가 많아졌다.

3. 다음 자료에 해당하는 시기의 경제 상황에 대한 설명으로 옳지 않은 것은?

> 황해도 관찰사의 보고에 따르면, 수안군에는 본래 금광이 다섯 곳이 있었다. 올해 여름에 새로 39개소의 금혈을 뚫었는데, 550여 명의 광꾼들이 모여들었다. 도내의 무뢰배들이 농사를 짓지 않고 다투어 모여들 뿐만 아니라 다른 지방에서 이익을 좇는 무리들도 소문을 듣고 몰려온다. …… 금점을 설치한 지 이미 여러 해가 된 곳에는 촌락이 즐비하고 상인들이 물품을 유통시켜 큰 도회지를 이루고 있다.

① 일부 지방에서 도조법으로 지대를 납부하였다.
② 상인 자본이 장인에게 돈을 대는 선대제가 성행하였다.
③ 쌀의 수요가 늘면서 밭을 논으로 바꾸는 현상이 늘어났다.
④ 상업 활동이 활발해지면서 삼한통보가 주조되어 유통되었다.

4. (가) 종교에 대한 설명으로 옳은 것은?

> 근일에 요사스럽고도 흉패한 (가) 이/가 열화(烈火)같이 치열해져서 형세의 위급함이 하늘을 뒤덮고 있으니, 진실로 국가의 화급한 근심이 되었습니다. …… 그런데 아! 저 정약전·정약용 형제는 정약종의 동기(同氣)로서, 몰래 이승훈에게 요사스러운 책을 받아 밤낮으로 탐혹하여 유교를 어지럽히고 윤리를 멸절시켰다고 세상에서 지목받은 지 여러 해가 되었습니다.

① 『동경대전』을 경전으로 삼았다.
② 시천주와 인내천 사상을 강조하였다.
③ 단군 숭배 사상을 통해 민족의식을 고취하였다.
④ 청에 다녀온 사신들에 의하여 서학으로 소개되었다.

5. 다음 사건에 대한 설명으로 옳은 것만을 모두 고르면?

"금번 난민들이 소동을 일으킨 것은 전 우병사 백낙신이 탐욕을 부려 수탈하였기 때문입니다. 이 때문에 고을 인심이 들끓고 여러 사람들의 노여움이 한꺼번에 폭발해서 전에 듣지 못했던 변란이 갑자기 일어난 것입니다."

ㄱ. 삼정이정청이 설치되는 계기가 되었다.
ㄴ. 한때 청천강 이북 지역을 거의 장악하였다.
ㄷ. 몰락 양반인 홍경래가 주도하여 일으켰다.
ㄹ. 사건의 수습을 위해 박규수가 안핵사로 파견되었다.

① ㄱ, ㄷ
② ㄱ, ㄹ
③ ㄴ, ㄷ
④ ㄴ, ㄹ

6. 다음 자료와 같은 현상이 나타난 시기의 사회 모습으로 옳지 않은 것은?

근래 세상의 도리가 점점 썩어가서 돈 있고 힘 있는 백성들이 갖은 방법으로 군역을 회피하고 있다. 간사한 아전과 한통속이 되어 뇌물을 쓰고 호적을 위조하여 유학(幼學)이라 칭하면서 면역하거나 다른 고을로 옮겨 가서 스스로 양반 행세를 하기도 한다. 호적이 밝지 못하고 명분의 문란함이 지금보다 심한 적이 없다.
- 『일성록』 -

① 사족들이 형성한 동족 마을이 증가하였다.
② 향회가 수령의 부세 자문 기구로 변질되었다.
③ 양민의 대다수를 차지한 농민을 백정(白丁)이라고 하였다.
④ 혼인 후에 남자 집에서 생활하는 친영 제도가 일반화되었다.

7. (가), (나)에 들어갈 이름을 바르게 연결한 것은?

(가) 은/는 『기기도설』을 바탕으로 거중기를 만들어 정조 때 수원 화성을 축조하는 데 활용하였다. 한편, (나) 은/는 허자와 실옹의 문답 형식으로 우주의 원리와 지전설 등을 논한 『의산문답』을 저술하였다.

	(가)	(나)
①	유형원	김석문
②	정약용	홍대용
③	유형원	홍대용
④	정약용	김석문

8. 다음과 같이 주장한 인물의 저술로 옳은 것은?

토지 소유를 제한하는 법령을 세우십시오. 모년 모월 이후부터 제한된 토지보다 많은 자는 더 가질 수 없고, 그 법령 이전부터 소유한 것은 비록 광대한 면적이라 해도 불문에 부치며, 그 자손에게 분급해 주는 것은 허락하고, 혹시 사실대로 하지 않고 숨기거나 법령 이후에 제한을 넘어 더 점유한 자는 백성이 적발하면 백성에게 주고, 관아에서 적발하면 관아에서 몰수하십시오. 이렇게 한다면 수십 년이 못 가서 전국의 토지는 균등하게 될 것입니다.
- 『한민명전의』 -

① 『우서』
② 『북학의』
③ 『목민심서』
④ 『열하일기』

9. 다음 글을 작성한 인물에 대한 설명으로 옳은 것은?

> 이 비는 아무도 아는 사람이 없어 '요승 무학이 잘못 찾아 여기에 이르렀다는 비'라고 잘못 불려 왔는데, 가경(嘉慶) 병자년에 내가 김경연과 함께 승가사(僧伽寺)에서 노닐다가 보게 되었다. …… 탁본을 한 결과 비의 형태는 황초령비와 서로 흡사하였고, 제1행 진흥의 진(眞) 자는 약간 마멸되었으나 여러 차례 탁본을 해서 보니, 진(眞) 자임에 의심할 여지가 없었다. 마침내 진흥왕의 고비(古碑)로 정하고 보니, 1200년 전의 고비(古碑)임이 밝혀져 무학비라고 하는 황당무계한 설이 깨지게 되었다.
> — 『완당집』 —

① 전국 지도인 대동여지도를 제작하였다.
② 역대 명필을 연구하여 추사체를 창안하였다.
③ 100리 척을 사용하여 동국지도를 제작하였다.
④ 전국의 자연 환경과 풍속 등을 정리한 『택리지』를 저술하였다.

10. 양명학에 대한 설명으로 옳은 것만을 모두 고르면?

> ㄱ. 지행합일의 실천성을 강조하였다.
> ㄴ. 주자가 집대성하여 주자학이라고도 불렸다.
> ㄷ. 이황에 의해 이단으로 비판받았다.
> ㄹ. 고려 말 신진 사대부의 사상적 기반이 되었다.

① ㄱ, ㄴ
② ㄱ, ㄷ
③ ㄴ, ㄹ
④ ㄷ, ㄹ

11. (가)에 들어갈 말로 옳은 것은?

> 유득공이 저술한 [(가)]에는 다음과 같은 서문이 실려 있다. "부여씨와 고씨가 망한 다음에 김씨의 신라가 남에 있고, 대씨의 발해가 북에 있으니 이것이 남북국이다. 여기에는 마땅히 남북국사가 있어야 할 터인데, 고려가 그것을 편찬하지 않은 것은 잘못된 일이다."

① 『발해고』
② 『동사강목』
③ 『해동역사』
④ 『고려사절요』

12. 조선 후기 문화에 대한 설명으로 옳지 않은 것은?

① 흥보가, 춘향가 등의 판소리가 유행하였다.
② 무위사 극락전, 해인사 장경판전이 건립되었다.
③ 중인들이 시사를 결성하여 문학 활동을 펼쳤다.
④ 형식에 구애받지 않고 감정을 표현한 사설시조가 유행하였다.

14일 조선 후기의 경제·사회·문화 핵심 사료

1) 대동법

> 영의정 이원익이 아뢰기를, "각 고을에서 바치는 공물이 각급 관청의 방납인들에 의해 중간에서 막혀 물건 하나의 가격이 몇 배 또는 몇십 배, 몇백 배가 되어 그 폐단이 이미 고질화되었습니다. 그러니 지금 마땅히 별도로 하나의 청을 설치하여 이 법을 시행하도록 하소서."라고 하니 왕이 따랐다.

키워드
이원익, 각 고을에서 바치는 공물이 방납인들에 의해 막혀 물건의 가격이 몇 배, 몇십 배, 몇백 배가 됨

사료 분석
광해군은 방납의 폐단을 바로잡고 백성의 부담을 줄여 주기 위하여 이원익의 건의에 따라 대동법을 실시하였다.

2) 조선 후기의 경제 상황

> 배에 물건을 싣고 오가면서 장사하는 장사꾼은 반드시 강과 바다가 이어지는 곳에서 이득을 얻는다. 전라도 나주의 영산포, 영광의 법성포, 흥덕의 사진포, 전주의 사탄은 비록 작은 강이나 모두 바닷물이 통하므로 장삿배가 모인다. …… 그리하여 큰 배와 작은 배가 밤낮으로 포구에 줄을 서고 있다.

키워드
영산포, 법성포, 배가 밤낮으로 포구에 줄을 서고 있음

사료 분석
조선 후기에는 포구가 상업의 중심지로 성장하였으며 대표적으로 영산포, 법성포 등이 있다.

3) 조선 후기의 사회 모습

> 근래 아전의 풍속이 나날이 변하여 하찮은 아전이 길에서 양반을 만나도 절을 하지 않으려 한다. 아전의 아들, 손자로서 아전의 역을 맡지 않은 자가 고을 안의 양반을 대할 때 맞먹듯이 너 나 하며 자(字)를 부르고 예의를 차리지 않는다.
>
> - 『목민심서』 -

키워드
아전이 길에서 양반을 만나도 절을 하지 않으려 함, 『목민심서』

사료 분석
조선 후기에는 공명첩의 발행과 납속책의 실시 등으로 양반의 수가 늘어나고 상민의 수는 줄어들면서 양반 중심의 신분 질서가 동요되었다.

4) 여전론을 주장한 정약용

> 무릇 1여(閭)의 토지는 여민이 함께 농사하고 경계를 나누지 않는다. 여장은 매일 개개인의 노동량을 장부에 기록하여 두었다가 가을이 되면 수확물을 여장의 집에 가져온 다음에 분배한다. 이때 국가에 바칠 세와 여장의 봉급을 제하며, 그 나머지를 가지고 노동 일수에 따라 여민(閭民)에게 분배하도록 한다.

키워드
여장은 개개인의 노동량을 장부에 기록하여 두었다가 수확물을 분배함

사료 분석
정약용은 한 마을을 1여로 편성하고 여장의 명령에 따라 공동으로 경작한 뒤 노동량에 따라 수확물을 분배하자는 여전론을 주장하였다.

1. 밑줄 친 '이 나라'에 대한 설명으로 옳은 것은?

> 이 나라는 꺼리는 것이 많아 사람이 병들어 죽으면 집을 버리고 새 집을 짓는다. …… 낙랑단궁이라는 활, 바다표범 가죽[班魚皮], 무늬 있는 표범, 그리고 키가 작은 과하마가 난다.

① 민며느리제의 풍속이 있었다.
② 1세기 초에 왕호를 사용하였다.
③ 계루부 집단이 권력을 장악하였다.
④ 10월에 무천이라는 제천 행사를 개최하였다.

2. 밑줄 친 '이 나라'에 대한 설명으로 옳은 것은?

> 시조는 이진아시왕이다. 그로부터 도설지왕까지 대략 16대 520년이다. 최치원이 지은 『석이정전』을 살펴보면, 가야산신 정견모주가 천신 이비가지에게 감응되어 이 나라 왕 뇌질주일과 금관국왕 뇌질청예 두 사람을 낳았는데, 뇌질주일은 곧 이진아시왕의 별칭이고 뇌질청예는 수로왕의 별칭이라고 한다.

① 호남 동부까지 세력을 확장하였다.
② 중앙에 6좌평의 관제를 마련하였다.
③ 관산성 전투에서 국왕이 전사하였다.
④ 골품에 따라 관등이나 관직 승진에 제한이 있었다.

3. 삼국 시대 문화에 대한 설명으로 옳지 않은 것은?

① 능산리 고분군에는 계단식 돌무지무덤이 있다.
② 선덕 여왕 때 천문 관측 시설인 첨성대를 건립하였다.
③ 분황사 모전 석탑은 돌을 벽돌 모양으로 다듬어 쌓았다.
④ 호우명 그릇은 5세기 초 고구려와 신라의 관계를 알려준다.

4. 발해와 관련된 다음 사실들을 순서대로 바르게 나열한 것은?

> (가) 당에 의해 대조영이 발해 군왕으로 책봉되었다.
> (나) '건흥'이라는 연호를 사용하였다.
> (다) 3성 6부의 중앙 관제를 정비하였다.
> (라) 수도를 동경 용원부에서 상경 용천부로 옮겼다.

① (가) → (다) → (라) → (나)
② (가) → (라) → (나) → (다)
③ (라) → (가) → (나) → (다)
④ (라) → (다) → (가) → (나)

5. (가)와 (나) 사이에 있었던 사실로 옳은 것은?

(가) 노비를 상세히 조사하고 살펴서 옳고 그름을 따져 밝혀내도록 명하였다. 주인을 배반하는 노비들이 이루 다 셀 수가 없을 정도였다. 이로 말미암아 상전을 능멸하는 풍조가 크게 일어나 사람들이 모두 탄식하고 원망하므로 왕비가 간절하게 간언하였으나, 왕이 받아들이지 않았다.

(나) 교(敎)하기를, "양민이 된 노비들은 해가 점차 멀어지면 반드시 그 본래의 주인을 가벼이 보고 업신여기게 된다. …… 만약 그 주인을 욕하는 자가 있으면, 다시 천민으로 되돌려 부리게 할 것이다."라고 하였다.

① 광군사가 설치되었다.
② 전시과가 처음으로 제정되었다.
③ 흑창을 설치하여 빈민을 구제하였다.
④ 『7대실록』을 편찬하기 시작하였다.

6. 밑줄 친 '이곳'에서 있었던 사실로 옳은 것은?

나는 삼한 산천 신령의 도움을 받아 왕업을 이루었다. 이곳은 수덕이 순조로워 우리나라 지맥의 근본이 되니 만대에 전할 땅이다. 왕은 춘하추동 네 계절의 중간달에 그곳에 가 100일 이상 머물며 안녕을 이루도록 하라.

① 고려 문종 대에 남경이 설치되었다.
② 안승을 왕으로 하는 보덕국이 세워졌다.
③ 조선 후기에 송상이 근거지로 삼아 활동하였다.
④ 묘청이 반란을 일으키고 국호를 대위라 하였다.

7. 밑줄 친 '이 책'에 대한 설명으로 옳은 것은?

신(臣)이 이 책을 편수하여 바치는 것은 …… 중국은 반고부터 금국에 이르기까지, 동국은 단군으로부터 본조(本朝)에 이르기까지 처음 일어나게 된 근원을 책에서 다 찾아보아 같고 다른 것을 비교하여 요점을 취하고 읊조림에 따라 장을 이루었습니다.

① 각훈이 왕명에 따라 편찬하였다.
② 현존하는 우리나라의 가장 오래된 역사서이다.
③ 신라의 역사를 상고·중고·하고로 나누어 인식하였다.
④ 원 간섭기에 중국과 구별되는 우리 역사의 독자성을 강조하였다.

8. 다음과 같이 주장한 인물로 옳은 것은?

지금 요동을 정벌하는 일에는 네 가지의 옳지 못한 점이 있습니다. 작은 나라로서 큰 나라에 거역하는 것이 첫 번째 옳지 못함이요, 여름철에 군사를 동원하는 것이 두 번째 옳지 못함이요, 온 나라의 군사를 동원하여 멀리 정벌하러 가면 왜적이 그 허술한 틈을 탈 것이니 세 번째 옳지 못함이요, 이제 곧 덥고 비가 많이 올 것이므로 활의 아교가 풀어지고 많은 군사가 전염병을 앓을 것이니 네 번째 옳지 못함입니다.

① 강조
② 권근
③ 이성계
④ 김윤후

9. 조선 시대의 교육 제도에 대한 설명으로 옳은 것만을 모두 고르면?

ㄱ. 잡학은 해당 기술 관청에서 직접 교육을 담당하였다.
ㄴ. 성균관은 생원이나 진사만 입학할 수 있었다.
ㄷ. 한양에는 서학, 동학, 남학, 중학이 설치되었다.
ㄹ. 중앙에서 교수나 훈도를 서원에 파견하기도 하였다.

① ㄱ, ㄴ
② ㄱ, ㄷ
③ ㄴ, ㄹ
④ ㄷ, ㄹ

10. 『조선왕조실록』에 대한 설명으로 옳지 않은 것은?

① 사초와 시정기 등을 바탕으로 편찬되었다.
② 임진왜란 이전에는 4대 사고에 보관하였다.
③ 연, 월, 일 순으로 정리하는 편년체로 기록하였다.
④ 일반 관리와는 달리 국왕은 자유롭게 열람할 수 있었다.

11. 다음과 같이 주장한 인물에 대한 설명으로 옳은 것은?

국가는 마땅히 한 집의 생활에 맞추어 재산을 계산해서 토지 몇 부(負)를 1호의 영업전으로 한다. 땅이 많은 자는 빼앗아 줄이지 않고 미치지 못하는 자도 더 주지 않으며, 돈이 있어 사고자 하는 자는 비록 천백 결이라도 허락하여 주고, 땅이 많아서 팔고자 하는 자는 다만 영업전 몇 부 이외에는 허락하여 준다.

① 생산과 소비의 관계를 우물에 비유하였다.
② 「호질」을 통해 양반의 위선을 풍자하였다.
③ 나라를 좀먹는 여섯 가지의 폐단을 지적하였다.
④ 『경세유표』에서 국가 제도의 개혁 방향을 제시하였다.

12. (가)~(라)를 시기순으로 바르게 나열한 것은?

(가) 중앙군인 10위가 왕궁과 수도를 방어하였다.
(나) 친위 부대인 장용영을 창설하였다.
(다) 방령이 700~1,200명의 군사를 거느렸다.
(라) 양계 지역에 주진군을 파견하였다.

① (가) → (나) → (다) → (라)
② (가) → (다) → (라) → (나)
③ (다) → (가) → (나) → (라)
④ (다) → (가) → (라) → (나)

16일 | 흥선 대원군의 정책과 외세의 침략

1. 밑줄 친 '왕'의 재위 기간에 있었던 사실로 옳은 것은?

> 왕이 창덕궁 인정전에서 즉위하였다. 그때 나이가 12살이었기 때문에 신정익황후가 수렴청정을 하였다. 친아버지인 흥선군을 높여 대원군으로 삼아 모든 정사에 참여하게 하고 신하의 예와는 달리 대우하였다.

① 세한도가 제작되었다.
② 『탁지지』가 편찬되었다.
③ 성균관 입구에 탕평비를 세웠다.
④ 임진왜란 때 소실된 경복궁을 중건하였다.

2. (가) 인물이 추진한 정책으로 옳지 않은 것은?

> 나라에 제도로서 인정(人丁)에 대한 세를 신포라고 하였는데, 충신과 공신의 자손에게는 모두 신포가 면제되었다. …… (가) 은/는 이를 시정하고자 동포(洞布)라는 법을 제정하였다. 이 때문에 예전에는 면제되던 자라도 신포를 바치지 않을 수가 없게 되었다. 조정의 관리들이 반대하자 (가) 은/는 이를 듣지 않으면서 …… 그 법을 시행하였다.

① 원납전을 징수하였다.
② 『대전회통』을 편찬하였다.
③ 비변사의 기능을 강화하였다.
④ 만동묘와 폐단이 큰 서원을 철폐하였다.

3. 다음 사건을 일어난 순서대로 바르게 나열한 것은?

> (가) 평양의 관민들이 제너럴셔먼호를 불태웠다.
> (나) 운요호가 강화도의 초지진을 포격하였다.
> (다) 양헌수가 이끄는 조선군이 정족산성에서 프랑스군을 격퇴하였다.
> (라) 오페르트가 남연군의 묘를 도굴하려다 실패하였다.

① (가) → (다) → (라) → (나)
② (가) → (다) → (나) → (라)
③ (다) → (나) → (가) → (라)
④ (다) → (라) → (가) → (나)

4. 신미양요에 대한 설명으로 옳은 것은?

① 한성 조약이 체결되는 계기가 되었다.
② 어재연 부대가 광성보에서 항전하였다.
③ 외규장각 도서가 약탈되는 피해를 입었다.
④ 프랑스 선교사와 천주교도가 처형당한 것이 원인이 되었다.

5. 다음 조약에 대한 설명으로 옳은 것은?

> 일본국 정부의 특명전권변리대신 육군중장 겸 참의 개척장관 구로다 기요타카와 특명부전권변리대신 의관 이노우에 가오루가 조선국 강화부에 와서 조선국 정부의 판중추부사 신헌과 부총관 윤자승과 함께 각기 받든 유지에 따라 의결한 조관을 아래에 열거한다.
>
> 제1관 조선국은 자주 국가로서 일본국과 평등한 권리를 보유한다.
> 제7관 조선의 연해 도서는 지극히 위험하므로 일본의 항해자가 자유로이 해안을 측량함을 허가한다.

① 통감부가 설치되는 계기가 되었다.
② 일본 경비병의 공사관 주둔을 명시하였다.
③ 외국에 대한 최혜국 대우를 처음으로 규정하였다.
④ 부산 외 2곳의 항구가 개항되는 결과를 가져왔다.

6. 개항기 체결된 통상 협약에 대한 설명으로 옳지 않은 것은?

① 조·일 수호 조규 부록(1876) - 일본 화폐의 유통을 허용하였다.
② 조·일 무역 규칙(1876) - 곡물 유출을 막는 방곡령을 규정하였다.
③ 조·청 상민 수륙 무역 장정(1882) - 청의 북양 대신과 조선 국왕은 대등한 권리를 갖는다고 명시하였다.
④ 개정 조·일 통상 장정(1883) - 일본과 수출입하는 물품에 대한 관세 부과를 명시하였다.

7. 다음 조약에 대한 설명으로 옳지 않은 것은?

> 제1관 앞으로 대조선국 군주와 대미국 대통령 및 그 인민은 각각 모두 영원히 화평하고 우애 있게 지낸다.
> 제5관 미국 상인과 상선이 조선에 와서 무역을 할 때 입출항 하는 화물은 모두 세금을 바쳐야 하며, 세금을 거두는 권한은 조선이 자주적으로 행사한다.

① 영사 재판권이 인정되었다.
②『조선책략』의 영향을 받았다.
③ 천주교 포교의 허용 근거가 되었다.
④ 청의 알선으로 서양 국가와 맺은 최초의 조약이다.

8. 다음과 같이 주장을 한 인물에 대한 설명으로 옳은 것은?

> 일단 강화를 맺고 나면 저 적들의 욕심은 물화를 교역하는 데 있습니다. 저들의 물화는 모두 지나치게 사치하고 기이한 노리개이고 손으로 만든 것이어서 그 양이 무궁합니다. …… 저들은 비록 왜인이라고 하나 실은 양적입니다. 강화가 한번 이루어지면 사학의 서적과 천주의 초상화가 교역하는 속에서 들어올 것입니다.

① 친일 인사인 스티븐스를 사살하였다.
② 명동 성당 앞에서 이완용을 습격하였다.
③ '시일야방성대곡'을 황성신문에 발표하였다.
④ 서원 철폐 조치 등에 반대하면서 흥선 대원군을 탄핵하였다.

9. 1880년대 개화 정책과 관련된 사실에 대한 설명으로 옳은 것만을 모두 고르면?

ㄱ. 신식 군대인 별기군을 창설하였다.
ㄴ. 독립신문을 창간하였다.
ㄷ. 통리기무아문을 설치하였다.
ㄹ. 한성 사범 학교를 설립하였다.

① ㄱ, ㄴ
② ㄱ, ㄷ
③ ㄴ, ㄹ
④ ㄷ, ㄹ

11. (가) 시기의 사실로 옳지 않은 것은?

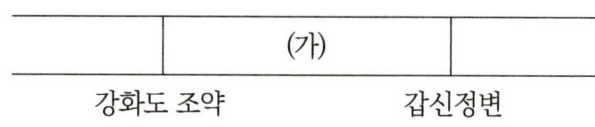

① 대한국 국제가 선포되었다.
② 이만손 등이 영남 만인소를 올렸다.
③ 조·미 수호 통상 조약이 체결되었다.
④ 김기수가 수신사로 일본에 파견되었다.

10. (가) 사절단에 대한 설명으로 옳은 것은?

통리기무아문에서 아뢰기를, "무기 제조법을 배워 오는 일과 관련하여 사신의 호칭과 공사들의 여비를 보내는 모든 일을 빨리 마련해서 들여보내라고 명하셨습니다. 여러 조항을 마련해서 절목으로 써서 들입니다. 사신의 호칭은 (가) (이)라고 부르고 무기 제조는 먼저 공도(工徒)들을 파견하여 만드는 법을 배우고 기술은 교사를 초청해서 연습하며 군사들을 정해서 보내기로 한 일은 당분간 보류한다는 내용으로 상세히 말을 구성해서 보내도록 하는 것이 어떻겠습니까?" 하니, 모두 윤허하였다.

① 일본에 파견되어 활동하였다.
② 귀국 후에 기기창의 설립에 기여하였다.
③ 민영익, 홍영식, 서광범 등이 참여하였다.
④ 개화 반대 여론으로 인해 비밀리에 출국하였다.

12. 다음과 같은 인식을 지닌 정치 세력에 대한 설명으로 옳은 것은?

그들의 종교는 사교이므로 마땅히 음탕한 음악이나 미색처럼 여겨서 멀리해야 하겠지만, 그들의 기계는 이로워서 진실로 이용후생할 수 있으니 농기구·의약·병기·배·수레 같은 것을 제조하는 데 무엇을 꺼려하며 하지 않겠는가? 그들의 종교는 배척하고, 기계를 본받는 것은 진실로 병행하여도 사리에 어그러지지 않는다. 더구나 강약의 형세가 이미 현저한데 만일 저들의 기계를 본받지 않는다면 무슨 수로 저들의 침략을 막고 저들이 넘보는 것을 막을 수 있겠는가?

① 청과의 사대 관계를 청산할 것을 주장하였다.
② 대표적인 인물로는 김옥균, 박영효 등이 있다.
③ 양무운동을 본받아 점진적인 개혁을 추구하였다.
④ 전근대적인 토지 제도를 개혁하고 신분제를 폐지하려 하였다.

16일 흥선 대원군의 정책과 외세의 침략 핵심 사료

1) 흥선 대원군의 인재 등용

> 그가 어느 공식 석상에서 기세를 높여 여러 대신에게 말하기를, "나는 천리(千里)를 끌어다 지척(咫尺)으로 만들고, 태산(泰山)을 깎아 평지를 만들고, 남대문을 높여 3층으로 만들고자 하는데, 여러 공들은 어떠시오?"라고 하였다.

키워드
천리를 끌어다 지척으로 만들고, 태산을 깎아 평지를 만들고, 남대문을 높여 3층으로 만들고자 함

사료 분석
흥선 대원군은 종친을 높이고, 노론을 억압하며, 남인을 천거한다는 뜻을 밝혔다.

2) 병인양요

> 적군이 정족산성 아래로 몰려오니 양공이 사기를 돋우어 전투를 독려하였다. 전 장병은 일제히 총포를 발사하면서 적군을 공격하였다. 적의 지휘관이 말에서 떨어져 죽으니 오랑캐 병사는 시체를 메고 달아났다. 마침내 양공은 강화부를 수복하고 군사와 백성을 위로하니, 민심이 비로소 안정되었다.

키워드
적군이 정족산성 아래로 몰려옴, 양공은 강화부를 수복하고 군사와 백성을 위로함

사료 분석
프랑스군이 강화도의 정족산성 아래로 몰려오자 양공(양헌수)은 적군을 공격하여 격퇴시켰다.

3) 오페르트 도굴 사건

> 남연군방(南延君房)의 차지 중사(次知中使)가 아뢴 바를 들으니, 덕산(德山)의 묘지에 서양놈들이 침입하여 무덤을 훼손한 변고가 있었다고 하니 아주 놀랍고 황송한 일이다. …… 조정에서 임기응변의 계책을 세웠다가 도신(道臣)의 장계가 올라오기를 기다려 논의하도록 하라.

키워드
덕산의 묘지에 서양 놈들이 침입하여 무덤을 훼손한 변고가 있었음

사료 분석
독일 상인 오페르트는 두 차례에 걸쳐 통상을 요구하였으나 거절당하자, 무장한 선원을 동원하여 충남 덕산(예산)에 있는 흥선 대원군의 아버지인 남연군의 묘를 도굴하려다 실패하였다.

4) 신미양요

> 강화 진무사 정기원의 치계에 "미국 배가 다시 항구로 들어와서 광성진을 습격하여 함락하였는데, 중군 어재연이 힘껏 싸우다가 목숨을 바쳤고, 사망한 군사가 매우 많습니다."라고 하였습니다.

키워드
미국 배가 광성진을 습격하여 함락함, 어재연이 목숨을 바침

사료 분석
미국이 제너럴셔먼호 사건을 구실로 강화도의 광성진(광성보)을 공격하였다. 이에 어재연이 이끄는 부대가 결사 항전을 벌였으나 전력의 열세로 패배하였다.

17일 | 문호 개방과 근대적 개혁의 추진

1. 다음 사건에 대한 설명으로 옳은 것은?

> 대원군에게 군국사무를 처리하라는 명이 내려지자 대원군은 궐내에서 거처하며 기무아문과 무위·장어 2영을 폐지하고 5영의 군제를 복구하라는 명령을 내려 군량을 지급하도록 하였다. 그리고 난병(亂兵)은 물러가라는 명을 내렸다. …… 이때 별안간 마건충 등은 호통을 치면서 대원군을 포박하여 교자(轎子) 안으로 밀어 넣어 그 교자를 들고 후문으로 나가 마산포로 가서 배를 타고 훌쩍 떠나버렸다.

① 김윤식을 청에 영선사로 파견하는 계기가 되었다.
② 전국 각지에 척화비가 건립되는 결과를 초래하였다.
③ 3일 만에 실패로 끝나 주동자들이 해외로 망명하였다.
④ 정부의 개화 정책에 반대하는 서울의 하층민들도 참여하였다.

2. (가), (나) 사이에 있었던 사실로 옳지 않은 것은?

> (가) 각 항구에 주재하는 일본국 관리관은 위급할 때에 지방관에게 고하고 조선의 연로(沿路)를 통과할 수 있다. …… 부산항에서 일본국 인민이 통행할 수 있는 도로의 이정(里程)은 부두로부터 계산하여 동서남북 각 직경 10리로 정한다.
>
> (나) 청국은 조선국이 완전무결한 독립 자주국임을 확인한다. 아울러 조선의 청에 대한 공물 헌납 등은 장래에 완전히 폐지한다. …… 청국은 군비 배상금으로 은 2억 냥을 일본국에 지불할 것을 약정한다.

① 청·일 전쟁이 발발하였다.
② 묄렌도르프가 고문으로 파견되었다.
③ 고종이 환구단에서 황제로 즉위하였다.
④ 조·청 상민 수륙 무역 장정이 체결되었다.

3. 다음 사건에 대한 설명으로 옳은 것은?

> 홍영식이 우정국에서 개업식을 명목으로 연회를 열어 독립당이라고 칭하는 사람들과 각국 사관(使官) 등을 초대하였다. 연회가 끝날 무렵에 우정국 옆에서 불이 일어났다. …… 마침내 어젯밤의 사변에 따라 독립당이 정권을 획득하였다. 조보(朝報)에서는 새롭게 관리를 임명하겠다는 취지를 포고하였다.

① 통감부의 방해와 탄압으로 실패하였다.
② 보국안민, 제폭구민을 기치로 내걸었다.
③ 한성 조약이 체결되는 결과를 가져왔다.
④ 구식 군인에 대한 차별 대우가 발단이 되었다.

4. 밑줄 친 '그들'이 추진했던 정책에 대한 설명으로 옳은 것만을 모두 고르면?

> <u>그들</u>의 실패는 우리에게 무척 애석한 일이다. 내 친구 중에 이 사건을 잘 아는 이가 있는데, 그는 어쩌다 조선의 최고 수재들이 일본인에게 이용당해서 그처럼 큰 잘못을 저질렀는지 참으로 애석하다고 했다. 진실로 일본인이 조선의 운명과 <u>그들</u>의 성공을 위해 노력을 다했겠는가? 우리가 만약 국가적 발전의 기미를 보였다면 일본인들은 백방으로 방해할 것이 자명한데 어찌 <u>그들</u>을 원조했겠는가?
> － 『한국통사』 －

> ㄱ. 청에 대한 조공의 허례를 폐지한다.
> ㄴ. 재정은 모두 호조에서 관할하도록 한다.
> ㄷ. 토지는 균등히 나누어 경작한다.
> ㄹ. 왕실 사무와 국정 사무는 나누어 혼동하지 않는다.

① ㄱ, ㄴ
② ㄱ, ㄹ
③ ㄴ, ㄷ
④ ㄷ, ㄹ

5. 다음 조약이 체결된 시기를 연표에서 옳게 고른 것은?

○ 중국은 조선에 주둔하는 군대를 철수하고, 일본국은 조선에서 공사관을 호위하던 군대를 철수한다.
○ 장래 조선국에 변란이나 중대한 사건이 일어나 중국과 일본 양국이나 혹은 어떤 한 나라가 파병이 필요할 때는 우선 상대국에 공문을 보내 통지해야 하며, 사건이 진정되면 곧 철수하여 다시 주둔하지 않는다.

	(가)		(나)		(다)		(라)	
고종 즉위		강화도 조약		임오 군란		갑신 정변		아관 파천

① (가) ② (나) ③ (다) ④ (라)

6. 다음과 같이 주장한 인물에 대한 설명으로 옳은 것은?

우리나라가 아시아의 인후에 처해 있는 지리적 위치는 유럽의 벨기에와 같고, 중국에 조공하던 처지는 터키에 조공하는 불가리아와 같다. 불가리아가 중립 조약을 체결한 것은 유럽 여러 대국들이 러시아를 막으려는 계책에서 나온 것이었고, 벨기에가 중립 조약을 체결한 것은 유럽의 여러 대국이 서로 자국을 보전하려는 계책이었다. 이를 가지고 논한다면, 우리나라가 아시아의 중립국이 된다면 실로 러시아를 방어하는 큰 기틀이고 또한 아시아의 여러 대국이 서로 보전하는 정략이 될 수 있다.

① 헌정 연구회를 조직하였다.
② 『서유견문』을 저술하였다.
③ 철종의 부마로 갑신정변에 참여하였다.
④ 초대 주미 공사로 임명되어 미국에 파견되었다.

7. ㉠과 ㉡에 들어갈 용어로 옳은 것은?

중국 북양 대신 이홍장이 보내온 편지에, "귀국의 제주 동북쪽 100여 리 떨어진 곳에 섬이 있는데, 서양 이름으로는 해밀턴(哈米敦) 섬이라고 합니다. 영국은 (㉠)이/가 남하하여 홍콩(香港)을 침략할까 봐 (㉡)에 군사와 군함을 주둔시키고 그들이 오는 길을 막고 있습니다. 귀국이 (㉡)를 영국에 빌려준다면 도적을 안내하여 문으로 들이는 것입니다."

	㉠	㉡
①	미국	흑산도
②	미국	거문도
③	러시아	흑산도
④	러시아	거문도

8. 다음 사건을 일어난 순서대로 바르게 나열한 것은?

(가) 황룡촌 전투
(나) 고부 농민 봉기 발생
(다) 우금치 전투
(라) 일본군의 경복궁 점령

① (가) → (나) → (다) → (라)
② (가) → (나) → (라) → (다)
③ (나) → (가) → (다) → (라)
④ (나) → (가) → (라) → (다)

9. (가) 이후에 전개된 사실로 옳은 것은?

> 조선 정부는 농민군이 전주성을 점령하자 청에 파병을 요청하였다. 청은 톈진 조약에 따라 일본에 파병 사실을 알리고 군대를 아산만에 상륙시켰고, 일본도 자국민을 보호한다는 구실로 인천에 군대를 상륙시켰다. 이에, 농민군은 외세의 개입을 막기 위해 청·일 양군에 대한 철병 요구와 폐정 개혁을 조건으로 관군과 (가) 을/를 맺고, 해산하였다.

① 동학 농민군이 황토현에서 관군을 격파하였다.
② 교조 신원을 요구하는 보은 집회가 개최되었다.
③ 북접군과 남접군이 논산에서 합류하여 집결하였다.
④ 조선 정부가 조병갑을 파면하고 박원명을 고부 군수로 임명하였다.

10. 다음 약력에 해당하는 인물은?

> 1884년 한성 조약 체결 당시 전권대신 역임
> 1894년 군국기무처의 총재관 역임
> 1896년 아관 파천 후 군중에 의해 살해됨

① 김홍집
② 이항로
③ 김옥균
④ 박규수

11. (가) 기구에서 추진한 개혁의 내용으로 옳은 것은?

> (가) 에서 올린 의안은 다음과 같다.
> 1. 이제부터는 국·내외의 공문서 및 사문서에 개국 기년을 쓴다.
> 1. 문벌, 양반과 상인들의 등급을 없애고 귀천에 관계없이 인재를 선발하여 등용한다.
> 1. 문관과 무관의 높고 낮은 구별을 폐지하고 단지 품계만 따르며 서로 만나는 절차를 따로 정한다.
> 1. 죄인 본인 외에 친족에게 연좌(緣坐) 형률을 일체 시행하지 않는다.

① 태양력을 채택하였다.
② 친위대와 진위대를 설치하였다.
③ 조혼을 금지하고 과부의 재가를 허용하였다.
④ 재판소를 설치하여 사법권과 행정권을 분리시켰다.

12. 밑줄 친 '개혁'의 내용으로 옳은 것은?

> 삼국 간섭으로 일본이 랴오둥 반도를 청에 반환하자 고종과 명성 황후는 러시아를 통해 일본을 견제하고자 하였다. 이에, 조선 공사로 부임한 미우라는 일본의 영향력을 회복할 목적으로 을미사변을 일으켰고, 김홍집 내각은 일본의 간섭 속에 <u>개혁</u>을 추진하였다.

① '건양'이라는 연호를 제정하였다.
② 황제 직속의 원수부를 설치하였다.
③ 경무청을 설치하여 경찰 제도를 도입하였다.
④ 지방 행정 제도는 8도에서 23부로 개편하였다.

17일 문호 개방과 근대적 개혁의 추진 핵심 사료

1) 임오군란

> 임오년 서울의 영군(營軍)들이 큰 소란을 피웠다. 호조와 선혜청의 창고가 고갈되어 서울의 관리들은 봉급을 못 받았으며, 5영의 병사들도 가끔 결식을 하여 급기야 5영을 2영으로 줄이고 노병과 약졸들을 쫓아냈는데, 내쫓긴 사람들은 발붙일 곳이 없으므로 그들은 난을 일으키려 했다.

키워드
임오년(1882) 서울의 영군들이 큰 소란을 피움

사료 분석
5군영(5영)이 2영으로 축소되면서 많은 구식 군인이 일자리를 잃었으며, 남아 있는 구식 군인들도 열악한 대우를 받아 불만이 높았다. 결국, 임오년(1882)에 누적된 불만이 폭발한 구식 군인들이 봉기하였다.

2) 갑신정변

> 청나라 제독군문 원세개가 대궐에 들어와 호위했다. 일본 군대는 퇴각했으며 임금(고종)은 북관묘에 행차하셨다. 홍영식과 박영교는 죽임을 당했다. 박영효, 김옥균, 서광범, 서재필 등은 일본군을 끼고 도망쳤다.

키워드
일본 군대는 퇴각하였으며, 홍영식 등은 죽임을 당함

사료 분석
갑신정변 때 청군의 공격으로 일본군이 철수하면서 개화당 정부는 무너졌고, 박영효, 김옥균 등의 주요 인물은 일본으로 망명하였다.

3) 군국기무처 설치

> 왕이 전교하기를, "군국기무처 회의 총재는 영의정 김홍집이 맡고, 내무독판 박정양, 협판 민영달, 강화 유수 김윤식, 내무 협판 김종한 …… 모두 회의원으로 임명하여 날마다 와서 모여 크고 작은 사무를 협의한 뒤 품지(稟旨)하여 거행하도록 하라." 하였다.

키워드
군국기무처 회의 총재는 영의정 김홍집이 맡음

사료 분석
김홍집 내각은 교정청을 폐지하고, 개혁 추진 기구로 군국기무처를 설치하여 갑오개혁을 주도하였다.

4) 우금치 전투

> 농민군이 방향을 우금치에서 두리봉 쪽에서 바꾸어 공격하니 성하영의 군사들이 지탱할 수 없게 되었다. 이에 일본군이 군사를 나누어 우금치와 견준봉 사이에서 진을 치고 사격을 하니 농민군의 시체가 온 산에 가득하였다.

키워드
일본군이 우금치와 견준봉 사이에서 진을 치고 사격을 하니 농민군의 시체가 온 산에 가득함

사료 분석
동학 농민군은 일본군의 우수한 무기와 전략을 이겨내지 못하고 우금치 전투에서 패배하였다.

18일 | 구국 운동과 근대 국가 수립 운동

1. 밑줄 친 '의병'에 대한 설명으로 옳은 것은?

> 지금 왜노(倭奴)가 창궐하고 국내의 적신(賊臣)이 그들에게 붙어 국모를 시해하고 임금의 모발을 강제로 자르기까지 하며, 요순과 공자, 주자의 도를 쓸어 없애려 하니, 온 군대와 백성들이 세상을 같이 살 수 없을 만큼의 원수로 생각한다. 무릇 나라 곳곳에서 봉기하는 의병은 국가를 위하여 원수를 갚고 치욕을 씻는 것을 가장 큰 대의로 삼아야 한다.

① 민종식이 이끄는 부대가 홍주성을 점령하였다.
② 고종이 해산 권고 조칙을 내리자 대부분 해산하였다.
③ 13도 창의군을 결성하여 서울 진공 작전을 시도하였다.
④ 각국 공사관에 교전 단체로 인정해 줄 것을 요구하였다.

2. 다음 사건을 순서대로 바르게 나열한 것은?

> (가) 군국기무처 설치
> (나) 교육 입국 조서 반포
> (다) 제물포 조약 체결
> (라) 독립문 완공

① (가) → (다) → (나) → (라)
② (가) → (라) → (다) → (나)
③ (다) → (가) → (나) → (라)
④ (다) → (라) → (가) → (나)

3. (가) 단체에 대한 설명으로 옳은 것은?

> 조병식 등은 건의소청 및 도약소의 잡배들로 하여금 광화문 밖의 내국 조방 및 큰 길가에 익명서를 붙이도록 하였다. …… 익명서는 " (가) 이/가 11월 5일 본관에서 대회를 열고, 박정양을 대통령으로, 윤치호를 부통령으로, 이상재를 내부대신으로 …… 임명하여 나라의 체제를 공화정치 체제로 바꾸려 한다."라고 꾸며서 폐하께 모함하고자 한 것이다.

① 농광회사를 설립하여 경제 침탈에 맞섰다.
② 러시아의 절영도 조차 요구에 반대하였다.
③ 일본의 황무지 개간권 요구를 저지하였다.
④ 평양에 대성 학교, 정주에 오산 학교를 설립하였다.

4. 다음 자료가 발표된 시기를 연표에서 옳게 고른 것은?

> 1. 외국인에게 의지하지 말고 관민이 한마음으로 힘을 합하여 전제 황권을 견고하게 할 것
> 2. 외국과의 이권에 관한 조약은 각 대신과 중추원 의장이 합동 날인하여 시행할 것
> 3. 국가 재정을 탁지부에서 전관하고 예산과 결산을 국민에게 공포할 것
> 4. 중대 범죄를 공판하되 피고의 인권을 존중할 것
> 5. 칙임관(勅任官)을 임명할 때는 정부의 자문을 받아 다수의 의견에 따를 것
> 6. 정해진 규칙을 실천할 것

	(가)	(나)	(다)	(라)
	거문도 사건	갑오 개혁	대한 제국 수립	을사 늑약	국권 피탈

① (가) ② (나) ③ (다) ④ (라)

5. 대한 제국 시기에 추진된 정책으로 옳지 않은 것은?

① 독립신문의 창간을 지원하였다.
② 양전 사업을 시행하고자 양지아문을 설치하였다.
③ 황실 재정을 담당하는 내장원의 기능을 확대하였다.
④ 서북철도국을 설치하여 경의 철도 부설 사업을 추진하였다.

6. 다음 자료가 발표된 이후 실시된 정책으로 옳은 것은?

> 제1조 대한국은 세계 만국에 공인된 바 자주 독립한 제국이다.
> 제5조 대한국 대황제께서는 국내의 육해군을 통솔하고 편제를 정하시고 계엄과 그 해제를 명하신다.
> 제6조 대한국 대황제께서는 법률을 제정하시어 그 반포와 집행을 명하시고 만국의 공통적인 법률을 본받아 국내의 법률도 개정하시고, 대사·특사·감형·복권을 명하신다.

① 6조를 8아문으로 개편하였다.
② 신식 화폐 발행 장정을 공포하였다.
③ 별기군을 폐지하고 5군영을 복구하였다.
④ 지계아문을 설치하여 지계를 발급하였다.

7. (가) 시기에 있었던 사실로 옳은 것은?

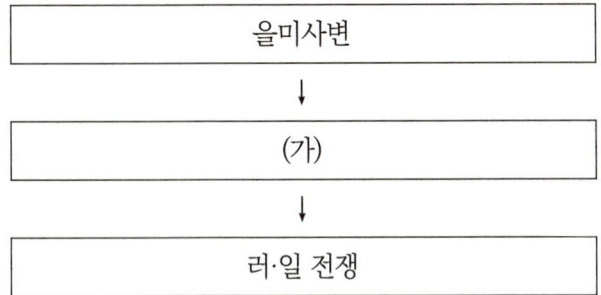

① 포츠머스 조약이 체결되었다.
② 민영환이 유서를 남기고 자결하였다.
③ 고종이 러시아 공사관으로 거처를 옮겼다.
④ 조선 정부가 개혁 기구인 교정청을 설치하였다.

8. (가) 단체에 대한 설명으로 옳은 것은?

> (가) 의 목적은 한국의 부패한 사상과 습관을 혁신하여 국민을 유신케 하며, 쇠퇴한 발육과 산업을 개량하여 사업을 유신케 하며, 유신한 국민이 통일 연합하여 유신한 자유 문명국을 성립케 한다고 말하는 것으로서, 그 깊은 뜻은 열국 보호 하에 공화 정체의 독립국으로 함에 목적이 있다고 함.

① 입헌 군주제 수립을 목표로 하였다.
② 만민 공동회 등 대규모 집회를 개최하였다.
③ 계몽 서적의 보급을 위해 태극 서관을 운영하였다.
④ 전국에 25개 지회를 두었으며, 『월보』를 발행하였다.

9. 다음 조약에 대한 설명으로 옳지 않은 것은?

> 제1조 일본국 정부는 도쿄에 있는 외무성을 통하여 금후 한국과 외국의 관계 및 사무를 감리·지휘하고, 일본국의 외교 대표자와 영사(領事)는 외국에 재류하는 한국의 관리와 백성, 그 이익을 보호한다.
> 제3조 일본국 정부는 그 대표자로서 한국 황제 폐하의 아래에 한 명의 통감을 두되, 통감은 오로지 외교에 관한 사항을 관리하기 위하여 서울에 주재하며, 친히 한국 황제 폐하를 은밀히 알현할 권리를 가진다.

① 덕수궁 중명전에서 체결되었다.
② 최익현이 의병을 일으키는 계기가 되었다.
③ 고종이 도장을 찍거나 서명을 하지 않았다.
④ 조선 총독부를 설치한다는 조항이 포함되어 있었다.

10. 다음 협약 이후에 전개된 사실로 옳은 것은?

> 제1조 한국 정부는 시정 개선에 관하여 통감의 지도를 받는다.
> 제2조 한국의 법령 제정 및 중요한 행정상의 처분은 미리 통감의 승인을 거친다.
> 제4조 한국 고등 관리의 임면은 통감의 동의로써 이를 시행한다.

① 홍범 14조가 발표되었다.
② 한·일 의정서가 체결되었다.
③ 동양 척식 주식회사가 설립되었다.
④ 러시아가 용암포를 점령하고 조차를 요구하였다.

11. 다음 사건을 순서대로 바르게 나열한 것은?

> (가) 제1차 한·일 협약이 체결되었다.
> (나) 대한 제국의 군대가 해산되었다.
> (다) 기유각서가 체결되었다.
> (라) 대한 제국의 경찰권이 박탈되었다.

① (가) → (나) → (다) → (라)
② (가) → (다) → (라) → (나)
③ (다) → (가) → (나) → (라)
④ (다) → (라) → (가) → (나)

12. 다음 글을 작성한 인물에 대한 설명으로 옳은 것은?

> '동양 평화'와 '한국 독립'에 대한 문제는 이미 세계 모든 나라 사람들이 다 아는 사실이며 당연한 일로 굳게 믿었고, 한국과 청나라 사람들의 마음에 깊게 새겨졌다. 이와 같은 사상은 비록 천신의 능력으로도 없앨 수 없거늘 하물며 한두 명의 꾀로 어찌 없앨 수 있겠는가. 지금 서양 세력이 동양으로 침략해 들어오는 환난을 동양 인종이 일치단결하여 힘을 다해 방어하는 것이 최상의 방법인 것은 어린아이도 아는 일이다. 그런데 일본 왜 이러한 순리를 무시하고 같은 인종인 이웃나라를 돌아보지 않고 친구의 정을 끊어버려서 스스로 서양 세력이 힘쓰지 않고도 이득을 얻도록 한단 말인가.
> — 『동양평화론』 —

① 일본에서 순국하였다.
② 한인 애국단에 소속되어 있었다.
③ 하얼빈에서 이토 히로부미를 사살하였다.
④ 헤이그 만국 평화 회의에 특사로 파견되었다.

18일 구국 운동과 근대 국가 수립 운동 핵심 사료

1) 을미의병

> 오늘 병사를 일으키려는 것은 또한 자위하려는 것이 아니고 국모의 원수를 갚으려는 것이다. 만약에 아들이 어머니가 원수가 있으며 아버지의 명을 기다린 후 복수한다고 한다면 이것이 어찌 아들이 어머니의 원수를 갚는 것이겠는가? …… 호연히 결속하여 동지와 더불어 약속하고 마음으로 복수를 맹세할 따름이며 삼가 여기에 게시한다.

키워드
오늘 병사를 일으키려는 것은 국모(명성 황후)의 원수를 갚으려는 것

사료 분석
을미의병은 을미사변(명성 황후 시해 사건)과 단발령의 시행으로 반일 감정이 폭발하면서 일어났다.

2) 아관 파천

> 임금과 왕태자는 대정동(大貞洞)의 러시아 공사관으로 주필(駐蹕)을 이어(移御)하였고, 왕태후와 왕태자비는 경운궁에 이어하였다.

키워드
임금(고종)과 황태자(순종)는 러시아 공사관으로 이어함

사료 분석
명성 황후가 시해된 을미사변 이후 신변에 위협을 느낀 고종은 1896년에 궁궐을 떠나 러시아 공사관으로 거처를 옮겼다.

3) 을사늑약에 저항하는 민영환의 유서

> 나 민영환은 다만 한 번 죽음으로써 황은(皇恩)에 보답하고 그리하여 우리 2,000만 동포 형제에게 사죄하려 하노라. 나는 죽되 죽지 아니하고 저승에서라도 제군(諸君)들을 돕기를 기약하니, 바라건대 우리 동포 형제들은 천만 배 분발하고 힘을 써서 그대들의 뜻과 기개를 굳건히 하여 학문에 힘쓰고, 마음으로 단결하고 힘을 합쳐서 우리의 자유 독립을 회복한다면, 죽은 자가 마땅히 저 어두운 저 세상에서 기뻐 웃을 것이다.

키워드
민영환은 죽음으로써 황은에 보답하고 동포 형제에게 사죄하려 함

사료 분석
1905년에 을사늑약이 체결되자 민영환은 죽음으로써 항거하기 위하여 유서를 남기고 자결하였다.

4) 서울 진공 작전을 추진한 정미의병

> 군사장은 미리 군비를 신속히 정돈하여 철통과 같이함에 한 방울의 물도 샐 틈이 없는지라. 이에 전군에 명령을 전하여 일제히 진군을 재촉하여 동대문 밖으로 진군하였다. 3백 명을 인솔하고 선두에 서서 동대문 밖 삼십 리 되는 곳에 나아가 전군이 모이기를 기다려 일거에 서울을 공격하여 들어가기로 계획하였다.

키워드
군사장(허위)이 진군을 재촉하여 동대문 밖으로 진군

사료 분석
정미의병 때 의병 연합 부대인 13도 창의군이 조직되었고, 군사장인 허위는 선발대를 이끌고 서울 진공 작전을 추진하였다.

19일 | 일제의 침략과 국권 수호 운동

1. (가) 시기의 사실로 옳지 않은 것은?

	(가)	
운요호 사건		개정 조·일 통상 장정

① 함경도 관찰사 조병식이 방곡령을 선포하였다.
② 객주, 여각 등의 조선 상인들이 중개 활동을 하였다.
③ 양화진에 청국인 상점을 허용하는 조약이 체결되었다.
④ 일본 상인들이 개항장 중심의 거류지 무역을 시작하였다.

2. (가)에 해당하는 단체로 옳은 것은?

> 요새 외국 상인은 발전하고 우리나라 상인의 생업은 쇠락하여 심지어 점포 자리를 외국 사람에게 팔아 버리는 지경에 이르렀다. 이것은 다만 상인들의 실업일 뿐만 아니라 국고와 민생이 어려움에 처할 것이다. …… 회의 이름은 (가) 로 하고 중앙 각 점포가 함께 회의하여 점포의 경계를 정하되, 동쪽으로는 철물교, 서쪽으로는 송교, 남쪽으로는 작은 광교, 북쪽으로 안헌까지 외국인의 상업 행위를 허락하지 말고, 그 경계 밖의 우리나라 각 점포는 본회에서 관할할 것이다.

① 대동 상회
② 조선 광문회
③ 헌정 연구회
④ 황국 중앙 총상회

3. (가), (나) 국가에 대한 설명으로 옳은 것은?

> 황쭌셴의 『조선책략』에 따르면, 오늘날 조선의 급선무는 (가) 을/를 막는 것보다 급한 것이 없다 하고, 방법에는 친중국(親中國), 결일본(結日本), 연미국(聯美國)보다 급한 것이 없다고 하였습니다. …… (나) 은/는 우리가 원래 잘 모르던 나라입니다. 만일 그들이 우리나라의 허점을 알고서 우리가 힘이 약한 것을 업신여겨 따르기 어려운 요구를 강요하고 계속 댈 수 없는 비용을 떠맡긴다면 장차 어떻게 대응하겠습니까? (가) 은/는 본래 우리와 아무런 감정도 없습니다. 공연히 남이 이간질하는 말을 믿었다가 우리의 체통이 손상되는 바가 클 것입니다.

① (가) - 운산 금광 채굴권을 차지하였다.
② (나) - 삼국 간섭에 참여하였다.
③ (가) - 압록강과 두만강의 삼림 벌채권을 차지하였다.
④ (나) - 당현 금광 채굴권을 차지하였다.

4. 다음 자료에 해당하는 정책에 대한 설명으로 옳지 않은 것은?

> 제1조 구 백동화 교환에 관한 사무는 금고로 처리하게 하여 탁지부 대신이 이를 감독한다.
> 제3조 구 백동화의 품질, 무게, 무늬, 형체가 정식 화폐 기준을 충족할 경우, 1개당 금 2전 5리로 새로운 화폐와 교환한다. …… 단, 형태나 품질이 조악한 백동화는 매수하지 않는다.

① 전환국을 설치하는 배경이 되었다.
② 한국 상업 자본에 큰 타격을 주었다.
③ 재정 고문 메가타의 주도로 시행되었다.
④ 일본 제일은행이 한국의 중앙은행 지위를 확보하게 되었다.

5. 다음 자료에 나타난 민족 운동에 대한 설명으로 옳은 것은?

> 우리나라가 채무를 지고 우리 백성이 채노(債奴)가 된 것이 여러 해가 되었습니다. …… 대황제 폐하께서 진 외채가 1,300만 원이지만 채무를 청산할 방법이 없어 밤낮으로 걱정하시니, 백성 된 자로서 있는 힘을 다하여 보상하려고 해도 겨를이 없습니다. …… 우리 동포는 빨리 단체를 결성하여 열성적으로 의연금을 내어 채무를 상환하고 채노에서 벗어나, 머리는 대한의 하늘을 이고, 발은 대한의 땅을 밟도록 해 주시기를 눈물을 머금고 간절히 요구합니다.

① 신사 참배 거부 운동을 전개하였다.
② 대구에서 시작되어 전국으로 확산되었다.
③ 조선 총독부의 탄압과 방해로 실패하였다.
④ '내 살림 내 것으로', '조선 사람 조선 것' 등의 구호를 내세웠다.

6. 다음 자료에 해당하는 교육 기관에 대한 설명으로 옳은 것은?

> 문·무관, 유생 중에 어리고 총명한 자 40명을 뽑아 입학시키고 벙커와 길모어 등을 교사로 초빙하여 서양 문자를 가르쳤다. 문관으로는 김승규와 신대균 등 여러 명이 있고, 유사로는 이만재와 서상훈 등 여러 명이 있었다. 사색당파를 골고루 배정하여 당대 명문 집안에서 선발하였다.

① 좌원과 우원의 두 반으로 편성되었다.
② 교육 입국 조서에 근거하여 세워졌다.
③ 근대식 사관 양성을 목적으로 하였다.
④ 관민이 합심하여 원산에 세운 근대식 학교이다.

7. 다음을 일어난 순서대로 나열한 것은?

> (가) 명동 성당이 완공되었다.
> (나) 원각사가 건립되었다.
> (다) 경복궁에 전등이 처음 설치되었다.
> (라) 서대문에서 청량리 사이에 전차 운행이 시작되었다.

① (가) → (다) → (나) → (라)
② (가) → (라) → (다) → (나)
③ (다) → (가) → (라) → (나)
④ (다) → (나) → (가) → (라)

8. 대한 제국 시기에 볼 수 있는 모습으로 옳은 것은?

① 당오전을 발행하는 기사
② 소설 「무정」을 읽는 학생
③ 우정총국으로 출근하는 관리
④ 경부선 철도 개통식에 참여한 청년

9. 다음 자료가 발표된 시기를 연표에서 옳게 고른 것은?

> 우리보다 먼저 문명개화한 나라들을 보면 남녀평등권이 있는지라. 어려서부터 각각 학교에 다니며, 각종 학문을 다 배워 이목을 넓히고, 장성한 후에 사나이와 부부의 의를 맺어 평생을 살더라도 그 사나이에게 조금도 압제를 받지 아니한다. 이처럼 대접을 받는 것은 다름 아니라 그 학문과 지식이 사나이 못지않은 까닭에 그 권리도 일반과 같으니 어찌 아름답지 않으리오.

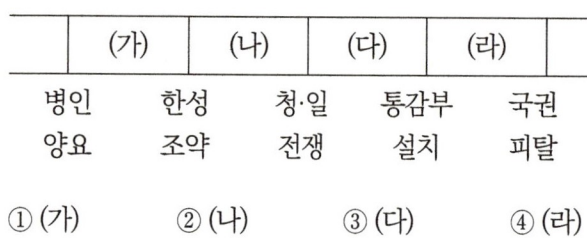

	(가)	(나)	(다)	(라)	
병인양요		한성조약		청·일전쟁	통감부설치	국권피탈

① (가) ② (나) ③ (다) ④ (라)

11. (가) 신문에 대한 설명으로 옳은 것은?

> 우리 조정에서도 박문국을 설치하고 관리를 두어 외국의 신문을 번역하고 아울러 국내의 일까지 기재하여 나라 안에 알리는 동시에 다른 나라에까지 공포하기로 하고, 이름을 ⬚(가)⬚ (이)라고 하여 견문을 넓히고, 여러 가지 의문점을 풀어 주고, 상업에도 도움을 주고자 하였다.

① 신문지법에 의해 탄압받았다.
② 국채 보상 운동의 확산에 기여하였다.
③ 순 한문 신문으로 열흘마다 발행하는 것이 원칙이었다.
④ 을사늑약의 불법성을 폭로한 고종의 친서를 발표하였다.

10. (가)에 해당하는 인물로 옳은 것은?

> ⬚(가)⬚ 은/는 육영 공원의 교사로 학생을 가르쳤으며, 한글로 쓰여진 지리 교과서인 『사민필지』를 저술하였다. 또한, 제2차 만국 평화 회의가 열린 헤이그에 도착하여 『회의시보』에 우리 대표단의 호소문을 싣게 하는 등 한국의 국권 회복 운동을 지원하였다.

① 알렌
② 헐버트
③ 아펜젤러
④ 묄렌도르프

12. 다음에서 설명하는 신문은?

> ○ 영국인 베델을 발행인으로 내세워 창간되었다.
> ○ 일제의 국권 침탈을 비판하거나 의병 운동을 호의적으로 보도하였다.

① 만세보
② 제국신문
③ 한성주보
④ 대한매일신보

19일 일제의 침략과 국권 수호 운동 핵심 사료

1) 조·일 무역 규칙(1876)

> 제6칙 이후 조선국 항구에 거주하는 일본 인민은 쌀과 잡곡을 수출, 수입할 수 있다.
> 제7칙 일본국 정부에 소속된 모든 선박은 항세를 납부하지 않는다.

키워드
일본국 정부에 속한 선박은 항세를 납부하지 않음

사료 분석
조·일 무역 규칙은 쌀·잡곡의 무제한 유출 허용과 일본 선박에 대한 무항세가 규정되었다.

2) 개정 조·일 통상 장정(1883)

> 제9관 입항하거나 출항하는 각 화물이 세관을 통과할 때는 응당 본 조약 세칙에 따라 관세를 납부해야 한다.
> 제37관 만약 조선에 가뭄, 수해, 병란 등의 일이 있어 국내 식량 결핍을 우려하여 조선 정부가 잠정적으로 쌀의 수출을 금지하고자 할 때에는 반드시 먼저 1개월 전에 지방관이 일본 영사관에 통고해야 한다.

키워드
관세를 납부해야 함, 쌀의 수출을 금지(방곡령)하고자 할 때는 1개월 전에 일본 영사관에 통고해야 됨

사료 분석
개정 조·일 통상 장정은 쌀의 수출을 금지하는 방곡령, 관세 등을 규정하였다.

3) 국채 보상 운동

> 거액의 외채 1,300만 원을 해마다 미루다가 갚지 못할 지경에 이른다면 나라를 보존하기 어려울 것이니, 나라를 보존하지 못하면, 아! 우리 동포는 장차 무엇에 의지하겠습니까? …… 근래에 신문을 접하니, 영남에서 시작하여 서울에 이르기까지 담배를 끊어 나라의 빚을 갚자는 논의가 시작되었고, 발기한 지 며칠이 되지 않아 의연금을 내는 자들이 날마다 이른다 하니, 우리 백성들이 임금에게 충성하고 나라를 사랑하는 마음을 통쾌하게 볼 수 있습니다.

키워드
외채 1,300만 원, 영남에서 시작하여 서울에 이르기까지 나라의 빚을 갚자는 논의, 의연금을 냄

사료 분석
차관 도입으로 일본에 대한 경제적 예속이 심해지자, 국민들이 의연금을 모아 일본에 진 빚을 갚고 국권을 회복하자는 국채 보상 운동이 전개되었다.

4) 대한매일신보

> 신문으로는 여러 가지 신문이 있었으나, 제일 환영을 받기는 영국인 베델이 경영하는 이 신문이었다. 관 쓴 노인도 사랑방에 앉아서 이 신문을 보면서 혀를 툭툭 차고 각 학교 학생들은 주먹을 치고 통론하였다.

키워드
영국인 베델이 경영하는 신문

사료 분석
대한매일신보는 영국인 베델을 발행인으로 내세웠으며 의병 활동을 호의적으로 보도하고, 일본의 침략과 한국인의 친일 행위를 비판하였다.

20일 | 일제의 식민 정책과 민족의 수난

1. 다음 법령이 시행된 시기의 사실로 옳은 것은?

> 제1조 회사의 설립은 조선 총독의 허가를 받아야 한다.
> 제2조 조선 밖에서 설립된 회사가 한국에 본점 또는 지점을 설치하고자 하는 경우, 조선 총독의 허가를 받아야 한다.

① 애국반이 조직되었다.
② 조선 태형령이 공포되었다.
③ 경의선 철도가 개통되었다.
④ 남면북양 정책이 추진되었다.

2. (가)에 대한 설명으로 옳지 않은 것은?

> (가) 은/는 지세의 부담을 공평히 하고 지적을 명확히 하여 그 소유권을 보호하고, 그 매매·양도를 간편·확실하게 함으로써 토지의 개량 및 이용을 자유롭게 하고 또 그 생산력을 증진시키려는 것으로서 조선의 긴요한 시책이라는 것은 말할 필요도 없다.

① 농민들의 관습적인 경작권을 인정하였다.
② 역둔토, 궁장토를 조선 총독부 소유로 만들었다.
③ 토지 소유주가 직접 신고하는 방식으로 진행되었다.
④ 한국으로의 일본인 농업 이민이 촉진되는 계기가 되었다.

3. 1910년대에 있었던 사실로 옳은 것은?

① 징병제를 시행하였다.
② 사립학교령이 공포되었다.
③ 미쓰야 협정이 체결되었다.
④ 조선식산은행이 설립되었다.

4. (가) 시기에 있었던 사실로 옳은 것은?

> 3·1 운동을 통해 한국인의 저항 의지를 목격한 일제는 강압적으로 한국을 지배할 수 없다고 생각하였다. 이에 일제는 교묘하게 한국인을 분열시켜 식민 지배를 손쉽게 하고자 이른바 (가) 을/를 실시하였다.

① 헌병 경찰제가 실시되었다.
② 여자 정신 근로령을 발표하였다.
③ 아침마다 궁성 요배를 강요하였다.
④ 동아일보와 조선일보의 발행을 허용하였다.

5. 다음 법령이 시행된 기간에 있었던 사실로 옳은 것은?

> 제1조 국체를 변혁 또는 사유 재산제를 부인할 목적으로 결사를 조직하거나 그 사정을 알고 이에 가입하는 자는 10년 이하의 징역 또는 금고에 처함
> 제2조 전조의 제1항의 목적으로 그 목적한 사항의 실행에 관하여 협의한 자는 7년 이하의 징역 또는 금고에 처함

① 서당 규칙을 발표하였다.
② 조선 광업령을 공포하였다.
③ 경성 제국 대학이 설립되었다.
④ 학도 지원병 제도가 실시되었다.

6. (가) 정책이 시행된 이후 나타난 현상으로 옳지 않은 것은?

> 제1차 세계 대전 이후 일본에서는 공업화가 급속히 진행되면서 도시 인구가 크게 늘어났지만 농업 생산력은 이에 미치지 못하여 쌀값이 폭등하였다. 이에, 일본은 한국에서 (가) 을/를 실시하여 식량 부족 문제를 해결하려 하였다.

① 많은 수의 소작농이 자작농으로 바뀌었다.
② 증산량보다 많은 쌀이 일본으로 반출되었다.
③ 한국인의 1인당 연간 쌀 소비량이 감소하였다.
④ 만주에서 조, 콩 등의 잡곡 수입이 증가하였다.

7. 다음 법령의 시행 시기에 있었던 사실로 옳지 않은 것은?

> 제2조 국어를 상용하는 자의 보통 교육은 소학교령, 중학교령 및 고등여학교령에 의함
> 제3조 국어를 상용치 아니하는 자에 보통 교육을 하는 학교는 보통학교, 고등보통학교 및 여자 고등보통학교로 함
> 제5조 보통학교의 수업 연한은 6년으로 함. 보통학교에 입학하는 자는 연령 6년 이상의 자로 함

① 만주 사변이 발생하였다.
② 브나로드 운동이 전개되었다.
③ 조선어 학회 사건이 발생하였다.
④ 조선 사상범 보호 관찰령이 제정되었다.

8. 다음 설명에 해당하는 시기를 연표에서 옳게 고른 것은?

> 조선 총독부는 한국 내의 소작 문제를 해결하기 위하여 조선 농지령을 제정하였다. 조선 농지령은 소작지 임대차의 기간 설정을 3년, 7년 등으로 기간을 규정하였으며, 소작료 및 소작 관계에 대하여 소작 위원회에 판정을 구할 수 있다는 내용 등을 명시하였다.

1911	1919	1927	1931	1945
	(가)	(나)	(다)	(라)
105인 사건	3·1 운동	신간회 조직	만보산 사건	8·15 광복

① (가)   ② (나)   ③ (다)   ④ (라)

9. 다음 자료에 해당하는 시기의 사실로 옳지 않은 것은?

> 슬프다. 나 유건영은 천 년의 고족(古族)이다. 일찍이 나라가 망할 때 죽지 못하고 치욕을 당하던 30년 동안 저들의 패륜을 귀로써 듣지 못하고 눈으로써 보지 못하겠더니, 이제 혈족의 성(姓)마저 빼앗으려 하는구나. 이것은 금수의 도를 5천 년 문화 민족에게 강요하는 것이니, 나는 금수가 되어 살기보다는 차라리 깨끗한 죽음을 택하노라.

① 국민 징용령을 공포하였다.
② 경찰범 처벌 규칙을 발표하였다.
③ 황국 신민 서사를 암송하게 하였다.
④ 공출제를 실시하여 미곡을 강제로 거두었다.

10. 다음 법령이 제정된 이후에 볼 수 있는 모습으로 옳지 않은 것은?

> 제1조 국가 총동원이란 전시에 국방 목적을 달성하기 위하여 국가의 전력을 가장 유효하게 발휘하도록 인적 및 물적 자원을 통제 운용하는 것을 말한다.
> 제4조 제국 신민을 징용하여 총동원 업무에 종사하게 할 수 있다. 단, 병역법의 적용을 방해하지 않는다.

① '몸뻬'를 입은 여성
② 태평양 전쟁에 참전한 청년
③ 태형을 집행하는 일본 경찰
④ 국민학교에서 공부하는 학생

11. 다음 법령을 제정된 순서대로 바르게 나열한 것은?

> (가) 임야 조사령
> (나) 육군 특별 지원병령
> (다) 연초 전매령
> (라) 조선 사상범 예방 구금령

① (가) → (다) → (나) → (라)
② (나) → (다) → (라) → (가)
③ (다) → (가) → (라) → (나)
④ (라) → (나) → (가) → (다)

12. 일제가 실시한 시기별 경제 정책으로 옳지 않은 것은?

① 1910년대 - 조선인의 어업 활동을 억압하는 어업령을 제정하였다.
② 1920년대 - 미곡 증산을 표방한 산미 증식 계획을 실시하였다.
③ 1930년대 - 토지 조사 사업을 진행하기 위해 토지 조사령을 제정하였다.
④ 1940년대 - 식량의 수급 및 배급의 통제를 목적으로 조선 식량 관리령을 제정하였다.

20일 일제의 식민 정책과 민족의 수난 핵심 사료

1) 조선 태형령

> 제1조 3개월 이하의 징역 또는 구류에 처하는 자는 상황에 따라 태형에 처할 수 있다.
> 제6조 태형은 태로 볼기를 때려 집행한다.
> 제13조 이 영은 조선인에게만 적용한다.

키워드
3개월 이하의 징역 또는 구류에 처하는 자는 태형에 처할 수 있음, 조선인에게만 적용함

사료 분석
일제는 1912년에 조선 태형령을 제정하여 갑오개혁 때 폐지되었던 태형을 부활하고 조선인에게만 적용하였다.

2) 토지 조사령

> 제1조 토지의 조사 및 측량은 본령에 의한다.
> 제4조 토지의 소유자는 조선 총독이 정하는 기간 내에 주소, 씨명, 명칭 및 소유지의 소재, 지목, 자번호, 사표, 등급, 지적, 결수를 임시 토지 조사 국장에게 신고해야 한다.

키워드
토지의 조사 및 측량은 본령에 의함, 토지의 소유자는 조선 총독이 정하는 기간 내에 신고해야 함

사료 분석
일제는 토지 조사 사업을 진행하기 위하여 1912년에 토지 조사령을 발표하였다.

3) 문화 통치

> 친일 단체 조직의 필요 …… 중심적 친일 인물을 물색하게 하고, 그 인물로 하여금 귀족, 양반, 유생, 부호, 실업가, 교육가, 종교인 등 각기 계급 및 사정에 따라 각종의 친일적 단체를 만들게 한 후, 그에게 상당한 편의와 원조를 제공하여 충분히 활동토록 할 것.

키워드
중심적 친일 인물을 물색하게 하고, 그 인물로 하여금 각종의 친일 단체를 만들게 함

사료 분석
일제는 3·1 운동을 계기로 식민 통치 방식을 무단 통치에서 문화 통치로 바꾸었다. 문화 통치는 한국인을 이간질하고 분열시키는 통치 방식이었다.

4) 황국 신민 서사

> 1. 우리들은 대일본 제국의 신민입니다.
> 2. 우리들은 마음을 합하여 '천황' 폐하에게 충의를 다합니다.
> 3. 우리들은 인고단련하고 훌륭하고 강한 국민이 되겠습니다.

키워드
우리들은 대일본 제국의 신민, 천황 폐하께 충의를 다함

사료 분석
일제는 민족 말살 통치 시기에 황국 신민을 양성한다는 목표 아래 한국인에게 황국 신민 서사를 강제로 외우게 하였다.

21일 | 민족 운동의 전개

1. (가)의 활동으로 옳은 것은?

> 8월 초에 여러 형제들이 모여서 같이 만주로 갈 준비를 하였다. 비밀리에 땅과 집을 파는데, 여러 집을 한꺼번에 처분하니 얼마나 어려우리요. 그때만 해도 여러 형제들 집은 예전 대갓집이 그렇듯이 종살이를 하는 사람이 수없이 많았고 …… 우리 집 어른인 (가) 은/는 위아래 구분 없이 뜻만 같으면 동지로 대접하였다. …… 1만여 석의 재산과 가옥을 모두 팔고 경술년(1910) 12월 30일에 큰집, 작은집이 함께 압록강을 건너 떠났다.
> ― 이은숙, 『서간도 시종기』 ―

① 한인 애국단을 조직하였다.
② 『국어문법』을 편찬하였다.
③ 독립운동 단체인 경학사를 조직하였다.
④ 대한민국 임시 정부의 초대 국무총리를 역임하였다.

2. 다음 강령을 발표한 단체에 대한 설명으로 옳은 것은?

> 1. 부호의 의연금 및 일본인이 불법 징수하는 세금을 압수하여 무장을 준비한다.
> 2. 남북 만주에 군관 학교를 세워 독립 전사를 양성한다.
> 6. 일본인 고관 및 한인 반역자를 수시 수처에서 처단하는 행형부를 둔다.

① 대한 독립 선언서를 발표하였다.
② 공화 정체의 국가 건설을 지향하였다.
③ 임병찬이 고종의 밀명을 받아 조직하였다.
④ 국권 반환 요구서를 조선 총독부에 제출할 것을 계획하였다.

3. 다음 자료에 나타난 민족 운동에 대한 설명으로 옳지 않은 것은?

> 어제 태화관에서 민족 대표의 만세 소리가 시작되자 동시에 탑골 공원에 모여 있던 수만 명의 학생들도 조선 독립 만세를 일제히 외치기 시작했다. 학생들은 너무 기뻐서 덩실덩실 춤을 추면서 바람이 몰아치고 물결이 솟구치는 듯한 기세로 시내를 누볐다. …… 만세 소리는 시간이 갈수록 커져만 가서 종로 4가에서는 그야말로 하늘과 땅이 진동할 정도였다고 한다.

① 순종의 인산일을 계기로 계획되었다.
② 대한민국 임시 정부 수립에 영향을 주었다.
③ 평화적 시위에서 폭력적 투쟁으로 변모되어 갔다.
④ 전개 과정에서 일제가 제암리 학살 등을 자행하였다.

4. (가) 시기의 사실로 옳은 것은?

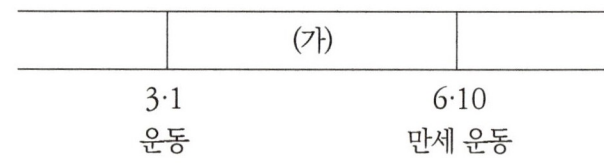

① 근우회가 조직되었다.
② 조선 독립 동맹이 결성되었다.
③ 제1차 조선 교육령이 발표되었다.
④ 북로 군정서군이 백운평, 어랑촌 전투에서 승리하였다.

5. (가) 단체에 대한 설명으로 옳지 않은 것은?

> 한국에는 [(가)] 이/가 조직되어 연통제를 실시한다. 저들은 법령을 반포하며 전달한다. 그러나 그 실시 방법은 완전히 비밀에 속한다. 또는 상하이, 영국, 미국, 기타 각국과는 비밀히 통신을 교환하며 자금을 모집하며 외국에 송달한다. 이미 수백만 원의 금전은 압록강을 넘어 멀리 만주로 가며 중국으로도 갔다.

① 독립 공채를 발행하였다.
② 구미 위원부를 설치하였다.
③ 신흥 강습소를 설립하였다.
④ 『한일 관계 사료집』을 간행하였다.

6. 밑줄 친 '회의'에 대한 설명으로 옳은 것은?

> 본 회의는 2천만 민중의 공정한 뜻에 바탕을 둔 국민적 대화합으로 최고의 권위를 가지고 국민의 완전한 통일을 공고하게 하며, 광복 대업의 근본 방침을 수립하여 우리 민족의 자유를 만회하며 독립을 완성하기를 기도하고 이에 선언하노라. …… 본 대표 등은 국민이 위탁한 사명을 받들어 국민적 대단결에 힘쓰며 독립운동이 나아갈 방향을 확립하여 통일적 기관 아래에서 대업을 완성하고자 하노라.

① 창조파와 개조파가 대립하였다.
② 삼균주의를 바탕으로 한 건국 강령을 채택하였다.
③ 파리 강화 회의에 김규식을 파견할 것을 결정하였다.
④ 3당 통합을 통한 한국 독립당 결성의 계기가 되었다.

7. (가)에 해당하는 인물은?

> [(가)] 은/는 1907년에 신민회를 조직하였으며, 1908년에는 평양에 대성 학교를 설립하여 인재를 양성하였다. 1913년에는 미국 샌프란시스코에서 흥사단을 조직하였으며, 이후 대한민국 임시 정부에 참여하여 내무총장, 국무총리 대리 등을 역임하였다.

① 안재홍
② 이동휘
③ 안창호
④ 이승만

8. 다음 격문이 발표된 민족 운동에 대한 설명으로 옳은 것은?

> 왕조의 마지막 군주였던 창덕궁 주인이 53세의 나이로 지난 4월 25일에 서거하였다. …… 지금 우리 민족의 통곡과 복상은 군주의 죽음 때문이 아니고 경술년 8월 29일 이래 사무친 슬픔 때문이다. …… 슬퍼하는 민중들이여! 하나가 되어 혁명 단체 깃발 밑으로 모이자!

① 중국의 5·4 운동에 영향을 주었다.
② 조선 청년 총동맹이 결성되는 계기가 되었다.
③ 준비 과정에서 천도교와 조선 공산당 등이 연대하였다.
④ 성진회와 각 학교 독서회에 의해 전국적으로 확산되었다.

9. 다음 선언이 발표된 시기를 연표에서 옳게 고른 것은?

> 민족주의적 세력에 대하여는 그 부르주아 민주주의적 성질을 명백하게 인식하는 동시에 또 과정적 동맹자적 성질도 충분히 승인하여, 그것이 타락하는 형태로 출현되지 아니하는 것에 한하여는 적극적으로 제휴하여 대중의 개량적 이익을 위하여서도 종래의 소극적 태도를 버리고 분연히 싸워야 할 것이다.

① (가)   ② (나)   ③ (다)   ④ (라)

10. 다음 격문이 발표된 민족 운동에 대한 설명으로 옳은 것은?

> 학생, 대중이여 궐기하라! 우리의 슬로건 아래로!
> • 검거된 학생들을 즉시 우리 손으로 탈환하자.
> • 경찰의 교내 진입을 절대 반대한다.
> • 언론·출판·집회·결사·시위의 자유를 획득하자.
> • 식민지적 노예 교육 제도를 철폐하라.
> • 전국 학생 대표자 회의를 개최하라.

① 학도 지원병제의 폐지를 요구하였다.
② 신간회에서 진상 조사단을 파견하였다.
③ 일제가 이른바 문화 통치를 실시하는 배경이 되었다.
④ 대한매일신보 등의 후원을 받아 전국적으로 확산되었다.

11. (가) 지역에서 조직된 단체로 옳은 것만을 모두 고르면?

> 윤봉길은 ⎡ (가) ⎤의 홍커우 공원에서 폭탄을 던져 일본 고위 관료와 군사 지휘관 다수를 살상하였다. 이를 계기로 중국 국민당 정부는 대한민국 임시 정부를 인정하고 지원을 강화하였다.

ㄱ. 동제사
ㄴ. 대한인 국민회
ㄷ. 성명회
ㄹ. 신한청년당

① ㄱ, ㄴ
② ㄱ, ㄹ
③ ㄴ, ㄷ
④ ㄷ, ㄹ

12. 밑줄 친 '이곳'에서 전개된 사실로 옳은 것은?

> 이곳은 국내와 가까워 1860년대부터 한국인이 이주해 살았다. 이후 일본의 탄압을 피해 이주해 온 한국인과 해외에 기지를 건설하여 독립군을 양성하려는 독립 운동가들이 다수 망명하였고, 한인의 지위 향상을 목표로 권업회가 조직되기도 하였다.

① 중광단이 결성되었다.
② 숭무 학교가 설립되었다.
③ 대한 광복군 정부가 조직되었다.
④ 대조선 국민 군단이 창설되었다.

21일 민족 운동의 전개 핵심 사료

1) 대동단결 선언

> 융희 황제가 3보를 포기한 (1910년) 8월 29일은 우리들이 3보를 계승한 날이다. …… 황제의 주권 포기는 우리 국민에 대한 양위와 마찬가지이다. 우리는 당연히 3보를 계승하여 통치할 권리가 있다. 2천만의 생명과 3천 리의 영토와 4천 년의 주권은 우리가 상속했고, 앞으로도 상속할 것이다.

키워드
융희 황제(순종)의 주권 포기는 국민에 대한 양위와 마찬가지임

사료 분석
박은식, 신채호 등은 1917년에 대동단결 선언을 발표하여 독립의 의지를 밝히고 국민의 나라의 주인임을 확인하였다.

2) 기미 독립 선언서

> 오등은 이에 아(我) 조선의 독립국임과 조선인의 자유민임을 선언하노라. 이로써 세계만방에 고하여 인류 평등의 대의를 극명하며, 이로써 자손만대에 고하여 민족자존의 정권을 영유하게 하노라.

키워드
오등은 이에 아(我) 조선의 독립국임과 조선인의 자유민임을 선언

사료 분석
기미 독립 선언서는 3·1 운동 당시 조선이 독립한 나라이고, 조선 사람이 자주적인 국민이라는 것을 선언한다고 밝히고 있다.

3) 제암리 학살 사건

> 만세 시위가 확산되자, 일제는 헌병 경찰은 물론이고 군인까지 긴급 출동시켜 시위 군중을 무차별 살상하였다. 정주, 사천, 맹산, 수안, 남원, 합천 등지에서는 일본 군경의 총격으로 수십 명의 사상자를 냈으며, 화성 제암리에서는 전 주민을 교회에 집합, 감금하고 불을 질러 학살하였다.

키워드
만세 시위가 확산되자 일제는 헌병 경찰과 군인을 출동시켜 시위 군중을 무차별 살상함, 화성 제암리에서는 주민을 감금하고 불을 질러 학살함

사료 분석
일제는 3·1 운동이 발생하자 헌병 경찰뿐만 아니라 군대 등을 동원하여 탄압하였으며, 특히 화성 제암리에서는 주민을 학살하는 만행을 저질렀다.

4) 6·10 만세 운동 때 발표된 격문

> ○ 조선은 조선인의 조선이다!
> ○ 학교 용어는 조선어로!
> ○ 학교장은 조선인이어야 한다!
> ○ 일본인 물품을 배척하자!
> ○ 8시간 노동제를 실시하라!
> ○ 동일 노동에는 동일 임금을 지급하라!
> ○ 동양 척식 주식회사를 철폐하라!

키워드
학교 용어는 조선어, 일본인 물품 배척, 8시간 노동제 실시, 동양 척식 주식회사 철폐 주장

사료 분석
대한 제국의 마지막 황제인 순종의 인산일을 계기로 전개된 6·10 만세 운동 때는 일본의 식민지 수탈 정책과 식민지 교육에 대해 반발하는 격문을 발표하였다.

22일 | 무장 독립 전쟁의 전개

1. 다음 선언문을 지침으로 삼은 단체에 대한 설명으로 옳지 않은 것은?

> 민중은 우리 혁명의 대본영(大本營)이다. 폭력은 우리 혁명의 유일한 무기이다. 우리는 민중 속으로 가서 민중과 손을 맞잡아 끊임없는 폭력, 암살, 파괴, 폭동으로써 강도 일본의 통치를 타도하고 우리 생활에 불합리한 일체의 제도를 개조하여 인류로써 인류를 압박하지 못하며, 사회로써 사회를 박탈하지 못하는 이상적 조선을 건설할지니라.

① 나석주, 최수봉 등이 단원으로 활동하였다.
② 임시 정부 활동에 활기를 불어넣고자 결성하였다.
③ 한국 독립당, 조선 혁명당 등과 함께 민족 혁명당을 결성하였다.
④ 일부 구성원들을 황푸 군관 학교에 보내 군사 훈련을 받도록 하였다.

2. 밑줄 친 '선생'의 활동으로 옳은 것은?

> 그 길로 함께 안공근의 집에 가서 선서식을 하고 폭탄 두 개와 300원을 주면서 "<u>선생</u>은 마지막 가시는 길이니 이 돈을 아끼지 말고 동경(東京) 가시기까지 다 쓰시오. 동경에 도착하여 전보를 치면 다시 돈을 보내드리리다."라고 말했다. 그리고 기념사진을 찍기 위해 사진관으로 갔는데, 사진을 찍을 때 내 얼굴에 자연 슬픈 기색이 있었던지 그가 나를 위로하면서 "저는 영원한 쾌락을 누리고자 이 길을 떠나는 것이니 서로 기쁜 얼굴로 사진을 찍으십시다."라고 하였다. 나 역시 미소를 띠고 사진을 찍었다.

① 『동양평화론』을 집필하였다.
② 조선 총독부에 폭탄을 투척하였다.
③ 조선 혁명 간부 학교를 설립하였다.
④ 상하이에서 한인 애국단에 참가하였다.

3. 다음 자료에서 탐구 주제와 선정한 인물이 잘못 연결된 것은?

> **한국사 수업 보고서**
> △학년 △반 이름: □□□
> ○ 목표: 일제 강점기에 활동한 주요 인물의 활동을 통해 우리나라의 역사를 이해한다.
> ○ 방법: 탐구 주제 및 관련 인물을 선정하고, 관련 자료를 찾아 보고서를 작성한다.

	탐구 주제	인물
①	사이토 조선 총독에게 폭탄을 투척하다!	강우규
②	종로 경찰서에 폭탄을 투척하다!	김상옥
③	타이중에서 일본 육군 대장을 저격하다!	조명하
④	일본 궁성의 이중교에 폭탄을 투척하다!	유관순

4. (가)~(라) 사건을 발생한 순서대로 바르게 나열한 것은?

> (가) 청산리 전투
> (나) 자유시 참변
> (다) 신민부 조직
> (라) 대한 독립 군단 조직

① (가) → (나) → (다) → (라)
② (가) → (라) → (나) → (다)
③ (나) → (가) → (다) → (라)
④ (나) → (가) → (라) → (다)

5. 밑줄 친 '그'에 대한 설명으로 옳은 것은?

> 그는 평안도 양덕 사람으로 체격이 장대하고 지기가 왕성하였는데, 비록 글은 배우지 못하였으나 천성적인 의협심이 있어, 남을 돕는 일을 급무로 삼은 연유로 사람들이 많이 따랐다. 1907년 겨울에 차도선, 송상봉, 허근 등 여러 사람들과 의병을 일으켜 …… 전투를 벌였다.

① 대한 광복회를 조직하였다.
② 봉오동 전투에서 승리하였다.
③ 조선 독립 동맹의 주석을 역임하였다.
④ 상해 임시 정부의 초대 경무국장으로 활동하였다.

6. 다음 합의문을 작성한 독립군에 관한 설명으로 옳은 것은?

> 중국(의용군)과 한국 양국의 군민은 한마음 한뜻으로 일제에 대항하여 싸우고, 인력과 물자는 서로 나누어 쓰며, 합작의 원칙하에 국적에 관계없이 그 능력에 따라 항일 공작을 나누어 맡는다.

① 지청천을 중심으로 활동하였다.
② 북만주 지역에서 주로 활동하였다.
③ 영릉가 전투에서 일본군을 물리쳤다.
④ 일부 대원이 한국 광복군에 편입되었다.

7. 다음 전투가 발생한 시기를 연표에서 옳게 고른 것은?

> 일본군의 전초 부대가 지나간 뒤 본대가 화물 자동차를 앞세우고 대전자령의 계곡으로 들어오기 시작하였다. 아군은 사격과 함께 바위를 굴려 일본군을 살상하고 자동차와 우마차를 파괴하거나 운행 불능의 상태에 빠뜨리며 적을 완전히 포위하여 고립시켰다. …… 매복에 걸려든 일본군은 중무기와 차량 등을 버리고 도주하고자 하였으나 결국 거의 궤멸되고 말았다.

	(가)	(나)	(다)	(라)	
국권 피탈		국민 대표 회의	만주 사변	중·일 전쟁	8·15 광복

① (가) ② (나) ③ (다) ④ (라)

8. (가) 단체에 대한 설명으로 옳지 않은 것은?

> 일제의 만주 점령으로 무장 투쟁이 어려워지자, 대부분의 독립군은 중국 관내로 이동하였다. 이후 중국 관내에서는 항일 전선을 하나로 통합하려는 시도가 이어졌고, 1935년에 난징에서 중국 관내 최대 규모의 민족 통일 전선 정당인 (가) 이/가 창당되었다.

① 김구는 참여하지 않았다.
② 동북 항일 연군을 산하의 군사 조직으로 두었다.
③ 김원봉이 주도권을 잡자 지청천, 조소앙 등 민족주의 세력의 일부가 이탈하였다.
④ 중·일 전쟁 이후 여러 단체를 통합하여 조선 민족 전선 연맹을 결성하였다.

9. (가) 부대에 대한 설명으로 옳은 것은?

> 중국 한커우에서 (가) 이/가 조직되었다. 부대는 1개 총대, 3개 분대로 편성되었는데 100여 명의 대원은 대부분 조선 민족 혁명당원이다. 총대장은 황포 군관 학교 제4기 출신인 진국빈이며, 부대는 대일 선전 공작과 대일 유격전을 수행함을 목적으로 하였다.

① 미쓰야 협정이 체결되기 직전까지 활동하였다.
② 양세봉의 지휘하에 홍경성 전투에 참여하였다.
③ 중국 관내에서 결성된 최초의 한인 무장 부대였다.
④ 초기에는 중국 군사 위원회의 지휘와 간섭을 받았다.

10. 밑줄 친 '나'가 소속된 단체로 옳은 것은?

> 나는 목숨을 걸고 탈출하여 …… 충칭으로 가는 길에 6,000 리 장정의 길에 나섰고 …… 이범석 장군의 부관이 되어 시안에 있는 제2지대로 찾아가서 OSS 특별 훈련을 받았다. 국내 지하 공작원으로 진입하려고 하던 때에 투항을 맞이하였다.

① 한국 광복군
② 북로 군정서
③ 조선 의용군
④ 조국 광복회

11. 다음 자료가 발표된 이후의 사실로 옳은 것은?

> 우리는 3천만 한국 인민과 정부를 대표하여 삼가 중·영·미·소·캐나다 기타 제국의 대일 선전이 일본을 격패케 하고 동아를 재건하는 가장 유효한 수단이 됨을 축하하여 이에 특히 다음과 같이 성명한다.
> 1. 한국 전 인민은 현재 이미 반침략 전선에 참가하였으니 한 개의 전투 단위로서 추축국에 선전한다.
> 2. 1910년의 합방 조약과 일체의 불평등 조약의 무효를 거듭 선포하며 아울러 반(反) 침략 국가인 한국에 있어서의 합리적 기득권익을 존중한다.

① 민족 유일당의 일환으로 국민부가 결성되었다.
② 박은식, 신채호 등이 대동단결 선언을 발표하였다.
③ 일제가 중국 마적단을 매수하여 훈춘의 영사관을 공격하게 하였다.
④ 영국군의 요청에 따라 인도·미얀마 전선에 한국 광복군이 파견되었다.

12. 다음 인물에 대한 설명으로 옳은 것은?

> 1898년 경상남도 밀양 출생
> 1935년 민족 혁명당 조직
> 1938년 조선 의용대 창설
> 1944년 한국 광복군 부사령관 역임

① 임시 의정원의 초대 의장을 맡았다.
② 만주 길림에서 의열단을 조직하였다.
③ 대한민국 임시 정부의 주석을 역임하였다.
④ 대한 광복군 정부의 정통령으로 선임되었다.

22일 무장 독립 전쟁의 전개 핵심 사료

1) 봉오동 전투

> 북간도에 주둔한 아군 7백 명은 북로 사령부 소재지인 봉오동을 향해 행군하다가 적군 3백 명을 발견하였다. 아군을 지휘하는 홍범도, 최진동 두 장군은 즉시 적을 공격하여 120여 명을 살상하고 도주하는 적을 추격하였다.

키워드

봉오동, 홍범도와 최진동이 적을 공격하여 120여 명을 살상함

사료 분석

1920년 6월에 홍범도가 이끄는 대한 독립군, 최진동이 이끄는 군무 도독부 등의 독립군 연합 부대는 봉오동에서 일본군을 공격하여 크게 승리하였다.

2) 영릉가 전투

> 조선 혁명군 총사령 양세봉, 참모장 김학규 등은 병력을 이끌고 중국 의용군과 합세하였다. …… 아군은 승세를 몰아 적들을 30여 리 정도 추격한 끝에 영릉가성을 점령하였다.

키워드

조선 혁명군 총사령 양세봉, 중국 의용군, 영릉가성을 점령함

사료 분석

1932년에 양세봉이 이끄는 조선 혁명군은 중국 의용군 등과 연합하여 영릉가 전투에서 승리하였다.

3) 조선 의용대

> 우리들은 우선 조선 민족 전선 연맹의 기치 아래 일치단결하고, 동시에 동양에 있어서의 항일의 위대한 최고 지도자인 장제스(蔣介石) 위원장 아래에 모여 조직한 것이다. …… 우리는 중국인 형제와 악수하고, 필승의 신념으로서 정의의 항일전에 참가, 반드시 이 신성한 임무를 관철하지 않으면 안 된다. 벌써 최후의 일각까지 노력을 요하는 때가 되어 왔다.

키워드

조선 민족 전선 연맹의 기치 아래 일치단결

사료 분석

조선 민족 전선 연맹은 중국 국민당의 지도자인 장제스의 지원을 받아 1938년에 조선 의용대를 창설하였다. 조선 의용대는 정보 수집, 포로 심문, 후방 교란 등의 활동을 하였다.

4) 한국 광복군

> 대한민국 임시 정부는 중국 국민당 정부의 특별 허락으로 중국 영토 내에서 군을 조직하고 총사령부를 창설함을 선언한다. 또한, 중화민국의 국민과 합작하여 독립을 회복하고자 공동의 적인 일본 제국주의자들을 타도하기 위하여 연합국의 일원으로 항전을 계속한다.

키워드

대한민국 임시 정부는 중국 영토 내에서 군을 조직, 연합군의 일원

사료 분석

대한민국 임시 정부는 1940년에 한국 광복군을 창설하였다. 또한, 일본이 태평양 전쟁을 일으키자 대일 선전 성명서를 발표하고 한국 광복군이 연합군의 일원으로 일본에 항전한다는 것을 표명하였다.

23일 | 민족 문화 수호 운동

1. 밑줄 친 '이 운동'에 대한 설명으로 옳은 것은?

> 이 운동에 대한 반대 측 의견을 종합하건대 크게 두 가지 논점이 있는 것 같다. 하나는 일본인 측이나 또는 관청의 일부분에서 일종의 일본 제품 배척 운동으로 간주하고 불온한 사상이라고 공격하는 것이다. 또 하나는 소위 사회주의자 중 일부 논객이 주장하는 것인데 이 운동은 유산 계급의 이익을 위한 것이며 무산 계급에는 아무 관련이 없으니 유산 계급만의 운동으로 남겨 버리자는 것이다.

① 가뭄과 홍수로 인해 중단되었다.
② 황국 중앙 총상회가 설립되는 결과를 가져왔다.
③ 조선 총독부가 회사령을 폐지하는 계기가 되었다.
④ 자작회, 토산 애용 부인회 등의 단체가 참여하였다.

2. 다음 자료의 사회 운동에 대한 설명으로 옳은 것은?

> 조선 민족 2천만의 한 사람으로서 갑오년 6월부터 백정의 칭호가 없어지고 평민이 된 우리들이다. 애정으로써 상호 부조하며 생활의 안정을 도모하고 공동의 존영을 기하려 한다. 이에 40여만의 단결로써 본사의 목적인 그 주지를 선명하게 표방하는 바이다.

① 조선 형평사의 주도로 전개되었다.
② 평양에서 시작하여 전국적으로 확산되었다.
③ 향·부곡·소를 일반 군현으로 승격할 것을 주장하였다.
④ '한민족 1천만이 한 사람 1원씩'이라는 구호를 내세웠다.

3. (가) 종교에 대한 설명으로 옳은 것은?

> 공의 이름은 인영인데, 뒤에 철(喆)로 고쳤다. 1905년에 보호 조약이 체결된 뒤에 동지와 함께 오적(五賊)의 처단을 모의하였는데, 1907년 계획이 새 나가 일을 그르쳤다. 뒤에 (가) 을/를 제창하고 교주를 자임하였는데, 이를 바탕으로 국민을 진흥하려고 하였다.

① 의민단을 조직하여 무장 투쟁을 전개하였다.
② 박중빈을 중심으로 새생활 운동을 추진하였다.
③ 『개벽』, 『신여성』 등의 잡지를 발행하였다.
④ 단군 숭배 사상을 통해 민족의식을 고취시켰다.

4. (가), (나) 사이에 있었던 사실로 옳지 않은 것은?

> (가) 조선 청년 독립단이 도쿄에서 2·8 독립 선언을 발표하였다.
> (나) 문평 라이징 선 석유 회사의 일본인 감독이 조선인 노동자를 구타한 사건이 발생하자, 이에 분노한 노동자들은 열악한 노동 조건 개선과 감독 파면을 요구하며 파업을 전개하였다.

① 암태도 소작 쟁의가 일어났다.
② 조선 농민 총동맹이 조직되었다.
③ 일본 유학생을 중심으로 토월회가 결성되었다.
④ 손기정이 베를린 올림픽에서 금메달을 획득하였다.

5. (가) 단체에 대한 설명으로 옳은 것은?

> [(가)] 발기취지(發起趣旨)
>
> 인간 사회는 많은 불합리를 산출한 동시에 그 해결을 우리에게 요구하고 있다. 여성 문제는 그중의 하나이다. …… 과거의 조선 여성 운동은 분산되어 있었다. 그것에는 통일된 조직이 없었고 통일된 지도 정신도 없었고 통일된 항쟁이 없었다. …… 우리는 우선 조선 자매 전체의 역량을 공고히 단결하여 운동을 전반적으로 전개하지 아니하면 아니 된다.

① 방정환 등이 조직하였다.
② 기관지로 『근우』를 발간하였다.
③ 3·1 운동에 주도적으로 참여하였다.
④ 여성 교육을 위해 이화 학당을 설립하였다.

6. 일제 강점기 조선인의 생활 모습으로 옳지 않은 것은?

① 상류층은 영단 주택에 모여 살았다.
② 음식 조리 과정에서 왜간장을 사용하였다.
③ 도시의 변두리에는 빈민이 토막집을 짓고 살았다.
④ 서양식 옷차림을 한 모던 보이와 모던 걸이 활동하였다.

7. (가)에 해당하는 단체로 옳은 것은?

> [(가)] 은/는 1919년 만세 소요 사건의 실례에 비추어 조선의 독립을 장래에 기약하는 데는 문화 운동에 의하여 민족정신의 환기와 실력 양성을 급무로 삼아서, 피고인 이극로를 중심으로 하여 문화 운동 중 그 기초적 중심이 되는 어문 운동의 방법을 취하여 그 이념으로써 지도 이념을 삼아 겉으로 문화 운동의 가면을 쓰고, 조선 독립을 목적한 실력 배양 단체로서 본 건이 검거되기까지 10여 년이나 오랫동안 조선 민족에 대하여 조선의 어문 운동을 전개해 왔다.

① 황국 협회
② 진단 학회
③ 국문 연구소
④ 조선어 학회

8. 다음과 같은 활동을 펼친 인물에 대한 설명으로 옳은 것은?

> ○ 유교 개혁의 뜻을 담은 「유교구신론」을 집필하였다.
> ○ 『한국독립운동지혈사』를 저술하여 일제의 침략을 규탄하였다.

① 동학을 천도교로 개칭하였다.
② 『조선민족사개론』을 저술하였다.
③ 민족정신으로서 국혼을 강조하였다.
④ 대한매일신보에 「독사신론」을 연재하였다.

9. 다음 글을 작성한 인물로 옳은 것은?

> 역사란 무엇이뇨. 인류 사회의 아와 비아의 투쟁이 시간부터 발전하며 공간부터 확대하는 심적 활동 상태의 기록이니, 세계사라 하면 세계 인류의 그리되어 온 상태의 기록이며, 조선사라 하면 조선 민족의 그리되어 온 상태의 기록이니라.

① 조선사 편수회에 참여하였다.
② 『조선불교유신론』을 저술하였다.
③ '태백광노' 또는 '무치생'이라는 별호를 사용하였다.
④ 김원봉의 요청으로 「조선혁명선언」을 작성하였다.

10. 다음 글을 작성한 인물로 옳은 것은?

> 누구나 어릿어릿하는 사람을 보면 '얼'이 빠졌다고 하고, 멍하니 앉아 있는 사람을 보면 '얼' 하나 없다고 한다. '얼'이란 이같이 쉬운 것이다. …… 조선의 시조는 단군이시니 단군은 신이 아니요 사람이시라. …… 얼은 남이 빼앗아 가지 못한다. 얼을 잃었다면 스스로 잃은 것이지 누가 가져간 것은 아니다.
> - 5천 년간 조선의 얼 -

① 이육사
② 정인보
③ 윤동주
④ 문일평

11. 1920년대의 문화계 동향으로 옳은 것만을 모두 고르면?

> ㄱ. 나운규가 제작한 영화 '아리랑'이 개봉하였다.
> ㄴ. 계몽적 성격의 창가인 '경부철도가'가 만들어졌다.
> ㄷ. 신경향파 작가들이 카프(KAPF)를 결성하였다.
> ㄹ. 최남선이 신체시인 '해에게서 소년에게'를 발표하였다.

① ㄱ, ㄴ
② ㄱ, ㄷ
③ ㄴ, ㄹ
④ ㄷ, ㄹ

12. 다음 자료에 나타난 사상을 정립한 인물에 대한 설명으로 옳은 것은?

> 우리나라의 건국 정신은 삼균 제도(三均制度)의 역사적 근거를 두었으니 선조들이 분명히 명한 바 수미균평위(首尾均平位)하야 흥방보태평(興邦保泰平)하리라 하였다. 이는 사회 각층 각급의 지력과 권력과 부력의 향유를 균평하게 하야 국가를 진흥하며 태평을 보유(保維)하려 함이니 홍익인간(弘益人間)과 이화세계(理化世界)하자는 우리 민족의 지킬 바 최고 공리(公理)임

① 제헌 국회의원에 당선되었다.
② 『조선사회경제사』를 저술하였다.
③ 정치·경제·교육의 균등을 강조하였다.
④ 대한민국 임시 정부의 제2대 대통령을 역임하였다.

23일 민족 문화 수호 운동 핵심 사료

1) 물산 장려 운동

> 입어라! 조선 사람이 짠 것을
> 먹어라! 조선 사람이 만든 것을
> 써라! 조산 사람이 지은 것을
> 조선 사람 조선 것.

키워드
조선 사람이 만든 것을 먹어라, 조선 사람이 지은 것을 써라

사료 분석
1920년대에 국산품을 사용하여 우리 민족 경제의 자립을 이루자는 물산 장려 운동이 전개되었다.

2) 민립 대학 설립 운동

> 이제 우리 조선인도 세계 속에서 문화 민족의 일원으로 다른 나라 사람과 어깨를 나란히 하여 우리들의 생존을 유지하며 문화의 창조와 향상을 기도하려면, 대학의 설립을 빼고는 다시 다른 길이 없도다. …… 우리에게 아직 대학이 없는 일이다. …… 감히 만천하 동포에게 향하여 민립 대학의 설립을 제창하노니, 자매 형제는 와서 돕고 나아가 이루어라.

키워드
동포에게 민립 대학의 설립을 제창함

사료 분석
1920년대 초에 교육 분야의 실력 양성 운동으로 대학을 설립해 고등 교육을 실현하자는 민립 대학 설립 운동이 추진되었다.

3) 박은식의 「유교구신론」

> 무릇 동양의 수천 년 교화계(敎化界)에서 바르고 순수하며 광대 정밀하여 많은 성현들이 전해주고 밝혀 준 유교가 끝내 인도의 불교와 서양의 기독교와 같이 세계에 큰 발전을 하지 못함은 어째서이며 …… 유교계에 3대 문제가 있는지라. 그 3대 문제에 대하여 개량하고 구신(求新)을 하지 않으면 우리 유교는 흥왕할 수가 없을 것이다.

키워드
유교계에 3대 문제가 있음, 3대 문제에 대하여 개량해야 됨

사료 분석
박은식은 유교계의 3대 문제를 제시하고, 실천적인 새로운 유교 정신의 회복을 주장한 「유교구신론」을 발표하였다.

4) 신채호의 『조선사연구초』

> 묘청의 천도 운동에서 묘청 등이 패하고 김부식이 이겼으므로 조선사가 사대적, 보수적 사상인 유교 사상에 정복되고 말았다. 만약 김부식이 패하고 묘청이 이겼더라면 조선사가 독립적, 진취적으로 진전하였을 것이니 이것이 어찌 일천 년래 제일 대사건이라 하지 아니하랴.

키워드
묘청의 천도 운동은 일천 년래 제일 대사건

사료 분석
신채호는 『조선사연구초』에서 김부식이 패하고 묘청이 이겼더라면 조선사가 독립적, 진취적으로 진전하였을 것이라고 주장하며 묘청의 천도 운동을 일천 년래 제일 대사건으로 평가하였다.

24일 | 대한민국 정부 수립 과정

1. 다음 선언을 발표한 회담에 대한 설명으로 옳은 것은?

> 연합국은 일본의 침략을 제지하고 이를 응징하기 위하여 이 전쟁을 수행하고 있다. …… 일본은 폭력과 탐욕으로 약탈한 다른 일체의 지역으로부터 축출될 것이다. 연합국은 한국 인민의 노예 상태에 유의하여, 한국을 적절한 시기에 자유롭게 독립시킬 것을 결의한다.

① 소련의 대일전 참전을 결의하였다.
② 국제적으로 한국의 독립을 처음으로 보장하였다.
③ 마지막까지 남아 있는 일본에 무조건 항복을 요구하였다.
④ 독일 항복 후 전후 처리 문제를 협의하기 위하여 개최되었다.

2. 다음 선언문을 발표한 단체에 대한 설명으로 옳은 것만을 모두 고르면?

> 본 위원회는 우리 민족을 진정한 민주주의적 정권에로 재조직하기로 한 새 국가 건설의 준비 기구인 동시에 모든 진보적 민주주의적 세력을 집결하기 위하여 각층 각계에 완전히 개방된 통일 기관이요 결코 혼잡된 협동 기관은 아니다.

ㄱ. 김성수, 송진우 등이 주도하였다.
ㄴ. 조선 인민 공화국의 수립을 선포하였다.
ㄷ. 전국에 지부를 설치하고 치안대를 조직하였다.
ㄹ. 좌·우 합작 7원칙을 발표하였다.

① ㄱ, ㄴ
② ㄱ, ㄹ
③ ㄴ, ㄷ
④ ㄷ, ㄹ

3. 모스크바 3국 외상 회의가 개최된 이후에 전개된 사실로 옳지 않은 것은?

① 조선 건국 동맹이 조직되었다.
② 남조선 과도 입법 의원이 설립되었다.
③ 제1차 미·소 공동 위원회가 개최되었다.
④ 유엔 소총회에서 38도선 이남 지역만의 총선거를 결정하였다.

4. 다음과 같이 주장한 인물에 대한 설명으로 옳은 것은?

> 이제 우리는 무기 휴회된 공위가 재개될 기색도 보이지 않으며 통일 정부를 고대하나 여의케 되지 않으니 남방만이라도 임시 정부 혹은 위원회 같은 것을 조직하여 38 이북에서 소련이 철퇴하도록 세계 공론에 호소하여야 될 것이니 여러분도 결심하여야 될 것이다.

① 조선 인민당을 조직하였다.
② 만민공생의 신민주주의를 표방하였다.
③ 독립 촉성 중앙 협의회의 회장에 추대되었다.
④ 국민 대표 회의의 해산을 명하는 내무부령을 공포하였다.

5. 밑줄 친 '위원회'에 대한 설명으로 옳은 것은?

> 본 위원회의 목적을 달성하기 위하여 기본 원칙을 아래와 같이 의논하여 정함
> ○ 토지 개혁에 있어서 몰수, 유조건 몰수, 체감매상 등으로 토지를 농민에게 무상으로 나누어 주며, …… 민주주의 건국 과업 완수에 매진할 것
> ○ 친일파 민족 반역자를 처리할 조례를 본 합작 위원회에서 입법 기구에 제안하여 …… 실시하게 할 것

① 미군정은 처음부터 지지하지 않았다.
② 조선 공산당과 한민당이 참여하였다.
③ 모스크바 3국 외상 회의 결정에 반대하였다.
④ 여운형, 김규식 등 중도 세력을 중심으로 결성되었다.

6. 다음 포고령을 내린 세력에 대한 설명으로 옳지 않은 것은?

> 제1조 북위 38도선 이남의 조선 영토와 조선 인민에 대한 통치의 모든 권한은 당분간 본관의 권한 하에 시행한다.
> 제2조 정부 등 모든 공공사업 기관에 종사하는 유급·무급 직원과 고용인, 그리고 기타 중요한 제반 사업에 종사하는 자는 별도의 명령이 있을 때까지 종래의 정상 기능과 업무를 수행할 것이며, 모든 기록 및 재산을 보호 보존하여야 한다.

① 남조선 국방 경비대를 창설하였다.
② 대한민국 임시 정부를 공식 정부로 인정하였다.
③ 신한 공사를 설립하여 귀속 재산을 관리하였다.
④ 소작료가 수확량의 1/3을 초과할 수 없도록 제한하였다.

7. 다음 인물에 대한 설명으로 옳은 것은?

> 1919년 파리 강화 회의 민족 대표
> 1935년 민족 혁명당 조직
> 1944년 대한민국 임시 정부 부주석

① 5·10 총선거에 출마하였다.
② 경교장에서 안두희에게 암살당하였다.
③ 대한민국의 초대 대통령으로 선출되었다.
④ 평양에서 열린 남북 협상 회의에 참석하였다.

8. 5·10 총선거에 대한 설명으로 옳지 않은 것은?

① 임기 4년의 국회의원을 선출하였다.
② 제주도에서 무효 처리된 선거구가 있었다.
③ 유엔 한국 임시 위원단의 감시 아래 실시되었다.
④ 만 21세 이상의 모든 국민에게 투표권이 부여되었다.

9. 밑줄 친 '국회'에 대한 설명으로 옳은 것은?

> 유구한 역사와 전통에 빛나는 우리들 대한국민은 기미 삼일 운동으로 대한민국을 건립하여 세계에 선포한 위대한 독립 정신을 계승하여 이제 민주 독립 국가를 재건함에 있어 …… 모든 사회적 폐습을 타파하고 민주주의 제제도(諸制度)를 수립하여 …… 우리들의 정상 또는 자유로히 선거된 대표로서 구성된 국회에서 단기 4281년 7월에 이 헌법을 제정한다.
>
> 제1조 대한민국은 민주 공화국이다.
> 제2조 대한민국의 주권은 국민에게 있고, 모든 권력은 국민으로부터 나온다.

① 4·19 혁명 이후에 구성되었다.
② 민의원과 참의원의 양원제로 운영되었다.
③ 한·일 기본 조약 체결에 반대하는 성명을 발표하였다.
④ 유상 매수, 유상 분배 원칙의 농지 개혁법을 제정하였다.

10. 다음 사건을 시기순으로 바르게 나열한 것은?

> (가) 좌·우 합작 7원칙이 발표되었다.
> (나) 제2차 미·소 공동 위원회가 개최되었다.
> (다) 조선 건국 준비 위원회가 조직되었다.
> (라) 제주 4·3 사건이 발생하였다.

① (가) → (다) → (나) → (라)
② (가) → (라) → (나) → (다)
③ (다) → (가) → (나) → (라)
④ (다) → (가) → (라) → (나)

11. 다음 법령에 대한 설명으로 옳지 않은 것은?

> 제1조 일본 정부와 통모하여 한·일 합병에 적극 협력한 자, 한국의 주권을 침해하는 조약 또는 문서에 조인한 자와 모의한 자는 사형 또는 무기 징역에 처하고, 그 재산과 유산의 전부 혹은 2분의 1 이상을 몰수한다.
> 제2조 일본 정부로부터 작위를 받은 자 또는 일본 제국 의회의 의원이 되었던 자는 무기 또는 5년 이상의 징역에 처하고 그 재산과 유산의 전부 혹은 2분의 1 이상을 몰수한다.

① 이 법령은 농지 개혁법이 제정된 후 제정되었다.
② 이승만 정부의 비협조로 공소 시효가 단축되었다.
③ 이 법령에 따라 친일 경력을 지닌 고위 경찰 간부가 체포되었다.
④ 반민족 행위자를 처벌하여 민족정기를 바로 세우려는 목적이었다.

12. 대한민국 정부 수립 이후에 일어난 사실로 옳은 것만을 모두 고르면?

> ㄱ. 민족 자주 연맹이 조직되었다.
> ㄴ. 중앙 토지 행정처가 발족되었다.
> ㄷ. 조봉암이 진보당을 창당하였다.
> ㄹ. 여수·순천 10·19 사건이 발생하였다.

① ㄱ, ㄴ
② ㄱ, ㄹ
③ ㄴ, ㄷ
④ ㄷ, ㄹ

24일 대한민국 정부 수립 과정 핵심 사료

1) 포츠담 선언

> 1. 우리들 미합중국 대통령, 중화민국 정부 주석 및 대영국 수상은 일본국에 대하여 이번 전쟁의 종결을 위한 기회를 주는 데에 의견이 일치되었다.
> 13. 우리는 일본 정부가 곧 일본 군대의 무조건 항복을 선언하고 또 그런 행위를 하는 일본 군대의 성의에 적당하고도 충분한 보장이 있을 것을 일본 정부에게 요구한다.

키워드

무조건 항복을 선언하는 것을 일본 정부에 요구

사료 분석

1945년 7월에 개최된 포츠담 회담에서 연합국(미국, 영국, 중국)은 일본에 무조건 항복을 요구하였다.

2) 조선 건국 준비 위원회의 강령

> ○ 우리는 완전한 독립 국가 건설을 기함.
> ○ 우리는 전 민족의 정치적·경제적·사회적 기본 요구를 실현할 수 있는 민주주의 정권 수립을 기함.
> ○ 우리는 일시적 과도기에 있어서 국내 질서를 자주적으로 유지하며 대중 생활의 확보를 기함.

키워드

자주 독립의 건설, 민주주의 정권의 수립, 대중 생활의 확보

사료 분석

조선 건국 준비 위원회는 강령을 발표하여 자주 독립의 건설, 민주주의 정권의 수립, 국내 질서의 자주적 유지를 통한 대중 생활의 확보 등을 표방하였다.

3) 모스크바 3국 외상 회의

> ○ 한국을 독립 국가로 재건하기 위해 민주주의 임시 정부를 수립한다.
> ○ 한국 임시 정부 수립을 위해 미·소 공동 위원회를 설치한다.
> ○ 미국, 영국, 중국, 소련의 4개국이 공동 관리하는 최고 5년 기한의 신탁 통치를 시행한다.

키워드

민주주의 임시 정부 수립, 미·소 공동 위원회 설치, 최고 5년 기한의 신탁 통치 시행

사료 분석

1945년 12월에 미국·영국·소련의 3국 외상은 모스크바에 모여 한국의 독립 문제를 협의하고 민주주의 임시 정부 수립과 이를 협의하기 위한 미·소 공동 위원회 설치, 최고 5년 기한의 신탁 통치를 결의하였다.

4) 1948년 2월 유엔 소총회의 결의안

> 소총회는 …… 한국 인민의 대표가 국회를 구성하여 중앙 정부를 수립할 수 있도록 선거를 시행함이 긴요하다고 여기며, 총회의 의결에 따라 국제 연합 한국 임시 위원단이 접근할 수 있는 지역에서 결의문 제2호에 기술된 계획을 시행함이 동 위원단에 부과된 임무임을 결의한다.

키워드

소총회는 국제 연합 한국 임시 위원단이 접근할 수 있는 지역에서 시행

사료 분석

소련이 국제 연합 한국 임시 위원단의 방문을 거부하자, 1948년 2월에 유엔은 소총회를 열어 선거 감시가 가능한 지역(38도선 이남 지역)에서 총선거를 실시할 것을 결정하였다.

25일 | 민주주의의 시련과 발전

1. (가) 시기에 있었던 사실로 옳은 것은?

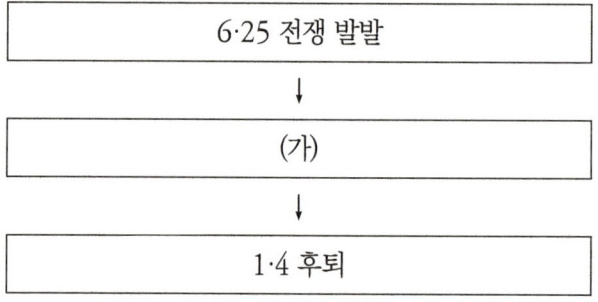

① 이승만 정부가 반공 포로의 석방을 단행하였다.
② 유엔군과 국군이 인천 상륙 작전에 성공하였다.
③ 맥아더 장군이 유엔군 총사령관직에서 해임되었다.
④ 미국이 극동 방위선에서 한국을 제외한다고 선언하였다.

2. 다음 협정에 대한 설명으로 옳은 것만을 모두 고르면?

> ○ 하나의 군사 분계선을 긋고 그로부터 쌍방이 2km씩 후퇴하여 비무장 지대를 설정한다.
> ○ 정전 상태의 감시와 유지를 위해 군사 정전 위원회와 중립국 감독 위원회를 운영한다.

> ㄱ. 미국과 소련의 군정이 종식되는 계기가 되었다.
> ㄴ. 유엔군, 중국군, 북한군이 조인하였다.
> ㄷ. 한·미 상호 방위 조약 이후에 체결되었다.
> ㄹ. 포로 송환 문제로 인해 체결이 지연되었다.

① ㄱ, ㄴ
② ㄱ, ㄷ
③ ㄴ, ㄹ
④ ㄷ, ㄹ

3. 다음 개헌안에 대한 설명으로 옳은 것은?

> 제31조 국회는 민의원과 참의원으로써 구성한다.
> 제55조 대통령과 부통령의 임기는 4년으로 한다. 단, 재선에 의하여 1차 중임할 수 있다. 대통령이 궐위된 때에는 부통령이 대통령이 되고 잔임 기간 중 재임한다.
> 부칙 이 헌법 공포 당시의 대통령에 대하여는 제55조의 제1항 단서의 제한을 적용하지 아니한다.

① 초대 대통령의 중임 제한을 철폐하였다.
② 6·25 전쟁 중 임시 수도인 부산에서 공포되었다.
③ 계엄하에서 국회의원의 기립 표결로 통과되었다.
④ 대통령 선거인단에 의한 간접 선거제를 규정하였다.

4. 다음 선언문이 발표된 민주화 운동에 대한 설명으로 옳은 것은?

> 상아의 진리탑을 박차고 거리에 나선 우리는 질풍과 같은 역사의 조류에 자신을 참여시킴으로써 이성과 진리, 그리고 자유의 대학 정신을 현실의 참담한 박토(薄土)에 뿌리려 하는 바이다. …… 민주주의와 민중의 공복(公僕)이며 중립적 권력체인 관료와 경찰은 민주를 위장한 가부장적 전제 권력의 하수인으로 발 벗었다. 민주주의 이념에서 가장 기본적인 공리인 선거권마저 권력의 마수 앞에 농단되었다. 나이 어린 학생 김주열의 참혹한 시신을 보라! 그것은 가식 없는 전제주의 전횡의 발가벗은 나상(裸像)밖에 아무것도 아니다.

① 대통령이 하야하는 결과를 가져왔다.
② 시위 도중 대학생 이한열이 희생되었다.
③ 굴욕적인 한·일 국교 정상화에 반대하였다.
④ 전남 도청에서 시민군이 계엄군에 맞서 싸웠다.

5. 다음 시정 연설을 했던 정부 시기에 있었던 사실로 옳은 것은?

> 내각 책임제 정치하에서 행정부에 부과된 책무를 유감없이 수행하기 위해서는 무엇보다 먼저 행정부 내의 기강 확립에 주안점을 두지 않아서는 안 될 것이다. …… 내무 및 법무 행정에 있어서는 법질서의 확립으로 국민의 권리와 자유를 보장하고, 3·15 부정 선거 관련자의 처단과 부정 축재 처리에 있어서는 혁명 정신에 입각하여 현행법을 적정(適正)히 활용하여 왔으며, 부정 선거 원흉의 처단은 이미 공소 제기와 구형을 한 터이므로 법원의 엄정한 판결이 있을 것을 기대하는 바이다.

① 자유당이 창당되었다.
② 서울 올림픽이 개최되었다.
③ 향토 예비군이 창설되었다.
④ 경제 개발 5개년 계획이 수립되었다.

6. 다음 조약이 체결된 시기를 연표에서 옳게 고른 것은?

> 대한민국과 일본국은 양국 국민 관계의 역사적 배경을 고려하며, 선린 관계 및 주권 상호 존중 원칙에 입각한 양국 관계의 정상화를 상호 의망(意望)함을 고려하고, ……
>
> 제1조 양 체약 당사국 간에 외교 및 영사 관계를 수립한다.
> 제2조 1910년 8월 22일 및 그 이전에 대한 제국과 일본 제국 간에 체결된 모든 조약 및 협정이 이미 무효임을 확인한다.

	(가)	(나)	(다)	(라)	
8·15 광복		4·19 혁명		6·3 항쟁	10·26 사태	3당 합당

① (가) ② (나) ③ (다) ④ (라)

7. 다음 헌법이 적용된 시기에 일어난 사실로 옳은 것은?

> 제40조 통일 주체 국민회의는 국회의원 정수의 3분의 1에 해당하는 수를 선거한다.
> 제53조 대통령은 천재지변 또는 중대한 재정·경제상의 위기에 처하거나, 국가의 안전 보장 또는 공공의 안녕 질서가 중대한 위협을 받을 우려가 있어 신속한 조치를 할 필요가 있다고 판단할 때에는 내정·외교·국방·경제 등 국정 전반에 걸쳐 필요한 긴급 조치를 할 수 있다.

① 국민 방위군 사건이 일어났다.
② 3·1 민주 구국 선언이 발표되었다.
③ 국가 재건 최고 회의가 조직되었다.
④ 민주 헌법 쟁취 국민 운동 본부가 결성되었다.

8. 다음 사건을 시기순으로 바르게 나열한 것은?

(가) 부·마 항쟁
(나) 브라운 각서 체결
(다) 광주 대단지 사건
(라) 7·4 남북 공동 성명 발표

① (나) → (다) → (라) → (가)
② (나) → (라) → (가) → (다)
③ (라) → (가) → (나) → (다)
④ (라) → (나) → (다) → (가)

9. 다음 민주화 운동에 대한 설명으로 옳은 것은?

> 껍데기 과도 정부와 계엄 당국은 민주의 피맺힌 이 소리를 들으라! …… 모든 광주 시민과 학생들은 처음부터 끝까지 평화적이고 질서정연한 투쟁을 전개하려고 노력해 왔다. 그러나 계엄 당국은 무차별한 사격을 가하여 남녀노소를 불문하고 1천여 명에 이르는 사망자가 발생하였고, 부상자 및 연행자는 추계가 불가능한 실정이다. …… 계엄 당국과 정부는 광주 시민과 전 국민의 민주 염원을 묵살함을 물론 민주 투사들을 난동자·폭도로 몰아 무력으로 진압하려고 하고 있다.

① 3·15 부정 선거가 원인이 되어 전개되었다.
② 호헌 철폐와 독재 타도 등의 구호를 내세웠다.
③ 경무대로 향하던 시위대가 경찰의 총격을 받았다.
④ 관련 기록물이 유네스코 세계 기록유산으로 등재되었다.

10. 다음 선언이 발표된 정부 시기에 있었던 사실로 옳은 것은?

> 여야 합의하에 조속히 대통령 직선제 개헌을 하고 새 헌법에 의한 대통령 선거를 통해 평화적 정부 이양을 실현토록 해야 하겠습니다. 오늘의 이 시점에서 저는, 사회적 혼란을 극복하고, 국민적 화해를 이룩하기 위하여 대통령 직선제를 택하지 않을 수 없다는 결론에 이르게 되었습니다. 국민은 나라의 주인이며, 국민의 뜻은 모든 것에 우선하는 것입니다. …… 우리 정치권은 물론 모든 분야에 있어서의 반목과 대결이 과감히 제거되어 국민적 화해와 대단결을 도모하여야 합니다. 그러한 의미에서 저는 그 과거가 어떠하였든 간에 김대중 씨도 사면 복권되어야 한다고 생각합니다.

① 한·일 월드컵이 개최되었다.
② 경부 고속도로가 개통되었다.
③ 『우리말 큰 사전』이 완간되었다.
④ 박종철 고문치사 사건이 발생하였다.

11. 김영삼 정부 시기의 사실로 옳지 않은 것은?

① 신군부의 사조직인 하나회를 해체하였다.
② 북방 외교를 추진하여 사회주의 국가인 소련과 수교하였다.
③ 역사 바로 세우기를 내세우며 옛 조선 총독부 건물을 철거하였다.
④ 지방 자치 단체장 선출을 포함한 지방 자치제를 전면적으로 실시하였다.

12. 다음 연설문을 발표한 정부 시기의 사실로 옳은 것은?

> 지난 5년 동안 우리 국민은 세계가 놀라워하는 업적을 이룩해 냈습니다. 외환 위기를 맞이하자 우리 국민은 '금 모으기'를 전개하여 전 세계를 감동시켰습니다. …… 금융, 기업, 공공, 노사의 4대 개혁을 고통과 희생을 감내하면서 지지하고 적극 협력함으로써 우리 경제는 3년을 앞당겨 IMF 관리 체제에서 벗어날 수 있었습니다. …… 고용 보험, 산재 보험, 건강 보험, 국민연금 등 4대 보험의 틀을 갖추고 국민 기초 생활 보장법을 시행한 것을 비롯해 선진국 수준의 복지 체제를 완비했습니다.

① 세계 무역 기구(WTO)에 가입하였다.
② 금강산 해로 관광이 처음 시작되었다.
③ G20 정상 회의를 서울에서 개최하였다.
④ 개헌 청원 백만인 서명 운동이 전개되었다.

25일 민주주의의 시련과 발전 핵심 사료

1) 발췌 개헌안

> 제31조 입법권은 국회가 행한다. 국회는 민의원과 참의원으로 구성한다.
> 제53조 대통령과 부통령은 국민의 보통, 평등, 직접, 비밀 투표에 의하여 각각 선거한다.
> 제55조 대통령과 부통령의 임기는 4년으로 한다. 단, 재선에 의하여 1차 중임할 수 있다.

키워드

국회는 민의원과 참의원으로 구성, 대통령과 부통령은 국민이 선거, 대통령과 부통령의 임기는 4년으로 1차 중임할 수 있음

사료 분석

1952년에 대통령 직선제 개헌안을 중심으로 내각 책임제의 일부 조항을 절충한 발췌 개헌안이 공포되었다.

2) 3·1 민주 구국 선언

> 오늘로 3·1절 쉰일곱 돌을 맞으면서 우리는 1919년 3월 1일 전 세계에 울려 퍼지던 이 민족의 함성, 자주 독립을 부르짖던 그 아우성이 쟁쟁히 울려와서 이대로 앉아있는 것은 구국선열들의 피를 땅에 묻어버리는 죄가 되는 것 같아 우리의 뜻을 모아 '민주 구국 선언'을 국내외에 선포하고자 한다.

키워드

오늘로 3·1절 쉰일곱 돌(1976)을 맞음, 민주 구국 선언을 선포함

사료 분석

1976년에 긴급 조치 철폐, 민주 인사 석방 등을 요구한 3·1 민주 구국 선언이 발표되었다.

3) 김영삼 정부의 조선 총독부 건물 철거

> 우리가 광복 50주년을 맞아 일제의 잔재인 옛 조선 총독부 건물을 철거하기 시작한 것도 역사를 바로 잡아 민족정기를 확립하기 위한 것입니다. 역사 바로 세우기의 참뜻을 이해하고 전폭적인 지지와 성원을 보내주신 국민 여러분께 깊은 감사드립니다.

키워드

광복 50주년(1995)을 맞아 일제의 잔재인 옛 조선 총독부 건물을 철거

사료 분석

김영삼 정부 시기인 1995년에 역사 바로 세우기 정책의 일환으로 옛 조선 총독부 건물이 철거되었다.

4) 김대중 대통령 취임사

> 존경하고 사랑하는 국민 여러분! 오늘 저는 대한민국 제15대 대통령에 취임하게 되었습니다. 정부 수립 50년 만에 처음 이루어진 여야 간 정권 교체를 여러분과 함께 기뻐하면서, 온갖 시련과 장벽을 넘어 진정한 '국민의 정부'를 탄생시킨 국민 여러분께 찬양과 감사의 말씀을 드리는 바입니다.

키워드

대한민국 제15대 대통령으로 취임, 정부 수립 50년(1998) 만에 처음 이루어진 여야 간 정권 교체

사료 분석

김대중 대통령은 1998년에 제15대 대통령으로 취임하였으며, 새 정부의 주권이 국민에게 있다는 뜻을 강조한 '국민의 정부'를 표방하였다.

26일 | 현대의 경제 발전과 통일 정책

1. 다음 법령에 대한 설명으로 옳지 않은 것은?

> 제1조 본법은 헌법에 의거하여 농지를 농민에게 적절히 분배함으로써 농가 경제의 자립의 목적과 농업 생산력의 증진으로 인한 농민 생활의 향상 내지 국민 경제의 균등과 발전을 기함을 목적으로 한다.
> 제13조 상환은 5년간 균분 연부로 하고 매년 정부에 납입해야 한다.
> 제17조 일체의 농지는 소작, 임대차 또는 위탁 경영 등 행위를 금지한다.

① 유상 매수, 유상 분배를 원칙으로 하였다.
② 가구당 농지 소유를 3정보 이내로 제한하였다.
③ 농지를 매각한 지주는 지가 증권을 교부받았다.
④ 자작농이 감소하고 소작농이 증가하는 결과를 가져왔다.

2. 다음 법령을 제정한 정부 시기의 경제 상황으로 옳은 것은?

> 제2조 본 법에서 귀속 재산이라 함은 …… 대한민국 정부에 이양된 일체의 재산을 지칭한다. 단, 농경지는 따로 농지 개혁법에 의하여 처리한다.
> 제3조 귀속 재산은 본 법과 본 법의 규정에 의하여 발하는 명령이 정하는 바에 의하여 국용 또는 공유 재산, 국영 또는 공영 기업체로 지정되는 것을 제외하고는 대한민국의 국민 또는 법인에게 매각한다.

① 연간 수출액 100억 달러가 달성되었다.
② 원조 물자를 가공한 삼백 산업이 발달하였다.
③ 저금리, 저유가, 저달러의 3저 호황이 있었다.
④ 서독에 광부와 간호사를 파견하여 외화를 획득하였다.

3. 1960년대 정부의 경제 정책에 대한 설명으로 옳은 것은?

① 최저 임금법을 제정하였다.
② 한·미 경제 조정 협정을 체결하였다.
③ 제1차 경제 개발 5개년 계획을 추진하였다.
④ 국제 통화 기금(IMF)에 구제 금융 지원을 요청하였다.

4. 다음 담화가 발표된 시기를 연표에서 옳게 고른 것은?

> 친애하는 국민 여러분, 드디어 우리는 금융 실명제를 실시합니다. 이 시간 이후 모든 금융 거래는 실명으로만 이루어집니다. 금융 실명제가 실시되지 않고는 이 땅의 부정부패를 원천적으로 봉쇄할 수가 없습니다.

	(가)	(나)	(다)	(라)
노태우 대통령 취임	김영삼 대통령 취임	김대중 대통령 취임	노무현 대통령 취임	이명박 대통령 취임

① (가) ② (나) ③ (다) ④ (라)

5. (가) 시기에 있었던 사실로 옳은 것은?

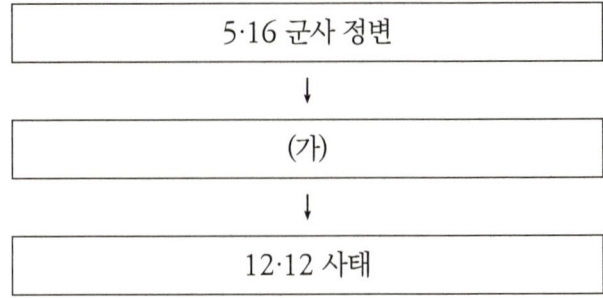

① 여성부가 신설되었다.
② 새마을 운동이 시작되었다.
③ 노사정 위원회가 구성되었다.
④ 정부에 비판적인 경향신문이 폐간되었다.

6. 우리나라의 시기별 노동 운동에 대한 설명으로 옳은 것만을 모두 고르면?

> ㄱ. 1960년대 - YH 무역 노동자들이 회사의 폐업 조치에 항의하였다.
> ㄴ. 1970년대 - 전태일이 근로 기준법 준수를 요구하며 분신자살하였다.
> ㄷ. 1980년대 - 우리나라가 국제 노동 기구(ILO)에 가입하였다.
> ㄹ. 1990년대 - 전국 민주 노동조합 총연맹이 결성되었다.

① ㄱ, ㄴ
② ㄱ, ㄷ
③ ㄴ, ㄹ
④ ㄷ, ㄹ

7. 밑줄 친 '정부' 시기의 사실로 옳은 것은?

> 오늘 우리는 그렇게도 애타게 바라던 문민 민주주의의 시대를 열기 위하여 이 자리에 모였습니다. …… 오늘 탄생되는 정부는 민주주의에 대한 국민의 불타는 열망과 거룩한 희생으로 이루어졌습니다. …… 저는 14대 대통령 취임에 즈음하여 새로운 조국 건설에 대한 시대적 소명을 온 몸으로 느끼고 있습니다. 국민 여러분. 우리 모두 미래에 대한 꿈과 희망을 가집시다. 신한국을 창조합시다.

① 과외 금지와 대학 졸업 정원제를 시행하였다.
② 국민학교라는 명칭을 초등학교로 변경하였다.
③ 교육의 기본 지표로 국민 교육 헌장이 발표되었다.
④ 중학교 입시 시험을 폐지하고 무시험 추첨제가 도입되었다.

8. 다음 사건을 시기순으로 바르게 나열한 것은?

> (가) 4·27 판문점 선언이 발표되었다.
> (나) 남북 조절 위원회가 설치되었다.
> (다) 남북한이 유엔에 동시 가입하였다.
> (라) 7·7 선언이 발표되었다.

① (나) → (라) → (가) → (다)
② (나) → (라) → (다) → (가)
③ (라) → (가) → (나) → (다)
④ (라) → (나) → (다) → (가)

9. 다음 문서에 대한 설명으로 옳은 것은?

> 첫째, 통일은 외세에 의존하거나 외세의 간섭을 받음이 없이 자주적으로 해결하여야 한다.
> 둘째, 통일은 서로 상대방을 반대하는 무력행사에 의거하지 않고 평화적 방법으로 실현하여야 한다.
> 셋째, 사상과 이념, 제도의 차이를 초월하여 우선 하나의 민족으로서 민족적 대단결을 도모하여야 한다.

① 남과 북에서 독재 체제 강화에 이용되었다.
② 서해 평화 협력 특별 지대 설치를 명시하였다.
③ 대북 화해 협력 정책을 추진한 김대중 정부 때 발표되었다.
④ 남측의 연합제와 북측의 낮은 단계의 연방제가 서로 공통성이 있음을 인정하였다.

10. 다음 자료가 발표된 정부 시기의 사실로 옳은 것은?

> 남과 북은 쌍방 사이의 관계가 나라와 나라 사이의 관계가 아닌 통일을 지향하는 과정에서 잠정적으로 형성되는 특수한 관계라는 것을 인정하고, 평화 통일을 성취하기 위한 공동의 노력을 경주할 것을 다짐하면서 다음과 같이 합의하였다.
>
> 제1조 남과 북은 서로 상대방의 체제를 인정하고 존중한다.
> 제9조 남과 북은 상대방에 대하여 무력을 사용하지 않으며 상대방을 무력으로 침략하지 아니한다.

① 6·23 평화 통일 외교 정책 선언이 발표되었다.
② 평창 동계 올림픽에 남북 단일팀이 참가하였다.
③ 분단 이후 최초로 남북 정상 회담을 개최하였다.
④ 남과 북이 한반도 비핵화 공동 선언을 채택하였다.

11. (가) 시기에 있었던 사실로 옳은 것은?

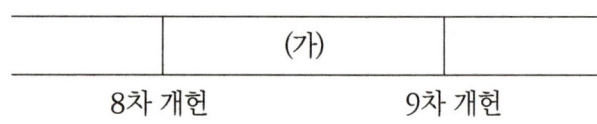

① 긴급 조치 1호가 공포되었다.
② 대학 수학 능력 시험이 처음 실시되었다.
③ 남북 이산가족 상봉이 최초로 이루어졌다.
④ 김영삼 신민당 총재가 국회의원직에서 제명되었다.

12. 북한이 일으킨 사건을 시기순으로 바르게 나열한 것은?

> (가) 제2차 연평 해전
> (나) 1·21 청와대 습격 사건
> (다) 판문점 도끼 만행 사건
> (라) 아웅산 묘소 폭탄 테러 사건

① (나) → (다) → (라) → (가)
② (나) → (라) → (다) → (가)
③ (다) → (가) → (나) → (라)
④ (다) → (나) → (라) → (가)

26일 현대의 경제 발전과 통일 정책 핵심 사료

1) 제1회 수출의 날 치사

> 나는 우리 국민이 생산 활동을 더욱 활발하게 하고, …… 공산품 수출을 진흥시키는 데 가일층 노력할 것을 요망합니다. 끝으로 나는 오늘 제1회 수출의 날 기념식에 즈음하여 …… 이 뜻깊은 날이 자립 경제를 앞당기는 또 하나의 계기가 될 것을 기원합니다.

키워드

제1회 수출의 날 기념식에 즈음

사료 분석

박정희 정부 시기인 1964년에 우리나라의 수출이 1억 달러를 돌파하자 이를 기념하기 위하여 제1회 수출의 날 기념식이 개최되었다.

2) 전태일 분신자살

> 평화 시장의 재단사로 일하던 전태일은 "근로 기준법을 지켜라", "우리는 기계가 아니다", "노동자들을 혹사시키지 말라"고 외치며 자기 몸을 불살랐다.

키워드

평화 시장의 재단사로 일하던 전태일은 근로 기준법을 지켜라 등을 외치며 자기 몸을 불살랐음

사료 분석

1970년에 전태일은 근로 기준법 준수, 노동 환경의 개선 등을 요구하며 분신자살하였다.

3) 한반도 비핵화에 관한 남북한 공동 선언

> 남과 북은 한반도를 비핵화함으로써 핵전쟁 위험을 제거하고 우리나라의 평화와 평화 통일에 유리한 조건과 환경을 조성하며 아시아와 세계의 평화와 안전에 이바지하기 위하여 다음과 같이 선언한다.
> 1. 남과 북은 핵무기의 시험·제조·생산·접수·보유·저장·배치·사용을 하지 아니한다.
> 2. 남과 북은 핵에너지를 오직 평화적 목적에만 이용한다.

키워드

남과 북은 한반도를 비핵화함으로써 핵전쟁 위험을 제거함

사료 분석

노태우 정부 시기인 1991년에 남과 북은 한반도 비핵화에 관한 공동 선언을 발표하였다.

4) 6.15 남북 공동 선언

> 1. 남과 북은 나라의 통일 문제를 그 주인인 우리 민족끼리 서로 힘을 합쳐 자주적으로 해결해 나가기로 하였다.
> 2. 남과 북은 나라의 통일을 위한 남측의 연합제 안과 북측의 낮은 단계의 연방제 안이 서로 공통성이 있다고 인정하고 앞으로 이 방향에서 통일을 지향시켜 나가기로 하였다.

키워드

남과 북은 남측의 연합제 안과 북측의 낮은 단계의 연방제 안이 서로 공통성이 있다고 인정

사료 분석

김대중 정부 시기인 2000년에 분단 이후 최초로 남북 정상 회담을 개최하였고, 6·15 남북 공동 선언을 발표하였다.

27일 | 근현대사 통합

1. (가), (나) 사이에 전개된 사실로 옳은 것은?

> (가) 적군이 정족산성 아래로 몰려오니 양공이 사기를 돋우어 전투를 독려하였다. 전 장병은 일제히 총포를 발사하면서 적군을 공격하였다. 마침내 양공은 강화부를 수복하고 군사와 백성을 위로하니, 민심이 비로소 안정되었다.
>
> (나) 강화 진무사 정기원의 치계에 '미국 배가 광성진을 습격하여 함락하였는데, 중군 어재연이 힘껏 싸우다가 목숨을 바쳤고, 사망한 군사가 매우 많습니다.'라고 하였습니다.

① 운요호가 영종도를 공격하였다.
② 이범윤이 간도 시찰원으로 파견되었다.
③ 청과 일본 사이에 톈진 조약이 체결되었다.
④ 오페르트가 남연군의 무덤을 도굴하려 하였다.

2. 밑줄 친 '14개 조목'에 해당하는 것은?

> 이제부터는 다른 나라를 의지하지 않으며 융성하도록 나라의 발걸음을 넓히고 백성의 복리를 증진하여 자주독립의 터전을 공고하게 할 것입니다. …… 이에 저 소자는 14개 조목의 홍범(洪範)을 하늘에 계신 우리 조종의 신령 앞에 맹세하노니, 우러러 조종이 남긴 업적을 잘 이어서 감히 어기지 않을 것입니다.

① 불림한 유림과 양반들을 징벌한다.
② 의정부와 6조 이외 모든 불필요한 기관을 없앤다.
③ 조세의 부과와 징수, 경비 지출은 탁지아문이 관할한다.
④ 7종 천인의 대우를 개선하고 백정이 쓰는 평량갓은 벗겨 버린다.

3. 다음 격문을 발표한 의병에 대한 설명으로 옳은 것은?

> 동포들이여! 우리는 함께 뭉쳐 우리의 조국을 위해 헌신하여 독립을 되찾아야 한다. 우리는 야만 일본 제국의 잘못과 광란에 대해 전 세계에 호소해야 한다. 간교하고 잔인한 일본 제국주의자들은 인류의 적이요, 진보의 적이다. 우리는 모두 일본 놈들과 그들의 첩자, 그들의 동맹인과 야만스런 제국주의 군인을 모조리 죽이는 데 힘을 다해야 한다.
> - 대한 관동 창의대장 이인영 -

① 유인석, 이소응 등 유생들이 주도하였다.
② 잔여 세력들이 활빈당, 영학당 등을 조직하였다.
③ 해산된 군인들이 합류하여 전투력이 강화되었다.
④ 외교권을 박탈한 조약의 체결에 반발하여 일어났다.

4. 밑줄 친 '이 섬'에 대한 설명으로 옳지 않은 것은?

> 우리나라 가장 동쪽에 위치하고 있으며, 울릉도에 부속된 이 섬은 『세종실록지리지』에는 강원도 울진현 소속으로 구분되었으며, 대한 제국은 칙령 제41호를 통해 관할 영토임을 명시하였다.

① 태정관 지령문에 일본과는 무관한 지역임이 명시되었다.
② 일본이 안봉선 철도 부설권을 얻는 대가로 청에 귀속시켰다.
③ 러·일 전쟁 때 일본이 불법으로 자국의 영토로 편입하였다.
④ 이승만 정부는 평화선 선언을 발표하여 우리 영토임을 분명히 하였다.

5. 밑줄 친 '그'에 대한 설명으로 옳은 것은?

> 이준이 국내에서 광무 황제의 비밀 칙령을 가지고 와서 직접 헤이그 평화 회의에 참석할 것을 상의하니, 그는 강개한 마음으로 그 뜻을 따랐다. 이에 바로 이준과 시베리아를 거쳐 러시아 수도에 도착하여 이범진과 이위종을 만나 일의 진행을 자세히 상의하였다. 이어 러시아 수도에서부터는 이준, 이위종과 함께하였다.

① 서전서숙을 설립하였다.
② 대한인 국민회를 조직하였다.
③ 3·1 운동 민족 대표 33인 중 한 명이었다.
④ 하바로프스크에서 한인 사회당을 결성하였다.

6. 다음 강령을 발표한 단체에 대한 설명으로 옳은 것은?

> ○ 우리는 정치적, 경제적 각성을 촉진함.
> ○ 우리는 단결을 공고히 함.
> ○ 우리는 기회주의를 일체 부인함.

① 보안법에 의해 강제로 해산되었다.
② 6·10 만세 운동을 사전에 계획하였다.
③ 광주 학생 항일 운동이 일어나자 조사단을 파견하였다.
④ 어린이날을 제정하고, 잡지 『어린이』를 발간하였다.

7. 1920년대에 있었던 사실로 옳은 것은?

① 임병찬이 독립 의군부를 조직하였다.
② 조문기 등이 부민관 폭파 의거를 일으켰다.
③ 독립군 연합 부대가 봉오동 전투에서 승리하였다.
④ 한국 독립군이 한·중 연합 작전으로 동경성에서 승리하였다.

8. (가) 시기에 볼 수 있는 모습으로 옳은 것은?

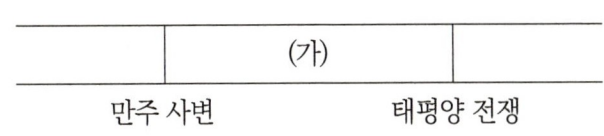

① 회사령 공포를 듣고 있는 상인
② 황국 신민 서사를 암송하는 학생
③ 제복을 입고 칼을 차고 있는 교사
④ 조선어 학회 사건을 취재하는 기자

9. 밑줄 친 '나'에 대한 설명으로 옳은 것은?

> 친애하는 삼천만 형제자매여! 지금 나의 단일한 염원은 삼천만 동포와 손을 잡고 통일된 조국, 독립된 조국의 달성을 위하여 공동 분투하는 것뿐이다. 이 육신을 조국이 요구한다면 당장에라도 제단에 바치겠다. 나는 통일된 조국을 건설하려다가 38선을 베고 쓰러질지언정 일신에 구차한 안일을 취하여 단독 정부를 세우는 데는 협력하지 아니하겠다.

① 국제 연맹에 의한 위임 통치를 청원하였다.
② 남조선 과도 입법 의원의 의장을 역임하였다.
③ 안재홍 등과 조선 건국 준비 위원회를 조직하였다.
④ 모스크바 3국 외상 회의의 결정 사항이 알려지자 신탁 통치 반대 운동을 전개하였다.

10. 다음 각서가 체결된 이후의 사실로 옳지 않은 것은?

> ○ 군사 원조
> 한국에 있는 한국군의 현대화 계획을 위하여 앞으로 수년 동안 상당량의 장비를 제공한다.
>
> ○ 경제 원조
> 이미 약속한 바 있는 1억 5천만 달러 규모의 차관에 덧붙여 한국의 경제 개발을 돕기 위한 추가 AID 차관을 제공한다.

① 4·13 호헌 조치가 발표되었다.
② 김대중 납치 사건이 발생하였다.
③ 진보당 당수 조봉암이 처형되었다.
④ 국가 보위 비상 대책 위원회가 조직되었다.

11. 다음 제시된 헌법 개정의 주요 내용을 순서대로 바르게 나열한 것은?

> (가) 대통령의 계속 재임은 3기에 한한다.
> (나) 대통령은 통일 주체 국민 회의에서 토론 없이 무기명 투표로 선거한다.
> (다) 대통령과 부통령은 국회에서 무기명 투표로 각각 선거한다.
> (라) 대통령의 임기는 5년으로 하며, 중임할 수 없다.

① (가) → (나) → (다) → (라)
② (가) → (라) → (다) → (나)
③ (다) → (가) → (나) → (라)
④ (다) → (가) → (라) → (나)

12. 다음 선언이 발표된 정부 시기의 사실로 옳은 것은?

> 1. 남과 북은 6·15 남북 공동 선언을 고수하고 적극 구현해 나간다.
> 2. 남과 북은 사상과 제도의 차이를 초월하여 남북 관계를 상호 존중과 신뢰 관계로 확고히 전환시켜 나가기로 하였다.
> 3. 남과 북은 군사적 적대 관계를 종식시키고 한반도에서 긴장 완화와 평화를 보장하기 위해 긴밀히 협력하기로 하였다.

① 반민족 행위 처벌법이 제정되었다.
② 푸에블로호 납치 사건이 발생하였다.
③ 경제 협력 개발 기구(OECD)에 가입하였다.
④ 진실·화해를 위한 과거사 정리 위원회가 처음으로 출범하였다.

28일 | 전범위 통합(1)

1. (가) 기구에 대한 설명으로 옳지 않은 것은?

> (가) 이/가 처음 설치된 이유는 알 수 없으나 이름의 뜻으로 생각해 보면 변방 방비에 대한 긴급한 일 등이 있을 때 대신과 지변재신(知邊宰臣)들이 한 자리에 모여 계책을 세우기 위하여 설치한 것입니다. 그런데 지금은 8도와 6조의 업무가 거의 모두 (가) 의 일이 되고 있습니다.

① 삼포왜란을 계기로 상설 기구화되었다.
② 흥선 대원군이 집권한 시기에 혁파되었다.
③ 세도 정치 시기에 외척의 세력 기반이 되었다.
④ 현직의 3정승이 우두머리인 도제조를 겸임하기도 하였다.

2. (가) 지역에서 있었던 사실로 옳은 것은?

> **역사 기행 동아리 답사 안내문**
>
> 역사 기행 동아리에서는 유구한 역사와 전통이 살아 숨쉬는 (가) 의 문화유산을 답사하고자 합니다. 많은 분들의 관심과 참여 부탁드립니다.
>
> ○ 일시: △△△△년 △△일 10:00~17:00
> ○ 답사 코스: 하회 마을 → 봉정사 → 병산 서원
> ○ 출발 장소: □□ 대학교 기숙사 앞

① 김헌창이 반란을 일으켰다.
② 공민왕이 홍건적의 침입 때 피란하였다.
③ 동학 농민군이 정부와 화약을 체결하였다.
④ 남북한 경제 협력 사업으로 공단이 설치되었다.

3. 밑줄 친 '이 시대'에 대한 설명으로 옳은 것은?

> 이 시대에는 농사에 영향을 주는 자연 현상이나 태양, 물 등 자연물에도 정령이 있다고 믿는 애니미즘이 생겨났다. 또한, 하늘이나 영혼을 인간과 연결해 주는 무당과 그 주술을 믿는 샤머니즘이 나타났고, 자기 부족의 기원을 특정한 동식물과 연결해 그 동식물을 숭배하는 토테미즘이 나타났다.

① 철제 농기구를 제작하였다.
② 먹을 것을 찾아 이동 생활을 하였다.
③ 빗살무늬 토기에 음식물을 저장하였다.
④ 정교하고 날카로운 간돌검을 사용하였다.

4. 우리나라의 유네스코 세계 문화유산에 대한 설명으로 옳지 않은 것은?

① 석굴암은 통일 신라 시대에 조성된 인공 석굴 사원이다.
② 종묘는 조선 시대 역대 왕과 왕비의 신주를 모신 사당이다.
③ 정림사지 5층 석탑에서는 백제 무왕의 왕후가 넣은 사리기가 발견되었다.
④ 도산 서원은 이황의 학문과 덕행을 기리고 추모하기 위해 지어진 서원이다.

5. 다음 자료에 해당하는 서적은?

> ○ 세종 때 정초, 변효문 등이 왕명에 의하여 간행한 농서이다.
> ○ 농민들이 실제 경험한 농법을 종합하여 우리나라의 풍토에 맞는 농법을 정리하였다.

① 『농사직설』
② 『금양잡록』
③ 『구황촬요』
④ 『농상집요』

6. 다음 자료의 토지 제도에 대한 설명으로 옳은 것만을 모두 고르면?

> 문종 30년, 양반 전시과를 다시 고쳤다. 제1과는 중서령, 상서령, 문하시중으로 전지 100결과 시지 50결을 주며, 제2과는 문하시랑, 중서시랑으로 전지 90결과 시지 45결을 주고 …… 제18과는 한인, 잡류로 전지 17결을 주었다.

ㄱ. 한외과가 소멸되었다.
ㄴ. 전·현직 관리에게 지급되었다.
ㄷ. 관품과 인품을 반영하여 전지와 시지를 지급하였다.
ㄹ. 무반과 일반 군인에 대한 대우가 전반적으로 향상되었다.

① ㄱ, ㄴ
② ㄱ, ㄹ
③ ㄴ, ㄷ
④ ㄷ, ㄹ

7. 밑줄 친 '왕'의 재위 기간에 있었던 사실로 옳은 것은?

> <u>왕</u>이 김춘추를 당에 보내 조공하였다. …… 춘추가 당 태종에게 아뢰기를 "신(臣)의 나라는 멀리 바다 모퉁이에 치우쳐 있으면서도 천자의 조정을 섬긴 지 이미 여러 해 되었습니다. 그런데 백제는 강하고 교활하여 여러 차례 침략을 마음대로 하고 있으며 …… 만약 대국의 병사를 빌려주어 흉악한 적들을 없애지 않는다면, 우리나라 백성은 모두 포로가 될 것이며 산과 바다를 거쳐서 조공을 드리는 일도 다시는 바랄 수 없을 것입니다." 당 태종이 매우 옳다고 여겨 병사의 파견을 허락하였다.

① 북한산 순수비를 건립하였다.
② 원종과 애노의 난이 발생하였다.
③ 백제의 공격으로 대야성을 빼앗겼다.
④ 오언태평송(五言太平頌)을 지어 당에 보냈다.

8. (가) 인물에 대한 설명으로 옳은 것은?

> (가) 은/는 조선 총독부 엔도 정무총감을 만나 아래의 다섯 가지의 요구 사항을 제시하였다.
> 1. 전국에 구속되어 있는 정치·경제범을 즉시 석방할 것.
> 2. 3개월간의 식량을 확보해 줄 것.
> 3. 치안 유지와 건국 운동을 위한 정치 운동에 대하여 절대로 간섭하지 말 것.
> 4. 학생과 청년을 조직·훈련하는 데 대하여 간섭하지 말 것.
> 5. 노동자와 농민을 건국 사업에 동원하는 데 대하여 절대로 간섭하지 말 것.

① 『조선상고사감』을 저술하였다.
② 좌·우 합작을 주도하다가 암살당하였다.
③ 반민족 행위 특별 조사 위원회에서 활동하였다.
④ 정읍에서 남한만의 단독 정부 수립을 주장하였다.

9. 밑줄 친 '이 신문'에 대한 설명으로 옳은 것은?

> 우리가 이 신문을 출판하는 것은 이익을 보려 하는 것이 아니므로 가격을 저렴하게 했고 모두 한글로 써서 남녀 상하 귀천이 모두 보게 했으며, 또 구절을 띄어 써서 알아보기 쉽도록 하였다. …… 또 한쪽에 영문으로 기록하는 것은 외국의 인민이 조선 사정을 자세히 모르므로 혹 편파적인 말만 듣고 조선을 잘못 생각할까 봐 실제 사정을 알게 하고자 영문으로 조금 기록한 것이다.

① 상업 광고를 처음으로 실었다.
② 천도교의 기관지로 발행되었다.
③ 서재필이 정부의 지원을 받아 창간하였다.
④ '시일야방성대곡'을 게재하여 정간을 당하기도 하였다.

10. 다음 사건을 일어난 순서대로 바르게 나열한 것은?

> (가) 김대건이라는 자가 서양의 술법을 10년 동안 익히고 본국으로 돌아왔으므로, 실정을 자세히 조사하여 밝히고 효수(梟首)하니, 간사한 무리가 숨을 죽였다.
>
> (나) 왕이 명령을 내려 호남의 죄수 윤지충과 권상연을 사형에 처하고, 진산 군(珍山郡)은 현(縣)으로 강등시켰다.
>
> (다) 의금부에서 아뢰었다. "얼마 전 죄인 남종삼은 명백한 근거도 없이 요망한 말로 여러 사람을 현혹하였으니 즉시 참형에 처해야 합니다. …… 베르뇌 등의 서양인을 효수하여 본보기로 삼도록 하였습니다."

① (가) → (나) → (다)
② (가) → (다) → (나)
③ (나) → (가) → (다)
④ (나) → (다) → (가)

11. 밑줄 친 '왕'에 대한 설명으로 옳은 것은?

> 왕이 질양(質陽)으로 사냥을 갔다가 길에 앉아 우는 자를 보았다. 왕이 말하기를 "아! 내가 백성의 부모가 되어 백성들이 이 지경에 이르게 하였으니 나의 죄로다." …… 그리고 관리들에게 명하여 매년 봄 3월부터 가을 7월까지 관청의 곡식을 내어 백성들의 식구 수에 따라 차등 있게 빌려주었다가, 10월에 이르러 상환하게 하는 것을 법규로 정하였다.

① 백제의 침입으로 전사하였다.
② 방위명을 가진 5부를 두었다.
③ 신라에 침입한 왜군을 낙동강 유역에서 물리쳤다.
④ 전진에서 불교를 수용하여 사상적 통합을 꾀하였다.

12. 다음 주장을 한 인물에 대한 설명으로 옳은 것은?

> 우리 조선의 역사적 발전의 전 과정은 가령 지리적 조건, 인종학적 골상, 문화 형태의 외형적 특징 등 다소의 차이는 인정되더라도, 다른 문화 민족의 역사적 발전 법칙과 구별되어야 하는 독자적인 것이 아니다. 세계사적인 일원론적 역사 법칙에 의해 다른 민족과 거의 같은 궤도로 발전 과정을 거쳐왔다.

① 『조선사연구초』를 저술하였다.
② 진단 학회의 발기인으로 활동하였다.
③ '나라는 형(形)이고 역사는 신(神)'이라고 주장하였다.
④ 마르크스 유물 사관을 바탕으로 한국사를 연구하였다.

29일 | 전범위 통합(2)

1. 다음 내용의 역사서에 대한 설명으로 옳은 것은?

> 왕께서는 "우리나라 사람들은 유교 경전과 중국 역사에 대해서는 자세히 말하는 사람이 있으나 우리나라의 사실에 이르러서는 잘 알지 못하니 매우 유감이다. 중국 역사서에 우리 삼국의 열전이 있지만 상세하게 실리지 않았다. 또한, 삼국의 고기(古記)는 문체가 거칠고 졸렬하며 빠진 부분이 많으므로, 이런 까닭에 임금의 선과 악, 신하의 충과 사악, 국가의 안위 등에 관한 것을 다 드러내어 그로써 후세에 권계(勸戒)를 보이지 못했다. 마땅히 일관된 역사를 완성하고 만대에 물려주어 해와 별처럼 빛나도록 해야 하겠다."라고 하셨습니다.

① 단군 신화가 수록되어 있다.
② 충렬왕 때 일연이 편찬하였다.
③ '남북국'이라는 용어를 처음 사용하였다.
④ 기전체로 서술되어 본기, 지, 열전 등으로 구성되었다.

2. 밑줄 친 '그'에 대한 설명으로 옳은 것은?

> 왕이 경주에 성을 쌓아 모습을 새롭게 하려 하였다. 그는 "비록 초야 모옥에 있더라도 바른 길만 행하면 복된 일이 오랠 것이나, 만일 그렇지 못하면 훌륭한 성을 쌓을지라도 아무 이익이 없을 것입니다." 하자, 왕이 성 쌓는 일을 그만두었다.

① 무애가를 지어 불교 대중화에 기여하였다.
② 수나라에 군사를 청하는 글을 지어 바쳤다.
③ 『화엄일승법계도』를 지어 화엄 사상을 정리하였다.
④ 대국통에 임명되어 승려의 규범과 계율을 주관하였다.

3. (가) 부대에 대한 설명으로 옳은 것은?

> (가) 은/는 사도하자에 주둔하여 병력을 증강시키면서 훈련에 여념이 없었다. …… 적은 약 1개 사단의 병력으로 황가둔에서 이도하 방면을 거쳐 사도하자에 진격하여 왔다. …… 때를 기다리던 아군이 일제히 포문을 열어 급습하니 적군은 미처 응전하지도 못한 채 쓰러져 갔다.

① 조선 혁명당의 산하 부대였다.
② 쌍성보 전투에서 일본군을 상대로 승리하였다.
③ 미군과 연계하여 국내 진공 작전을 준비하였다.
④ 초기에는 중국 군사 위원회의 지휘와 간섭을 받았다.

4. (가) 지역에서 있었던 사실로 옳은 것은?

> 몽골의 대군이 경기 지역으로 침입하자 최이가 재추 대신들을 모아 놓고 (가) 천도를 의논하였다. 사람들은 옮기기를 싫어하였으나 최이의 세력이 두려워서 감히 한마디도 발언하는 자가 없었다. 오직 유승단이 "작은 나라가 큰 나라를 섬기는 것은 도리에 맞는 일이니, 예로써 섬기고 믿음으로써 사귀면 그들도 무슨 명목으로 우리를 괴롭히겠는가? 성곽과 종사를 내버리고 섬에 구차히 엎드려 세월을 보내면서 장정들을 적의 칼날에 죽게 만들고, 노약자들을 노예로 잡혀가게 하는 것은 국가를 위한 계책이 아니다."라고 반대하였다.

① 장보고의 건의에 따라 청해진이 설치되었다.
② 우리나라 최초의 근대적 조약이 체결되었다.
③ 남한만의 단독 정부 수립에 반대하는 4·3 사건이 일어났다.
④ 영국이 러시아의 남하를 견제하기 위하여 불법 점령하였다.

5. 1940년대 대한민국 임시 정부의 활동으로 옳은 것만을 모두 고르면?

> ㄱ. 국민 대표 회의를 개최하였다.
> ㄴ. 한인 애국단을 조직하였다.
> ㄷ. 주석·부주석 지도 체제를 채택하였다.
> ㄹ. 한국 광복군을 창설하였다.

① ㄱ, ㄴ
② ㄱ, ㄷ
③ ㄴ, ㄹ
④ ㄷ, ㄹ

6. (가) 시기에 있었던 사실로 옳지 않은 것은?

광해군 즉위
↓
(가)
↓
효종 즉위

① 국왕이 남한산성으로 피신하였다.
② 삼포에서 왜인들이 난을 일으켰다.
③ 정봉수가 용골산성에서 항전하였다.
④ 대동법을 경기도에서 처음 시행하였다.

7. 시기별 대외 교역에 대한 설명으로 옳지 않은 것은?

① 발해 - 담비 가죽과 인삼, 자기 등을 수출하였다.
② 통일 신라 - 벽란도가 국제 무역항으로 번성하였다.
③ 고려 - 송나라 상인뿐만 아니라 아라비아 상인까지 왕래하였다.
④ 조선 - 경성과 경원에 무역소를 설치하여 여진과 교역하였다.

8. 다음 취지서를 발표한 단체에 대한 설명으로 옳은 것은?

> 무릇 나라의 독립은 오직 자강(自强)의 여하에 달려 있는 것이다. …… 그러나 자강의 방도를 강구하려 할 것 같으면 다른 곳에 있지 않고 교육을 진작하고 산업을 일으키는 데 있으니 무릇 교육이 일어나지 않으면 민지(民智)가 열리지 않고 산업이 일어나지 않으면 국부가 증가하지 못하는 것이다. 교육과 산업의 발달이 곧 자강의 방도임을 알 수 있는 것이다.

① '구국 운동 상소문'을 지었다.
② 고종의 강제 퇴위 반대 운동을 전개하였다.
③ 일제가 날조한 105인 사건으로 와해되었다.
④ 중추원 개편을 통한 의회 설립을 추진하였다.

9. 다음 서적을 편찬된 순서대로 바르게 나열한 것은?

(가) 『향약구급방』
(나) 『동의수세보원』
(다) 『향약집성방』
(라) 『마과회통』

① (가) → (다) → (라) → (나)
② (가) → (라) → (다) → (나)
③ (다) → (가) → (라) → (나)
④ (다) → (라) → (가) → (나)

10. 밑줄 친 '왕'의 재위 기간에 있었던 사실로 옳은 것은?

왕은 내신좌평을 두어 왕명 출납을, 내두좌평은 물자와 창고를, 내법좌평은 예법과 의식을, 위사좌평은 숙위 병사를, 조정좌평은 형벌과 송사를, 병관좌평은 지방의 군사에 관한 일을 각각 맡게 하였다.

① 나·제 동맹이 결렬되었다.
② 국호를 남부여로 변경하였다.
③ 고구려의 평양성을 공격하였다.
④ 한강 유역을 장악하고 한 군현과 대립하였다.

11. (가)에 들어갈 말로 옳은 것은?

(가) 은/는 부처의 힘으로 몽골군의 침입을 물리치고자 하는 염원에서 판각되었으며, 현재 해인사 장경판전에서 보관하고 있다.

① 교장(教藏)
② 초조대장경
③ 팔만대장경
④ 무구정광대다라니경

12. 밑줄 친 '나'가 집권한 시기의 사실로 옳은 것은?

나는 오늘 영예로운 제3공화국의 대통령에 취임하면서, 이 중대한 시기에 나를 대통령으로 선출해 주신 국민 여러분에게 감사드립니다. …… 시급한 민생 문제의 해결, 그리고 민족 자립의 지표가 될 경제 개발 5개년 계획의 합리적 추진은 중대한 국가적 과제로서 여야 협조와 정부 국민 간의 일치 단합된 노력으로써 그 성과를 기대할 수 있을 것입니다.

① 금융 실명제를 실시하였다.
② 한·일 기본 조약을 체결하였다.
③ 잡지 『사상계』가 창간되었다.
④ 6·15 남북 공동 선언을 발표하였다.

30일 | 전범위 통합(3)

1. 우리나라의 문화유산에 대한 설명으로 옳지 않은 것은?

① 금산사 미륵전은 다층 건물이나 내부가 하나로 통한다.
② 고달사지 승탑은 통일 신라의 팔각원당형 양식을 계승하였다.
③ 성불사 응진전은 대표적인 고려 시대 주심포 양식의 건물이다.
④ 『직지심체요절』은 현존하는 가장 오래된 금속 활자본이다.

2. (가), (나) 사이에 전개된 사실로 옳은 것은?

> (가) 봉화백(奉化伯) 정도전·의성군(宜城君) 남은과 부성군(富城君) 심효생 등이 여러 왕자들을 해치려 꾀하다가 성공하지 못하고 참형을 당하였다.
>
> (나) 좌의정 박은이 상왕에게 아뢰기를, "이제 왜구가 중국에 들어가 도적질하고 본도로 돌아오는 것이 곧 이때이므로, 마땅히 이종무 등으로 다시 대마도에 나가 적이 섬에 돌아오기를 기다렸다가 맞서서 치게 되면, 적을 파함에 틀림없을 것이니, 진실로 진멸(殄滅)시킬 기회를 잃지 마소서." 하니, 상왕이 그렇게 여겼다.

① 갑인자를 주조하였다.
② 과전법이 공포되었다.
③ 호패법이 처음 시행되었다.
④ 『악학궤범』이 편찬되었다.

3. 밑줄 친 '그'에 대한 설명으로 옳은 것은?

> 왕이 신하의 진언을 요구하자 그는 다음과 같은 글을 올렸다. …… 우리 태조께서 개국한 이래로 제가 알고 있는 사실은 모두 저의 마음속에 기억하고 있습니다. 이제 5대 조정에서 정치와 교화가 잘되었거나 잘못된 사적을 기록하여 본받을 만하고 경계할 만한 것을 조목별로 아뢰겠습니다.
> - 『고려사』 -

① 9재 학당을 설립하여 후진을 양성하였다.
② 『불씨잡변』을 지어 불교를 비판하였다.
③ 성리학을 연구하여 '동방 이학(理學)의 조(祖)'라고 불렸다.
④ 유교 사상을 치국의 근본으로 삼아 시무 28조의 개혁안을 올렸다.

4. 근대 교육 기관에 대한 설명으로 옳은 것만을 모두 고르면?

> ㄱ. 동문학 - 정부가 설립한 외국어 교육 기관으로 통역관을 양성하였다.
> ㄴ. 원산 학사 - 우리나라 최초의 근대식 사립 학교이다.
> ㄷ. 육영 공원 - 경성 제국 대학으로 계승되었다.
> ㄹ. 경신 학교 - 교원 양성을 목적으로 설립한 사범 학교이다.

① ㄱ, ㄴ
② ㄱ, ㄷ
③ ㄴ, ㄹ
④ ㄷ, ㄹ

5. 다음 선언문을 발표한 민주화 운동에 대한 설명으로 옳은 것은?

> 오늘 우리는 40년 독재 정치를 청산하고 희망찬 민주 국가를 건설하기 위한 거보를 전 국민과 함께 내딛는다. 국가의 미래요 소망인 꽃다운 젊은이를 야만적인 고문으로 죽여 놓고 그것도 모자라 뻔뻔스럽게 국민을 속이려 했던 현 정권에게 국민의 분노가 무엇인지를 분명히 보여 주고, 국민적 여망인 개헌을 일방적으로 파기한 4·13 폭거를 철회시키기 위한 민주 장정을 시작한다.

① 계엄령 철폐와 김대중 석방 등을 요구하였다.
② 전개 과정에서 시민군이 자발적으로 조직되었다.
③ 대학 교수단이 대통령의 퇴진을 요구하며 시위행진을 벌였다.
④ 5년 단임의 대통령 직선제 개헌이 이루어지는 계기가 되었다.

6. 다음과 같이 주장한 인물에 대한 설명으로 옳은 것은?

> 검소하다는 것은 물건이 있어도 남용하지 않는 것을 말하는 것이지 자신에게 물건이 없다 하여 스스로 단념하는 것을 말하는 것이 아니다. 지금 우리나라 안에는 구슬을 캐는 집이 없고 시장에 산호 따위의 보배가 없다. 또 금과 은을 가지고 가게에 들어가도 떡을 살 수 없는 형편이다. …… 이것은 물건을 이용하는 방법을 모르기 때문이다. 이용할 줄 모르니 생산할 줄 모르고, 생산할 줄 모르니 백성은 나날이 궁핍해지는 것이다.
> — 『북학의』 —

① 정조 때 규장각 검서관으로 활동하였다.
② 세계 지리서인 『지구전요』를 저술하였다.
③ 양명학을 연구하여 강화학파를 형성하였다.
④ 신분에 따라 차등 있게 토지를 분배하는 균전론을 주장하였다.

7. 다음 사건이 발생한 시기를 연표에서 옳게 고른 것은?

> 일본 장교는 군사의 대오를 정렬하여 합문을 에워싸고 지키도록 명령하여, 흉악한 일본 자객들이 왕후 폐하를 수색하는 것을 도왔다. 이에 자객 20~30명이 전각으로 돌입하여 왕후를 찾았다. …… 자객들은 마침내 깊은 방에서 왕후 폐하를 찾아내고 칼로 범하였다. …… 녹원 수풀 가운데로 옮겨 석유를 그 위에 바르고 나무를 쌓아 불을 지르니 다만 해골 몇 조각만 남았다.

	(가)	(나)	(다)	(라)	
임오군란		갑오개혁	아관파천	을사늑약	경술국치

① (가)　　② (나)　　③ (다)　　④ (라)

8. 유네스코 세계 기록유산에 등재된 것으로 옳은 것만을 모두 고르면?

> ㄱ. 『일성록』
> ㄴ. 『비변사등록』
> ㄷ. 『상정고금예문』
> ㄹ. 『동학 농민 혁명 기록물』

① ㄱ, ㄴ
② ㄱ, ㄹ
③ ㄴ, ㄷ
④ ㄷ, ㄹ

9. (가), (나)에 들어갈 왕의 업적으로 옳은 것은?

> 삼국은 국력을 과시하고, 왕의 권위를 높이려는 목적으로 역사서를 편찬하였는데, 고구려는 영양왕 때 이문진이 『유기』 100권을 간추려 『신집』 5권을 편찬하였다. 백제는 ㅤ(가)ㅤ 때 고흥이 『서기』를, 신라는 ㅤ(나)ㅤ 때 거칠부가 『국사』를 편찬하였다.

① (가) - 동진으로부터 불교를 수용하여 공인하였다.
② (나) - 왕호를 마립간에서 왕으로 바꾸었다.
③ (가) - 수도를 웅진으로 옮겼다.
④ (나) - 대가야를 정복하였으며 함경도 지역까지 진출하였다.

10. 다음 사건 이후에 전개된 사실로 옳지 않은 것은?

> 파고다 공원에 모였던 수백 명의 학생들이 10여 년간 억눌려 온 감정을 터뜨려 '만세, 독립 만세'를 외치자 뇌성벽력 같은 소리에 공원 근처에 살던 시민들도 크게 놀랐다. 공원 문을 쏟아져 나온 학생들은 종로 거리를 달리며 몸에 숨겼던 선언서들을 길가에 뿌리며 거리를 누볐다. 윌슨 대통령이 주장한 약소민족의 자결권이 실현되는 신세계가 시작된 것이다. 시위 학생들은 덕수궁 문 앞에 당도하자 붕어하신 고종에게 조의를 표하고 잠시 멎었다.

① 일제가 중·일 전쟁을 일으켰다.
② 광주 학생 항일 운동이 전개되었다.
③ 조선 민립 대학 기성회가 창립되었다.
④ 보통학교 수업 연한을 4년으로 정한 조선 교육령이 공포되었다.

11. 다음 사건을 일어난 순서대로 바르게 나열한 것은?

> (가) 임어을운이 철퇴로 김종서를 쳐서 땅에 쓰러뜨렸다. …… 김종서 부자와 황보인 등을 모두 저자에 효수(梟首)하니, 길 가는 사람들이 통쾌하게 여기지 않음이 없어 심지어 그 죄를 헤아려서 기왓돌로 때리는 자까지 있었다.

> (나) 도적이 나라의 서남쪽에서 일어났다. 바지를 붉은색으로 입어 스스로를 남과 구별하였으므로 사람들이 적고적이라 불렀다. 주현의 백성을 도륙하여 해를 입히고, 서울의 서부인 모량리(牟梁里)까지 와서 민가를 노략질하고 갔다.

> (다) 평서대원수는 급히 격문을 띄우노니 관서의 부로자제와 공·사천민은 모두 이 격문을 들으라. …… 이제 격문을 띄워 먼저 열부군후(列府君侯)에게 알리노니 절대로 동요치 말고 성문을 활짝 열어 우리 군대를 맞으라. 만약 어리석게도 항거하는 자가 있으면 기마병의 발굽으로 밟아 무찔러 남기지 않으리니 마땅히 명령을 따라서 거행함이 좋으리라.

① (가) → (나) → (다)
② (가) → (다) → (나)
③ (나) → (가) → (다)
④ (나) → (다) → (가)

12. 서울로 답사 여행을 떠나고자 한다. 다음 중 유적(지)와 주제의 연결이 옳지 않은 것은?

	유적(지)	주제
①	삼전도비	임진왜란
②	우정총국	갑신정변
③	암사동 유적	신석기 문화
④	석촌동 고분군	백제의 돌무지무덤

MEMO

30일로 끝내는 공무원 한국사 단원별 핵심 개념 모의고사 해설

30일로 끝내는 공무원 한국사 단원별 핵심 개념 모의고사 정답

1일 우리 역사의 시작 정답

01	③	02	④	03	②	04	②	05	③	06	①
07	③	08	①	09	③	10	③	11	②	12	④

2일 삼국의 성립과 발전 정답

01	④	02	③	03	④	04	①	05	②	06	②
07	③	08	④	09	④	10	②	11	②	12	③

3일 삼국의 항쟁과 신라의 삼국 통일 정답

01	①	02	④	03	④	04	①	05	①	06	②
07	①	08	③	09	③	10	②	11	③	12	②

4일 남북국의 정치 정답

01	④	02	③	03	①	04	④	05	①	06	③
07	②	08	③	09	③	10	③	11	①	12	①

5일 고대의 경제·사회·문화 정답

01	④	02	①	03	①	04	②	05	③	06	②
07	①	08	③	09	②	10	①	11	③	12	①

6일 고려의 건국과 통치 체제의 정비 정답

01	④	02	④	03	④	04	②	05	③	06	④
07	②	08	④	09	③	10	①	11	④	12	③

7일 문벌 귀족 사회 형성과 무신의 집권 정답

01	②	02	②	03	③	04	①	05	③	06	③
07	②	08	③	09	③	10	①	11	③	12	④

8일 원 간섭기와 고려 후기 정치 정답

01	②	02	④	03	④	04	②	05	③	06	④
07	③	08	④	09	②	10	④	11	④	12	③

9일 고려의 경제·사회·문화 정답

01	④	02	①	03	①	04	②	05	④	06	④
07	③	08	①	09	④	10	①	11	①	12	②

10일 조선의 건국과 통치 체제의 정비 정답

01	④	02	③	03	④	04	③	05	①	06	④
07	②	08	③	09	④	10	③	11	②	12	②

11일 사림의 성장과 양난의 발발 정답

01	③	02	②	03	②	04	②	05	④	06	④
07	③	08	④	09	②	10	③	11	②	12	④

12일 조선 전기의 경제·사회·문화 정답

01	①	02	④	03	②	04	④	05	①	06	①
07	④	08	②	09	①	10	④	11	③	12	④

13일 붕당 정치의 심화와 탕평 정치 정답

01	④	02	②	03	①	04	③	05	②	06	③
07	④	08	②	09	④	10	④	11	①	12	③

14일 조선 후기의 경제·사회·문화 정답

01	③	02	②	03	④	04	④	05	②	06	③
07	②	08	④	09	②	10	②	11	①	12	②

15일 전근대사 통합 정답

01	④	02	①	03	①	04	①	05	②	06	④
07	④	08	③	09	②	10	④	11	③	12	④

16일 흥선 대원군의 정책과 외세의 침략 정답

01	④	02	③	03	①	04	②	05	④	06	②
07	③	08	④	09	②	10	②	11	①	12	③

17일 문호 개방과 근대적 개혁의 추진 정답

01	④	02	③	03	③	04	①	05	③	06	②
07	④	08	④	09	③	10	①	11	③	12	①

18일 구국 운동과 근대 국가 수립 운동 정답

01	②	02	②	03	②	04	②	05	①	06	④
07	③	08	②	09	④	10	②	11	①	12	③

19일 일제의 침략과 국권 수호 운동 정답

01	①	02	④	03	③	04	①	05	②	06	①
07	③	08	④	09	③	10	②	11	③	12	④

20일 일제의 식민 정책과 민족의 수난 정답

01	②	02	①	03	④	04	④	05	④	06	①
07	③	08	④	09	②	10	③	11	①	12	③

21일 민족 운동의 전개 정답

01	③	02	②	03	①	04	④	05	③	06	①
07	③	08	③	09	③	10	②	11	②	12	③

22일 무장 독립 전쟁의 전개 정답

01	②	02	④	03	④	04	②	05	②	06	③
07	③	08	②	09	③	10	①	11	④	12	②

23일 민족 문화 수호 운동 정답

01	④	02	①	03	④	04	④	05	②	06	①
07	④	08	①	09	④	10	②	11	②	12	③

24일 대한민국 정부 수립 과정 정답

01	②	02	③	03	①	04	③	05	④	06	②
07	④	08	①	09	④	10	③	11	①	12	④

25일 민주주의의 시련과 발전 정답

01	②	02	③	03	①	04	①	05	④	06	③
07	②	08	①	09	④	10	④	11	②	12	②

26일 현대의 경제 발전과 통일 정책 정답

01	④	02	②	03	③	04	②	05	②	06	③
07	②	08	②	09	①	10	④	11	③	12	①

27일 근현대사 통합 정답

01	④	02	③	03	③	04	①	05	①	06	③
07	③	08	③	09	④	10	③	11	③	12	④

28일 전범위 통합(1) 정답

01	①	02	②	03	③	04	③	05	①	06	②
07	④	08	②	09	③	10	①	11	②	12	④

29일 전범위 통합(2) 정답

01	④	02	③	03	②	04	②	05	④	06	②
07	②	08	②	09	①	10	④	11	③	12	②

30일 전범위 통합(3) 정답

01	③	02	③	03	④	04	①	05	④	06	①
07	②	08	②	09	④	10	④	11	③	12	①

1일 우리 역사의 시작 정답 및 해설

한눈에 보는 정답

01	③	02	④	03	②	04	②	05	③	06	①
07	③	08	①	09	③	10	③	11	②	12	④

1. 구석기 시대의 생활 모습

정답 설명

③ 구석기 시대에는 무리를 이루어 사냥감을 찾아 이동 생활을 하였으며, 동굴이나 바위 그늘에 거주하거나 강가에 막집을 짓고 살았다.

오답 설명

① 철기 시대에는 철제 무기로 주변 나라를 정복하는 등 정복 전쟁이 더욱 활발해졌다.
② 신석기 시대에는 가락바퀴와 뼈바늘로 옷이나 그물을 만들었다.
④ 청동기 시대에는 지배자인 군장이 죽으면 그의 권력을 상징하는 고인돌을 만들었다.

정답: ③

※ 개념 플러스 - 구석기 시대

시기	약 70만 년 전부터 시작
도구	- 주먹 도끼, 찍개 등의 뗀석기 사용 - 동물의 뼈나 뿔로 만든 도구
주거 생활	동굴이나 바위 그늘에 살거나 강가의 막집에서 생활
사회	- 무리를 이루며 이동 생활 - 평등 사회

2. 연천 전곡리 유적

키워드

한탄강변에 있는 우리나라의 대표적인 구석기 시대 유적지, 동아시아 최초로 아슐리안형 주먹 도끼가 발견됨 ▶ (가) 연천 전곡리 유적

정답 설명

④ 연천 전곡리 유적은 우리나라의 대표적인 구석기 시대 유적으로 동아시아 최초로 아슐리안형 주먹도끼가 발견되었다. 이로써 서양을 주먹 도끼 문화권으로, 동아시아는 주먹 도끼가 출토되지 않은 찍개 문화권으로 분류한 모비우스의 학설은 부정되었다.

오답 설명

① 부여 송국리 유적은 청동기 시대 유적으로, 송국리식 토기, 간돌검, 홈자귀 등이 출토되었다.
② 서울 암사동 유적은 신석기 시대 유적으로, 집터, 빗살무늬 토기, 갈돌과 갈판 등이 출토되었다.
③ 창원 다호리 유적은 철기 시대의 유적으로, 문자를 적는 붓이 출토되었다. 이를 통해 당시에 한자를 쓰고 있었음을 알 수 있다.

정답: ④

3. 신석기 시대

키워드

빗살무늬 토기, 이른 민무늬 토기, 갈돌과 갈판
▶ 신석기 시대

정답 설명

② 신석기 시대에는 조, 피, 기장 등을 재배하는 농경이 시작되었다.

오답 설명

① 청동기 시대에는 검신의 형태가 중국의 악기인 비파와 비슷하고 무기 또는 제기로 추정되는 비파형 동검을 사용하였다.
③ 철기 시대에는 반량전, 오수전 등의 중국 화폐가 사용되었다.
④ 구석기 시대에는 돌을 깨뜨려서 만든 도구인 뗀석기를 주로 사용하였다. 한편, 신석기 시대에는 돌을 갈아 만든 간석기를 사용하였다.

정답: ②

4. 신석기 시대의 유적

정답 설명

② 양양 오산리 유적은 신석기 시대 유적으로 덧무늬 토기, 그물추, 돌화살촉 등이 발견되었다.

오답 설명

① 공주 석장리 유적은 구석기 시대 유적으로, 주먹 도끼, 찍개, 긁개 등이 발견되었다.
③ 강화 부근리 유적은 청동기 시대 유적으로, 탁자식 고인돌이 발견되었다.
④ 여주 흔암리 유적은 청동기 시대 유적으로, 탄화된 쌀이 발견되었으며 이를 통해 청동기 시대가 벼농사가 시작되었음을 알 수 있다.

정답: ②

5. 청동기 시대

키워드

계급의 분화가 발생함, 청동 무기를 사용함, 권력자인 군장이 출현함 ▶ **청동기 시대**

정답 설명

③ 옳은 것을 모두 고른 것은 ㄴ, ㄹ이다.

ㄴ. 청동기 시대에는 반달 돌칼을 사용하여 벼를 수확하였다.
ㄹ. 청동기 시대에는 마을 주변에 방어를 위해 목책이나 환호를 둘렀다.

오답 설명

ㄱ. 신석기 시대에는 자연 현상이나 자연물에도 정령이 있다고 믿는 애니미즘, 특정한 동식물을 숭배하는 토테미즘, 무당의 주술적 힘을 믿는 샤머니즘이 생겨났다.
ㄷ. 구석기 시대의 유적인 대전 용호동 유적에서 불 땐 자리가 확인되었다.

정답: ③

6. 고조선

키워드

백성들에게 금하는 법 8조를 만들었음 ▶ **고조선**

정답 설명

① 부여는 매년 12월에 영고라는 제천 행사가 있었다.

오답 설명

② 고조선은 왕 아래에 상, 대부, 장군 등의 관직을 두었다.
③ 고조선은 한 무제가 보낸 군대의 침공으로 멸망하였다.
④ 고조선은 중국의 한과 한반도 남부의 진국 사이에서 중계 무역을 하며 성장하였다.

정답: ①

※ 개념 플러스 - 고조선의 발전 과정

건국	- 단군왕검이 기원전 2,333년에 건국 - 왕 아래에 상, 대부, 장군 등의 관직을 두었음 - 중국의 연과 대립할 만큼 성장
위만의 집권과 발전	- 위만이 준왕을 몰아내고 왕위 차지 - 철기 문화를 본격적으로 수용 - 진번과 임둔을 복속하여 영토 확대
멸망	한 무제의 공격과 지배층의 분열로 기원전 108년에 멸망

7. 위만 집권 이후에 전개된 사실

키워드

위만은 준왕을 공격함, 준왕은 위만과 싸웠지만 상대가 되지 못함 ▶ **위만 집권(기원전 194)**

정답 설명

③ 기원전 3세기 초에 고조선은 연나라 장수 진개의 공격을 받아 서쪽의 영토(요동 지역)를 상실하였다.

오답 설명

① 위만 조선은 활발한 정복 활동을 전개하여 진번과 임둔을 복속시키는 등 세력을 확장하였다.
② 위만 조선 때 한나라의 사신 섭하가 고조선의 관리를 살해한 공으로 요동 동부도위에 임명되자 우거왕은 기원전 109년에 군대를 보내 요동 동부도위 섭하를 살해하였다. 섭하가 살해되자 한나라 무제는 이를 빌미로 고조선을 공격하였다.
④ 위만 조선은 기원전 108년에 지배층의 내분으로 마지막 왕인 우거왕이 피살되고, 수도인 왕검성이 한나라군에 의해 함락되면서 멸망하였다.

정답: ③

8. 부여

키워드

동이 지역에서 가장 넓고 평탄한 곳, 사람들은 근엄하고 후덕하여 다른 나라를 노략질하지 않음 ▶ 부여

정답 설명

① 부여는 왕 아래 가축 이름을 딴 마가·우가·구가·저가 등의 가(加)들이 있었으며, 이들은 별도의 행정 구획인 사출도를 다스렸다.

오답 설명

② 삼한 중 변한은 철이 많이 생산되어 왜에 수출하였다.
③ 동예는 호랑이를 신으로 섬기고 제사를 지냈다.
④ 삼한의 여러 소국은 세력 크기에 따라서 신지, 읍차 등으로 불리는 군장들이 다스렸다.

정답: ①

9. 고구려

키워드

10월에 하늘에 제사 지내는데 동맹이라 함 ▶ 고구려

정답 설명

③ 고구려는 산이 많고 평야가 적어 식량을 다른 나라로부터 약탈하였는데, 이때 빼앗아 온 식량을 보관하기 위하여 집집마다 부경이라는 창고가 있었다.

오답 설명

① 삼한은 정치적 지배자인 군장 외에도 제사장인 천군이 있었는데, 군장의 세력이 미치지 못하는 신성 지역인 소도가 존재하였다.
② 부여는 국왕의 장례에 옥갑을 사용하였다.
④ 동예는 같이 씨족끼리 혼인하지 않는 족외혼의 풍속이 있었다.

정답: ③

※ 개념 플러스 - 고구려

건국	주몽이 졸본 지역에서 건국
정치	- 5부족 연맹체 - 왕 아래에 상가, 고추가 등의 대가들이 존재
경제	약탈을 통해 식량 문제 해결
사회	도둑질한 자는 12배로 배상하게 함
풍속	서옥제
제천 행사	동맹(10월)

10. 옥저

키워드

여자의 나이가 열 살이 되면 서로 혼인을 약속하고, 신랑 집에서는 그 여자를 맞이하여 장성하도록 길러 아내로 삼음(민며느리제) ▶ 옥저

정답 설명

③ 옥저는 사람이 죽으면 시체를 가매장하였다가 나중에 그 뼈를 추려서 가족 공동 무덤인 커다란 목곽에 안치하였다.

오답 설명

① 고구려는 왕 아래의 상가, 고추가 등의 대가들이 사자, 조의, 선인 등을 거느렸다.
② 부여와 고구려는 남의 물건을 훔쳤을 때 12배로 배상하게 하였다.
④ 삼한 중 변한과 진한은 아이가 출생하면 돌로 머리를 눌러 납작하게 하는 편두의 풍습이 있었다.

정답: ③

11. 삼한

키워드

5월이면 씨 뿌리기를 마치고 제사를 지냄, 10월에 농사일을 마친 후에도 함 ▶ **삼한**

정답 설명

② 삼한은 정치와 제사가 분리된 사회로, 정치적 지배자 외에 국읍마다 천신에 대한 제사를 주관하는 천군이 있었다.

오답 설명

① 고구려는 무덤을 돌을 쌓아 만들고, 소나무와 잣나무로 둘렀다.
③ 부여는 만주 송화강(쑹화강) 유역의 평야 지대를 중심으로 성장하였다.
④ 부여는 남녀 간에 간음을 하거나 투기하는 부인은 모두 죽였다.

정답: ②

※ 개념 플러스 - 삼한

정치	- 마한, 진한, 변한으로 구성됨 - 마한의 소국인 목지국의 지배자가 삼한 연맹체를 주도
지배 세력	대군장(신지, 견지), 소군장(부례, 읍차)
경제	- 철제 농기구의 사용으로 벼농사 발달 - 변한은 철이 많이 생산되어 낙랑과 왜 등에 수출
사회	제정 분리 사회(정치적 지배자인 군장, 제사장으로 천군이 있음)
제천 행사	수릿날(5월), 계절제(10월)

12. 부여와 동예

키워드

(가) 가축의 이름으로 벼슬 이름을 부르는데 마가·우가·저가·구가 등이 있음 ▶ **부여**

(나) 대군왕이 없고 후·읍군·삼로 등이 하호를 통치함, 산과 내마다 구분이 있어 함부로 들어갈 수 없었음(책화) ▶ **동예**

정답 설명

④ 동예는 특산물로 단궁이라는 활, 작은 말인 과하마, 바다표범 가죽인 반어피가 유명하였다.

오답 설명

① 삼한은 목지국의 지배자가 왕으로 추대되었다. 삼한 중에서 마한의 세력이 가장 컸으며, 마한의 소국 중 하나인 목지국의 지배자가 마한왕 또는 진왕으로 추대되어 삼한 연맹체를 주도하였다.
② 삼한 중 변한과 진한은 새가 영혼을 현세와 천상 세계로 운반하는 매개자의 기능을 가졌다고 믿어 장례에 큰 새의 깃털을 사용하였다.
③ 고구려는 왕과 지배층이 도읍 동쪽에 있는 큰 동굴인 국동대혈에 모여 제사를 지냈다.

정답: ④

2일 삼국의 성립과 발전 정답 및 해설

한눈에 보는 정답

01	④	02	③	03	④	04	①	05	②	06	②
07	③	08	④	09	④	10	②	11	②	12	③

1. 백제

키워드

호암사에는 정사암이란 바위가 있음 ▶ (가) 백제

정답 설명

④ 백제는 왕족인 부여씨와 8성(연씨·사씨·협씨·해씨·진씨·국씨·목씨·백씨) 귀족이 지배층을 이루었다.

오답 설명

① 발해는 감찰 기관으로 중정대가 있었다.
② 신라는 거서간, 차차웅, 이사금, 마립간 등의 왕호를 사용하였다.
③ 고구려는 지방에 교육 기관인 경당을 설치하여 청소년들에게 학문과 무예를 가르쳤다.

정답: ④

※ 개념 플러스 – 백제

건국	고구려 계통의 유이민(온조)과 한강 유역의 토착 세력이 결합하여 기원전 18년에 건국
지배층	왕족인 부여씨와 8성 귀족
귀족 회의	정사암 회의

2. 근초고왕 재위 기간에 있었던 사실

키워드

왕이 태자와 함께 고구려를 침범하여 평양성을 공격함, 고구려왕 사유(고국원왕)가 항전하다가 화살에 맞아 죽음 ▶ 근초고왕

정답 설명

③ 근초고왕 재위 기간에는 박사 고흥이 역사서인 「서기」를 편찬하였다.

오답 설명

① 침류왕 재위 기간에는 중국 동진에서 온 인도 승려 마라난타를 통해 불교를 수용하였다.
② 비유왕 재위 기간에는 고구려 장수왕의 남진 정책에 대항하기 위하여 신라 눌지 마립간과 나·제 동맹을 체결하였다.
④ 성왕 재위 기간에는 중앙에 22부 관청을 두고, 지방에는 5방을 설치하였다.

정답: ③

3. 고구려사의 전개

키워드

(가) ▶ 진대법 시행(194)
(나) ▶ 전연 모용황의 침입으로 환도성이 함락됨(342)
(다) ▶ 동옥저 정벌(56)
(라) ▶ 낙랑군 축출(313)

정답 설명

④ 시기순으로 바르게 나열하면 (다) 동옥저 정벌 → (가) 진대법 시행 → (라) 낙랑군 축출 → (나) 전연 모용황의 침입으로 환도성이 함락됨이다.

(가) 고국천왕 때인 194년에 빈민 구호를 목적으로 춘궁기인 3월에서 7월 사이에 관청에서 보유하고 있던 곡식을 필요한 사람에게 빌려주고, 가을 수확이 끝난 이후인 10월에 갚게 한 진대법을 처음으로 시행하였다(**진대법 시행**).
(나) 고국원왕 때인 342년에 전연 모용황의 침입으로 환도성이 함락되었고, 백성 5만여 명이 포로로 잡혀갔다(**전연 모용황의 침입으로 환도성이 함락됨**).
(다) 태조왕 때인 56년에 동옥저를 정벌하고 그 땅을 빼앗아 성읍으로 삼았다(**동옥저 정벌**).
(라) 미천왕 때인 313년에 낙랑군을 축출하여 대동강 유역을 확보하였다(**낙랑군 축출**).

정답: ④

4. 소수림왕 재위 기간에 있었던 사실

키워드

성문사를 창건하여 순도를 머무르게 함, 아불란사를 창건하여 아도를 머무르게 함 ▶ 소수림왕

정답 설명

① 소수림왕 재위 기간에는 유학 교육 기관인 태학을 설치하였다.

오답 설명

② 미천왕 재위 기간에는 낙랑군과 요동을 연결하는 교통의 중심지인 서안평을 점령하여 영토를 확장하였다.
③ 태조왕 재위 기간에는 계루부 고씨가 왕위를 독점적으로 세습하였다.
④ 동천왕 재위 기간에는 관구검이 이끄는 위나라 군대의 침략을 받았다.

정답: ①

5. 광개토 대왕

키워드

경자년(400)에 신라를 구원하게 함 ▶ 광개토 대왕

정답 설명

② 광개토 대왕은 영락이라는 독자적인 연호를 사용하여 중국과 대등한 입장을 과시하였다.

오답 설명

① 장수왕은 국내성의 귀족 세력을 약화시키고, 남진 정책을 추진하기 위하여 국내성에서 평양으로 도읍을 옮겼다.
③ 소수림왕은 율령을 반포하여 중앙 집권 체제를 강화하였다.
④ 문자왕은 부여를 복속하여 고구려 최대 영토를 확보하였다.

정답: ②

※ 개념 플러스 – 광개토 대왕

정복 활동	– 숙신(여진족)과 비려(거란족)를 정복하여 만주 일대 차지 – 후연을 공격하여 요동 지역 진출 – 백제를 공격하여 아신왕을 굴복시키고, 한강 이북 지역까지 진출 – 신라 내물 마립간의 요청으로 신라에 침입한 왜구를 격퇴하고 한반도 남부까지 영향력 행사
연호 사용	'영락'이라는 연호 사용

6. 광개토 대왕릉비

키워드

집안현, 비문 가운데 고구려가 중국 토지를 침탈하였다는 자구들이 들어 있음, 일본인들은 닳아 없어지거나 이지러진 부분을 석회로 떼어 발랐음 ▶ 광개토 대왕릉비

정답 설명

② 충주 고구려비(중원 고구려비)는 국내에 남아 있는 유일한 고구려 비석이다. 충주 고구려비는 남한강 유역까지 영토를 확장한 장수왕 때 세워진 것으로 추정되며, 5세기 고구려의 남진과 신라와의 관계를 알려 주는 유물이다.

오답 설명

① 광개토 대왕릉비는 중국 지린성 집안시에 있는 비석으로 '호태왕비', '광개토왕비', '광개토왕릉비' 등으로 부르는 경우도 있다.
③ 광개토 대왕릉비에 있는 신묘년 기록은 일본이 4세기 후반에 한반도에 진출하여 남부의 나라들을 지배하였다던 주장인 임나일본부설의 근거로 활용되기도 하였다.
④ 광개토 대왕릉비에는 능비 수호를 위한 수묘인의 숫자와 출신지, 고구려의 건국 신화, 광개토 대왕의 정복 활동 등이 기록되어 있다.

정답: ②

7. 장수왕 재위 기간에 있었던 사실

키워드

도림의 보고에 따라 백제를 치기 위해 장수들에게 군사를 나누어 줌 ▶ **장수왕**

정답 설명

③ 장수왕 재위 기간에는 남진 정책을 추진하여 백제의 수도인 한성을 점령하였다.

오답 설명

① 유리왕 재위 기간에는 졸본에서 국내성으로 천도하였다.
② 보장왕 재위 기간에는 당나라의 침입을 안시성에서 물리쳤다.
④ 영양왕 재위 기간에는 태학박사 이문진이 국초부터 전해 오던 역사서 『유기』 100권을 간추려 『신집』 5권을 편찬하였다.

정답: ③

8. 소지 마립간 재위 기간에 있었던 사실

키워드

사방의 우역을 비로소 설치함 ▶ **소지 마립간**

정답 설명

④ 소지 마립간 재위 기간에는 처음으로 수도인 경주에 시장(시사)을 열어 사방의 물자를 유통시켰다.

오답 설명

① 눌지 마립간 재위 기간에는 왕위의 부자 상속제가 확립되었다.
② 법흥왕 재위 기간에는 신라의 최고 관직인 상대등을 설치하였다.
③ 내물 마립간 재위 기간에는 왕호를 연장자라는 뜻을 가진 이사금에서 대군장을 뜻하는 마립간으로 변경하였다.

정답: ④

9. 금관가야

키워드

가장 큰 알에서 태어난 수로가 왕위에 올라 세움 ▶ **(가) 금관가야**

정답 설명

④ 옳은 것을 모두 고른 것은 ㄷ, ㄹ이다.

ㄷ. 금관가야는 김해의 대성동 고분군을 대표적 문화유산으로 남겼다.
ㄹ. 금관가야는 낙동강 유역인 변한 지역에서 성립되었다.

오답 설명

ㄱ. 대가야는 신라 진흥왕의 공격으로 멸망하였다. 한편, 금관가야는 신라 법흥왕 때 멸망하였다.
ㄴ. 대가야는 후기 가야 연맹을 주도하였다. 한편, 금관가야는 전기 가야 연맹을 주도하였다.

정답: ④

※ 개념 플러스 - 금관가야

건국	김수로가 김해 지역을 중심으로 건국
발전	- 전기 가야 연맹 주도 - 낙랑과 왜를 연결하는 중계 무역 전개
쇠퇴	신라를 구원한 광개토 대왕의 공격을 받아 세력이 약화됨
멸망	신라 법흥왕 때 멸망

10. 무령왕 재위 기간에 있었던 사실

키워드

왕의 이름은 사마이며 모대왕의 둘째 아들, 양나라 고조가 '영동대장군'으로 삼음 ▶ **무령왕**

정답 설명

② 무령왕 재위 기간에는 지방의 22담로에 왕족을 파견하여 지방에 대한 통제를 강화하였다.

오답 설명

① 근초고왕 재위 기간에는 왕위의 부자 상속이 확립되었다.
③ 문주왕 재위 기간에는 도읍을 한성에서 금강 유역의 웅진(공주)으로 옮겼다.
④ 근초고왕 재위 기간에는 중국의 동진과 국교를 맺고 요서 지방에 진출하였다.

정답: ②

※ 개념 플러스 - 무령왕

22담로 설치	지방에 22담로를 설치하고 왕족을 파견하여 지방 통제 강화
대외 관계	양나라에 사신을 파견하여 중국과의 외교 관계 강화
오경박사 파견	단양이와 고안무를 각각 일본에 파견하여 문화 전파

11. 성왕 재위 기간에 있었던 사실

키워드

신라를 습격하고자 구천에 이르렀음, 신라의 복병이 나타나 그들과 싸우다가 병사들에게 살해됨 ▶ 성왕

정답 설명

② 성왕 재위 기간에는 대외 진출에 용이한 사비(부여)로 도읍을 옮기고, 국호를 남부여로 고치면서 중흥을 꾀하였다.

오답 설명

① 무왕 재위 기간에는 금마저(익산)로 천도를 추진하였다.
③ 개로왕 재위 기간에는 북위에 사신을 보내 고구려를 공격해 줄 것을 요청하였다.
④ 동성왕 재위 기간에는 신라 소지 마립간과 결혼 동맹을 맺어 이벌찬 비지의 딸을 왕비로 맞이하였다.

정답: ②

12. 삼국의 정치 제도

정답 설명

③ 옳은 것을 모두 고른 것은 ㄴ, ㄷ이다.

ㄴ. 국상, 대대로, 막리지 등은 고구려에서 재상의 직위를 지칭하였다. 고구려는 초기에 최고 관직으로 국상이 있었으며, 후기에는 대대로, 막리지 등이 국상과 같은 역할을 담당하였다.
ㄷ. 백제는 고이왕 때 16품의 관등제를 실시하고, 품계에 따라 옷의 색을 자색, 비색, 청색으로 구별하였다.

오답 설명

ㄱ. 신라의 화백 회의는 만장일치 원칙이 맞지만, 회의의 의장은 상대등이다. 한편, 상좌평은 백제에서 국정을 총괄하는 최고 관직이다.
ㄹ. 고구려는 지방 통치 조직을 대성(大城)·성(城)·소성(小城)의 3단계로 구획하였으며 대성에 욕살, 그다음 규모의 성에는 처려근지, 소성에는 가라달을 파견하였다.

정답: ③

3일 삼국의 항쟁과 신라의 삼국 통일 정답 및 해설

한눈에 보는 정답

01	①	02	④	03	④	04	①	05	①	06	②
07	①	08	③	09	③	10	②	11	③	12	②

1. 지증왕

키워드

이사부, 우산국 사람들이 항복함 ▶ 지증왕

정답 설명

① 지증왕은 '사라', '사로' 등으로 불리던 국호를 '신라'로 확정하고, 왕호를 마립간에서 '왕'으로 변경하였다.

오답 설명

② 선덕 여왕은 '인평'이라는 연호를 사용하였다.
③ 진흥왕은 고구려 승려 혜량을 승군을 통솔하는 승직인 승통으로 삼았다.
④ 법흥왕은 군사 업무를 총괄하는 병부를 설치하였다.

정답: ①

2. 법흥왕 재위 기간에 있었던 사실

키워드

왕이 형리에게 이차돈의 목을 베게 함 ▶ 법흥왕

정답 설명

④ 법흥왕 재위 기간에는 '건원'이라는 연호를 처음 사용하였다.

오답 설명

① 진평왕 재위 기간에는 관리의 인사에 관한 사무를 담당하는 관청인 위화부를 설치하였다.
② 진흥왕 재위 기간에는 고구려의 영토였던 단양의 적성을 점령한 뒤 공을 세운 야이차 등을 포상하고, 적성 지역의 백성을 위로할 목적으로 단양 적성비를 건립하였다.
③ 지증왕 재위 기간에는 아라가야가 있던 아시촌(함안으로 추정)에 소경을 설치하였다.

정답: ④

※ 개념 플러스 - 법흥왕

통치 질서 확립	- 군사 업무를 총괄하는 병부 설치 - 율령을 반포하여 중앙 집권 체제 강화 - 백관의 공복(자색, 비색, 청색, 황색)을 제정 - '건원'이라는 연호 사용
불교 공인	이차돈의 순교를 통해 불교 공인
영토 확장	금관가야를 병합하여 영토 확장

3. 진흥왕 재위 기간에 있었던 사실

키워드

왕이 월성 동쪽에 새 궁궐을 짓게 하였는데 누런 용이 나타나자 절로 고쳐 짓고서 황룡이라는 이름을 내림 ▶ 진흥왕

정답 설명

④ 진흥왕 재위 기간에는 청소년 수련 단체인 화랑도를 국가적인 조직으로 개편하였다.

오답 설명

① 선덕 여왕 재위 기간에는 분황사와 영묘사를 창건하였다.
② 법흥왕 재위 기간에는 울진 봉평 신라비를 건립하였다. 울진 봉평 신라비는 울진 지방이 신라의 영토로 편입된 뒤 군대를 동원할 만한 사건이 발생하자 관련자를 처벌하고, 이런 일이 재발하지 않도록 하려는 목적으로 세운 것으로 추정하고 있다.
③ 지증왕 재위 기간에는 시장인 동시를 감독하는 관청으로 동시전을 설치하였다.

정답: ④

4. 나·제 동맹 체결과 관산성 전투 사이의 사실

키워드

나·제 동맹 체결(433) ▶ (가) ▶ 관산성 전투(554)

정답 설명

① (가) 시기인 538년에 백제 성왕은 웅진(공주)에서 사비(부여)로 도읍을 옮겼다.

오답 설명

② (가) 시기 이전인 414년에 고구려의 장수왕은 아버지 광개토 대왕의 업적을 기린 광개토 대왕릉비를 건립하였다.

③ (나) 시기 이후인 590년에 고구려의 장군인 온달이 한강 유역을 되찾기 위해 신라를 공격하다가 아단성 전투에서 전사하였다.

④ (나) 시기 이후인 647년에 신라의 상대등인 비담은 선덕 여왕이 정치를 잘못한다는 명분을 내걸고 반란을 일으켰다.

정답: ①

5. 선덕 여왕 재위 기간에 있었던 사실

키워드

당 태종이 모란과 씨를 보내 왔는데 왕이 향기가 없을 것이라고 말함 ▶ 선덕 여왕

정답 설명

① 선덕 여왕 재위 기간에는 자장의 건의에 따라 황룡사 구층 목탑을 건립하였다.

오답 설명

② 법흥왕 재위 기간에는 율령을 반포하고 백관의 공복을 제정하였다.

③ 진흥왕 재위 기간에는 '개국', '대창', '홍제'라는 연호를 사용하였다.

④ 진덕 여왕 재위 기간에는 중국의 의관을 착용하고, 진골로써 관직에 있는 사람은 임금을 만날 때 의복을 갖추어 입고 손에 쥐던 물건인 아홀을 갖게 하였다.

정답: ①

※ 개념 플러스 - 선덕 여왕

연호 사용	'인평'이라는 연호 사용
숭불 정책	- 황룡사 구층 목탑 건립 - 분황사와 영묘사 건립
문화	천체를 관측하는 첨성대 건립

6. 안시성 전투 이후에 전개된 사실

키워드

안시성 사람이 굳게 지키니 함락되지 않음

▶ 안시성 전투(645)

정답 설명

② 598년에 고구려 영양왕은 중국을 통일한 수나라가 동북쪽으로 세력을 확대하자 말갈군을 동원하여 요서 지방을 선제공격하였다.

오답 설명

① 676년에 신라가 기벌포 전투에서 설인귀가 이끄는 당나라의 수군에 승리하였다.

③ 668년에 나·당 연합군의 공격으로 고구려가 멸망하였고, 당나라는 고구려의 옛 땅을 지배하기 위하여 평양에 안동 도호부를 설치하였다.

④ 666년에 고구려의 신하이자 연개소문의 동생인 연정토가 12성을 거느리고 신라에 항복하였다.

정답: ②

7. 연개소문

키워드

왕(보장왕)에게 당나라에 사신을 보내 도교를 구하여 올 것을 요청함 ▶ (가) 연개소문

정답 설명

① 고구려의 연개소문은 당나라의 침입에 대비하기 위하여 부여성부터 비사성에 이르는 천리장성의 축조를 감독하였다.

오답 설명

② 고구려의 을지문덕은 수나라의 군대를 살수에서 물리쳤다(살수 대첩).
③ 고구려의 안승은 신라 문무왕에 의해 보덕국왕으로 책봉되었다.
④ 통일 신라의 장보고는 당에 견당매물사, 일본에 회역사라는 무역 사절단을 파견하였다.

정답: ①

※ 개념 플러스 - 연개소문

천리장성 축조 감독	당나라의 침입에 대비하기 위해 천리장성의 축조를 감독
정권 장악	- 정변을 일으켜 영류왕을 제거하고, 보장왕을 세움 - 스스로 대막리지가 되어 정권 장악
대당 강경책	당나라에 대해서 강경책 추진
도교 장려	불교와 결탁한 귀족 세력을 약화시키기 위하여 도교 장려

8. 의자왕 재위 기간에 있었던 사실

키워드

무왕의 맏아들, 당시에 '해동증자'라고 불림, 성충을 옥에 가두었음 ▶ 의자왕

정답 설명

③ 의자왕 재위 기간에는 윤충이 신라의 대야성을 공격하여 함락하였다.

오답 설명

① 무왕 재위 기간에는 익산에 미륵사를 창건하였다.
② 무령왕 재위 기간에는 오경박사인 단양이와 고안무를 각각 일본에 파견하여 문화를 전파하였다.
④ 성왕 재위 기간에는 신라 진흥왕과 연합하여 고구려로부터 한강 유역을 일시적으로 회복하였다.

정답: ③

9. 김유신

키워드

황산 전투(황산벌 전투), 소정방이 신라군이 늦게 왔다는 이유로 김문영의 목을 베려고 하자 당나라 군사와 결전을 해야겠다고 말함 ▶ 김유신

정답 설명

③ 신라의 김유신은 황산벌 전투에서 승리하는 등 신라의 삼국 통일에 기여하였으며 김춘추의 신라 왕위 계승을 지원하였다.

오답 설명

① 신라의 김춘추는 고구려와 백제에 대항하기 위하여 진덕 여왕 때 당나라에 가서 나·당 동맹을 체결하였다.
② 고구려의 을지문덕은 수나라의 장군인 우중문이 30만 대군을 이끌고 침략했을 때 적장인 우중문을 희롱하는 5언시인 '여수장우중문시'를 보냈다.
④ 신라의 원광은 화랑이 지켜야 할 세속 오계(사군이충, 사친이효, 교우이신, 임전무퇴, 살생유택)를 제시하였다.

정답: ③

10. 백강 전투가 발생한 시기

키워드

백강 어귀에서 왜국 병사를 만나 네 번 싸워서 모두 이기고 그들의 배 4백 척을 불사름 ▶ 백강 전투(663)

(가) 살수 대첩(612) ~ 백제 멸망(660)
(나) 백제 멸망(660) ~ 고구려 멸망(668)
(다) 고구려 멸망(668) ~ 소부리주 설치(671)
(라) 소부리주 설치(671) ~ 발해 건국(698)

정답 설명

② (나) 시기인 663년에 백제와 왜의 연합군이 백강 전투에서 나·당 연합군에 패배하였다.

정답: ②

11. 고구려의 부흥 운동

정답 설명

③ 옳은 것을 모두 고른 것은 ㄴ, ㄹ이다.

ㄴ. 고구려 부흥 운동 과정에서 검모잠이 왕족인 안승을 왕으로 추대하였다.
ㄹ. 고구려 부흥 운동은 검모잠이 한성(황해도 재령), 고연무가 오골성을 근거지로 전개하였다.

오답 설명

ㄱ. 백제 부흥 운동은 복신, 도침 등이 주도하였으며 왜에 있던 왕족 부여풍을 왕으로 추대하였다.
ㄷ. 백제 부흥 운동 과정에서 흑치상지가 임존성에서 당나라군을 격퇴하였다.

정답: ③

※ 개념 플러스 - 고구려와 백제의 부흥 운동

고구려 부흥 운동	- 검모잠, 고연무 등이 주도 - 왕족인 안승을 왕으로 추대 - 한성과 오골성에서 부흥 운동 전개
백제의 부흥 운동	- 복신, 도침 등이 주도 - 왕족인 부여풍을 왕으로 추대 - 주류성과 임존성에서 부흥 운동 전개 - 왜의 지원을 받았지만 백강 전투에서 나·당 연합군에 패배

12. 신라의 삼국 통일 과정

키워드

(가) ▶ 웅진 도독부 설치(660)
(나) ▶ 나·당 연합군의 공격으로 평양성 함락(668)
(다) ▶ 취리산 회맹(665)
(라) ▶ 매소성 전투(675)

정답 설명

② 시기순으로 바르게 나열하면 (가) 웅진 도독부 설치 → (다) 취리산 회맹 → (나) 나·당 연합군의 공격으로 평양성 함락 → (라) 매소성 전투이다.

(가) 660년에 나·당 연합군의 공격으로 백제가 멸망하였고, 당나라는 백제의 옛 땅을 다스리기 위하여 웅진 도독부를 설치하였다(**웅진 도독부 설치**).

(나) 668년에 나·당 연합군의 공격으로 평양성이 함락되면서 고구려가 멸망하였다(**나·당 연합군의 공격으로 평양성 함락**).

(다) 665년에 웅진 도독 부여융과 신라 문무왕은 당나라의 강요에 의해 웅진 취리산에서 화친의 맹약을 맺었다(**취리산 회맹**).

(라) 675년에 신라는 매소성에서 당나라군을 격퇴하였다(**매소성 전투**).

정답: ②

4일 남북국의 정치 정답 및 해설

한눈에 보는 정답

| 01 | ④ | 02 | ③ | 03 | ① | 04 | ④ | 05 | ① | 06 | ③ |
| 07 | ② | 08 | ③ | 09 | ③ | 10 | ③ | 11 | ① | 12 | ① |

1. 문무왕

키워드

대왕석(대왕암), 서쪽을 정벌하고 북쪽을 토벌하여 능히 영토를 안정시킴(삼국 통일) ▶ **문무왕**

정답 설명

④ 문무왕은 행정을 통제하고, 지방관을 감찰하고자 외사정을 파견하였다.

오답 설명

① 신문왕은 지방 행정을 9주 5소경 체제로 정비하였다. 9주 아래에는 군·현을 두어 지방관을 파견하였으며, 군사·행정상의 요지에 5소경을 설치하여 수도인 금성(경주)이 한반도 남동쪽에 치우친 점을 보완하였다.
② 성덕왕은 백성들에게 정전을 지급하여 국가의 토지 지배력을 강화하였다.
③ 태종 무열왕(김춘추)은 김유신 등의 지원을 받아 마지막 성골 왕인 진덕 여왕의 뒤를 이어 진골 출신 최초로 왕위에 즉위하였다.

정답: ④

2. 신문왕 재위 기간에 있었던 사실

키워드

만파식적 ▶ **신문왕**

정답 설명

③ 신문왕 재위 기간에는 유교 정치 이념을 내세우며 유학 교육 기관인 국학이 설립되었다.

오답 설명

① 원성왕 재위 기간에는 국학의 학생을 대상으로 학문의 성취도를 상품(上品)·중품(中品)·하품(下品)의 3등급으로 나누고, 그에 따라 관리를 선발하는 제도인 독서삼품과를 실시하였다.
② 효공왕 재위 기간에는 신라의 왕족 출신인 궁예가 송악(개성)에서 후고구려를 건국하였다.
④ 효소왕 재위 기간에는 통일 이후 물물 거래가 증가하자 수도인 경주에 서시와 남시라는 시장을 설치하였다.

정답: ③

※ 개념 플러스 – 신문왕

귀족 세력 숙청	김흠돌의 반란을 계기로 귀족 세력 숙청
중앙 관제 정비	집사부 이하 14관부 완성
지방 제도 정비	9주 5소경의 지방 제도 완비
군사 조직 개편	9서당(중앙군), 10정(지방군) 편성
국학 설립	유학 교육 기관인 국학 설립
토지 제도 개편	관료전을 지급하고 녹읍 폐지
감은사 완공	아버지 문무왕의 뜻을 이어 감은사 완공

3. 경덕왕 재위 기간에 있었던 사실

키워드

중시를 시중으로 고침, 사벌주를 상주로 고침 ▶ **경덕왕**

정답 설명

① 경덕왕 재위 기간에는 관리들의 월봉을 없애고 녹읍이 부활되었다.

오답 설명

② 진흥왕 재위 기간에는 함경도 일대를 영토로 편입한 뒤 이 지역을 순행한 것을 기념하기 위하여 황초령 순수비를 건립하였다.

③ 신문왕 재위 기간에는 김흠돌의 난을 진압하였다. 신문왕은 김흠돌의 난을 계기로 귀족 세력을 숙청하고 왕권을 강화하였다.
④ 성덕왕 재위 기간에는 우리나라에 현존하는 동종 가운데 가장 오래된 상원사 동종(에밀레종)이 주조되었다.

정답: ①

4. 김헌창

키워드

아버지 주원이 왕이 되지 못한 것을 이유로 반란을 일으켜 나라 이름을 '장안'이라 함 ▶ (가) 김헌창

정답 설명

④ 김헌창은 선덕왕이 사망하였을 때 원성왕으로 즉위하는 김경신에 밀려 아버지(김주원)가 왕이 되지 못한 것을 이유로 헌덕왕 때 웅천주를 중심으로 반란을 일으켜 나라 이름을 '장안'이라 하였다.

오답 설명

① 김대문은 성덕왕 때 활동한 진골 출신 관리로, 『고승전』, 『계림잡전』 등을 저술하였다.
② 최언위는 당의 빈공과에 발해의 오광찬보다 높은 성적으로 합격하였으며 왕건의 책사로 활약하였다.
③ 김유신은 금관가야 왕족의 후손으로 황산벌 전투에서 승리하는 등 신라의 삼국 통일에 기여하였다.

정답: ④

5. 장보고

키워드

흥덕왕을 뵙고 청해에 진영을 설치하도록 아룀
▶ (가) 장보고

정답 설명

① 장보고는 신라인의 왕래가 빈번하였던 중국 산동 반도 적산촌에 사찰인 법화원을 건립하였다.

오답 설명

② 김대문은 화랑들의 행적을 모아 엮은 전기인 『화랑세기』를 저술하였다.
③ 최치원, 최승우, 최언위 등은 당에서 외국인을 상대로 실시한 과거인 빈공과에 합격하였다. 한편, 장보고는 당의 빈공과에 합격하지 않았다.
④ 궁예는 신라의 왕족 출신으로 신라 하대의 초적 세력인 기훤, 양길의 휘하에서 세력을 키웠다.

정답: ①

※ 개념 플러스 - 장보고

법화원 건립	산동 반도 적산촌에 법화원 건립
청해진 설치	흥덕왕에게 건의하여 완도에 청해진을 설치하고 동아시아 해상 무역 주도
무역 사절 파견	당에 견당매물사, 일본에 회역사 파견
신무왕 옹립	민애왕을 몰아내고 신무왕 옹립

6. 진성 여왕 재위 기간에 있었던 사실

키워드

원종과 애노가 사벌주(상주)에 웅거하여 반란을 일으킴 ▶ 진성 여왕

정답 설명

③ 진성 여왕 재위 기간에는 각간 위홍과 대구화상 등이 향가를 모아 향가집인 『삼대목』을 편찬하였다.

오답 설명

① 경애왕 재위 기간에는 발해가 거란에 의해 멸망하였다.
② 신문왕 재위 기간에는 수조권을 행사할 수 있는 관료전을 지급하고, 조세 수취를 물론 노동력까지 징발할 수 있는 녹읍을 폐지하였다.
④ 경덕왕 재위 기간에는 국학을 태학감으로 고치고 박사와 조교 등을 두었다.

정답: ③

7. 발해

키워드

귀하게 여기는 것에는 태백산의 토끼, 남해부의 다시마, 솔빈부의 말 등이 있음 ▶ (가) 발해

정답 설명

② 발해는 9세기 전반 선왕 때 전성기를 맞이하였고, 당으로부터 '동쪽의 융성한 나라'라는 의미로 해동성국이라 불렸다.

오답 설명

① 통일 신라는 중앙군으로 9서당이 있었다. 9서당은 고구려와 백제인은 물론 말갈인까지 포함하여 융합을 꾀하였다. 한편, 발해는 중앙군으로 10위가 있었다.
③ 후고구려는 궁예가 건국하였으며 마진, 태봉 등의 국호를 사용하였다.
④ 통일 신라는 지방 세력 견제를 위해 지방 호족을 중앙에 머물게 하는 상수리 제도를 실시하였다. 상수리 제도는 이후 고려 시대에 실시된 기인 제도의 기원이 되었다.

정답: ②

8. 발해의 통치 조직

키워드

요동 땅에서 일어나 고구려의 북쪽 땅을 병합하고 신라와 더불어 경계를 서로 맞대었음 ▶ 발해

정답 설명

③ 신라는 관리의 비리를 감찰하는 사정부를 설치하였다.

오답 설명

① 발해는 최고 교육 기관으로 주자감을 두어 왕족과 귀족을 대상으로 교육하였다.
② 발해의 중앙 정치 조직은 3성 6부를 기본으로 하였다. 3성 중 최고 집행 기구인 정당성은 6부를 둘로 나누어 관할하였는데, 6부(충부, 인부, 의부, 지부, 예부, 신부)의 명칭에는 유교 이념이 반영되었다.
④ 발해는 정당성을 관장하는 대내상이 국정을 총괄하였다.

정답: ③

※ 개념 플러스 - 발해의 통치 조직

3성 6부	- 정당성, 선조성, 중대성 - 정당성의 장관인 대내상이 국정 총괄 - 6부(충부, 인부, 의부, 지부, 예부, 신부)의 명칭에는 유교 이념 반영
중정대	관리들의 비리 감찰
문적원	도서 관리 및 외교 문서 작성 담당
주자감	최고 교육 기관

9. 발해 무왕 재위 시기의 사실

키워드

당나라 현종이 김사란을 신라에 보내 발해의 남쪽을 공격하게 함, 동생인 대문예를 원망하여 죽이려 했으나 실패함 ▶ (가) 발해 무왕

정답 설명

③ 발해 무왕 재위 시기에는 장문휴가 당나라의 산둥 반도에 있는 등주를 공격하였다.

오답 설명

① 발해 문왕 재위 시기에는 '대흥'이라는 연호를 사용하였다. 한편, 발해 무왕 재위 시기에는 '인안'이라는 연호를 사용하였다.
② 발해 고왕(대조영) 재위 시기에는 국호를 진국에서 발해로 바꾸었다.
④ 발해 대인선 재위 시기에는 거란 태조 야율아보기에 의해 수도인 홀한성(상경성)이 포위되었다.

정답: ③

10. 발해 문왕

키워드

정혜 공주는 왕의 둘째 딸 ▶ 발해 문왕

정답 설명

③ 발해 문왕은 불교에서 이상적 군주인 전륜성왕을 자처하고 황상이라는 칭호를 사용하였다.

오답 설명

① 발해 선왕은 5경 15부 62주의 지방 제도를 완비하였다. 전략적 요충지에 5경을 설치하고, 15부 62주와 그 아래의 현에 지방관을 파견하였으며, 지방 행정의 말단인 촌락은 말갈 수령의 도움을 받아 다스렸다.
② 발해 무왕은 일본에 사신을 처음 파견하여 국교를 체결하였다.
④ 발해 고왕(대조영)은 7세기 말 당의 통제력이 약해지자, 고구려 유민과 말갈족을 이끌고 동모산에 도읍을 정하고 발해를 건국하였다.

정답: ③

11. 견훤

키워드
왕경(경주)의 서남현 주현을 돌아다니며 공격함, 무진주(광주)를 습격함 ▶ (가) 견훤

정답 설명
① 견훤은 전라도 지방의 군사력과 호족 세력을 기반으로 완산주(전주)를 도읍으로 삼아 후백제를 건국하였으며 후당과 오월에 사신을 파견하는 등 적극적인 대중국 외교를 전개하였다.

오답 설명
② 고려 태조(왕건)는 『정계』와 『계백료서』를 지어 임금에 대한 신하들의 도리를 강조하고 관리가 지켜야 할 규범을 제시하였다.
③ 궁예는 국정을 총괄하는 광평성을 비롯한 여러 관서를 설치하였다.
④ 궁예는 스스로 미륵불이라고 칭하면서 백성들을 현혹하여 통치를 정당화하였다.

정답: ①

12. 후삼국 통일 과정

키워드
(가) ▶ 왕건의 즉위(918)
(나) ▶ 공산 전투(927)
(다) ▶ 견훤의 금산사 유폐(935)
(라) ▶ 일리천 전투(936)

정답 설명
① 시기순으로 바르게 나열하면 (가) 왕건의 즉위 → (나) 공산 전투 → (다) 견훤의 금산사 유폐 → (라) 일리천 전투이다.

(가) 918년에 왕건은 궁예를 몰아내고 신하들의 추대를 받아 포정전에서 즉위하여 국호를 고려라 하였다(왕건의 즉위).

(나) 927년에 고려군은 공산 전투에서 신숭겸, 김락 등이 전사하는 등 후백제군에 크게 패배하였다(공산 전투).

(다) 935년에 신검은 동생인 금강에게 견훤이 왕위를 계승하려는 것에 불만을 품고 아버지인 견훤을 김제 금산사에 유폐시켰다(견훤의 금산사 유폐).

(라) 936년에 고려 태조(왕건)가 이끄는 고려군은 일리천 전투에서 신검에 이끄는 후백제군에 승리하였다(일리천 전투).

정답: ①

5일 고대의 경제·사회·문화 정답 및 해설

한눈에 보는 정답

| 01 | ④ | 02 | ① | 03 | ① | 04 | ② | 05 | ③ | 06 | ② |
| 07 | ① | 08 | ③ | 09 | ② | 10 | ① | 11 | ③ | 12 | ① |

1. 신라 촌락 문서

정답 설명

④ 신라 촌락 문서는 조세 징수와 부역을 부과하기 위하여 만들었던 문서로, 토착 세력인 촌주가 인구, 가호, 노비 증감 등의 변동 사항을 매년 조사하여 3년마다 작성하였다.

오답 설명

① 신라 촌락 문서는 소와 말의 수 및 뽕나무, 잣나무 등의 각종 나무의 수까지 기록하였다.
② 신라 촌락 문서는 인구를 남녀로 나누고, 연령을 기준으로 6등급으로 구분하였다.
③ 신라 촌락 문서의 토지는 연수유전답, 촌추위답, 내시령답 등이 포함되었다.

정답: ④

2. 발해의 경제 상황

키워드

고구려의 옛 땅에 있음, 백성은 말갈이 많고 토인(고구려인)이 적음, 도독, 자사 ▶ **발해**

정답 설명

① 고려 시대에는 활구라고 불리는 은병이 유통되었다. 고려 숙종 때 주조된 은병의 형태는 우리나라(고려)의 지도 모양이었으며, 병의 입이 넓기 때문에 '활구(闊口)'라고도 불렸다.

오답 설명

② 발해는 거란도, 영주도, 신라도, 조공도, 일본도 등을 통해 주변국과 교역하였다.
③ 발해는 기후가 좋지 않고 토지가 척박하여 보리, 조 등을 재배하는 밭농사가 중심이었지만, 일부 지역에서는 벼농사를 짓기도 하였다.
④ 발해는 모피, 인삼, 금, 은 등의 토산물과 불상, 자기 등의 수공업품을 수출하였다.

정답: ①

3. 6두품

키워드

골품이 진골에서 한 등급 떨어짐 ▶ ㉠ **6두품**

정답 설명

① 6두품은 비색, 청색, 황색의 공복을 착용할 수 있었고, 자색의 공복을 착용할 수 없었다.

오답 설명

② 6두품은 도당 유학생의 대부분을 차지하였으며, 대표적인 인물로 최치원, 최승우, 최언위 등이 있다.
③ 6두품은 골품제에 따라 제6관등인 아찬까지만 오를 수 있었고, 관등 승진에서 일종의 특진 제도인 중위제를 적용받았다.
④ 6두품은 신라 중대에 왕의 정치적 조언자로 활동하였으며, 신라 하대에는 호족과 함께 사회 개혁을 추구하였다.

정답: ①

※ 개념 플러스 - 6두품

특징	- '얻기 어려운 신분'이라는 의미의 득난이라고도 불림 - 제6관등인 아찬까지만 승진이 가능함 - 관등 승진에서 중위제를 적용받음 - 도당 유학생의 대부분을 차지함
활동	- 신라 중대에 왕의 정치적 조언자 역할 - 신라 하대에 호족과 함께 사회 개혁 추구
대표 인물	설총, 최치원, 최언위 등

4. 신라 하대의 사회 모습

키워드

당나라 소종 황제가 중흥을 이룰 때 전쟁과 흉년이라는 재앙이 서쪽에서 그치고 동쪽으로 옴, 해인사 묘길상탑기 ▶ 신라 하대

정답 설명

② 고려 시대에는 최충헌의 사노비인 만적이 노비 해방을 내세우며 개경에서 반란을 모의하였다.

오답 설명

① 신라 하대에는 혜공왕 이후 약 150년 동안 20명의 왕이 바뀌는 등 진골 귀족들이 왕위 쟁탈전을 전개하였다.

③ 신라 하대에는 실천적 경향이 강한 선종이 널리 확산되었으며 승려의 사비를 봉안하는 승탑과 탑비가 유행하였다.

④ 신라 하대에 지방에서는 성주 또는 장군이라 칭하는 호족들이 지방 행정을 장악하고 조세를 징수하였다.

정답: ②

5. 고구려가 일본에 전파한 문화

정답 설명

③ 옳은 것을 모두 고른 것은 ㄴ, ㄷ이다.

ㄴ. 고구려의 담징은 영양왕 때 종이와 먹의 제조 방법을 일본에 전하였다.
ㄷ. 고구려의 혜자는 일본 쇼토쿠 태자의 스승이 되었다.

오답 설명

ㄱ. 신라는 배를 만드는 조선술과 제방을 만드는 축제술을 전하였다.
ㄹ. 백제의 노리사치계는 성왕 때 일본에 불상과 불경을 전하였다.

정답: ③

6. 무령왕릉

키워드

영동대장군 백제 사마왕 ▶ 무령왕릉

정답 설명

② 백제 무령왕릉은 중국 남조의 영향을 받아 벽돌로 축조되었으며, 무덤 내부에서는 무덤의 주인을 알려 주는 지석과 무덤을 지키는 역할을 하는 진묘수, 금관, 장신구 등이 출토되었다.

오답 설명

① 무령왕릉은 충남 공주에서 발견되었으며, 송산리 고분군에 포함되어 있다.

③ 김유신 묘, 괘릉(원성왕릉) 등 통일 신라의 굴식 돌방무덤에서는 봉토 주위에 둘레돌을 두르고 12지 신상을 조각하였다.

④ 천마총은 돌무지덧널무덤 양식으로 축조되었으며 말꾸미개 장식에 천마의 그림이 그려진 천마도가 발견되었다.

정답: ②

※ 개념 플러스 - 무령왕릉

위치	충남 공주
특징	- 중국 남조의 영향을 받아 벽돌무덤으로 축조 - 무덤의 주인을 알려 주는 지석이 발견됨 - 관은 일본산 금송으로 만들어짐 - 진묘수, 금관, 장신구 등 출토

7. 원광

키워드

왕(진평왕)이 수나라에 군사를 요청하는 걸사표를 짓도록 함 ▶ (가) 원광

정답 설명

① 원광은 신라 진평왕의 요청으로 수나라에 군사를 요청하는 걸사표를 작성하였다.

오답 설명

② 자장은 선덕 여왕 때 대국통에 임명되어 출가자의 규범과 계율을 주관하였다.
③ 의상은 모든 존재는 상호 의존적 관계에 있으면서 조화를 이루고 있다는 화엄 사상을 정립하였다.
④ 도선은 신라 하대부터 고려 초기에 활동한 승려로 산과 물의 형세를 살펴 도읍지, 주택 등을 선정하는 풍수지리설의 대가로 알려져 있으며 『도선비기』 등을 저술하였다.

정답: ①

8. 원효

키워드
무애라는 노래를 지어 세상에 퍼뜨림 ▶ 원효

정답 설명
③ 원효는 모든 것이 한마음에서 나온다는 일심 사상을 제시하였으며, 『십문화쟁론』을 저술하여 종파 간의 대립을 해소하고자 하였다.

오답 설명
① 원측은 당에 유학하여 유식론을 독자적으로 발전시켰다.
② 자장은 황룡사에 구층 목탑을 세울 것을 선덕 여왕에게 건의하였다.
④ 혜초는 인도와 중앙아시아 지역을 여행하고 그들 나라의 종교, 정치, 문화 등을 기록한 기행문인 『왕오천축국전』을 저술하였다.

정답: ③

※ 개념 플러스 - 원효

무애가	무애가라는 노래를 유포하며 불교 대중화에 기여
일심 사상	모든 것이 한마음에서 나온다는 일심 사상 제시
화쟁 사상	불교의 다양한 교리를 통합하는 데 기여
저술	『대승기신론소』, 『십문화쟁론』, 『금강삼매경론』 등

9. 신라의 유학자

정답 설명
② 설총은 이두를 정리하여 한문 교육에 공헌하였으며, 신문왕에게 꽃을 의인화하여 충신을 가까이 두어야 함을 비유적으로 표현한 「화왕계」를 지어 바쳤다.

오답 설명
① 최치원은 진성 여왕에게 시무 10여 조의 개혁안을 건의하였다.
③ 김대문은 진골 귀족 출신으로 우리나라 고승들의 전기를 모은 역사서인 『고승전』을 저술하였다.
④ 강수는 외교 문서 작성에 능하였으며, 당나라에 억류되어 있던 태종 무열왕의 동생 김인문의 석방을 청하는 「청방인문표」를 지었다.

정답: ②

10. 최치원의 저술

키워드
황소에게 멸망하기보다 귀순하라고 고함(토황소격문) ▶ 최치원

정답 설명
① 김대문은 신라, 백제, 고구려의 설화를 모아 엮은 『계림잡전』을 저술하였다.

오답 설명
② 최치원은 당나라 회남 절도사 고변의 휘하에 있을 때 지은 작품을 모아 시문집인 『계원필경』을 저술하였다.
③ 최치원은 당나라의 승려인 법장의 전기인 『법장화상전』을 저술하였다.
④ 최치원은 신라의 연대기를 정리한 것으로 추정되는 『제왕연대력』을 저술하였다.

정답: ①

11. 불국사 삼층 석탑

키워드

경상북도 경주에 위치, 무영탑이라고 불림, 무구정광대다라니경이 발견됨 ▶ 불국사 삼층 석탑(불국사 석가탑)

정답 설명

③ 불국사 삼층 석탑은 2층 기단 위에 3층의 탑신을 세우고, 그 위에 상륜부를 조성한 통일 신라의 전형적인 석탑 양식을 보여 주며, 보수 과정에서 세계 최고(最古)의 목판 인쇄물인 무구정광대다라니경이 발견되었다.

오답 설명

① 미륵사지 석탑은 전라북도 익산에 위치한 백제의 탑으로, 목탑의 모습을 많이 지니고 있으며 현존하는 우리나라 석탑 중 가장 오래된 탑이다.
② 분황사 모전 석탑은 경상북도 경주에 위치한 신라의 탑으로, 선덕 여왕 때 건립된 것으로 추정되며 돌을 벽돌 모양으로 다듬어 쌓은 모전 석탑이다.
④ 화순 쌍봉사 철감선사탑은 전라남도 화순에 위치한 승탑으로, 선종의 영향을 받아 만들어졌다.

정답: ③

※ 개념 플러스 - 고대의 주요 석탑

미륵사지 석탑 (백제)	- 백제 무왕 때 건립된 우리나라 최고(最古)의 석탑 - 해체 수리 중에 금제 사리봉영기가 발견됨
분황사 모전 석탑 (신라)	돌을 벽돌 모양으로 다듬어 쌓음
불국사 삼층 석탑 (통일 신라)	- 통일 신라의 전형적인 석탑 - 내부에서 무구정광대다라니경이 발견됨

12. 발해의 문화재

키워드

선조성, 중대성, 정당성 ▶ 발해

정답 설명

① 이불병좌상은 발해의 문화재로 다보여래불과 석가여래불이 나란히 앉아 있는 모습을 형상화하였다.

오답 설명

② 임신서기석은 신라의 문화재로, 두 청년이 나라에 충성할 것과 유교 경전을 학습할 것을 맹세하는 내용이 새겨져 있다.
③ 금동 연가 7년명 여래 입상은 고구려의 문화재로, 539년에 고구려에서 조성되었음을 알 수 있는 우리나라에서 가장 오래된 기년명(紀年銘) 불상이다.
④ 사택지적비는 백제의 문화재로, 의자왕 때 최고위직인 대좌평을 역임하였던 사택지적이 말년에 지난날의 영광과 세월의 덧없음을 한탄하며 불교에 귀의하고 절을 건립한 것을 기념하여 세운 비석이다.

정답: ①

※ 개념 플러스 - 발해의 문화재

영광탑	벽돌로 축조한 누각 형태의 탑
이불병좌상	다보여래불과 석가여래불이 나란히 앉아 있는 모습을 형상화한 불상
정혜공주 무덤	고구려식 굴식돌방무덤의 모줄임천장 구조
정효공주 무덤	벽돌무덤으로 인물을 그린 벽화가 남아 있음

6일 고려의 건국과 통치 체제의 정비 정답 및 해설

한눈에 보는 정답

01	④	02	④	03	④	04	②	05	③	06	④
07	②	08	④	09	③	10	①	11	④	12	③

1. 고려 태조

키워드

거란은 짐승과 같은 나라로 의관 제도를 본받지 마라 (훈요 10조) ▶ 고려 태조

정답 설명

④ 고려 태조는 지방 호족의 자제를 볼모로 삼아 수도에 머물게 하고 출신지의 일을 자문하게 한 기인 제도를 최초로 실시하여 호족들을 통제하였다.

오답 설명

① 고려 광종은 후삼국 시대에 불법으로 노비가 된 자를 조사하여 양인으로 해방시키는 노비안검법을 시행하여 국가의 재정을 확충하고, 호족의 경제적·군사적 기반을 약화시켰다.
② 고려 광종은 백관의 공복을 제정하여 관리의 복색을 관등에 따라 자색, 단색, 비색, 녹색으로 구분하고 위계질서를 확립하였다.
③ 고려 현종은 수도인 개경의 방어를 강화하기 위하여 외성인 나성을 축조하였다.

정답: ④

2. 고려 광종 재위 기간에 있었던 사실

키워드

광덕·준풍 등의 연호 사용, 개경을 황도로 서경을 서도로 격상 ▶ 고려 광종

정답 설명

④ 고려 광종 재위 기간에는 쌍기의 건의에 따라 과거 제도를 시행하여 유교적 소양을 갖춘 관리를 등용하였다.

오답 설명

① 고려 태조 재위 기간에는 중앙 고위 관료를 사심관으로 삼아 출신 지역을 다스리게 한 제도인 사심관 제도를 처음 실시하였다.
② 고려 성종 재위 기간에는 중국의 제도를 참고하여 중앙 관제를 2성 6부로 정비하였다.
③ 고려 정종(3대) 재위 기간에는 광군을 조직하여 거란의 침략에 대비하였다.

정답: ④

※ 개념 플러스 - 고려 광종

연호 사용	'광덕', '준풍' 등의 연호 사용
과거 제도 실시	후주에서 귀화한 쌍기의 건의를 수용하여 과거 제도 실시
노비안검법 시행	노비안검법을 시행하여 억울하게 노비가 된 자를 해방시킴
백관의 공복 제정	백관의 공복을 자색, 단색, 비색, 녹색으로 구분하여 위계질서 확립

3. 고려 성종 대의 사실

키워드

불교를 행하는 것은 몸을 닦는 근본이며 유교를 행하는 것은 나라를 다스리는 근원(최승로의 시무 28조) ▶ 고려 성종

정답 설명

④ 고려 성종 대에는 최승로의 건의에 따라 주요 지역에 12목을 설치하고 지방관인 목사를 파견하였다.

오답 설명

① 고려 태조 대에는 '천수'라는 연호를 사용하였다.
② 고려 예종 대에는 관학의 진흥을 위하여 장학 재단인 양현고를 설치하였다.
③ 고려 현종 대에는 거란이 고려를 침략하자 부처의 힘으로 나라를 지키려는 마음을 담아 초조대장경을 조판하기 시작하였다.

정답: ④

4. 고려 현종 재위 기간에 있었던 사실

키워드

황보유의 등이 받들어 왕위에 올림, 강조가 목종을 폐위시켜 양국공으로 삼고 김치양 부자를 죽임
▶ (가) 고려 현종

정답 설명

② 고려 현종 재위 기간에는 5도 양계의 지방 제도를 확립하였다. 5도는 일반 행정 구역으로 도 아래에는 주·부·군·현을 설치하였고, 양계는 군사 행정 구역으로 군사 요충지에는 진을 설치하였다.

오답 설명

① 고려 성종 재위 기간에는 최고 국립 교육 기관인 국자감을 설립하였다.
③ 고려 태조 재위 기간에는 고구려 계승 의식을 바탕으로 북진 정책을 추진하였고, 청천강에서 영흥만에 이르는 영토를 확보하였다.
④ 고려 광종 재위 기간에는 균여를 귀법사의 주지로 삼아 불교를 정비하였다.

정답: ②

※ 개념 플러스 - 고려 현종

지방 행정 개편	5도 양계의 지방 제도 확립
초조대장경 조판 시작	거란의 침입을 물리치고자 초조대장경 조판 시작
불교 진흥	- 부모의 명복을 빌고자 현화사 건립 - 연등회와 팔관회 부활
나성 축조	개경의 외성인 나성을 축조하여 도성의 수비 강화

5. 도병마사

키워드

충렬왕이 도평의사사로 고침 ▶ (가) 도병마사

정답 설명

③ 도병마사는 고려의 독자적인 기구로 양계의 축성 및 군사 훈련 등 국방 문제를 논의하였으며 충렬왕 때 도평의사사로 개편되었다.

오답 설명

① 상서성은 상서도성과 6부로 구성되었으며 정책을 집행하였다.
② 어사대는 정치의 잘잘못을 논의하고, 풍속을 교정하며 백관을 규찰하였다.
④ 식목도감은 고려의 독자적인 기구로 법의 제정이나 각종 시행 규정을 논의하였다.

정답: ③

6. 고려 시대의 정치 기구

정답 설명

④ 중서문하성의 낭사와 어사대의 관원들은 대간이라 불리며 관리를 임명하거나 법령을 제정할 때 서경권을 가지고 있었다.

오답 설명

① 중서문하성은 정책을 계획 및 결정하며 국가의 행정을 총괄하였다.
② 삼사는 화폐와 곡식의 출납, 회계를 담당하였다.
③ 중추원은 추밀과 승선으로 구성되었으며 군사 기밀과 왕명 전달을 담당하였다.

정답: ④

7. 거란

키워드

발해를 멸망시킴, 왕(고려 태조)은 낙타를 만부교 아래에 매어두어 굶어 죽임(만부교 사건) ▶ (가) 거란

정답 설명

② 거란은 강조가 정변을 일으켜 목종을 폐위하고 현종을 옹립한 사건을 구실로 고려를 침략하였다(거란의 2차 침입).

오답 설명

① 명은 철령 이북이 원에 속했었다는 이유로 요동에 귀속시키기로 결정하고 철령위 설치를 고려에 통보하였다. 명의 철령위 설치 통보는 고려 우왕 때 최영 등이 요동 정벌을 추진하는 계기가 되었다.
③ 몽골은 다루가치를 파견하여 고려의 내정을 간섭하였다. 다루가치는 몽골이 점령지에 파견한 담당자로 행정을 감독하고 세금을 징수하는 역할을 담당하였다.
④ 몽골은 대구 부인사에서 보관하던 초조대장경을 불태웠다.

정답: ②

※ 개념 플러스 - 거란의 침입

거란의 1차 침입	- 원인: 고려의 친송 정책 - 결과: 서희가 소손녕과 담판하여 거란군을 철수시키고 강동 6주 획득
거란의 2차 침입	- 원인: 강조의 정변 - 결과: 현종의 입조를 조건으로 강화 체결
거란의 3차 침입	- 원인: 현종의 입조 약속 불이행 - 결과: 강감찬의 귀주 대첩

8. 서희

키워드

소손녕에게 우리나라가 곧 고구려의 옛 땅이고, 조빙의 불통은 여진 때문이라고 함 ▶ 서희

정답 설명

④ 서희는 거란의 1차 침입 때 거란 장수 소손녕과 담판하여 송과의 외교 관계를 단절하고 거란과의 교류를 약속하였으며 이후 여진족을 몰아내고 압록강 하류 동쪽의 강동 6주를 획득하였다.

오답 설명

① 김부식은 개경파의 대표적인 인물로 인종 때 관군을 이끌고 묘청의 난을 진압하였다.
② 강감찬은 거란의 3차 침입 때 귀주에서 소배압이 이끄는 거란군을 물리쳤다(귀주 대첩).
③ 윤관은 예종 때 여진을 몰아내고 동북 9성을 쌓았다.

정답: ④

9. 별무반

키워드

윤관이 건의하여 만들었음 ▶ (가) 별무반

정답 설명

③ 별무반은 여진 정벌을 위해 고려 숙종 때 윤관의 건의에 따라 조직된 부대로 신기군(기병), 신보군(보병), 항마군(승병)으로 구성되었다.

오답 설명

① 중방은 고려 시대에 2군 6위의 상장군과 대장군으로 구성된 회의 기구이다.
② 별기군은 1881년에 설치된 우리나라 최초의 신식 군대로 일본인 교관으로부터 군사 훈련을 받았다.
④ 삼별초는 최씨 정권기에 치안을 담당하였던 좌·우별초와 몽골의 포로가 된 경험이 있던 사람들로 구성된 신의군을 합친 부대이다.

정답: ③

10. 고려 시대의 지방 제도

정답 설명

① 옳은 것을 모두 고른 것은 ㄱ, ㄴ이다.

ㄱ. 고려 시대에는 향·소·부곡 등의 특수 행정 조직이 있었다.
ㄴ. 고려 시대에는 수령이 파견된 주현보다 수령이 파견되지 않은 속현의 수가 많았다. 속현과 향·부곡·소는 주현의 수령을 통해 지배를 받았다.

오답 설명

ㄷ. 고려 시대에는 일반 행정 구역인 5도에 안찰사가 파견되었다. 한편, 조선 시대에는 전국을 8도로 구분하여 각 도에 관찰사를 파견하였다.
ㄹ. 조선 시대에는 지방 행정 말단 조직으로 면·리·통을 두었다.

정답: ①

※ 개념 플러스 - 고려의 지방 제도

5도	일반 행정 구역으로 안찰사 파견
양계	군사 행정 구역으로 병마사 파견
3경	처음에는 개경(개성), 서경(평양), 동경(경주)이었지만 문종 때 한양(서울)을 남경으로 승격시키고 동경 대신 남경이 3경에 편제
향·부곡·소	향과 부족의 주민은 농업에 종사 소의 주민은 수공업과 광업에 종사

11. 고려 시대의 향리

키워드

첫 벼슬은 후단사로 함, 부호장, 호장 ▶ 고려 시대의 향리

정답 설명

④ 옳은 것을 모두 고른 것은 ㄷ, ㄹ이다.

ㄷ. 고려 시대의 상층 향리는 과거로 중앙 관직에 진출할 수 있었다.
ㄹ. 고려 시대의 향리는 지방 호족 출신으로 지방 행정의 실무를 담당하였다.

오답 설명

ㄱ. 고려 시대의 향리는 외역전을 지급받았다. 한편, 공음전은 5품 이상의 고위 관리에게 지급되었다.
ㄴ. 조선 시대의 신량역천은 역졸, 조졸, 수군, 조례 등으로 칠반천역이라고도 불렸다.

정답: ④

12. 고려 시대의 음서

정답 설명

③ 옳은 것을 모두 고른 것은 ㄴ, ㄹ이다.

ㄴ. 고려 시대의 음서는 원칙적으로 18세 이상이 받을 수 있도록 규정되어 있었지만, 10세 미만이 음직을 받은 사례도 있었다.
ㄹ. 고려 시대 음서는 왕실과 공신의 자손, 5품 이상 관료의 자손 등을 대상으로 하였다.

오답 설명

ㄱ. 고려 시대의 음서는 사위, 외손자에게도 적용되었다.
ㄷ. 고려 시대에 음서로 등용된 사람들은 고위 관직에 오를 수 있었다.

정답: ③

※ 개념 플러스 - 고려 시대의 음서

정의	공신 및 왕족의 후예, 5품 이상 고위 관리의 자제를 과거를 거치지 않고 관리로 임용하는 제도
특징	- 아들, 조카, 친손자뿐만 아니라 사위, 외손자에게도 적용됨 - 음서를 통해 등용되더라도 고위 관직에 오를 수 있었음 - 고위 관리를 배출한 집안이 명망을 유지하는 방편이 되기도 함

7일 문벌 귀족 사회 형성과 무신의 집권 정답 및 해설

한눈에 보는 정답

| 01 | ② | 02 | ② | 03 | ③ | 04 | ① | 05 | ③ | 06 | ③ |
| 07 | ② | 08 | ③ | 09 | ③ | 10 | ① | 11 | ③ | 12 | ④ |

1. 고려 숙종 재위 기간에 있었던 사실

키워드

주전도감, 은병(활구)을 만들어 화폐로 사용함
▶ 고려 숙종

정답 설명

② 고려 숙종 재위 기간에는 김위제의 건의로 남경(서울)을 건설하기 위하여 남경개창도감을 설치하였다.

오답 설명

① 고려 예종 재위 기간에는 우봉·파평 등의 지역에 감무관을 파견하기 시작하였다.
③ 고려 인종 재위 기간에는 송나라 사신 서긍이 고려를 방문하고 견문한 고려의 여러 가지 실정을 그림과 글로 설명한 『고려도경』을 지었다.
④ 고려 인종 재위 기간에는 경사 6학을 정비하고 향교를 중심으로 지방 교육을 강화하였다.

정답: ②

2. 고려 예종의 정책

키워드

복원관(복원궁)을 세움 ▶ 고려 예종

정답 설명

② 고려 예종은 국학에 전문 강좌인 7재를 설치하여 관학을 진흥하였다.

오답 설명

① 고려 숙종은 윤관의 건의에 따라 여진 정벌을 위해 별무반을 창설하였다.
③ 고려 현종은 부모의 명복을 빌고자 현화사를 창건하였다.
④ 고려 현종은 개성부를 경중(京中) 5부와 경기로 구획하였다.

정답: ②

※ 개념 플러스 - 고려 예종

복원궁 건립	도교 사원인 복원궁 건립
관학 진흥	- 국학에 전문 강좌인 7재 설치 - 국학에 장학 재단인 양현고 설치
감무 파견	우봉·파평 등의 지역에 감무 파견
여진 정벌	윤관이 별무반을 이끌고 여진을 정벌한 뒤, 동북 9성 축조

3. 고려 인종 시기에 일어난 사실

키워드

묘청의 말을 따라서 서경으로 행차하고자 함, 김부식이 서경이 길지가 아니라고 주장함 ▶ (가) 고려 인종

정답 설명

③ 고려 인종 때는 왕실의 외척인 이자겸이 척준경과 함께 난을 일으켰다.

오답 설명

① 고려 숙종 때는 국자감에 출판부인 서적포를 설치하였다.
② 고려 고종 때는 고려에 왔던 몽골의 사신 저고여가 본국으로 돌아가던 도중에 피살되었다. 저고여 피살 사건은 이후 몽골이 고려를 침입하는 계기가 되었다.
④ 고려 예종 때는 서민의 질병 치료를 위해 혜민국을 설치하였다.

정답: ③

4. 이자겸

키워드

십팔자(十八子)가 왕이 된다는 비기를 들고는 왕위를 빼앗으려고 계획 ▶ (가) 이자겸

정답 설명

① 이자겸은 고려 예종과 인종의 외척이 되어 권력을 독점하였다. 금나라가 고려에 군신 관계를 요구하자 당시 집권자였던 이자겸은 자신의 권력 유지를 위하여 금나라의 군신 관계 요구를 수용하였다.

오답 설명

② 이의민은 천민 출신으로 경대승 사후 집권하였다.
③ 최우는 김생, 탄연, 유신과 더불어 신라와 고려의 대표적인 4명의 서예가를 이르는 신품사현으로 불렸다.
④ 최충헌은 진강후라는 벼슬을 받고 흥녕부라는 기구를 설치하였다.

정답: ①

5. 묘청과 김부식

키워드

(가) 낭가와 불교, 국풍파, 독립당, 진취 사상 ▶ 묘청
(나) 유교, 한학파, 사대당, 보수 사상 ▶ 김부식

정답 설명

③ 묘청은 풍수지리설을 내세워 서경으로 천도할 것을 주장하였다. 그러나 김부식 등 개경파의 반대로 서경 천도가 중단되자 국호를 '대위', 연호를 '천개'라 정하고 반란을 일으켰다.

오답 설명

① 김부식은 개경 중심 문벌 귀족 세력의 대표였다.
② 일연은 원 간섭기인 충렬왕 때 『삼국유사』를 편찬하였다.
④ 묘청은 고려 인종에게 왕을 황제라 칭하고 연호를 사용하자는 칭제 건원과 금을 정벌할 것을 주장하였다.

정답: ③

※ 개념 플러스 - 묘청과 김부식

구분	묘청	김부식
주장	- 금나라 정벌 - 서경 천도 - 칭제건원	- 금나라와의 사대 관계 유지 - 서경 천도 반대
사상	풍수지리 사상	사대적 유교 사상

6. 무신 정변이 발생한 시기

키워드

보현원, 이고 등이 임종식·이복기·한뢰를 죽임, 정중부 등이 왕(의종)을 모시고 궁으로 돌아옴 ▶ 무신 정변(1170)

(가) 귀주 대첩(1019) ~ 주전도감 설치(1101)
(나) 주전도감 설치(1101) ~ 이자겸의 난(1126)
(다) 이자겸의 난(1126) ~ 처인성 전투(1232)
(라) 처인성 전투(1232) ~ 개경 환도(1270)

정답 설명

③ (다) 시기인 1170년에 정중부, 이의방, 이고 등을 중심으로 한 무신들이 정변을 일으켜 많은 문신을 제거하고 의종을 폐위시켰다.

정답: ③

7. 무신 집권기의 사실

키워드

(가) ▶ 김보당의 난(1173)
(나) ▶ 이연년 형제의 난(1237)
(다) ▶ 김사미와 효심의 난(1193)
(라) ▶ 전주 관노의 난(1182)

정답 설명

② 순서대로 바르게 나열하면 (가) 김보당의 난 → (라) 전주 관노의 난 → (다) 김사미와 효심의 난 → (나) 이연년 형제의 난이다.

(가) 정중부 집권 시기인 1173년에 동북면병마사 김보당이 무신 정변을 주도한 정중부와 이의방을 토벌하고 전왕(前王)인 의종을 복위시키고자 난을 일으켰다(**김보당의 난**).

(나) 최우 집권 시기인 1237년에 전라도 담양에서 이연년 형제가 백제의 부흥을 표방하며 난을 일으켰다(**이연년 형제의 난**).

(다) 이의민 집권 시기인 1193년에 운문(청도)과 초전(울산)에서 김사미와 효심이 난을 일으켰다(**김사미와 효심의 난**).

(라) 경대승 집권 시기인 1182년에 전주 사록 진대유와 상호장 이택민 등이 관선을 제조하는 과정에서 너무 가혹하게 사람을 부리자, 죽동과 관노 등이 난을 일으켰다(**전주 관노의 난**).

정답: ②

8. 경대승이 집권한 시기의 사실

키워드

정중부 등을 체포하고 참수함 ▶ (가) 경대승

정답 설명

③ 경대승 집권 시기에는 신변을 보호하기 위하여 사병 집단인 도방을 처음으로 조직하였다.

오답 설명

① 정중부 집권 시기에는 공주 명학소에서 망이·망소이가 반란을 일으켜 공주를 함락시키자 조정에서는 이들을 회유하기 위하여 명학소를 충순현으로 승격시켰다.

② 최충헌 집권 시기에는 교정도감이 설치되어 국정을 총괄하였다. 교정도감은 본래 최충헌 부자의 살해를 모의한 청교역의 역리와 승도 등을 수색 및 처벌하기 위하여 설치한 임시 기구였지만, 이후 계속 존속하면서 최충헌의 반대 세력을 제거할 뿐만 아니라, 서무를 관장하는 등 국정을 총괄하는 중심 기구가 되었다.

④ 최우 집권 시기에는 몽골이 고려를 침략하자 강화도로 천도하여 대몽 항쟁을 주도하였다.

정답: ③

9. 최충헌

키워드

(가)의 사노비 만적이 반란을 모의함 ▶ (가) 최충헌

정답 설명

③ 최충헌은 이의민을 제거하고 명종에게 정변의 정당성 및 정책 방향을 담은 봉사 10조의 개혁안을 제시하였다.

오답 설명

① 정중부는 이의방을 제거하고 권력을 장악하였다.
② 최우는 도성 안에 도둑이 많자 치안 유지를 위해 야별초를 조직하였다.
④ 최우는 문신들의 숙위 기관인 서방을 설치하였다.

정답: ③

※ 개념 플러스 - 최충헌

정권 장악	이의민을 제거하고 정권 장악
봉사 10조	명종에게 봉사 10조의 개혁안 제시
교정도감 설치	교정도감을 설치하여 국정 총괄
진강후 책봉	희종 옹립에 공을 세워 진강후로 책봉
왕위 계승 간여	명종을 폐하고 신종, 희종, 강종, 고종을 차례로 세움

10. 최우

키워드

자신의 집에 정방을 두고 백관의 인사를 다루었음 ▶ (가) 최우

정답 설명

① 최우는 아버지인 최충헌의 뒤를 이어 집권하였으며 자신의 집에 정방을 두어 관리에 대한 인사권을 장악하였다.

오답 설명

② 김준은 최씨 무신 정권의 4대 집권자 최의를 제거한 무오정변을 주도하였다.
③ 이의민은 김보당의 난 때 유배지인 거제에서 경주로 나와 있던 의종을 살해한 공으로 대장군이 되었으며, 이후 경대승이 병사하자 정권을 장악하였다.
④ 최충헌은 교정도감을 설치하여 권력을 독점하였고, 도방을 부활하여 자신의 신변 보호를 강화하였다.

정답: ①

11. 몽골과의 전쟁 중에 있었던 사실

키워드

김윤후가 충주산성 방호별감으로 있을 때 ㉠이 쳐들어와 충주성을 포위함(몽골의 5차 침입) ▶ ㉠ 몽골

정답 설명

③ 거란의 2차 침입 때 양규가 흥화진 전투에서 거란군에 승리하였다.

오답 설명

① 몽골의 3차 침입 때 경주에 있는 황룡사 구층 목탑이 소실되었다.
② 몽골의 6차 침입 때 충주 다인철소 주민들이 몽골군에 항전하였다.
④ 몽골의 2차 침입 때 처인성 전투에서 몽골 장수 살리타가 전사하였다.

정답: ③

12. 삼별초

키워드

개경으로 돌아가는 것에 복종하지 않음, 배중손 등이 이끌었음, 승화후 온을 왕으로 삼음 ▶ (가) 삼별초

정답 설명

④ 삼별초는 고려 정부가 몽골과 강화를 맺고 개경으로 환도하자 이를 거부하고 강화도에서 승화후 온(溫)을 왕으로 삼아 항몽 정권을 수립하였다. 이후에는 진도와 제주도로 이동하며 대몽 항쟁을 전개하였다.

오답 설명

① 삼별초는 원의 요청으로 일본 원정에 참여하지 않았다. 고려와 원의 연합군은 삼별초가 진압(1273)된 이후인 1274년(1차)과 1281년(2차)에 일본을 정벌하려 하였다.
② 별무반은 신기군(기병), 신보군(보병), 항마군(승병)으로 구성되었다.
③ 삼별초는 쌍성총관부 탈환에 참여하지 않았다. 삼별초가 진압된 이후인 공민왕 때 유인우, 이자춘 등이 쌍성총관부 탈환에 주도적인 역할을 하였다.

정답: ④

※ 개념 플러스 - 삼별초

배경	배중손 등이 고려 정부의 개경 환도에 반대하여 항몽 정권 수립
활동	- 일본에 국서를 보내 대몽 연합 전선 제의 - 진도, 제주도로 이동하며 대몽 항쟁 전개
결과	여·몽 연합군에 의해 진압됨

8일 원 간섭기와 고려 후기 정치 정답 및 해설

한눈에 보는 정답

| 01 | ② | 02 | ④ | 03 | ④ | 04 | ② | 05 | ③ | 06 | ④ |
| 07 | ③ | 08 | ④ | 09 | ② | 10 | ④ | 11 | ④ | 12 | ③ |

1. 무신 정권 몰락과 공민왕 즉위 사이의 사실

키워드

무신 정권 몰락(1270) ▶ (가) ▶ 공민왕 즉위(1351)

정답 설명

② (가) 시기인 1280년에 정동행성이 설치되었다. 정동행성은 원나라가 일본 원정을 목적으로 충렬왕 때 고려에 설치한 지방 행정 기구로, 일본 원정이 실패한 이후에도 존속하여 고려의 내정을 간섭하였다.

오답 설명

① (가) 시기 이전인 996년에 고려 성종은 우리나라 최초의 화폐인 건원중보를 주조하였다. 건원중보는 철전과 동전의 두 종류가 있었으며 외형은 둥글고 가운데에는 네모의 구멍이 있었다.
③ (가) 시기인 이전인 1174년에 서경 유수 조위총은 정중부와 이의방 등이 의종을 시해하고 많은 문신을 죽인 것에 반발하여 난을 일으켰다.
④ (가) 시기 이후인 1365년에 공민왕은 신돈을 등용하여 개혁을 추진하였다.

정답: ②

2. 원 간섭기의 사실

키워드

옹주는 딸이 공녀로 가게 되자 근심함, 우리나라의 자녀들이 원나라로 끌려가기를 거른 해가 없었음
▶ 원 간섭기

정답 설명

④ 원 간섭기 이전인 정중부 집권 시기에 망이·망소이가 가혹한 수탈에 저항하여 공주 명학소에서 봉기하였다.

오답 설명

① 원 간섭기에는 중서문하성과 상서성을 합쳐 첨의부라고 하였다.
② 원 간섭기에는 지배층을 중심으로 변발과 호복 등 몽골식 생활 풍습이 유행하였다.
③ 원 간섭기에는 몽골에 조공품으로 보낼 매의 사육과 사냥을 담당하는 응방이 설치되었다.

정답: ④

3. 충선왕

키워드

연경(북경)에 만권당을 지음 ▶ 충선왕

정답 설명

④ 충선왕은 국가 재정을 확대하고 원활한 소금 생산을 위하여 국가가 소금을 전매하는 각염법을 시행하였다.

오답 설명

① 충혜왕은 편민조례추변도감을 설치하여 개혁을 시도하였다.
② 공민왕은 원나라에 의해 격하된 관제를 2성 6부제로 복구하였다.
③ 충렬왕은 안향의 건의에 따라 국학생들의 학비를 보조하기 위한 장학 기금인 섬학전을 설치하였다.

정답: ④

※ 개념 플러스 - 충선왕

사림원 설치	사림원을 설치하여 왕명 출납을 담당하게 함
각염법 시행	국가가 소금을 전매하는 각염법 시행
만권당 설치	원나라 연경에 만권당 설치

4. 공민왕 재위 기간에 있었던 사실

키워드

지정(至正, 원나라) 연호의 사용을 중지, 기철 등을 처단 ▶ 공민왕

정답 설명

② 공민왕 재위 기간에는 고려의 내정을 간섭하던 정동행성 이문소를 혁파하였다.

오답 설명

① 충목왕 재위 기간에는 사회의 모순과 권문세족의 폐단을 해결하기 위하여 개혁 기관인 정치도감을 설치하였다.
③ 우왕 재위 기간에는 최영이 홍산(부여)에서 왜구를 격퇴하였다.
④ 충렬왕 재위 기간에는 이승휴가 중국과 우리나라의 역사를 운율시 형식으로 서술한 『제왕운기』를 편찬하였다.

정답: ②

※ 개념 플러스 - 공민왕

친원파 숙청	기철 등의 친원파 제거
정동행성 이문소 폐지	고려의 내정을 간섭하던 정동행성 이문소 폐지
철령 이북 영토 수복	유인우가 쌍성총관부를 공격하여 철령 이북의 영토 수복
전민변정도감 설치	신돈을 등용하고 전민변정도감 설치
관제 복구	2성 6부제로 관제 복구
성균관 정비	성균관을 정비하여 유학 교육 강화

5. 고려사의 전개

키워드

(가) ▶ 박서의 귀주성 전투(1231)
(나) ▶ 성균관 대사성으로 이색 임명(1367)
(다) ▶ 척준경의 이자겸 제거(1126)

정답 설명

③ 순서대로 바르게 나열하면 (다) 척준경의 이자겸 제거 → (가) 박서의 귀주성 전투 → (나) 성균관 대사성으로 이색 임명이다.

(가) 고려 고종 때인 1231년에 서북면병마사 박서는 귀주성에서 몽골군에 항전하였다(**박서의 귀주성 전투**).

(나) 공민왕 때인 1367년에 성균관을 순수한 유교 교육 기관으로 정비하였고, 이색을 성균관 대사성으로 임명하였다(**성균관 대사성으로 이색 임명**).

(다) 고려 인종 때인 1126년에 이자겸과 척준경이 난을 일으켜 정권을 장악하였지만 최사전의 회유에 따라 척준경이 마음을 돌려 이자겸을 제거하였다(**척준경의 이자겸 제거**).

정답: ③

6. 전민변정도감

키워드

고려 후기 권세가들에 의해 불법적으로 빼앗긴 토지를 원래의 주인에게 돌려주거나 노비가 된 자를 양인 신분으로 회복시켜 줌 ▶ (가) 전민변정도감

정답 설명

④ 전민변정도감은 원종 때 처음 설치되었으며 권세가들에 의해 불법적으로 빼앗긴 토지를 원래의 주인에게 돌려주거나 노비가 된 자를 양인 신분으로 회복시켜 주었다.

오답 설명

① 구제도감은 병자의 치료와 빈민의 구제를 목적으로 고려 예종 때 설치된 기구이다.
② 주전도감은 화폐를 발행하기 위하여 고려 숙종 때 설치된 기구이다.
③ 대장도감은 재조대장경(팔만대장경)의 판각 업무를 담당하기 위하여 고려 고종 때 설치된 기구이다.

정답: ④

7. 공민왕의 복주 피난 이후의 사실

키워드

홍건적이 개경을 함락, 왕(공민왕)이 복주(안동)에 도착
▶ **공민왕의 복주 피난(1361)**

정답 설명

③ 1388년에 요동 정벌을 위해 출병한 이성계가 압록강 하류의 위화도에서 회군하여 우왕을 폐위시키고 정권을 장악하였다.

오답 설명

① 충렬왕 때인 1274년(1차), 1281년(2차)에 여·몽 연합군은 일본 정벌에 나섰으나 태풍 등으로 인하여 큰 피해를 입으면서 실패하였다.
② 공민왕 때인 1356년에 동북면 병마사 유인우 등이 쌍성총관부를 공격하여 철령 이북 지역을 수복하였다.
④ 고려 고종 때인 1236년에 몽골의 침략을 물리치기 위한 염원에서 팔만대장경을 만들기 시작하여 1251년에 완성하였다.

정답: ③

8. 우왕 재위 기간에 있었던 사실

키워드

왕의 어릴 때 이름은 모니노, 신돈의 비첩 반야의 소생, 공민왕이 훙서한 뒤 이인임의 추대로 왕위에 오름 ▶ **우왕**

정답 설명

④ 우왕 재위 기간에는 청주 흥덕사에서 현존하는 세계 최고(最古)의 금속 활자본인 「직지심체요절」을 간행하였다.

오답 설명

① 공민왕 재위 기간에는 조일신의 난이 일어났다. 조일신은 공민왕이 세자일 때 모시고 원나라에 가서 숙위를 하여 왕이 즉위하자 공신으로 책봉되었지만 당시 친원파의 중심이었던 기씨 일파와 갈등이 있었고, 각종 부당한 행위를 자행하며 여러 사람들로부터 비판을 받았다. 이에 위기감을 느낀 조일신은 난을 일으켰지만 얼마 지나지 않아 진압되었다.

② 공양왕 재위 기간에는 군 통솔 기관인 삼군도총제부를 설치하였다.
③ 창왕 재위 기간에는 박위가 왜구의 소굴인 대마도를 정벌하였다.

정답: ④

9. 최무선

키워드

화통도감 설치를 건의함 ▶ **(가) 최무선**

정답 설명

② 최무선은 우왕에게 화약 및 화포를 제조하는 관청인 화통도감 설치를 건의하였고, 이후 화통도감에서 제작된 화포를 활용하여 진포에서 왜구를 물리쳤다.

오답 설명

① 이성계는 정도전 등의 추대를 받아 왕위에 올랐고, 조선을 건국하였다.
③ 이제현은 공민왕 때 정통의식과 대의명분을 강조한 역사서인 『사략』을 저술하였다.
④ 김종서는 세종 때 여진족을 정벌하고 두만강 유역에 6진을 개척하였다.

정답: ②

10. 권문세족

키워드

▶ ㉠ **권문세족**

정답 설명

④ 옳은 것을 모두 고른 것은 ㄴ, ㄹ이다.

ㄴ. 권문세족은 친원적 성향이었으며, 권력을 앞세워 산천을 경계로 할 정도의 대농장을 소유하였다.
ㄹ. 권문세족은 도평의사사에 참여하였으며 첨의부나 밀직사 등의 고위 관직을 독점하며 권력을 장악하였다.

오답 설명

ㄱ. 신진 사대부는 성리학을 통해 사회를 개혁하고자 하였으며, 권문세족과 불교의 폐단을 지적하였다.

ㄷ. 신진 사대부는 주로 지방의 향리 출신으로 과거 등을 통해 관직에 진출하였다. 한편, 권문세족은 주로 음서를 통해 관직에 진출하였다.

정답: ④

※ 개념 플러스 - 권문세족과 신진 사대부

구분	권문세족	신진 사대부
성향	친원적 성향	친명적 성향
관직 진출	주로 음서를 통해 관직 진출	주로 과거를 통해 관직 진출
특징	- 대농장 소유 - 도평의사사에 참여하여 권력 장악	- 지방의 중소 지주 - 성리학을 수용하여 사회 개혁 주장

11. 정몽주

키워드

이 몸이 죽고 죽어 일백 번 고쳐 죽어, 임 향한 일편단심이야 가실 줄이 있으랴(단심가) ▶ 정몽주

정답 설명

④ 정몽주는 이방원이 하여가를 지어 그의 마음을 떠보자, 일백 번 고쳐 죽더라도 고려에 대한 충정을 나타낸 단심가를 지어 답하였다.

오답 설명

① 최충은 고려 문종 때 관직에서 물러난 후 사립 교육 기관인 9재 학당을 설립하고, 9경과 3사를 중심으로 교육하였다.

② 이규보는 고구려를 건국한 동명왕의 업적을 칭송한 영웅 서사시인 『동명왕편』을 지었다.

③ 최승로는 유교 사상을 치국의 근본으로 삼았으며 성종에게 정치 개혁안인 시무 28조를 올렸다.

정답: ④

12. 여말선초에 일어난 사건

키워드

(가) ▶ 관음포 전투(1383)
(나) ▶ 과전법 실시(1391)
(다) ▶ 황산 전투(1380)
(라) ▶ 공양왕 폐위(1392)

정답 설명

③ 순서대로 바르게 나열하면 (다) 황산 전투 → (가) 관음포 전투 → (나) 과전법 실시 → (라) 공양왕 폐위이다.

(가) 우왕 때인 1383년에 정지가 관음포 앞바다에서 왜선을 격침시켰다(**관음포 전투**).

(나) 공양왕 때인 1391년에 조준 등의 건의로 경기 지방에 한정하여 전·현직 관리에게 수조권을 지급한 과전법이 실시되었다(**과전법 실시**).

(다) 우왕 때인 1380년에 이성계가 지리산 부근의 황산에서 아지발도가 이끄는 왜구를 물리쳤다(**황산 전투**).

(라) 1392년에 고려의 마지막 왕인 공양왕이 폐위되었다(**공양왕 폐위**).

정답: ③

9일 고려의 경제·사회·문화 정답 및 해설

한눈에 보는 정답

01	④	02	①	03	①	04	②	05	④	06	④
07	③	08	①	09	④	10	①	11	①	12	②

1. 시정 전시과

키워드

경종 원년(976), 직관·산관, 인품만 가지고 전시과의 등급을 결정 ▶ (가) 시정 전시과

정답 설명

④ 시정 전시과는 자·단·비·녹색의 4색 공복을 기준으로, 문반, 무반, 잡업으로 나누어 지급할 토지의 결수를 정하였다.

오답 설명

① 녹과전은 무신 집권기를 거치면서 전시과 제도가 붕괴되고, 관리에게 녹봉조차 제대로 지급하지 못하게 되자 현직 관리 위주로 경기 8현에 한하여 지급하였다. 한편, 전시과는 전국의 토지를 대상으로 하였다.
② 경정 전시과는 승인과 지리업에 종사하는 지리업자에게 별사전이 지급되었다.
③ 전시과는 관직과 직역에 복무하는 대가로 수조권을 지급하였다.

정답: ④

2. 고려 시대의 토지 제도

정답 설명

① 고려 시대에는 왕실 경비를 마련하기 위해 내장전을 지급하였다. 한편, 공해전은 중앙과 지방의 각 관청 경비를 충당하기 위해 지급된 토지이다.

오답 설명

② 고려 시대의 공음전은 5품 이상의 관리에게 지급하여 세습을 허용하였다.
③ 고려 시대의 구분전은 하급 관리와 군인의 유가족의 생계유지를 위해 지급하였다.
④ 고려 시대의 한인전은 6품 이하의 관리의 자제로 관직에 오르지 못한 자에게 지급하였다.

정답: ①

3. 고려 시대의 경제 상황

키워드

벽란정(벽란도에서 외국 사신들을 접대하던 관청)
▶ 고려 시대

정답 설명

① 조선 후기 효종 때는 김육의 건의에 따라 십전통보가 주조되어 유통되었다. 한편, 고려 시대에는 건원중보, 해동통보, 해동중보 등이 주조되었다.

오답 설명

② 고려 시대에는 개경, 서경, 동경 등의 대도시에 서적점, 주점, 다점 등의 관영 상점이 운영되었다.
③ 고려 시대에는 경시서의 관리들이 시전의 상행위를 감독하였다.
④ 고려 시대에는 '소'라는 행정 구역의 주민이 국가에서 금, 은, 철 등의 필요한 물품을 생산하였다.

정답: ①

※ 개념 플러스 - 고려 시대의 경제 상황

국제 무역항 벽란도	수도인 개경과 가까운 예성강 입구의 벽란도가 국제 무역항으로 번성
관영 상점 운영	개경, 서경, 동경 등의 대도시에 서적점, 주점, 다점 등의 관영 상점 운영
화폐 주조	건원중보, 해동통보, 해동중보, 활구 등의 화폐 주조
경시서	경시서의 관리들이 시전의 불법적인 상행위 감독

4. 고려 시대의 사회 모습

키워드

재가한 여성의 자식인 이승장이 과거에 응시하여 김돈중의 문생으로 진사시에 합격함 ▶ 고려 시대

정답 설명

② 고려 시대에는 부모의 재산은 아들과 딸의 구분 없이 고르게 상속되었으며, 외조부나 외가로부터 재산을 물려받기도 하였다.

오답 설명

① 조선 후기에는 재산 상속과 제사는 장자 중심으로 이루어졌으며, 아들이 없는 경우 양자를 들이는 것이 일반화되었다.
③ 조선 후기에는 부계 위주의 족보를 편찬하면서 동성 마을을 이루어 나갔다.
④ 고려 시대에는 결혼할 때 여성이 데려온 노비에 대한 소유권은 여성에게 귀속되었다.

정답: ②

5. 상평창

키워드

양경과 12목에 설치함 ▶ (가) 상평창

정답 설명

④ 상평창은 고려 성종 때 양경(개경, 서경)과 12목에 설치된 물가 조절 기관으로, 풍년이 들면 국가에서 곡물을 사들여 곡물 가격을 올리고 흉년에는 곡물을 풀어 곡물 가격을 떨어뜨리는 방식으로 물가를 조절하였다.

오답 설명

① 흑창은 고려 태조 때 설치된 빈민 구제 기관으로, 춘궁기에 곡식을 빌려주고 추수기에 상환하도록 하였다.
② 혜민국은 고려 예종 때 서민의 질병 치료를 위하여 설치한 의료 기관이다.
③ 제위보는 고려 광종 때 빈민 구제와 질병 치료를 위하여 설치한 기관이다.

정답: ④

6. 의천

키워드

문종의 아들, 송나라에 유학을 다녀온 뒤 흥왕사에 교장도감을 둘 수 있기를 아뢰었음 ▶ (가) 의천

정답 설명

④ 의천은 이론 연마와 수행을 함께 강조하는 교관겸수를 제시하였고, 내적인 공부와 외적인 공부를 모두 갖추어 조화를 이루어야 한다는 내외겸전을 제창하였다.

오답 설명

① 보우는 선종의 일파인 임제종을 들여와 전파하였다.
② 요세는 자신의 행동을 진정으로 참회하는 법화 신앙에 중점을 둔 백련 결사를 제창하였다.
③ 균여는 향가인 보현십원가를 지어 불교 교리를 대중에게 전파하였다.

정답: ④

※ 개념 플러스 - 의천

해동 천태종 창시	해동 천태종을 창시하여 교종의 입장에서 선종 통합
교관겸수 제시	이론의 연마와 실천을 같이 강조하는 교관겸수 제시
『신편제종교장총록』 편찬	고려, 송, 요, 일본 등에서 불교 자료를 수집하여 불서 목록인 『신편제종교장총록』 편찬

7. 지눌

키워드

돈오, 점수 ▶ 지눌

정답 설명

③ 지눌은 당시 타락한 불교계를 비판하고, 독경과 선 수행, 노동에 힘쓸 것을 주장하며 승려 본연의 자세로 돌아가자는 수선사 결사를 주도하였다.

오답 설명

① 의천은 화엄종을 중심으로 교종을 통합하고, 해동 천태종을 창시하여 교종의 입장에서 선종을 통합하였다.
② 혜심은 유교와 불교가 서로 대치되는 것이 아닌 뜻이 일치하다는 유·불 일치설을 주장하며 성리학을 수용할 수 있는 사상적 토대를 마련하였다.
④ 제관은 천태종의 중심 사상을 요약한 불교 경전인 『천태사교의』를 저술하였다.

정답: ③

※ 개념 플러스 - 지눌

수선사 결사	당시 타락한 불교계를 비판하며 수선사(송광사)에서 결사 운동 전개
돈오 점수	인간의 마음이 곧 부처는 사실을 깨닫고 꾸준히 실천할 것을 강조
정혜 쌍수	선과 교학을 치우침 없이 수행해야 함을 강조

8. 『동명왕편』

키워드

동명왕의 일은 신이한 것으로 진실로 나라를 세운 신기한 서적, 시를 지어 기록하여 우리나라가 본래 성인의 나라라는 것을 천하에 알리고자 함 ▶ 『동명왕편』

정답 설명

① 『동명왕편』은 고구려를 건국한 동명왕의 업적을 칭송한 영웅 서사시로, 이규보의 시문집인 『동국이상국집』에 수록되어 전한다.

오답 설명

② 『삼국사기』는 고려 인종 때 김부식 등이 왕명을 받아 편찬하였다. 한편, 『동명왕편』은 고려 명종 때 이규보가 편찬하였다.
③ 『제왕운기』는 충렬왕 때 이승휴가 편찬하였으며, 예맥·옥저 등을 단군의 후손으로 서술하여 우리 민족이 단군을 시조로 하는 민족임을 강조하였다.

④ 『삼국유사』는 충렬왕 때 일연이 편찬하였으며 「왕력」, 「흥법」, 「탑상」, 「의해」, 「신주」, 「감통」, 「피은」, 「효선」 등으로 구성되어 있다.

정답: ①

9. 『삼국유사』

키워드

책 첫머리에 기이편이 실림 ▶ 『삼국유사』

정답 설명

④ 『삼국유사』는 불교사를 중심으로 고대의 민간 설화 등을 수록하였으며, 우리의 고유문화와 전통을 중시하였다.

오답 설명

① 『삼국사기』는 유교적 합리주의 사관에 기초하여 본기, 열전, 지 등으로 구성된 기전체로 서술하였다.
② 『동명왕편』은 고구려 시조인 주몽의 일대기가 서사시로 표현되었다.
③ 『사략』은 대의명분을 중시한 성리학적 사관을 반영하였다.

정답: ④

※ 개념 플러스 - 『삼국유사』

편찬	충렬왕 때 일연이 편찬
특징	- 불교사를 중심으로 고대의 민간 설화나 전래 기록 수록 - 단군을 우리 민족의 시조로 여겨 단군 신화 수록 - 14수의 신라 향가 수록

10. 고려 시대의 유학자

정답 설명

① 옳은 것을 모두 고른 것은 ㄱ, ㄴ이다.

ㄱ. 안향은 원 간섭기인 충렬왕 때 성리학을 국내에 처음 소개하였다.

ㄴ. 이제현은 충선왕이 원나라 연경에 세운 만권당에서 조맹부, 염복, 요수 등 원의 학자들과 교류하며 성리학에 대한 이해를 심화하였다.

오답 설명

ㄷ. 정몽주는 조선의 건국에 반대하다가 개성에 있는 선죽교에서 이방원 세력에 의해 죽임을 당하였다. 한편, 이색은 공민왕 때 성균관 대사성을 역임하였다.

ㄹ. 이제현은 역사·인물의 일화, 시화 등을 수록한 시화집인 『역옹패설』을 저술하였다.

정답: ①

※ 개념 플러스 - 고려 시대의 유학자

안향	원 간섭기에 성리학을 국내에 처음 소개함
이제현	- 만권당에서 원의 학자들과 교류하여 성리학에 대한 이해 심화 - 역사서인 『사략』 저술 - 시화집인 『역옹패설』 저술
이색	공민왕 때 성균관 대사성 역임
정몽주	- 고려에 대한 충정을 나타낸 '단심가'를 지음 - 이방원 세력에 의해 개성의 선죽교에서 죽임을 당함

11. 안동 봉정사 극락전

키워드

고려 시대에 지어진 주심포 양식의 건물로 지붕의 형태는 맞배지붕, 우리나라에서 가장 오래된 목조 건물로 보고 있음 ▶ 안동 봉정사 극락전

정답 설명

① 안동 봉정사 극락전은 공포가 기둥 위에만 있는 주심포 양식의 건물로, 지붕의 형태는 맞배지붕이다. 1972년 보수 공사 중에 공민왕 때인 1363년에 중창하였다는 상량문이 나왔는데, 우리나라의 전통 목조 건물은 신축 후 크게 수리하기까지 통상적으로 100~150년이 지나야 하므로 건립 연대를 1200년대 초로 추정할 수 있어 우리나라에서 가장 오래된 목조 건물로 보고 있다.

오답 설명

② 예산 수덕사 대웅전은 고려 시대에 지어진 주심포 양식의 건물로 지붕의 형태는 맞배지붕이며 백제계 건축 양식을 계승하였다.

③ 보은 법주사 팔상전은 우리나라에 남아 있는 유일한 5층 목탑으로, 진흥왕 때 처음 세워졌으며 조선 후기 인조 때 중건되었다. 1층부터 4층까지는 주심포 양식이고, 5층은 다포 양식이다.

④ 영주 부석사 무량수전은 고려 시대에 지어진 주심포 양식의 건물로, 지붕의 형태는 팔작지붕이다.

정답: ①

12. 경천사지 십층 석탑

키워드

원 간섭기인 충목왕 때 대리석으로 만들어짐, 현재는 국립 중앙 박물관에 전시되고 있음 ▶ (가) 경천사지 십층 석탑

정답 설명

② 경천사지 십층 석탑은 원 간섭기인 충목왕 때 만들어졌다. 화강암으로 만들어진 우리나라의 일반적인 탑과는 달리 대리석으로 만들어졌으며 원나라의 영향을 받았다.

오답 설명

① 고달사지 승탑은 고려 시대의 승탑으로, 신라 하대 승탑의 전형인 팔각 원당형을 계승하였다.

③ 원각사지 십층 석탑은 조선 세조 때 건립된 대리석 탑으로, 경천사지 십층 석탑의 영향을 받았다.

④ 월정사 팔각 구층 석탑은 고려 전기의 탑으로, 송나라의 영향을 받은 다각 다층 탑이다.

정답: ②

10일 조선의 건국과 통치 체제의 정비
정답 및 해설

한눈에 보는 정답

| 01 | ④ | 02 | ③ | 03 | ④ | 04 | ③ | 05 | ① | 06 | ④ |
| 07 | ② | 08 | ③ | 09 | ④ | 10 | ③ | 11 | ② | 12 | ② |

1. 정도전

키워드

불씨의 지옥설을 논박함(『불씨잡변』) ▶ 정도전

정답 설명

④ 정도전은 「조선경국전」 중 치전(治典)의 내용을 보완한 「경제문감」을 저술하여 재상 중심의 정치를 주장하였다.

오답 설명

① 주세붕은 고려 충렬왕 때 성리학을 우리나라에 소개한 안향을 배향하기 위하여 백운동 서원을 세웠다. 백운동 서원은 중종 때 세워진 우리나라 최초의 서원으로 이후 명종 때 이황의 건의에 따라 소수 서원으로 사액되었다.
② 신숙주는 세종 때 서장관으로 일본에 다녀와서 성종 때 왕명에 따라 일본의 지리, 정치, 풍속, 외교 등을 정리한 『해동제국기』를 편찬하였다.
③ 김종직은 항우의 손에 죽은 초나라 회왕(의제)을 조문하는 내용인 「조의제문」을 작성하였다. 「조의제문」은 단종의 왕위를 찬탈한 세조를 비판한 글로 무오사화의 발단이 되었다.

정답: ④

2. 경복궁

키워드

태조 때 정도전이 이름 지음 ▶ (가) 경복궁

정답 설명

③ 경복궁은 태조 때 건립된 조선 왕조의 법궁으로, 주요 건물로는 정전인 근정전, 연회를 하거나 외국의 사신을 접대하던 경회루 등이 있다.

오답 설명

① 덕수궁은 1946년에 제1차 미·소 공동 위원회가 개최된 곳이다. 덕수궁의 주요 건물로는 중화전, 석조전 등이 있다.
② 창덕궁은 조선의 궁궐 중 유일하게 유네스코 세계 문화유산으로 등재되었다. 창덕궁의 주요 건물로는 인정전, 낙선재 등이 있다.
④ 창경궁은 일제에 의해 궁궐 안에 동물원, 식물원 등이 설치되었고 창경원으로 격하되었다. 창경궁의 주요 건물로는 명정전, 문정전 등이 있다.

정답: ③

※ 개념 플러스 - 조선의 궁궐

경복궁	- 조선의 법궁 - 흥선 대원군 때 중건됨 - 주요 건물: 근정전, 경회루 등
창덕궁	- 유네스코 세계 문화유산으로 등재 - 주요 건물: 인정전, 낙선재 등
창경궁	- 일제에 의해 창경원으로 격하됨 - 주요 건물: 명정전, 문정전 등
경희궁	- 광해군 때 경덕궁으로 창건됨 - 주요 건물: 숭정전, 자정전 등
덕수궁	- 대한 제국의 법궁 - 제1차 미·소 공동 위원회가 개최됨 - 주요 건물: 중화전, 석조전

3. 태종의 업적

키워드

등문고를 고쳐 신문고라 함 ▶ 태종

정답 설명

④ 태종은 활자의 주조를 담당하는 관청인 주자소를 설치하여 계미자를 주조하였다.

오답 설명

① 세종은 전분 6등법과 연분 9등법의 공법을 제정하였다. 전분 6등법은 토지를 비옥도에 따라 6등급으로 구분한 것이고, 연분 9등법은 수확한 해의 풍흉의 정도에 따라 군현의 토지를 9등급으로 구분하고 조세 액수를 토지 1결당 4~20두로 정한 것이다.

② 세조는 지역 단위의 군사 방어 체제인 진관 체제를 실시하였다. 진관 체제는 각 요충지마다 진관을 설치하여 진관을 중심으로 적을 방어하는 체제로, 작은 규모의 전투에는 유리하였지만 큰 규모의 적이 침입한 경우에는 문제점이 있었다.

③ 문종은 우리나라의 전쟁사를 정리한 『동국병감』을 편찬하였다.

정답: ④

4. 세종 대에 있었던 사실

정답 설명

③ 성종 대에는 각 도의 지리, 풍속, 인물 등을 기록한 지리서인 『동국여지승람』을 편찬하였다.

오답 설명

① 세종 대에는 '백성을 가르치는 바른 소리'라는 뜻을 가진 훈민정음을 창제·반포하였다.
② 세종 대에는 경복궁에 천문대인 간의대를 축조하고, 간의를 만들어 천체를 관측하였다.
④ 세종 대에는 6조에서 국정 현안을 의정부에 보고하면, 의정부에서 검토를 거쳐 국왕에게 보고하여 정책을 결정하는 의정부 서사제를 실시하였다.

정답: ③

※ 개념 플러스 - 세종

의정부 서사제 실시	왕권과 신권의 조화 추구
4군 6진 설치	압록강과 두만강 지역에 4군과 6진 설치
활자 주조	경자자, 갑인자, 병진자 등 주조
공법 제정	합리적인 조세 수취를 위해 전분 6등법과 연분 9등법의 공법 제정

5. 세조 재위 기간에 있었던 사실

키워드

성삼문 등이 상왕(단종)의 복위를 모의하다가 발각되어 체포됨(단종 복위 운동) ▶ 세조

정답 설명

① 옳은 것을 모두 고른 것은 ㄱ, ㄴ이다.

ㄱ. 세조 재위 기간에는 국정 현안에 대해 6조의 장관인 판서가 의정부를 거치지 않고 직접 왕에게 보고하여 업무를 처리하는 6조 직계제를 시행하였다.
ㄴ. 세조 재위 기간에는 함길도 길주를 근거지로 이시애가 반란을 일으켰다.

오답 설명

ㄷ. 세종 재위 기간에는 소리의 길이와 높이를 정확하게 표시하기 위하여 악보인 정간보를 창안하였다.
ㄹ. 태종 재위 기간에는 개경에서 한양으로 다시 천도하면서 이궁인 창덕궁을 창건하였다.

정답: ①

6. 성종 재위 기간에 있었던 사실

키워드

김종직 등의 사림 세력을 등용, 『국조오례의』를 완성 및 편찬 ▶ 성종

정답 설명

④ 성종 재위 기간에는 국가에서 직접 세금을 거두어 관리에게 지급하는 관수 관급제를 실시하여 국가의 토지 지배력을 강화하였다.

오답 설명

① 세종 재위 기간에는 이종무를 파견하여 왜구의 근거지인 쓰시마 섬(대마도)을 정벌하였다.
② 세조 재위 기간에는 불교 경전을 간행하는 간경도감을 설치하였다.
③ 태종 재위 기간에는 문하부 낭사를 분리하여 사간원으로 독립시켰다.

정답: ④

7. 『경국대전』

키워드

세조가 법전을 만들고자 함, 책이 완성되어 여섯 권으로 만들어 바침 ▶ (가) 『경국대전』

정답 설명

② 『경국대전』은 세조 때부터 편찬하기 시작하였고, 성종 때 완성·반포되었다. 『경국대전』은 조선의 기본 법전으로 이·호·예·병·형·공전의 6전으로 구성되었다.

오답 설명

① 『속대전』은 영조 때 편찬된 법전으로, 『경국대전』 편찬 이후 정치 및 사회 변화에 맞게 이를 보완하여 내용을 증보 및 개정하였다.
③ 『대전통편』은 정조 때 편찬된 법전으로, 『경국대전』과 『속대전』 및 그 뒤의 법령을 통합하였다. 『대전통편』은 『경국대전』의 내용에 원(原), 『속대전』의 내용에 속(續), 새롭게 추가된 내용에 증(增)을 붙여 구분하였으며, 이전 법전 내용을 모두 수록하는 것을 원칙으로 하되 현재 폐기된 법령의 경우 '금폐(今廢)'라고 표기하였다.
④ 『조선경국전』은 태조 때 정도전이 편찬한 법전으로, 『주례』의 6전 체제를 참고하여 국가를 통치하는 데 필요한 내용을 정리하였다.

정답: ②

8. 조선 시대의 관청

정답 설명

③ 승정원은 왕의 비서 기관으로 왕명 출납을 담당하였으며 은대, 대언사 등으로 불리었다.

오답 설명

① 한성부는 수도의 행정과 치안을 담당하였다. 한편, 사간원은 국왕에 대한 간쟁과 논박을 담당하였다.
② 의정부는 조선 시대 최고 행정 기관으로, 재상들이 합의하여 국정을 총괄하였다. 한편, 의금부는 국왕 직속의 사법 기관으로 반역죄, 강상죄, 왕족의 범죄 등 중대한 범죄를 다루었다.
④ 사헌부는 발해의 중정대와 비슷한 기능을 수행하였다. 한편, 교서관은 궁중의 서적을 간행하고, 제사 때 쓰이는 향과 축문 등을 관장하였다.

정답: ③

※ 개념 플러스 - 조선 시대의 주요 관청

의정부	조선 시대의 최고 관청으로 국정 총괄
승정원	국왕의 명령 출납
의금부	국왕 직속의 사법 기관
사헌부	- 관리의 감찰 및 풍속 교정 - 발해의 중정대와 비슷한 기능 수행
사간원	국왕에 대한 간쟁과 논박
홍문관	- 집현전을 계승하여 설치 - 궁궐 안에 있는 경적 관리 및 왕의 자문에 응함
춘추관	역사서 편찬 및 보관
한성부	수도의 행정과 치안 담당

9. 사헌부

키워드

고려 때는 어사대, 금오대라 부름, 대사헌 ▶ (가) 사헌부

정답 설명

④ 사헌부는 관리의 감찰 및 풍속 교정을 담당한 기구로, 장(長)은 종2품의 대사헌이었다.

오답 설명

① 승문원은 외교 문서를 작성하고, 중국에 보내는 외교 문서에 쓰이는 이문(吏文)의 교육을 담당하였다.
② 홍문관은 집현전을 계승하여 설치되었으며, 궁궐 안에 있는 경적 관리 및 왕의 자문에 응하였다.
③ 춘추관은 나랏일의 기록과 역사서의 편찬을 담당하였다.

정답: ④

10. 조선 시대의 과거 제도

정답 설명

③ 옳은 것을 모두 고른 것은 ㄴ, ㄹ이다.

ㄴ. 조선 시대에 무반의 관리를 선발하기 위해 실시된 과거인 무과는 서얼도 응시가 가능하였다.
ㄹ. 조선 시대에는 문과 시험의 업무를 예조에서 주관하였다.

오답 설명

ㄱ. 식년시는 조선 시대에 3년마다 정기적으로 시행된 과거 시험으로, 간지가 자(子)·묘(卯)·오(午)·유(酉)인 해에 실시되었다.
ㄷ. 조선 시대의 소과는 초시에서 각 도의 인구 비율에 따라 약 700명을 선발하였으며, 복시에서는 각 도의 인구는 고려하지 않고 성적에 따라 각 과목별로 100명씩 선발하였다.

정답: ③

11. 조선 시대의 지방 행정 제도

정답 설명

② 조선 시대에는 중앙(한양)에서 경재소를 통해 지방 사족을 중심으로 구성된 향촌 자치 기구인 유향소를 통제하였다.

오답 설명

① 조선 시대에는 상피제에 따라 수령이 자기 출신 지역에 부임하지 못하였다.
③ 조선 시대의 향리는 수령의 행정 실무를 보좌하는 아전으로 격하되었으며 고려 시대에 비해 지위와 권한이 약화되었다.
④ 조선 시대에는 군현 밑에 면, 리, 통을 두고 다섯 집을 1통으로 편제하는 오가작통법을 실시하였다.

정답: ②

12. 유향소

키워드

이시애의 난 이후 혁파됨, 다시 설립하여 향풍을 규찰
▶ (가) 유향소

정답 설명

② 유향소는 수령을 보좌하고 향리를 규찰하였으며, 좌수와 별감을 중심으로 운영되었다.

오답 설명

① 홍문관은 옥당, 옥서 등으로 불리기도 하였다. 한편, 유향소는 향청·향소청 등으로 불리었다.
③ 사헌부와 사간원의 관원인 대간은 5품 이하 관리의 임명 과정에서 서경권을 행사하였다.
④ 향도는 국가와 백성의 안녕과 발전 등을 기원하며 향나무를 땅에 묻는 불교 의식인 매향 활동 등의 각종 불교 행사를 주관하였다.

정답: ②

※ 개념 플러스 - 유향소와 경재소

유향소	- 지방 사족들을 중심으로 구성된 향촌 자치 기구 - 좌수와 별감을 중심으로 운영됨 - 수령을 보좌하고 향리 규찰
경재소	유향소와 중앙 정부 사이의 연락 기능 담당

11일 사림의 성장과 양난의 발발 정답 및 해설

한눈에 보는 정답

| 01 | ③ | 02 | ② | 03 | ② | 04 | ② | 05 | ④ | 06 | ④ |
| 07 | ③ | 08 | ④ | 09 | ② | 10 | ③ | 11 | ② | 12 | ④ |

1. 조선 전기 사림

정답 설명

③ 훈구는 성리학 이외의 타 사상에 대해 개방적이었다. 한편, 사림은 경학을 중시하며 성리학 이외의 사상을 배격하였다.

오답 설명

① 사림은 성리학적 향촌 교화를 위해 향사례, 향음주례 등의 실시를 주장하였다.
② 사림은 사화로 큰 피해를 입었지만 교육 기관인 서원과 향촌 자치 규약인 향약을 기반으로 세력을 확대하였다.
④ 사림은 향촌 자치를 내세우며 도덕과 의리를 바탕으로 한 왕도 정치를 강조하였다. 또한, 주로 3사의 언관직에 진출하여 훈구를 견제하고, 자신들의 의견을 공론으로 표방하였다.

정답: ③

2. 무오사화가 발생한 시기

키워드

유자광, 이극돈 등이 주도함, 김종직은 이미 세상을 떠났지만 화가 그의 무덤까지 미치어 부관참시를 당함 ▶ (가) 무오사화

(가) 성종 즉위(1469) ~ 연산군 즉위(1494)
(나) 연산군 즉위(1494) ~ 중종 즉위(1506)
(다) 중종 즉위(1506) ~ 명종 즉위(1545)
(라) 명종 즉위(1545) ~ 선조 즉위(1567)

정답 설명

② (나) 시기인 1498년에 사관 김일손이 스승인 김종직의 「조의제문」을 사초에 실은 것을 훈구 세력이 문제를 삼으면서 무오사화가 발생하였다. 무오사화로 인하여 이미 죽은 김종직은 부관참시 당하였고, 김일손은 사형에 처해졌다.

정답: ②

3. 중종 재위 기간에 있었던 사실

키워드

배척당한 구신들이 불만을 품고 기묘년의 망극한 화를 만들어 많은 선비들이 유배되거나 죽임을 당함(기묘사화) ▶ 중종

정답 설명

② 중종 재위 기간에는 장유(나이가 많은 것과 어린 것)와 붕우(비슷한 또래)의 윤리를 진작하기 위하여 윤리서인 「이륜행실도」가 간행되었다.

오답 설명

① 단종 재위 기간에는 수양 대군(이후 세조)이 단종의 보좌 세력인 황보인과 김종서 등을 제거하고 정권을 장악한 계유정난이 발생하였다.
③ 정종 재위 기간에는 도평의사사를 개편하여 의정부를 설치하였다.
④ 성종 재위 기간에는 성균관에 도서관인 존경각을 짓고 서적을 소장하게 하였다.

정답: ②

4. 조광조

키워드

능력 있는 자를 천거, 한나라의 현량과·방정과의 뜻을 이은 것임 ▶ (가) 조광조

정답 설명

② 조광조는 유교적 도덕 정치의 시행을 주장하며 도교 행사를 주관하는 소격서의 폐지를 주장하였다.

오답 설명

① 기대승은 『주자대전』의 중요한 부분을 발췌하여 『주자문록』을 편찬하였다.
③ 김일손은 스승인 김종직의 「조의제문」을 사초에 실었다. 「조의제문」은 단종의 왕위를 찬탈한 세조를 비판한 글로 무오사화의 발단이 되었다.
④ 송시열은 효종에게 기축봉사를 올려 명에 대한 의리를 강조하였다.

정답: ②

※ 개념 플러스 - 조광조

현량과 실시	학문과 덕행이 뛰어난 인재를 천거하여 관리로 등용하는 현량과 실시 주장
소격서 폐지	도교 행사를 주관하는 소격서의 폐지 주장
위훈 삭제	중종반정 공신들의 위훈 삭제 주장

5. 명종 재위 기간에 있었던 사실

키워드

국가에 반역한 큰 도적 임꺽정 등이 이제 모두 잡힘 ▶ 명종

정답 설명

④ 명종 재위 기간에는 어린 나이로 즉위한 국왕을 대신하여 명종의 어머니인 문정 왕후가 수렴청정하며 불교를 옹호하였다.

오답 설명

① 중종 재위 기간에는 왜구와 여진족의 침입에 대비하여 국방 문제를 담당하는 비변사가 임시 기구로 설치되었다.
② 성종 재위 기간에는 조선의 기본 법전인 『경국대전』이 반포되었다.
③ 선조 재위 기간에는 함경도 회령에서 니탕개가 반란을 일으켰다.

정답: ④

6. 동인과 서인

키워드

(가) 김효원을 지지하는 세력 ▶ 동인
(나) 심의겸을 지지하는 세력 ▶ 서인

정답 설명

④ 서인은 예송 논쟁에서 왕에게도 사대부와 같은 예를 적용하며 왕권보다 신권을 강조하였다. 한편, 남인은 예송 논쟁에서 신권보다 왕권을 강조하였다.

오답 설명

① 동인은 명종 때 외척에 의해 주도된 정치 형태인 척신 정치 청산에 적극적이었다.
② 서인은 이이와 성혼의 문인을 중심으로 형성되었다.
③ 동인은 왕세자 책봉 문제를 둘러싸고 발생한 건저의 사건 때 정철의 처벌 문제를 둘러싸고 정철에 대한 강력한 처벌을 주장한 북인과 정철에 대한 온건한 처벌을 주장한 남인으로 나뉘었다.

정답: ④

※ 개념 플러스 - 동인과 서인

구분	동인	서인
배경	김효원을 지지하는 신진 사림	심의겸을 지지하는 기성 사림
척신 정치 청산	척신 정치 청산에 적극적	척신 정치 청산에 소극적
학문 계승	이황, 조식	이이, 성혼

7. 조선 전기의 대외 관계

정답 설명

③ 조선 전기에는 시암(타이), 자와(인도네시아) 등 동남아시아의 여러 나라와 교역하였다.

오답 설명

① 조선 전기 세종 때는 압록강 유역에 최윤덕, 두만강 유역에 김종서를 파견하여 여진을 정벌하고 4군 6진을 설치하였다.

② 조선 전기에는 류큐(오키나와)에 불경, 범종 등을 전해주어 문화 발전에 기여하였다.
④ 조선 전기에는 명과 조공 관계를 통해서 선진 문물을 받아들이고 경제적 실리를 취하였다.

정답: ③

8. 삼포왜란과 임진왜란 사이의 사실

키워드

삼포왜란 발발(1510) ▶ (가) ▶ 임진왜란 발발(1592)

정답 설명

④ (가) 시기인 1555년에 왜인들은 조선 정부가 삼포왜란 이후 임신약조와 정미약조 등으로 무역을 통제하는 것에 불만을 품고 전라도 강진, 진도 일대를 침입한 을묘왜변을 일으켰다.

오답 설명

① (가) 시기 이후인 1609년에는 임진왜란 이후 단절된 조일 관계를 회복하기 위하여 기유약조가 체결되었다. 기유약조는 광해군 때 체결되었으며 대마도주의 세견선은 20척, 세사미두는 100석으로 규정하였다.
② (가) 시기 이전인 1504년에 연산군의 생모인 폐비 윤씨 사사 사건과 관련된 자들이 제거된 갑자사화가 발생하였다.
③ (가) 시기 이전인 1445년에 중국과 우리나라의 의서 등을 수집하여 정리한 의학 백과사전인 『의방유취』가 편찬되었다.

정답: ④

9. 임진왜란의 전개 과정

키워드

(가) ▶ 동래성 전투(1592. 4.)
(나) ▶ 칠천량 전투(1597. 7.)
(다) ▶ 조·명 연합군의 평양성 탈환(1593. 1.)
(라) ▶ 제1차 진주성 전투(1592. 10.)

정답 설명

② 순서대로 바르게 나열하면 (가) 동래성 전투 → (라) 제1차 진주성 전투 → (다) 조·명 연합군의 평양성 탈환 → (나) 칠천량 전투이다.

(가) 1592년 4월에 동래 부사 송상현은 부산 동래성에서 일본군에 맞서 항전하였지만 패배하였다(**동래성 전투**).

(나) 1597년 7월에 삼도수군통제사 원균이 이끄는 조선 수군은 칠천량 전투에서 일본 수군에 패배하였다(**칠천량 전투**).

(다) 1593년 1월에 유성룡이 이끄는 조선군과 이여송이 이끄는 명나라군이 연합하여 일본군에 빼앗겼던 평양성을 탈환하였다(**조·명 연합군의 평양성 탈환**).

(라) 1592년 10월에 진주 목사 김시민은 일본군을 맞아 진주성을 지켜냈다(**제1차 진주성 전투**).

정답: ②

10. 이순신

키워드

명량, 『난중일기』 ▶ 이순신

정답 설명

③ 이순신은 임진왜란 때 조선 수군을 이끌고 한산도 앞바다에서 함선을 학의 날개 모양으로 펼친 뒤 포격을 실시하여 일본 수군을 격퇴하였다.

오답 설명

① 곽재우는 임진왜란 때 여러 전투에서 붉은 옷을 입고 의병을 지휘하여 홍의장군이라 불렸다.
② 권율은 임진왜란 때 행주산성에서 일본군을 크게 물리쳤다.
④ 신립은 충주 탄금대에서 배수의 진을 치고 일본군에 맞섰지만 패배하였다.

정답: ③

11. 임진왜란의 영향

키워드

『징비록』, 전국 곳곳이 산산이 무너져 임금(선조)께서 수도(한양)를 떠난 피란함, 우리나라를 구원하기 위해 명나라 군대가 여러 차례 출동함 ▶ (가) 임진왜란

정답 설명

② 임진왜란 때 도자기 제작 기술이 발달하지 못했던 일본은 도자기 기술자인 도공을 일본에 포로로 끌고 갔으며, 이들의 영향으로 일본의 도자기 문화가 크게 발달하였다.

오답 설명

① 정묘호란의 결과 조선은 후금과 맹약을 맺되 명에 적대하지 않을 것, 조선과 후금은 형제국으로 칭할 것 등을 명시한 정묘약조가 체결되었다.
③ 조선 세종 때는 대마도주의 요청에 따라 부산포, 제포, 염포 등의 3포를 개항하여 일본인들의 왕래와 무역을 허가하였다.
④ 병자호란의 결과 소현 세자와 봉림 대군, 주전론을 주장한 홍익한, 윤집, 오달제 등이 청에 인질로 끌려갔다.

정답: ②

※ 개념 플러스 - 임진왜란의 영향

조선	- 국토가 황폐화되고 많은 사람들이 전쟁, 질병 등으로 죽음 - 양안·호적 등의 소실로 국가 재정 궁핍 - 불국사, 경복궁 등의 문화재 소실
일본	- 도쿠가와 이에야스가 에도 막부를 수립함 - 포로로 일본에 끌고 간 도자기 기술자, 학자 등에 의해 도자기 문화와 성리학이 발달함
중국	조선에 원병을 파견한 명의 국력이 약화되고, 여진족이 급속히 성장함

12. 훈련도감

키워드

왕(선조)께서 나(유성룡)를 도제조로 삼음, 조총 쏘는 법과 창·칼을 쓰는 기술을 가르침 ▶ (가) 훈련도감

정답 설명

④ 훈련도감은 임진왜란 중인 1593년에 유성룡의 건의로 설치되었으며, 포수(조총)·살수(창·검)·사수(활)의 삼수병으로 구성되었다.

오답 설명

① 어영청은 인조 때 설치되어 후금의 침입에 대비하였으며, 효종 때는 북벌 정책의 일환으로 병력이 크게 확대되었다.
② 총융청은 인조 때 설치되었으며 북한산성을 중심으로 경기 북부를 방어하였다.
③ 수어청은 인조 때 설치되었으며, 남한산성을 중심으로 경기 남부를 방어하였다.

정답: ④

12일 조선 전기의 경제·사회·문화 정답 및 해설

한눈에 보는 정답

| 01 | ① | 02 | ④ | 03 | ② | 04 | ④ | 05 | ① | 06 | ① |
| 07 | ④ | 08 | ② | 09 | ① | 10 | ④ | 11 | ③ | 12 | ④ |

1. 과전법

키워드

조준, 도평의사사에서 토지를 지급하는 법을 정할 것을 청함 ▶ 과전법

정답 설명

① 과전법은 조준 등 신진 사대부의 주도로 시행되었으며, 전·현직 관리들에게 수조권을 지급하였다.

오답 설명

② 과전법은 원칙적으로 세습이 금지되었지만 수신전, 휼양전을 죽은 관리의 가족에게 지급하여 생계를 유지할 수 있도록 하였다.
③ 과전법의 지급 대상 토지는 원칙적으로 경기 지역에 한정하였다.
④ 과전법은 지방 거주의 한량품관에게 군전으로 5결 혹은 10결씩 지급하였다.

정답: ①

※ 개념 플러스 – 과전법

목적	- 신진 사대부의 경제적 기반 마련 - 국가 재정 확충
특징	- 경기 지역에 한정하여 수조권 지급 - 전·현직 관리에게 최고 150결에서 최하 10결까지 지급 - 원칙적으로 과전의 세습은 금지되었지만 수신전, 휼양전의 명목으로 세습 허용

2. 서얼

키워드

경대부의 자식인데 어머니가 첩이라는 이유로 벼슬길을 막음 ▶ 서얼

정답 설명

④ 서얼은 양반의 자손 가운데 첩의 소생으로 『경국대전』에 의해 문과 응시가 금지되었다. 이에, 여러 차례 집단 상소를 올려 관직 진출의 제한을 철폐해 줄 것을 요구하였으며 정조 때 박제가, 이덕무, 유득공 등이 규장각 검서관으로 등용되기도 하였다.

오답 설명

① 노비는 천민의 대다수를 구성하였으며, 재산으로 취급되어 매매·상속·증여의 대상이 되었다.
② 노비는 장례원을 통해 국가의 관리를 받았다. 장례원은 노비의 호적과 소송에 관한 일을 담당하는 관청이었다.
③ 신량역천은 신분은 양인이었으나 천역에 종사하였다. 한편, 서얼은 신분상 양반과 상민의 중간 계층인 중인에 속하였다.

정답: ④

3. 향약

키워드

가입하기를 원하는 자에게는 반드시 먼저 규약문을 보여 줌, 약정 ▶ (가) 향약

정답 설명

② 향약은 여성을 비롯하여 양반부터 노비까지 모든 향민을 향약에 편성하였다.

오답 설명

① 향약은 전통적인 농민 공동 조직에 삼강오륜을 중심으로 한 유교 윤리가 가미되었으며 풍속 교화와 향촌 자치 등의 역할을 하였다.
③ 향약은 향촌 사회의 자치 규약이지만, 지방 유력자가 주민을 수탈하는 배경을 제공하는 부작용도 있었다.

④ 향약은 덕업상권(좋은 일은 서로 권한다), 과실상규(잘못은 서로 규제한다), 예속상교(예의와 풍속으로 서로 사귄다), 환난상휼(어려운 일이 있으면 서로 돕는다) 등을 주요 강령으로 하였다.

정답: ②

4. 혼일강리역대국도지도

키워드

태종 때 김사형·이무 등이 제작한 세계 지도, 중화사상이 반영됨 ▶ 혼일강리역대국도지도

정답 설명

④ 혼일강리역대국도지도는 곤여만국전도를 참고하지 않았다. 곤여만국전도는 마테오 리치가 제작한 세계 지도로, 선조 때 우리나라에 전래되었다.

오답 설명

① 혼일강리역대국도지도는 이슬람 지도학의 영향을 받았다.
② 혼일강리역대국도지도는 중국, 우리나라, 일본뿐만 아니라 유럽과 아프리카까지 묘사하였다.
③ 혼일강리역대국도지도는 태종 때인 1402년에 제작된 현존하는 동양 최고(最古)의 세계 지도이다.

정답: ④

5. 세종 재위 기간에 편찬된 서적

키워드

경자자, 갑인자 ▶ 세종

정답 설명

① 성종 재위 기간에는 서거정, 노사신, 등이 우리나라의 역대 시문을 모은 『동문선』이 편찬되었다.

오답 설명

② 세종 재위 기간에는 화포 및 화약 제조법에 관한 『총통등록』이 편찬되었다.

③ 세종 재위 기간에는 설순 등이 왕명에 따라 모범이 될 만한 충신, 효자, 열녀의 행실을 모아 글과 그림으로 설명한 『삼강행실도』가 편찬되었다.
④ 세종 재위 기간에는 우리 풍토에 맞는 약재와 치료법을 정리한 의학 서적인 『향약집성방』이 편찬되었다.

정답: ①

※ 개념 플러스 - 세종 때 편찬된 서적

『삼강행실도』	모범이 될 만한 충신, 효자, 열녀의 행실을 모아 편찬한 윤리서
『향약집성방』	우리 풍토에 맞는 약재와 치료법을 정리한 의학 서적
『의방유취』	중국과 우리나라의 의서 등을 수집하여 정리한 의학 백과사전
『농사직설』	우리나라의 풍토에 맞는 농법을 정리한 농서
『칠정산』	한양을 기준으로 천체 운동을 계산한 역법서
『총통등록』	화포 및 화약 제조법을 정리한 병서

6. 조선 전기의 과학 기술

정답 설명

① 조선 후기 정조 때에는 주교사를 설치하여 국왕의 행차를 위한 배다리(배를 일정한 간격으로 늘어놓고 그 위에 널판을 깐 다리)를 건설하였다.

오답 설명

② 조선 전기 세종 때는 장영실 등이 물시계인 자격루를 제작하였다.
③ 조선 전기 세조 때는 토지 측량 기구인 인지의와 규형을 제작하였다.
④ 조선 전기 태조 때는 고구려의 천문도를 바탕으로 천상열차분야지도를 돌에 새겼다.

정답: ①

7. 몽유도원도

키워드

안견이 안평 대군의 꿈 이야기를 듣고 현실 세계와 이상 세계를 표현한 그림 ▶ (가) 몽유도원도

정답 설명

④ 몽유도원도는 안견이 그린 산수화로, '꿈에 도원을 거닐다'라는 뜻을 가지고 있다. 몽유도원도는 안평 대군의 꿈을 바탕으로 현실 세계와 이상 세계를 표현하였으며 현재, 일본 덴리 대학에 소장되어 있다.

오답 설명

① 인왕제색도는 정선이 그렸으며, 비가 내린 뒤의 서울 인왕산 모습을 표현하였다.
② 영통동구도는 강세황이 그렸으며, 송도(개성) 부근의 오관산에 소재한 명소인 영통동 입구에 큰 바위들이 들어선 계곡을 표현하였다.
③ 고사관수도는 강희안이 그렸으며, 깎아지른 듯한 절벽을 배경으로 바위에 기대어 엎드린 채 수면을 바라보며 명상에 잠겨 있는 선비의 유유자적한 모습을 표현하였다.

정답: ④

8. 조선 전기의 문화

정답 설명

② 조선 전기 세종 때에는 한양을 기준으로 한 역법서인 『칠정산』이 편찬되었다. 『칠정산』의 내편은 중국의 수시력, 외편은 아라비아의 회회력을 참고하였으며 칠정은 해, 달, 화성, 수성, 목성, 금성, 토성을 의미한다.

오답 설명

① 조선 후기에는 양반 사회를 풍자한 탈춤이 성행하였다.
③ 고려 초기에는 대형 석불인 관촉사 석조 미륵보살 입상이 건립되었다. 관촉사 석조 미륵보살 입상은 큰 규모에 비해 조형미는 다소 떨어지지만 지방 문화의 보습을 잘 보여 주고 있다.
④ 고려 중기인 12세기 중엽에는 독창적 기법인 상감법이 개발되어 도자기에 활용되었고, 상감 청자가 만들어졌다.

정답: ②

9. 조선 전기에 편찬된 서적

정답 설명

① 옳은 것을 모두 고른 것은 ㄱ, ㄴ이다.

ㄱ. 조선 전기 문종 때는 김종서, 정인지 등이 고려의 역사를 기전체로 서술한 『고려사』가 완성되어 편찬되었다.
ㄴ. 조선 전기 성종 때는 서거정 등이 왕명을 받아 고조선부터 고려 말까지의 역사를 기록한 『동국통감』이 편찬되었다.

오답 설명

ㄷ. 조선 후기에는 이긍익이 야사를 참고하여 조선 시대의 정치, 사회, 문화를 기사본말체로 서술한 『연려실기술』이 편찬되었다.
ㄹ. 고려 충숙왕 때는 민지가 고려 왕조에 관하여 서술한 역사서인 『본조편년강목』이 편찬되었다.

정답: ①

10. 조식

키워드

남명(조식의 호)은 주상 전하(선조)께 상소함, 지금처럼 서리가 나라를 마음대로 했던 것은 들어보지 못함(서리망국론) ▶ (가) 조식

정답 설명

④ 조식은 노장 사상에 비교적 포용적이었으며, 경(敬)과 의(義)를 근본으로 하는 실천적 성리학풍을 강조하였다.

오답 설명

① 기대승은 인간의 네 가지 본성에서 우러나오는 마음과 일곱 가지 감정을 가리키는 사단 칠정에 대한 해석을 두고 이황과 사단 칠정 논쟁을 벌였다.

② 이이는 왕도 정치의 이상을 문답 형식으로 서술한 『동호문답』, 선조에게 올린 상소문으로 현실 문제를 해결하기 위한 대책 등을 서술한 『만언봉사』 등을 저술하였다.
③ 이황은 명종에게 주청하여 소수 서원이라는 편액을 하사받았다.

정답: ④

11. 이황

키워드
그림을 만들고 설명을 만들어 열 폭의 종이 위에 서술함(『성학십도』) ▶ 이황

정답 설명
③ 이황의 사상은 임진왜란 이후 일본에 전해져 일본의 성리학 발전에 영향을 끼쳤다.

오답 설명
① 박세무는 유학의 핵심 윤리인 오륜과 중국 및 한국의 역사를 담은 어린이 학습서인 『동몽선습』을 편찬하였다.
② 이이는 아홉 차례의 과거 시험에 장원하여 '구도장원공'이라는 별칭을 얻었다.
④ 서경덕은 우주를 무한하고 영원한 기로 보는 태허설을 제기하였다.

정답: ③

※ 개념 플러스 - 이황

사상	주리론을 집대성
영향	- 유성룡, 김성일 등 주로 영남 학자에게 영향을 끼침 - 일본 성리학 발전에 영향을 끼침
양명학 비판	양명학의 경전인 『전습록』 비판

12. 서원

키워드
흥선 대원군이 명령을 내려 허물고 유생들을 쫓아 버리도록 함 ▶ (가) 서원

정답 설명
④ 서원은 학문 연구와 선현의 제사를 위해 전국 곳곳에 설립된 사설 교육 기관이다. 이후 서원은 붕당의 근거지로 인식되었고, 백성을 수탈하여 흥선 대원군 때 전국 600여 개 중 47개만 남겨두고 철폐되었다.

오답 설명
① 향교는 지방의 군현에 있던 유일한 관학으로, 군현의 인구 비례로 정원을 배정하였다.
② 성균관은 성적 우수자에게 문과(대과)의 초시를 면제해 주었다.
③ 서당은 초등 교육을 담당한 사설 교육 기관으로, 선비와 평민의 자제에게 『천자문』 등을 가르쳤다.

정답: ④

13일 붕당 정치의 심화와 탕평 정치 정답 및 해설

한눈에 보는 정답

| 01 | ④ | 02 | ② | 03 | ① | 04 | ③ | 05 | ② | 06 | ③ |
| 07 | ④ | 08 | ② | 09 | ④ | 10 | ④ | 11 | ① | 12 | ③ |

1. 광해군 재위 기간의 사실

키워드

임해군과 영창 대군을 죽임, 인목 대비(선조의 계비이자 영창 대군의 어머니)를 서궁(경운궁)에 유폐함 ▶ (가) 광해군

정답 설명

④ 숙종 재위 기간에는 훈련별대를 정초군과 통합한 금위영을 설치하여 5군영 체제를 완비하였다.

오답 설명

① 광해군 재위 기간에는 허준이 우리나라의 전통 한의학을 체계적으로 정리한 『동의보감』을 완성하였다.
② 광해군 재위 기간에는 경기도에 한하여 공납을 현물 대신 토지 1결당 쌀 12두 또는 삼베, 무명, 동전 등으로 거두어들인 제도인 대동법을 실시하였다.
③ 광해군 재위 기간에는 강성해지는 후금과의 직접적 충돌을 피하기 위해 명과 후금 사이에서 중립 외교를 추진하였다.

정답: ④

※ 개념 플러스 - 광해군

대동법 실시	경기도에 한하여 대동법 실시
중립 외교 추진	명과 후금 사이에서 실리를 추구하는 중립 외교 추진
영창 대군 제거	이복동생인 영창 대군 제거
기유약조 체결	일본과의 통교를 위해 기유약조 체결

2. 을사사화와 인조반정 사이의 사실

키워드

을사사화(1545) ▶ (가) ▶ 인조반정(1623)

정답 설명

② (가) 시기인 1619년에 강홍립이 후금에 항복하였다. 명이 후금 정벌을 위해 조선에 군사를 요청하자 광해군은 강홍립을 파견하면서 상황에 따라 대처하도록 명하였다. 강홍립은 조선과 명의 연합군이 후금에 패배하자, 조선의 출병이 명군의 요청으로 부득이 이루어졌다는 사실을 통고하며 후금에 항복하였다.

오답 설명

① (가) 시기 이후인 1639년에 삼전도비가 세워졌다. 삼전도비(대청황제공덕비)는 병자호란 때 조선을 침입한 청나라 태종이 삼전도에서 조선 인조의 항복을 받고 자신의 공덕을 새긴 기념비를 세우도록 조선에 강요하여 세운 비석이다.
③ (가) 시기 이전인 1398년에 제1차 왕자의 난이 발생하였다. 제1차 왕자의 난은 태조 이성계가 이방석을 세자로 책봉한 것에 불만을 품은 이방원(태종)이 이복동생인 이방석과 정도전 등을 제거한 사건이다.
④ (가) 시기 이전인 1530년에 지리서인 『신증동국여지승람』이 편찬되었다. 『신증동국여지승람』은 성종 때 편찬된 『동국여지승람』을 증보하여 중종 때 편찬되었으며, 각 군현의 위치, 역사, 인구, 면적 등을 수록하였다.

정답: ②

3. 인조 재위 기간에 있었던 사실

키워드

용골대, 왕이 세 번 절하고 아홉 번 머리를 조아리는 예를 행함(삼배구고두례) ▶ 인조

정답 설명

① 인조 재위 기간에는 이괄이 난을 일으켰다. 인조반정에 참여하였던 이괄은 논공에서 우대받지 못하고, 평안 병사 겸 부원수로 좌천되었는데 자신의 아들인 이전을 모반의 사실 여부를 조사한다는 명목으로 금부도사가 파견되자 아들이 죽으면 본인도 온전할 수 없다고 판단하고 난을 일으켰다.

오답 설명

② 효종 재위 기간에는 청의 요청으로 러시아 정벌에 두 차례 군대를 파견한 나선 정벌이 단행되었다.
③ 숙종 재위 기간에는 임진왜란 때 원병을 보낸 명나라 신종을 기리기 위하여 창덕궁 안에 대보단을 설치하였다.
④ 정조 재위 기간에는 농경 시설 확충과 화성 축조의 재원을 마련하기 위하여 대유둔전이라는 국영 농장을 설치하였다.

정답: ①

4. 남인

키워드

허목, 장자를 위하여 3년을 입는 까닭은 위로 정체(正體)가 되기 때문 ▶ 남인

정답 설명

③ 남인은 희빈 장씨의 소생인 원자(경종) 정호 문제로 발생한 기사환국을 통해 정권을 장악하였다.

오답 설명

① 북인은 광해군 시기에 국정을 이끌었으며, 인조반정으로 몰락하였다.
② 북인은 조식의 학파를 중심으로 형성되었다. 한편, 남인은 이황의 문인을 중심으로 형성되었다.
④ 서인은 숙종 때 경신환국으로 정권을 잡은 후 남인에 대한 처벌을 둘러싸고 강경파인 노론과 온건파인 소론으로 분화되었다.

정답: ③

5. 경신환국과 갑술환국 사이의 사실

키워드

(가) 임금(숙종)이 궐내에 있던 기름 먹인 장막을 허적이 벌써 가져갔음을 알고 노함, 허적의 당파(남인)가 많아 기세가 당당하다는 말을 듣고 그들을 제거하고자 결심함 ▶ 경신환국(1680)

(나) 임금(숙종)이 장씨에게 내렸던 왕후의 지위를 거두고, 옛 작호인 희빈을 내려 주라고 명함 ▶ 갑술환국(1694)

정답 설명

② (가)와 (나) 사이 시기인 1689년에 후궁 소의 장씨의 소생(경종)을 원자로 정호하는 것에 반대한 송시열이 관직을 삭탈당하고 제주도로 유배되었다(기사환국).

오답 설명

① (나) 시기 이후인 1770년에 『동국문헌비고』가 편찬되었다. 『동국문헌비고』는 영조 때 홍봉한 등이 왕명을 받아 조선의 각종 제도와 문물을 분류하여 정리한 일종의 백과사전이다.
③ (가) 시기 이전인 1659년과 1674년에 효종과 효종비의 장례와 관련하여 대비(자의 대비)의 복상 문제로 두 차례 예송이 전개되었다.
④ (가) 시기 이전인 1645년에 병자호란의 결과 청에 인질로 끌려갔던 봉림 대군(효종)이 조선에 귀국하였다.

정답: ②

6. 영조가 시행한 정책

키워드

혹독한 형벌을 없애라는 명을 내리심, 정포를 고루 줄이신 은혜(균역법) ▶ 영조

정답 설명

③ 영조는 『경국대전』 편찬 이후 정치 및 사회 변화에 맞게 이를 보완하여 내용을 증보 및 개정한 『속대전』을 편찬하였다.

오답 설명

① 고종은 5군영(훈련도감, 어영청, 총융청, 수어청, 금위영)을 무위영과 장어영의 2영으로 개편하였다.
② 정조는 육의전을 제외한 시전 상인의 금난전권을 혁파하는 신해통공을 시행하여 상업 활동의 자유를 확대하였다.
④ 효종은 민간의 광산 채굴을 허용하고 세금을 거두는 설점수세제를 처음 실시하였다.

정답: ③

※ 개념 플러스 - 영조

완론 탕평	당파와 관계없이 인물을 등용하는 완론 탕평 실시
탕평비 건립	성균관 입구에 탕평비 건립
균역법 실시	군역의 부담을 줄이기 위하여 균역법 실시
형벌 제도 개선	압슬형, 낙형 등 가혹한 형벌 폐지

7. 이인좌의 난 이후에 전개된 사실

키워드
적이 청주성을 함락시킴, 이인좌가 자칭 대원수라 칭함
▶ 이인좌의 난(1728)

정답 설명
④ 숙종 때인 1712년에 서쪽으로 압록강, 동쪽으로 토문강을 경계로 삼는 백두산정계비를 건립하여 청과의 국경을 확정하였다.

오답 설명
① 철종 때인 1860년에 몰락한 양반인 최제우가 동학을 창시하였다.
② 정조 때인 1776년에 왕실 도서관이자 학문 연구 기관인 규장각이 설치되었다.
③ 정조 때인 1788년에 인조 이후 청, 일본과 주고받았던 외교 문서를 집대성한 『동문휘고』가 편찬되었다.

정답: ④

8. 정조

키워드
달은 태극이며 태극은 바로 나(만천명월주인옹)
▶ 정조

정답 설명
② 정조는 친위 세력을 양성하기 위하여 초계문신제를 실시하여 37세 이하의 젊은 관리를 재교육하였다.

오답 설명
① 인조는 조세 제도를 개편하여 풍흉에 관계없이 토지 1결당 쌀 4~6두를 징수하는 영정법을 제정하였다.
③ 영조는 당파와 관계없이 인물을 등용하는 완론 탕평을 실시하였다. 한편, 정조는 당파의 옳고 그름을 명백히 가리는 준론 탕평을 실시하였다.
④ 숙종은 이순신에게 현충이라는 시호를 내리고 의주에 강감찬 사당을 건립하였다.

정답: ②

※ 개념 플러스 - 정조

준론 탕평	당파의 옳고 그름을 명백히 가리는 준론 탕평 실시
초계문신제 실시	젊은 문신을 재교육하여 인재를 양성하는 초계문신제 실시
규장각 설치	왕실 도서관인 규장각 설치
장용영 설치	친위 부대인 장용영 설치
기타	- 수령이 군현 단위의 향약을 직접 주관하도록 함 - 수원 화성 건설

9. 광해군~순조 대의 사실

키워드
(가) 광해군 즉위(1608) ~ 효종 즉위(1649)
(나) 효종 즉위(1649) ~ 영조 즉위(1724)
(다) 영조 즉위(1724) ~ 정조 즉위(1776)
(라) 정조 즉위(1776) ~ 순조 즉위(1800)

정답 설명

④ (라) 시기인 1796년에 수원 화성이 완공되었다. 수원 화성은 정조의 포부가 담긴 정치 구상의 중심지이자, 수도(한양) 남쪽의 국방 요새로 활용하기 위하여 건설되었다.

오답 설명

① (가) 시기 이전인 1547년에 양재역 벽서 사건이 일어났다. 양재역 벽서 사건은 명종의 어머니인 문정왕후를 비방하는 벽서가 양재역에서 발견된 것을 계기로 윤원형(소윤) 세력이 을사사화 이후 남아 있던 윤임(대윤) 세력을 숙청한 사건이다.
② (가) 시기인 1627년에 정묘호란이 발생하였다. 정묘호란은 인조와 권력을 잡은 서인이 명에 대한 의리를 강조하며 후금을 배척하는 정책을 취하자, 후금이 조선을 침략한 사건이다.
③ (라) 시기인 1790년에 『무예도보통지』가 편찬되었다. 『무예도보통지』는 정조 때 왕명에 따라 이덕무, 박제가, 백동수 등이 장창, 곤봉 등의 다양한 무예를 그림과 함께 설명하여 편찬한 무예서이다.

정답: ④

10. 순조 대의 사실

키워드

사학(천주교) 죄인 황사영, 백서(황사영 백서 사건) ▶ 순조

정답 설명

④ 순조 대에는 국가 재정을 확충하기 위하여 공노비 6만 6천여 명을 양인으로 해방시켰다.

오답 설명

① 정조 대에는 『경국대전』과 『속대전』 및 그 뒤의 법령을 통합한 법전인 『대전통편』이 편찬되었다.
② 철종 대에는 삼정의 문란과 관리들의 수탈 등으로 인하여 임술 농민 봉기가 발생하였다.
③ 고종 대에는 조선에 통상을 요구하던 미국 상선 제너럴셔먼호가 대동강에서 평양 관민들에 의해 격침된 제너럴셔먼호 사건이 발생하였다.

정답: ④

11. 조선 후기의 5군영

정답 설명

① 총융청은 인조 때 발생한 이괄의 난 당시, 수도 외곽인 경기도가 제대로 방어되지 못하고 한양이 점령된 것을 계기로 설치되었으며 북한산성에 근거지를 두고 경기 북부 일대를 방어하였다. 한편, 수어청은 남한산성에 근거지를 두었다.

오답 설명

② 금위영은 국왕 호위와 수도 방어를 위해 숙종 때 훈련별대와 정초군을 통합하여 설치되었다.
③ 효종 때는 청나라를 정벌하자는 북벌을 추진하기 위해 어영청의 병력을 확대하였다.
④ 훈련도감은 조선 후기 5군영 중에 가장 먼저 설치되었으며 명나라 장군 척계광이 지은 병서인 『기효신서』를 참고하여 훈련하였다.

정답: ①

12. 조선 통신사

정답 설명

③ 옳은 것을 모두 고른 것은 ㄴ, ㄹ이다.

ㄴ. 조선 통신사는 조선의 선진 문화와 기술을 일본에 전파하는 문화 사절단의 역할을 하였다.
ㄹ. 조선 통신사는 국왕의 외교 문서인 서계를 가지고 갔다.

오답 설명

ㄱ. 조선 통신사는 에도 막부의 쇼군(장군)이 바뀔 때마다 막부의 요청으로 비정기적으로 파견되었다.
ㄷ. 연행사는 청나라에 파견된 사절단이다. 한편, 조선 통신사는 에도 막부의 요청에 따라 일본에 파견된 사절단으로 부산에서 일본 오사카까지는 배로 이동하였고, 다음 에도(도쿄)까지는 육로를 이용하였다.

정답: ③

14일 조선 후기의 경제·사회·문화 정답 및 해설

한눈에 보는 정답

| 01 | ③ | 02 | ② | 03 | ④ | 04 | ④ | 05 | ② | 06 | ③ |
| 07 | ② | 08 | ④ | 09 | ② | 10 | ② | 11 | ① | 12 | ② |

1. 대동법

키워드
처음 경기도에서 실시됨, 백성들이 편리하다고 함
▶ (가) 대동법

정답 설명
③ 대동법은 집집마다 토산물로 내던 공물을 토지 면적에 따라 쌀, 무명, 동전 등으로 납부하게 한 제도로, 공인에게 비용을 지급하고 필요 물품을 조달하였다.

오답 설명
① 균역법이 실시되면서 군포 납부액이 절반으로 줄어들자 정부에서는 토지 소유자에게 결작을 부과하거나 일부 부유한 평민들에게 선무군관이라는 명예직을 주고 군포를 징수하는 선무군관포 등으로 재정 감소분을 보충하였다.
② 영정법은 풍흉에 관계없이 토지 1결당 4~6두씩 내게 하였다.
④ 대동법의 실시로 정기적으로 납부하던 상공은 없어졌으나, 부정기적인 별공·진상 등이 여전히 존재하여 현물 징수가 완전히 없어지지 않았다.

정답: ③

2. 조선 후기의 농업 변화

정답 설명
② 고려 시대에는 밭농사에서 조, 보리, 콩 등의 2년 3작이 시작되었다. 한편, 조선 후기에는 밭농사에서 견종법이 보급되었다.

오답 설명
① 조선 후기에는 상품 유통이 활발해지면서 쌀을 비롯하여 면화, 담배, 고추 등의 상품 작물을 재배하였다.
③, ④ 조선 후기에는 이앙법의 확산으로 농사에 필요한 노동력이 절감되었고, 일부 지역에서는 한 사람이 넓은 면적의 토지를 경작하는 광작 현상이 나타나기도 하였다. 또한, 지주들이 소작지를 회수하여 노비나 머슴을 고용하여 직접 농지를 경영하는 경우가 많아졌다.

정답: ②

※ 개념 플러스 - 조선 후기의 농업 변화

이앙법의 확대	이앙법이 확대되면서 노동력이 절감되어 넓은 토지를 경작하는 광작 성행
견종법의 보급	밭고랑에 씨를 뿌리는 견종법이 보급되어 수확량 증가
상품 작물 재배	면화, 담배, 고추, 인삼 등의 상품 작물 재배

3. 조선 후기의 경제 상황

키워드
새로 39개소의 금혈을 뚫었음, 광꾼들이 모여들었음
▶ 조선 후기의 경제 상황

정답 설명
④ 고려 시대에는 삼한통보가 주조되어 유통되었다. 한편, 조선 후기에는 상평통보가 주조되어 유통되었다.

오답 설명
① 조선 후기에는 일부 지방에서 수확량에 관계없이 일정 액수의 소작료를 미리 정해 납부하던 도조법으로 지대를 납부하였다.
② 조선 후기에는 상인 자본이 장인에게 돈과 원료 등을 미리 지불하고 완성된 제품을 받아 가는 선대제가 성행하였다.
③ 조선 후기에는 쌀의 상품화가 활발했는데, 쌀의 수요가 늘면서 밭을 논으로 바꾸는 현상이 나타났다.

정답: ④

4. 천주교

키워드

정약전·정약용 형제는 이승훈에게 요사스러운 책을 받아 유교를 어지럽히고 윤리를 멸절시켰다고 세상에서 지목받음 ▶ (가) 천주교

정답 설명

④ 천주교는 조선 후기인 17세기에 청에 다녀온 사신들에 의해 서학으로 소개되었다.

오답 설명

① 동학은 최제우가 지은 『동경대전』을 경전으로 삼았다.
② 동학은 하느님을 모신다는 시천주와 사람이 곧 하늘이라는 인내천 사상을 강조하였다.
③ 대종교는 단군 숭배 사상을 통해 민족의식을 고취하였다.

정답: ④

5. 임술 농민 봉기

키워드

난민들이 소동을 일으킨 것은 전 우병사 백낙신이 탐욕을 부려 수탈하였기 때문 ▶ 임술 농민 봉기

정답 설명

② 옳은 것을 모두 고른 것은 ㄱ, ㄹ이다.

ㄱ. 임술 농민 봉기가 발생하자 정부에서는 삼정의 문란을 바로잡기 위하여 삼정이정청을 설치하였지만 큰 효과를 거두지 못하였다.
ㄹ. 임술 농민 봉기가 발생하자 정부에서는 사건의 수습을 위해 박규수를 안핵사로 파견하였다.

오답 설명

ㄴ. 홍경래의 난은 한때 정주, 선천 등 청천강 이북 지역을 거의 장악하였다.
ㄷ. 홍경래의 난은 평안도에 대한 차별 정책과 지배층의 수탈에 항거하여 몰락 양반인 홍경래가 주도하여 일으켰다.

정답: ②

※ 개념 플러스 - 임술 농민 봉기

원인	- 삼정의 문란 - 경상 우병사 백낙신의 수탈
전개	- 경상도 단성에서 시작되어 진주를 중심으로 전개 - 전국적인 민란으로 발전
결과	정부에서는 삼정의 문란을 바로잡기 위하여 삼정이정청 설치

6. 조선 후기의 사회 모습

키워드

돈 있고 힘 있는 백성들이 갖은 방법으로 군역을 회피하거나 스스로 양반 행세를 하기도 함 ▶ 조선 후기

정답 설명

③ 고려 시대에는 양민의 대다수를 차지한 농민을 백정(白丁)이라고 하였다.

오답 설명

① 조선 후기에는 사족들이 형성한 동족 마을이 증가하였고, 문중을 중심으로 서원과 사우가 많이 세워졌다.
② 조선 후기에 향회는 수령을 견제하지 못하고 수령이 세금을 부과할 때 의견을 묻는 자문 기구로 전락하였다.
④ 조선 후기에는 가부장적 가족 제도가 확립되면서 혼인 후에 남자 집에서 생활하는 친영 제도가 일반화되었다.

정답: ③

7. 정약용과 홍대용

키워드

(가) 거중기를 만들어 수원 화성을 축조하는 데 활용함
▶ 정약용

(나) 허자와 실옹의 문답 형식으로 『의산문답』을 저술함 ▶ 홍대용

정답 설명

② 들어갈 이름을 바르게 연결하면 (가) 정약용, (나) 홍대용이다. 정약용은 『기기도설』을 바탕으로 무거운 물건을 들어 올리는 기계인 거중기를 만들어 수원 화성을 축조하는 데 활용하였다. 홍대용은 허자와 실옹의 문답 형식으로 지전설 등을 논한 『의산문답』을 저술하였다.

오답 설명

- 유형원은 『반계수록』을 저술하여 신분에 따라 토지를 차등 있게 지급하자는 균전론을 주장하였다.
- 김석문은 『역학도해』를 저술하여 우리나라에서 최초로 지구가 자전한다는 지전설을 주장하였다.

정답: ②

8. 박지원의 저술

키워드

토지 소유를 제한하는 법령을 세움, 제한된 토지보다 많은 자는 더 가질 수 없음 ▶ 박지원

정답 설명

④ 박지원은 청나라 건륭제의 70세 생신을 축하하기 위한 외교 사절단으로 청나라에 다녀온 뒤 견문록인 『열하일기』를 저술하였다. 박지원은 『열하일기』에서 청나라의 선진 문물을 소개하고, 운송 수단인 선박과 수레의 필요성을 주장하였다.

오답 설명

① 유수원은 『우서』에서 상공업의 진흥과 기술의 혁신을 강조하며 사농공상의 직업적 평등과 전문화를 주장하였다.
② 박제가는 『북학의』에서 생산과 소비와의 관계를 우물에 비유하면서 절약보다 소비를 권장해야 한다고 주장하였다.
③ 정약용은 『목민심서』에서 목민관(수령)이 지켜야 할 지침을 정리하였다.

정답: ④

※ 개념 플러스 - 박지원의 저술

『열하일기』	청나라의 선진 문물 소개
『과농소초』	농법의 개선과 토지 제도의 개혁 주장
『양반전』	양반의 무능과 허례 비판

9. 김정희

키워드

승가사(북한산에 있는 절), 무학비로 불리던 것을 탁본을 하여 진흥왕의 비로 정함(북한산 순수비), 『완당집』(김정희의 문집) ▶ 김정희

정답 설명

② 김정희는 역대 명필을 연구하여 독특한 글씨체인 추사체를 창안하였다.

오답 설명

① 김정호는 거리를 알 수 있도록 10리마다 눈금을 표시하고, 산맥·하천·포구 등을 표시한 전국 지도인 대동여지도를 제작하였다.
③ 정상기는 우리나라 최초로 100리 척을 사용하여 동국지도를 제작하였다.
④ 이중환은 전국의 자연 환경과 풍속 등을 정리한 『택리지』를 저술하였다.

정답: ②

10. 양명학

정답 설명

② 옳은 것을 모두 고른 것은 ㄱ, ㄷ이다.

ㄱ. 양명학은 마음이 곧 원리라는 심즉리를 내세웠으며 앎은 행함을 통해서 성립한다는 지행합일의 실천성을 강조하였다.
ㄷ. 양명학은 이황에 의해 인의를 해치고 천하를 어지럽히는 이단으로 비판받았으며, 정권에서 소외된 일부 소론 학자들과 서얼 출신 인사 등에 의해 가학(家學)으로 계승되었다.

오답 설명

ㄴ. 성리학은 중국 남송의 유학자인 주자가 집대성하여 주자학이라고도 불렸다.

ㄹ. 성리학은 충렬왕 때 안향에 의해 우리나라에 소개되었으며, 고려 말 신진 사대부의 사상적 기반이 되었다.

정답: ②

※ 개념 플러스 - 양명학

전래	중종 때 조선에 전래된 것으로 추정
특징	- 심즉리, 지행합일의 실천성 강조 - 이황에 의해 이단으로 비판받음
영향	박은식의 「유교구신론」과 정인보의 조선학 운동에 영향을 끼침

11. 『발해고』

키워드

유득공이 저술함, 김씨의 신라가 남에 있고 대씨의 발해가 북에 있으니 이것이 남북국 ▶ (가) 『발해고』

정답 설명

① 유득공은 『발해고』에서 '남북국'이라는 용어를 처음으로 사용하였으며, 우리나라 고대사 연구의 시야를 만주 지방까지 확대하였다.

오답 설명

② 안정복의 『동사강목』은 단군 조선부터 고려에 이르기까지 우리 역사를 치밀한 고증에 입각하여 엮은 통사이다.

③ 한치윤의 『해동역사』는 500여 종의 중국 및 일본의 자료를 참고하여 단군 조선부터 고려까지의 역사를 기전체로 서술한 역사서이다.

④ 『고려사절요』는 문종 때 왕명에 따라 김종서, 정인지 등이 고려 시대의 역사를 편년체로 정리한 역사서이다.

정답: ①

12. 조선 후기의 문화

정답 설명

② 조선 전기에는 무위사 극락전, 해인사 장경판전이 건립되었다.

오답 설명

① 조선 후기에는 흥보가, 춘향가 등의 판소리가 유행하였다.

③ 조선 후기에는 중인들이 문학 단체인 시사를 결성하여 창작 활동을 하거나 역대 시인의 모아 시집을 간행하는 등 문학 활동을 펼쳤다.

④ 조선 후기에는 격식에 구애받지 않고 감정을 표현한 사설시조가 유행하였다. 사설시조에는 남녀 간의 사랑이나 현실에 대한 비판 등이 거리낌 없이 드러나 있었다.

정답: ②

15일 전근대사 통합 정답 및 해설

한눈에 보는 정답

01	④	02	①	03	①	04	①	05	②	06	④
07	④	08	③	09	②	10	④	11	③	12	④

1. 동예

키워드

낙랑단궁이라는 활, 바다표범 가죽(반어피), 키가 작은 과하마 ▶ 동예

정답 설명

④ 동예는 10월에 무천이라는 제천 행사를 개최하였다.

오답 설명

① 옥저는 결혼을 전제로 어린 여자 아이를 남자 집으로 데려와 키우다가 성인이 되면 혼인시키는 민며느리제라는 혼인 풍습이 있었다.
② 부여와 고구려는 1세기 초 왕호를 사용하였다.
③ 고구려는 5부(계루부·소노부·절노부·순노부·관노부)가 있었으며, 계루부 집단이 권력을 장악하였다.

정답: ④

※ 개념 플러스 - 동예

정치	왕이 없고 군장(후, 읍군, 삼로)이 다스림
제천 행사	무천(10월)
특산물	단궁, 과하마, 반어피
책화	다른 부족의 생활권을 침범하면 노비와 소, 말로 변상하도록 함

2. 대가야

키워드

시조는 이진아시왕 ▶ 대가야

정답 설명

① 대가야는 후기 가야 연맹을 주도하였으며 전라북도 남원, 장수와 전라남도 곡성, 구례 등의 호남 동부 지역까지 세력을 확장하였다.

오답 설명

② 백제는 고이왕 때 중앙에 6좌평(내신·내두·내법·위사·조정·병관좌평)의 관제를 마련하였다.
③ 백제는 관산성 전투에서 국왕인 성왕이 신라군에 의해 전사하였다.
④ 신라는 골품에 따라 관등이나 관직 승진에 제한이 있었다.

정답: ①

3. 삼국 시대의 문화

정답 설명

① 능산리 고분군에는 굴식 돌방무덤이 있다. 한편, 서울 석촌동 고분군에는 고구려의 영향을 받은 계단식 돌무지무덤이 있다.

오답 설명

② 신라 선덕 여왕 때 천문 관측 시설인 첨성대를 건립하였다.
③ 신라의 분황사 모전 석탑은 돌을 벽돌 모양으로 다듬어 쌓았다.
④ 호우명 그릇은 신라의 수도인 경주에 있는 호우총에서 출토된 고구려의 청동 그릇이다. 호우명 그릇은 5세기 초인 을묘년(415)에 광개토 대왕을 기리기 위해 제작한 그릇으로, 당시 고구려와 신라의 관계를 알려준다.

정답: ①

4. 발해의 발전 과정

키워드

(가) ▶ 대조영이 발해 군왕으로 책봉됨(발해 고왕)
(나) ▶ '건흥'이라는 연호를 사용함(발해 선왕)
(다) ▶ 3성 6부의 중앙 관제 정비(발해 문왕)
(라) ▶ 수도를 동경 용원부에서 상경 용천부로 옮김(발해 성왕)

> **정답 설명**

① 순서대로 바르게 나열하면 (가) 대조영이 발해 군왕으로 책봉됨 → (다) 3성 6부의 중앙 관제 정비 → (라) 수도를 동경 용원부에서 상경 용천부로 옮김 → (나) '건흥'이라는 연호를 사용함이다.

(가) 발해 고왕 때는 당에 의해 대조영이 발해 군왕으로 책봉되었다(**대조영이 발해 군왕으로 책봉됨**).

(나) 발해 선왕 때는 '건흥'이라는 연호를 사용하였다 (**'건흥'이라는 연호를 사용함**).

(다) 발해 문왕 때는 당의 문물을 받아들여 3성 6부의 중앙 관제를 정비하였다(**3성 6부의 중앙 관제 정비**).

(라) 발해 성왕 때는 수도를 동경 용원부에서 상경 용천부로 옮겼다(**수도를 동경 용원부에서 상경 용천부로 옮김**).

> **정답: ①**

5. 노비안검법과 노비환천법 사이의 사실

> **키워드**

(가) 노비를 상세히 조사하고 살펴서 옳고 그름을 따져 밝혀내도록 명함, 상전을 능멸하는 풍조가 크게 일어남 ▶ **노비안검법(고려 광종, 956)**

(나) 양민이 된 노비들이 그 주인을 욕하면 다시 천민으로 되돌림 ▶ **노비환천법(고려 성종, 987)**

> **정답 설명**

② (가)와 (나) 사이인 976년에 고려 경종은 문무 관리에게 18등급으로 차등 있게 전시와 시지를 지급하는 토지 제도인 전시과를 처음으로 제정하였다.

> **오답 설명**

① (가) 시기 이전인 947년에 고려 정종(3대)은 광군을 통제하는 관서로 광군사를 설치하였다.

③ (가) 시기 이전인 918년에 고려 태조는 흑창을 설치하여 빈민을 구제하였다.

④ (나) 시기 이후인 1013년에 고려 현종은 태조부터 목종에 이르기까지 7대에 걸친 실록인 『7대실록』의 편찬을 편찬하기 시작하였다. 『7대실록』은 덕종 때인 1034년에 완성되었다.

> **정답: ②**

6. 평양에서 있었던 사실

> **키워드**

수덕이 순조로워 우리나라 지맥의 근본이 됨, 왕은 100일 이상 머물러서 나라를 안녕케 함 ▶ **평양(서경)**

> **정답 설명**

④ 평양(서경)에서는 고려 인종 때 묘청 등이 반란을 일으키고 국호를 '대위', 연호를 '천개'라 하였다.

> **오답 설명**

① 서울(한양)에서는 고려 문종 대에 남경이 설치되었다.

② 익산에서는 고구려의 왕족인 안승을 왕으로 하는 보덕국이 세워졌다.

③ 개성(개경)에서는 조선 후기에 송상이 근거지로 삼아 활동하였다. 한편, 평양(서경)에서는 조선 후기에 유상이 근거지로 삼아 활동하였다.

> **정답: ④**

※ 개념 플러스 - 평양의 역사

고대	고구려 장수왕 때 도읍
고려	묘청 등이 반란을 일으킴
조선	임진왜란 때 조·명 연합군이 탈환
근대	- 제너럴셔먼호 사건 발생 - 안창호가 대성 학교 설립
일제 강점기	- 물산 장려 운동 시작 - 강주룡이 을밀대 지붕에서 노동 쟁의 전개
현대	6·15 남북 정상 회담 개최

7. 『제왕운기』

키워드

중국은 반고부터 금국에 이르기까지 동국(우리나라)은 단군으로부터 본조(고려)에 이르기까지 근원을 책에서 찾아봄, 읊조림에 따라 장을 이룸 ▶ 『제왕운기』

정답 설명

④ 『제왕운기』는 원 간섭기인 충렬왕 때 이승휴가 편찬한 역사서로, 중국과 구별되는 우리 역사의 독자성을 강조하였다.

오답 설명

① 『해동고승전』은 고려 고종 때 각훈이 왕명에 따라 우리나라 역대 고승들의 전기를 모아 편찬한 역사서이다.
② 『삼국사기』는 고려 인종 때 김부식 등이 왕명에 따라 편찬한 현존하는 우리나라의 가장 오래된 역사서이다.
③ 『삼국유사』는 충렬왕 때 일연이 편찬한 역사서로, 신라의 역사를 상고(혁거세~지증왕), 중고(법흥왕~진덕 여왕), 하고(무열왕~경순왕)로 나누어 인식하였다.

정답: ④

8. 이성계

키워드

요동을 정벌하는 일에는 네 가지의 옳지 못한 점이 있음(4불가론) ▶ 이성계

정답 설명

③ 이성계는 고려 우왕과 최영이 요동 정벌을 추진하자 4불가론을 내세우며 요동 정벌에 반대하였다. 그러나, 우왕과 최영이 요동 정벌을 감행하자 우군도통사로 임명된 이성계는 출병하여 위화도에 도착하였다. 큰 비를 만나 압록강을 건너기가 어렵게 되자 이성계는 요동 정벌을 포기할 것을 우왕에게 재차 간청하였지만 받아들여지지 않자 압록강 하류의 위화도에서 회군하여 개경으로 쳐들어가 우왕과 최영 등을 제거하였다.

오답 설명

① 강조는 정변을 일으켜 목종을 폐위시키고 현종을 옹립하였다.
② 권근은 초학자를 위한 성리학 입문서인 『성학도설』을 저술하였다.
④ 김윤후는 몽골의 2차 침입 때 처인성 전투에서 몽골 장수 살리타를 사살하였고, 몽골의 5차 침입 때 충주산성 방호별감으로 몽골군을 격퇴하였다.

정답: ③

9. 조선 시대의 교육 제도

정답 설명

② 옳은 것을 모두 고른 것은 ㄱ, ㄷ이다.

ㄱ. 조선 시대의 잡학은 해당 기술 관청에서 직접 교육을 담당하였다.
ㄷ. 조선 시대에는 수도인 한양에 서학, 동학, 남학, 중학의 4부 학당이 설치되었다. 4부 학당은 지방의 향교와 달리 문묘가 없었으며 양인 이상의 신분만 입학할 수 있었다.

오답 설명

ㄴ. 조선 시대의 성균관은 원칙적으로 소과에 합격한 15세 이상의 생원과 진사가 입학할 수 있었던 것은 맞지만, 정원이 미달일 경우 4부 학당의 성적 우수자 등이 입학하기도 하였다.
ㄹ. 조선 시대에는 중앙에서 종6품의 교수나 종9품의 훈도를 향교에 파견하기도 하였다.

정답: ②

10. 『조선왕조실록』

정답 설명

④ 『조선왕조실록』은 공정성을 확보하기 위하여 왕이 죽은 후에 편찬하는 것이 관례였으며, 국왕이더라도 자유롭게 열람할 수 없었다.

오답 설명

① 『조선왕조실록』은 사관이 기록한 사초와 각 관청의 문서들을 모아 만든 시정기, 『비변사등록』 등을 바탕으로 편찬되었다.
② 『조선왕조실록』은 임진왜란 이전에는 4대 사고(춘추관, 충주, 전주, 성주 사고)에 보관하였다.
③ 『조선왕조실록』은 조선 태조부터 철종까지 472년의 역사적 사실을 연, 월, 일 순으로 정리한 편년체로 기록하였다.

정답: ④

11. 이익

키워드

토지 몇 부를 영업전으로 함, 땅이 많아서 팔고자 하는 자는 영업전 몇 부 이외에는 허락(한전론) ▶ 이익

정답 설명

③ 이익은 나라를 좀먹는 여섯 가지 폐단으로 노비 제도, 과거 제도, 양반 문벌 제도, 사치와 미신 숭배, 승려, 게으름을 지적하였다.

오답 설명

① 박제가는 『북학의』에서 생산과 소비와의 관계를 우물에 비유하면서 절약보다 소비를 권장해야 한다고 주장하였다.
② 박지원은 한문 소설인 「호질」을 통해 양반의 위선과 비도덕성을 풍자하였다.
④ 정약용은 『경세유표』에서 국가 제도의 개혁 방향을 제시하였다.

정답: ③

12. 시대별 군사 제도

키워드

(가) ▶ 중앙군 10위(발해)
(나) ▶ 장용영 창설(조선 후기 정조)
(다) ▶ 방령이 군사를 거느림(백제)
(라) ▶ 주진군 파견(고려 시대)

정답 설명

④ 시기순으로 바르게 나열하면 (다) 방령이 군사를 거느림 → (가) 중앙군 10위 → (라) 주진군 파견 → (나) 장용영 창설이다.

(가) 발해는 중앙군인 10위가 왕궁과 수도를 방어하였다(**중앙군 10위**).

(나) 조선 후기 정조 때는 왕권 강화를 위해 친위 부대인 장용영을 창설하였다. 장용영은 한양에 내영(內營)을 두고, 수원 화성에는 외영(外營)을 두었다(**장용영 창설**).

(다) 백제는 전국을 5방(동·서·남·북·중)으로 나누고, 그 책임자를 방령이라고 불렀다. 백제의 지방 행정 조직인 방(方)의 행정 및 군사 책임자인 방령은 700~1,200명의 군사를 거느렸다(**방령이 군사를 거느림**).

(라) 고려 시대에는 군사 행정 구역인 양계에 주진군을 파견하였다(**주진군 파견**).

정답: ④

16일 흥선 대원군의 정책과 외세의 침략 정답 및 해설

한눈에 보는 정답

| 01 | ④ | 02 | ③ | 03 | ① | 04 | ② | 05 | ④ | 06 | ② |
| 07 | ③ | 08 | ④ | 09 | ② | 10 | ② | 11 | ① | 12 | ③ |

1. 고종 재위 기간에 있었던 사실

키워드
친아버지인 흥선군을 높여 대원군으로 삼음 ▶ 고종

정답 설명
④ 고종 재위 기간에는 흥선 대원군의 주도로 왕실의 권위 회복을 위해 임진왜란 때 소실된 경복궁을 중건하였다.

오답 설명
① 헌종 재위 기간에는 김정희가 제주도에서 유배되었을 때 북경에서 귀한 책을 구해 준 제자 이상적에게 고마움을 표시한 세한도를 제작하였다.
② 정조 재위 기간에는 호조의 사례를 모은 『탁지지』가 편찬되었다.
③ 영조 재위 기간에는 탕평의 의지를 천명하고 붕당의 폐해를 경계하기 위해 성균관 입구에 탕평비를 세웠다.

정답: ④

2. 흥선 대원군이 추진한 정책

키워드
동포라는 법을 제정함 ▶ (가) 흥선 대원군

정답 설명
③ 흥선 대원군은 세도 가문이 주도하던 비변사의 기능을 축소·폐지하고, 의정부와 삼군부의 정치·군사 기능을 부활시켰다.

오답 설명
① 흥선 대원군은 경복궁 중건의 공사비를 마련하기 위해 원납전이라는 기부금을 강제로 징수하였다.
② 흥선 대원군은 『대전회통』과 『육전조례』 등의 법전을 편찬하여 통치 체제를 정비하였다.
④ 흥선 대원군은 만동묘를 비롯하여 붕당의 근거지가 되고, 선현에 대한 제사를 명목으로 백성들을 수탈하여 폐단이 큰 서원을 철폐하였다.

정답: ③

※ 개념 플러스 – 흥선 대원군의 정책

경복궁 중건	임진왜란 때 소실된 경복궁 중건
호포제 실시	양반에게도 군포를 징수하는 호포제 실시
서원 철폐	만동묘와 폐단이 큰 서원 철폐
법전 편찬	『대전회통』과 『육전조례』 편찬
척화비 건립	서양 세력에 대한 척화 의지를 표명한 척화비 건립

3. 외세의 침략적 접근

키워드
(가) ▶ 제너럴셔먼호 사건(1866. 7.)
(나) ▶ 운요호 사건(1875)
(다) ▶ 병인양요(1866. 9.)
(라) ▶ 오페르트 도굴 사건(1868)

정답 설명
① 순서대로 바르게 나열하면 (가) 제너럴셔먼호 사건 → (다) 병인양요 → (라) 오페르트 도굴 사건 → (나) 운요호 사건이다.

(가) 1866년 7월에 평양 관민들이 조선인 관리를 납치하는 등 난폭한 행위를 자행한 미국 상선 제너럴셔먼호를 불태웠다(**제너럴셔먼호 사건**).
(나) 1875년에 일본 군함 운요호가 강화도 초지진을 포격하고, 영종도에 상륙하여 관아와 민가를 노략질하며 조선에 문호 개방을 요구하였다(**운요호 사건**).

(다) 1866년 9월에 프랑스군이 자국인 신부가 처형된 것을 빌미로 강화도를 침입하자 양헌수가 이끄는 조선군이 정족산성에서 프랑스군을 격퇴하였다 (**병인양요**).
(라) 1868년에 독일 상인 오페르트가 통상 문제를 흥정하기 위하여 흥선 대원군의 아버지인 남연군의 묘 도굴을 시도하였다(**오페르트 도굴 사건**).

정답: ①

4. 신미양요

정답 설명
② 신미양요 때 어재연이 이끄는 부대가 광성보에서 미군에 항전하였지만 전력의 열세로 패배하였다.

오답 설명
① 갑신정변은 조선이 일본에 배상금을 지불한다는 내용 등을 명시한 한성 조약이 체결되는 계기가 되었다.
③ 병인양요 때 프랑스군은 철수하는 과정에서 강화도 외규장각에 보관된 『의궤』를 비롯한 각종 왕실 도서를 약탈하였다.
④ 신미양요는 제너럴셔먼호 사건이 원인이 되어 발생하였다.

정답: ②

5. 강화도 조약

키워드
조선국은 자주 국가, 조선의 연해 도서는 일본의 항해자가 자유로이 해안을 측량함을 허가함 ▶ 강화도 조약

정답 설명
④ 강화도 조약에는 부산 외 2곳의 항구를 개항한다는 내용이 명시되어 원산과 인천이 개항되는 결과를 가져왔다.

오답 설명
① 을사늑약은 통감부가 설치되는 계기가 되었다. 통감부는 조선 총독부가 설치될 때까지 한국의 국정 전반을 사실상 장악하였던 식민 통치 준비 기구이다.

② 제물포 조약은 임오군란의 결과 조선과 일본 사이에 체결되었으며, 일본 경비병의 공사관 주둔을 명시하였다.
③ 강화도 조약에는 외국에 대한 최혜국 대우의 규정이 포함되지 않았다. 한편, 외국에 대한 최혜국 대우의 규정이 처음 포함된 조약은 조·미 수호 통상 조약이다.

정답: ④

※ 개념 플러스 - 강화도 조약

체결	1876년에 강화도 연무당에서 신헌과 구로다가 체결
성격	우리나라가 외국과 체결한 최초의 근대적 조약이자 불평등 조약
주요 내용	- 청의 종주권을 부인하기 위하여 조선을 자주국으로 규정 - 부산 외 2곳의 항구 개항 - 해안 측량권 허용 - 영사 재판권(치외 법권) 인정

6. 개항기 체결된 통상 협약

정답 설명
② 개정 조·일 통상 장정(1883)에는 곡물 유출을 막는 방곡령을 규정하였다.

오답 설명
① 조·일 수호 조규 부록(1876)은 일본 화폐의 유통 허용, 일본 외교관의 내지 여행 허용, 일본 상인의 활동 범위를 개항장 10리로 설정 등을 규정하였다.
③ 조·청 상민 수륙 무역 장정(1882)은 조선은 청의 속방이며 청의 북양 대신과 조선 국왕은 대등한 권리를 갖는다고 명시하였다.
④ 개정 조·일 통상 장정(1883)은 일본과 수출입하는 물품에 대한 관세 부과, 최혜국 대우 적용 등을 명시하였다.

정답: ②

7. 조·미 수호 통상 조약

키워드

대조선국 군주와 대미국 대통령 및 그 인민은 우애 있게 지냄, 미국 상인과 상선이 조선에 와서 무역을 할 때는 세금을 바쳐야 함 ▶ 조·미 수호 통상 조약

정답 설명

③ 조·프 수호 통상 조약은 천주교 포교의 허용 근거가 되었다.

오답 설명

① 조·미 수호 통상 조약은 다른 나라에 머무르는 자기 나라 국민에 대하여 자기 나라의 법률을 적용하여 재판하는 영사 재판권(치외 법권)이 인정되었다.
② 조·미 수호 통상 조약은 제2차 수신사로 일본에 다녀온 김홍집이 국내에 소개한 『조선책략』의 영향으로 체결되었다.
④ 조·미 수호 통상 조약은 러시아와 일본을 견제하기 위한 청의 알선으로 서양 국가와 맺은 최초의 조약이다.

정답: ③

8. 최익현

키워드

저들은 비록 왜인이라고 하나 실은 양적(왜양일체론) ▶ 최익현

정답 설명

④ 최익현은 서원 철폐 조치 등에 반대하면서 흥선 대원군을 탄핵하는 상소를 올렸다. 이를 계기로 흥선 대원군의 집권이 무너지고, 고종의 친정이 시작되었다.

오답 설명

① 장인환은 친일 인사로 일본의 한국 침략을 정당화하고 지지하는 발언을 한 대한 제국의 외교 고문인 스티븐스를 사살하였다.
② 이재명은 명동 성당 앞에서 을사늑약에 찬성한 을사 5적 중에 한 명인 이완용을 습격하여 중상을 입혔다.
③ 장지연은 황성신문 주필을 역임하였으며, 을사늑약이 체결되자 민족의식을 고취하는 '시일야방성대곡'을 황성신문에 발표하였다.

정답: ④

9. 1880년대 개화 정책

정답 설명

② 옳은 것을 모두 고른 것은 ㄱ, ㄷ이다.

ㄱ. 조선 정부는 1881년에 군사력을 강화하기 위해 신식 군대인 별기군을 창설하였다.
ㄷ. 조선 정부는 1880년에 개화 정책을 담당하는 기구로 통리기무아문을 설치하고, 그 아래 12사를 두어 외교, 통상, 재정, 군사 등의 업무를 맡게 하였다.

오답 설명

ㄴ. 독립신문은 우리나라 최초의 민간 신문으로, 서재필 등이 정부의 지원을 받아 1896년에 창간되었다.
ㄹ. 한성 사범 학교는 교원 양성을 위해 1895년에 설립되었다.

정답: ②

10. 영선사

키워드

무기 제조법을 배움 ▶ (가) 영선사

정답 설명

② 영선사는 청나라의 무기 제조 기술을 배우기 위하여 1881년 청나라 톈진에 파견된 사절단으로, 귀국 후에 우리나라 최초의 근대식 무기 제조 공장인 기기창을 설립하는 데 기여하였다.

오답 설명

① 수신사는 개항 이후 일본에 파견된 사절단으로, 1876년(1차), 1880년(2차), 1881년(3차), 1882년(4차)에 파견되었다. 처음에는 일본 사절단 파견에 답례로 파견되었지만 점차 통상 문제 협상 등으로 사절단 파견의 성격이 바뀌었다.

③ 보빙사는 미국 공사의 조선 부임에 답례하여 1883년 미국에 파견된 사절단으로 민영익, 홍영식, 서광범 등이 참여하였다. 한편, 영선사에는 김윤식 등이 참여하였다.

④ 조사 시찰단은 일본의 근대 문물을 배워 오기 위하여 1881년 일본에 파견된 사절단으로 개화 반대 여론으로 인해 비밀리에 출국하였다.

정답: ②

11. 강화도 조약과 갑신정변 사이의 사실

키워드

강화도 조약(1876) ▶ (가) ▶ 갑신정변(1884)

정답 설명

① (가) 시기 이후인 1899년에 대한국 국제가 선포되었다. 대한국 국제는 대한 제국이 자주 독립국이며, 황제가 무한한 군주권을 행사하는 전제 군주국임을 명시하였다.

오답 설명

② 1881년에 이만손 등이 조선 정부의 개화 정책과 『조선책략』의 유포에 반발하며 영남 만인소를 올렸다.

③ 1882년에 조선과 미국 사이에 조·미 수호 통상 조약이 체결되었다.

④ 1876년에 강화도 조약이 체결된 이후 일본의 국정을 탐색하기 위하여 김기수가 제1차 수신사로 일본에 파견되었다.

정답: ①

12. 온건 개화파

키워드

그들(서양)의 종교는 멀리해야겠지만, 그들(서양)의 기계는 이로움 ▶ **온건 개화파**

정답 설명

③ 온건 개화파는 중체서용을 바탕으로 한 청의 양무운동을 본받아 점진적인 개혁을 추구하였다.

오답 설명

① 급진 개화파는 청에 대한 사대 관계의 청산, 서양의 기술뿐만 아니라 사상과 제도까지 수용하자고 주장하였다. 한편, 온건 개화파는 청과의 전통적인 외교 관계를 중시하였다.

② 급진 개화파의 대표적인 인물로는 김옥균, 박영효 등이 있다. 한편, 온건 개화파의 대표적인 인물로는 김홍집, 김윤식 등이 있다.

④ 온건 개화파는 유교와 도덕을 유지하고자 하였기 때문에, 토지 제도의 개혁 및 신분제의 폐지를 주장하지 않았다.

정답: ③

※ 개념 플러스 - 급진 개화파와 온건 개화파

구분	급진 개화파	온건 개화파
대표 인물	김옥균, 박영효	김홍집, 김윤식
정치 성향	청에 대한 사대 정책 비판	청에 대한 전통적인 외교 관계 중시
개혁 모델	일본의 메이지유신	청의 양무운동

17일 문호 개방과 근대적 개혁의 추진 정답 및 해설

한눈에 보는 정답

| 01 | ④ | 02 | ③ | 03 | ③ | 04 | ① | 05 | ③ | 06 | ② |
| 07 | ④ | 08 | ④ | 09 | ③ | 10 | ① | 11 | ③ | 12 | ① |

1. 임오군란

키워드

(흥선)대원군에게 군국사무를 처리하라는 명이 내려짐, 마건충이 (흥선)대원군을 포박함 ▶ 임오군란

정답 설명

④ 임오군란은 신식 군대인 별기군에 비해 차별을 받던 구식 군인들이 13개월 만에 급료로 지급된 쌀에 겨와 모래가 섞여 있자 분노하여 일으킨 반란으로, 정부의 개화 정책에 반대하는 서울의 하층민들도 참여하였다.

오답 설명

① 임오군란은 김윤식이 청에 영선사로 파견(1881)된 이후인 1882년에 발생하였다.
② 신미양요 이후 흥선 대원군은 전국 각지에 척화비를 세워 서양과 통상을 거부한다는 의지를 널리 알렸다. 한편, 척화비는 임오군란 때 흥선 대원군이 청에 납치되자, 이 틈을 탄 일본 공사의 요구로 모두 철거되었다.
③ 갑신정변은 3일 만에 실패로 끝나 김옥균, 박영효 등의 주동자들이 일본으로 망명하였다.

정답: ④

※ 개념 플러스 - 임오군란

배경	구식 군인에 대한 차별 대우, 조선 정부의 개화 정책 추진에 대한 반발
전개 과정	구식 군인의 봉기 → 일본 공사관과 궁궐 습격 → 흥선 대원군 재집권 → 청의 개입으로 진압
결과	제물포 조약, 조·청 상민 수륙 무역 장정 체결

2. 조·일 수호 조규 부록과 시모노세키 조약 사이의 사실

키워드

(가) 부산항에서 일본국 인민이 통행할 수 있는 도로의 이정은 동서남북 각 직경 10리 ▶ 조·일 수호 조규 부록(1876)

(나) 청국은 군비 배상금으로 은 2억 냥을 일본국에 지불 ▶ 시모노세키 조약(1895. 4.)

정답 설명

③ (나) 시기 이후인 1897년에 고종이 환구단에서 대한 제국의 황제로 즉위하였다.

오답 설명

① 1894년에 일본이 풍도 앞바다에서 청나라의 함대를 기습하여 공격함으로써 청·일 전쟁이 발발하였다.
② 1882년에 청은 묄렌도르프를 고문으로 파견하여 조선의 외교 문제에 간섭하였다.
④ 1882년에 조선과 청 사이에 조·청 상민 수륙 무역 장정이 체결되었다. 조·청 상민 수륙 무역 장정에 따라 청 상인은 양화진에 점포를 개설할 권리를 얻었다.

정답: ③

3. 갑신정변

키워드

홍영식이 우정국에서 개업식을 명목으로 연회를 열었음, 독립당이 정권을 획득함 ▶ 갑신정변

정답 설명

③ 갑신정변은 조선이 일본에 배상금을 지불한다는 내용 등을 명시한 한성 조약이 체결되는 결과를 가져왔다.

오답 설명

① 국채 보상 운동은 통감부의 방해와 탄압으로 실패하였다. 한편, 갑신정변은 통감부가 설치(1906)되기 이전인 1884년에 발생하였다.

② 동학 농민 운동은 나라 일을 돕고 백성을 편안하게 한다는 뜻의 보국안민, 포악한 것을 물리치고 백성을 구원하는 뜻의 제폭구민을 기치로 내걸었다.
④ 임오군란은 구식 군인에 대한 차별 대우가 발단이 되어 일어났다.

정답: ③

※ 개념 플러스 - 갑신정변

배경	급진 개화파의 입지 약화, 청·프 전쟁으로 조선에 주둔한 청군의 철수
전개 과정	급진 개화파들이 우정국 개국 축하연을 이용해 정변을 일으킴 → 개화당 정부 수립 및 14개조 혁신 정강 발표 → 청의 개입으로 3일 만에 진압
결과	한성 조약, 톈진 조약 체결

4. 14개조 혁신 정강

키워드

그들의 실패는 애석한 일, 조선의 최고 수재들이 일본인에게 이용당함(갑신정변) ▶ 14개조 혁신 정강

정답 설명

① 옳은 것을 모두 고른 것은 ㄱ, ㄴ이다.

ㄱ. 갑신정변 때 급진 개화파가 발표한 14개조 혁신 정강 1조에는 청에 대한 조공의 허례를 폐지한다는 내용이 있다.
ㄴ. 갑신정변 때 급진 개화파가 발표한 14개조 혁신 정강 12조에는 재정은 모두 호조에서 관할한다는 내용이 있다.

오답 설명

ㄷ. 동학 농민 운동 때 농민군이 제시한 폐정 개혁안 12개조 12조에는 토지는 나누어 경작한다는 내용이 있다.
ㄹ. 고종이 발표한 홍범 14조 4조에는 왕실 사무와 국정 사무는 나누어 혼동하지 않는다는 내용이 있다.

정답: ①

5. 톈진 조약이 체결된 시기

키워드

중국은 조선에 주둔하는 군대를 철수하고, 일본국은 조선에서 공사관을 호위하던 군대를 철수함, 어떤 한 나라가 파병이 필요할 때는 상대국에 통지해야 함
▶ 톈진 조약(1895)

(가) 고종 즉위(1863) ~ 강화도 조약(1876)
(나) 강화도 조약(1876) ~ 임오군란(1882)
(다) 임오군란(1882) ~ 갑신정변(1884)
(라) 갑신정변(1884) ~ 아관 파천(1896)

정답 설명

③ (다) 시기인 1895년에 청과 일본 사이에 양국이 조선에서 군대를 철수하고, 장차 조선에 군대를 파병할 때는 사전에 서로 알리기로 한 톈진 조약이 체결되었다.

정답: ③

6. 유길준

키워드

우리나라가 아시아의 중립국이 된다면 아시아의 여러 대국이 서로 보전하는 정략이 될 수 있음(한반도 중립화론) ▶ 유길준

정답 설명

② 유길준은 서양의 여러 나라를 돌아다니며 보고 들은 것과 각국의 지리, 역사, 정치, 교육, 풍속 등을 기록한 기행문인 『서유견문』을 저술하였다.

오답 설명

① 윤효정, 이준 등은 민족의 정치의식 고취와 입헌 정치 체제 수립을 위해 헌정 연구회를 조직하였다.
③ 박영효는 철종의 부마로 김옥균, 서광범 등과 갑신정변에 참여하였다.
④ 박정양은 1887년에 초대 주미 공사로 임명되어 미국에 파견되었다.

정답: ②

7. 거문도 사건

키워드

㉠ 영국은 그들이 남하할까봐 군사와 군함을 주둔시킴 ▶ 러시아

㉡ 영국에 빌려준다면 도적을 안내하여 문으로 들이는 것임 ▶ 거문도

정답 설명

④ 들어갈 용어로 옳은 것은 ㉠ 러시아, ㉡ 거문도이다. 영국은 러시아의 남하를 견제하기 위하여 해밀턴 섬이라고 불리는 거문도를 불법적으로 1885년부터 1887년까지 점령하였다.

정답: ④

8. 동학 농민 운동의 전개 과정

키워드

(가) ▶ 황룡촌 전투(1894. 4.)
(나) ▶ 고부 농민 봉기 발생(1894. 1.)
(다) ▶ 우금치 전투(1894. 11.)
(라) ▶ 일본군의 경복궁 점령(1894. 6.)

정답 설명

④ 순서대로 바르게 나열하면 (나) 고부 농민 봉기 발생 → (가) 황룡촌 전투 → (라) 일본군의 경복궁 점령 → (다) 우금치 전투이다.

(가) 1894년 4월에 동학 농민군이 전라남도 장성 일대의 황룡촌에서 발생한 전투에서 관군에 승리하였다(**황룡촌 전투**).

(나) 1894년 1월에 고부 군수 조병갑의 횡포에 반발하여 전봉준 등의 주도로 고부 농민 봉기가 발생하였다(**고부 농민 봉기 발생**).

(다) 1894년 11월에 동학 농민군은 우금치 전투에서 관군 및 일본군에 패배하였다(**우금치 전투**).

(라) 1894년 6월에 일본군은 조선 정부의 철수 요청을 거절하고 군대를 동원하여 경복궁을 점령하였다(**일본군의 경복궁 점령**).

정답: ④

9. 전주 화약 체결 이후의 사실

키워드

농민군은 외세의 개입을 막기 위해 청·일 양군에 대한 철병 요구와 폐정 개혁을 조건으로 관군과 맺음 ▶ (가) 전주 화약(1894. 5.)

정답 설명

③ 전주 화약 체결 이후인 1894년 9월에 손병희가 이끄는 충청도의 동학 조직인 북접과 전봉준이 이끄는 전라도의 동학 조직인 남접이 논산에 집결하였다.

오답 설명

① 1894년 4월에 동학 농민군이 황토현에서 관군을 격파하였다.
② 1893년에 동학교도들이 동학 포교의 자유와 교조 최제우의 신원을 요구하는 보은 집회를 개최하였다.
④ 1894년 2월에 조선 정부가 조병갑을 파면하고 박원명을 고부 군수로 임명하였다.

정답: ③

10. 김홍집

키워드

군국기무처의 총재관 역임 ▶ 김홍집

정답 설명

① 김홍집은 군국기무처의 총재관을 역임하며 갑오개혁을 주도하였다.

오답 설명

② 이항로는 병인양요가 일어나자 프랑스와의 전투를 주장하였으며, 위정척사론의 사상적 기초를 형성하였다.

③ 김옥균은 급진 개화파의 대표적인 인물로 갑신정변을 주도하였다.
④ 박규수는 1872년 중국에 가서 청의 양무 운동을 목격하고 개화의 필요성을 느꼈으며, 운요호 사건을 빌미로 일본이 수교를 해오자 일본과의 수교를 주장하였다.

정답: ①

11. 제1차 갑오개혁

키워드

개국기년, 문벌·양반과 상인들의 등급을 없앰, 연좌 형률을 시행하지 않음(군국기무처에서 추진한 개혁)
▶ 제1차 갑오개혁

정답 설명

③ 제1차 갑오개혁 때는 혼인 적령기가 되지 않은 어린 아이가 일찍 혼인하는 풍속인 조혼을 금지하고 과부의 재가를 허용하였다.

오답 설명

① 을미개혁 때는 태양의 운행을 기준으로 만든 역법인 태양력을 채택하였다.
② 을미개혁 때는 중앙에 친위대, 지방에 진위대를 설치하였다.
④ 제2차 갑오개혁 때는 재판소를 설치하여 사법권과 행정권을 분리시켰다.

정답: ③

※ 개념 플러스 - 제1차 갑오개혁

정치	- 청의 연호를 버리고 개국 기년 사용 - 궁내부를 신설하여 왕실 사무와 정부 사무 분리 - 6조를 8아문으로 개편 - 과거제 폐지 - 경찰 업무를 총괄하는 경무청 설치
경제	- 은 본위 화폐 제도 채택 - 신식 화폐 발행 장정 반포
사회	- 공·사 노비제 폐지 - 조혼 금지, 과부의 재가 허용

12. 을미개혁

키워드

조선 공사로 부임한 미우라가 일본의 영향력을 회복할 목적으로 을미사변을 일으킴, 김홍집 내각은 일본의 간섭 속에 개혁을 추진함 ▶ 을미개혁

정답 설명

① 을미개혁 때는 '건양'이라는 연호를 제정하였다.

오답 설명

② 광무개혁 때는 황제 직속의 군 통수 기관인 원수부를 설치하였다.
③ 제1차 갑오개혁 때는 경무청을 설치하여 경찰 제도를 도입하였다.
④ 제2차 갑오개혁 때는 지방 행정 제도를 8도에서 23부로 개편하였다.

정답: ①

18일 구국 운동과 근대 국가 수립 운동 정답 및 해설

한눈에 보는 정답

| 01 | ② | 02 | ③ | 03 | ② | 04 | ③ | 05 | ① | 06 | ④ |
| 07 | ③ | 08 | ③ | 09 | ④ | 10 | ③ | 11 | ① | 12 | ③ |

1. 을미의병

키워드

국모(명성 황후)를 시해하고, 임금(고종)의 모발을 강제로 자름(단발령), 국가를 위하여 원수를 갚고 치욕을 씻는 것을 가장 큰 대의로 삼아야 함 ▶ 을미의병

정답 설명

② 을미의병은 아관 파천 이후 고종이 단발령을 철회하고 의병 해산 조칙을 내리자 대부분 해산하였다.

오답 설명

① 을사의병 때는 전직 관리 출신인 민종식이 이끄는 부대가 홍주성을 점령하였다.
③, ④ 정미의병 때는 이인영을 총대장으로 하는 13도 창의군이 결성되어 서울 진공 작전을 시도하였고, 이들은 각국 영사관에 의병을 국제법상 교전 단체로 인정해 줄 것을 요구하였다.

정답: ②

※ 개념 플러스 - 을미의병

배경	을미사변(명성 황후 시해 사건)과 단발령
대표 인물	이소응, 유인석 등의 위정척사 사상을 가진 유생
특징	- 일본군을 공격하거나 친일 관리 등을 처단 - 아관 파천 이후 고종이 의병 해산 조칙을 내리자 대부분 해산 - 잔여 세력들이 활빈당, 영학당 등을 조직

2. 근대사의 전개

키워드

(가) ▶ 군국기무처 설치(1894. 6.)
(나) ▶ 교육 입국 조서 반포(1895. 2.)
(다) ▶ 제물포 조약 체결(1882)
(라) ▶ 독립문 완공(1897)

정답 설명

③ 순서대로 바르게 나열하면 (다) 제물포 조약 체결 → (가) 군국기무처 설치 → (나) 교육 입국 조서 반포 → (라) 독립문 완공이다.

(가) 1894년 6월에 김홍집 내각은 개혁 추진 기구로 군국기무처를 설치하여 갑오개혁을 주도하였다(**군국기무처 설치**).

(나) 1895년 2월에 고종은 교육의 중요성을 강조한 교육 입국 조서를 반포하였다(**교육 입국 조서 반포**).

(다) 1882년에 임오군란의 결과 조선과 일본 사이에 일본 경비병의 공사관 주둔을 명시한 제물포 조약이 체결되었다(**제물포 조약 체결**).

(라) 1897년에 기존의 중국 사신을 맞이하던 영은문 자리 부근에 자주 독립을 위해 세운 독립문이 완공되었다(**독립문 완공**).

정답: ③

3. 독립 협회

키워드

익명서는 (가)에서 박정양을 대통령으로 임명하고 나라의 체제를 공화정치 체제로 바꾸려 한다고 꾸며 폐하(고종)께 모함하고자 한 것임(익명서 사건) ▶ **(가) 독립 협회**

정답 설명

② 독립 협회는 러시아가 저탄소 시설 설치를 위해 절영도를 조차한다는 요구에 반대하였다.

오답 설명

① 농광회사는 독립 협회가 해산(1898)된 이후인 1904년에 일본의 토지 침탈에 대항하여 개간 사업을 목적으로 설립된 회사이다.
③ 보안회는 일본이 토지를 약탈하기 위하여 대한 제국에 황무지 개간권을 요구하자, 반대 집회를 열어 일본의 요구를 저지하였다.
④ 신민회는 인재 양성을 위해 평양에 대성 학교, 정주에 오산 학교를 설립하였다.

정답: ②

※ 개념 플러스 - 독립 협회

조직	서재필과 정부 내의 개혁 세력들이 독립문 건립을 추진하면서 조직
주요 활동	- 독립문 건립 - 강연회와 토론회 등을 개최하여 계몽 활동 전개 - 만민 공동회와 관민 공동회 개최 - 러시아의 이권 침탈 반대
해산	정부가 동원한 황국 협회와 군대에 의해 강제로 해산됨

4. 헌의 6조가 발표된 시기

키워드

외국과의 이권에 관한 조약은 각 대신과 중추원 의장이 합동 날인하여 시행, 국가 재정은 탁지부에서 전관 ▶ 헌의 6조(1898)

(가) 거문도 사건(1885) ~ 갑오개혁(1894)
(나) 갑오개혁(1894) ~ 대한 제국 수립(1897)
(다) 대한 제국 수립(1897) ~ 을사늑약(1905)
(라) 을사늑약(1905) ~ 국권 피탈(1910)

정답 설명

③ (다) 시기인 1898년에 독립 협회는 정부 관료와 민중이 함께 참여하는 관민 공동회를 개최하고 헌의 6조를 발표하였다.

정답: ③

5. 대한 제국 시기에 추진된 정책

정답 설명

① 독립신문은 대한 제국이 수립(1897)되기 이전인 1896년에 창간되었다. 독립신문은 서재필 등이 정부의 지원을 받아 창간한 신문으로, 한글판뿐만 아니라 영문판으로도 간행되어 국내의 사정을 외국인에게 전하였다.

오답 설명

② 대한 제국은 조세 수입을 늘리고 토지 소유 관계를 정비할 목적으로 양전 사업을 시행하고자 양지아문을 설치하였다.
③ 대한 제국은 황실 재정을 담당하는 내장원의 기능을 확대하였다.
④ 대한 제국은 서북철도국을 설치하여 경의 철도 부설 사업을 추진하였다.

정답: ①

6. 대한국 국제가 발표된 이후 실시된 정책

키워드

대한국은 세계 만국에 공인된 바 자주 독립한 제국, 대한국 대황제는 국내의 육해군을 통솔함 ▶ 대한국 국제 (1899)

정답 설명

④ 대한국 국제가 발표된 이후인 1901년에 대한 제국은 지계아문을 설치하여 토지 소유자에게 소유 증명서인 지계를 발급하였다.

오답 설명

① 1894년에 시행된 제1차 갑오개혁 때 의정부 산하의 6조가 8아문으로 개편되었다.
② 1894년에 시행된 제1차 갑오개혁 때 은화를 본위 화폐로 하고, 동화를 보조 화폐로 하는 신식 화폐 발행 장정이 공포되었다.
③ 1882년에 일어난 임오군란 때 일시적으로 재집권한 흥선 대원군은 신식 군대인 별기군을 폐지하고, 5군영을 복구하였다.

정답: ④

7. 을미사변과 러·일 전쟁 사이의 사실

키워드

을미사변(1895) ▶ (가) ▶ 러·일 전쟁(1904)

정답 설명

③ (가) 시기인 1896년에 일본의 위협을 느끼던 고종은 의병 봉기로 궁궐 경비가 약화된 틈을 타 러시아 공사관으로 거처를 옮겼다(아관 파천).

오답 설명

① (가) 시기 이후인 1905년에 러·일 전쟁을 종결시키기 위하여 러시아와 일본이 포츠머스 조약을 체결하였다. 포츠머스 조약은 러시아가 대한 제국에 대한 일본의 지배권을 인정하고, 북위 50도 이남의 사할린을 일본에 할양한다는 내용 등이 명시되었다.

② (가) 시기 이후인 1905년에 민영환이 을사늑약으로 국운이 이미 기울어졌음을 깨닫고 죽음으로 항거하기 위하여 유서를 남기고 자결하였다.

④ (가) 시기 이전인 1894년에 조선 정부가 개혁 기구인 교정청을 설치하였다.

정답: ③

8. 신민회

키워드

한국의 부패한 사상과 습관을 혁신하여 국민을 유신케 함 ▶ (가) 신민회

정답 설명

③ 신민회는 안창호, 양기탁 등의 주도로 조직되었으며 계몽 서적의 보급을 위해 태극 서관을 운영하였다.

오답 설명

① 신민회는 국권 회복과 공화정 수립을 목표로 하였다.
② 독립 협회는 회원, 시민 등이 참여하는 만민 공동회 등 대규모 집회를 개최하였다.
④ 대한 자강회는 전국에 25개의 지회를 두었으며, 『월보』를 간행하여 대중을 계몽하였다.

정답: ③

※ 개념 플러스 - 신민회

조직	안창호, 양기탁 등이 조직
주요 활동	- 오산 학교와 대성 학교 설립 - 태극 서관을 통해 계몽 서적 출판 - 평양에 자기 회사를 설립하여 민족 산업 육성
해산	일제가 날조한 105인 사건으로 와해

9. 을사늑약

키워드

일본국 정부는 외무성을 통하여 한국과 외국의 관계 및 사무를 감리·지휘함, 일본국 정부는 한국 황제 폐하의 아래에 한 명의 통감을 둠 ▶ 을사늑약

정답 설명

④ 을사늑약에는 조선 총독부를 설치한다는 조항이 포함되어 있지 않다.

오답 설명

① 을사늑약은 1905년에 덕수궁 중명전에서 체결되었다.
② 을사늑약은 최익현이 전북 태인에서 의병을 일으키는 계기가 되었다.
③ 을사늑약은 고종이 찍거나 서명을 하지 않았으며 고종의 위임장도 없이 외부대신 박제순이 날인하였고, 조약의 명칭조차 없기 때문에 국제법상 무효이다. 그러나 일본은 을사늑약으로 대한 제국의 외교권을 빼앗고 통감부를 설치하였다.

정답: ④

10. 한·일 신협약 이후에 전개된 사실

키워드

한국 정부는 시정 개선에 관하여 통감의 지도를 받음, 한국 고등 관리의 임면은 통감의 동의로써 이를 시행함 ▶ 한·일 신협약(1907. 7.)

정답 설명

③ 한·일 신협약 이후인 1908년에 일본은 일본인의 조선 이민 및 식민지 수탈을 위해 동양 척식 주식회사를 설립하였다.

오답 설명

① 1894년 12월에 개혁의 기본 강령인 홍범 14조가 발표되었다.
② 1904년 2월에 일본이 전쟁 수행에 필요한 경우 대한 제국의 영토를 마음대로 사용할 수 있도록 규정한 한·일 의정서가 체결되었다.
④ 1903년에 러시아가 압록강 하구의 용암포를 강제 점령하고 조차를 요구하였다.

정답: ③

11. 일본의 국권 침탈 과정

키워드

(가) ▶ 제1차 한·일 협약 체결(1904. 8.)
(나) ▶ 대한 제국의 군대 해산(1907)
(다) ▶ 기유각서 체결(1909)
(라) ▶ 대한 제국의 경찰권 박탈(1910. 6.)

정답 설명

① 순서대로 바르게 나열하면 (가) 제1차 한·일 협약 체결 → (나) 대한 제국의 군대 해산 → (다) 기유각서 체결 → (라) 대한 제국의 경찰권 박탈이다.

(가) 1904년 8월에 일본은 제1차 한·일 협약을 체결하여 대한 제국의 재정 고문으로 일본인 메가타, 외교 고문으로 미국인 스티븐스를 채용하게 하였다(**제1차 한·일 협약 체결**).

(나) 1907년 7월에 일본은 한·일 신협약의 비밀 각서에 따라 대한 제국의 군대를 해산하였다(**대한 제국의 군대 해산**).

(다) 1909년에 일본은 기유각서를 체결하여 대한 제국의 사법권을 빼앗고 감옥 사무를 장악하였다(**기유각서 체결**).

(라) 1910년 6월에 일본은 대한 제국의 경찰권을 박탈하였다(**대한 제국의 경찰권 박탈**).

정답: ①

12. 안중근

키워드

서양 세력이 동양으로 침략해 들어오는 환난을 동양 인종이 힘을 다해 방어하는 것이 최상의 방법임, 『동양 평화론』 ▶ 안중근

정답 설명

③ 안중근은 1909년에 만주 하얼빈에서 초대 통감인 이토 히로부미를 사살하였다.

오답 설명

① 안중근은 일본이 아닌 중국의 뤼순 감옥에서 1910년에 순국하였다.
② 한인 애국단 소속으로는 윤봉길, 이봉창 등이 있다.
④ 1907년에 네덜란드 헤이그에서 개최된 제2차 헤이그 만국 평화 회의에 고종의 특사로 파견된 인물로는 이상설, 이준, 이위종이 있다.

정답: ③

19일 일제의 침략과 국권 수호 운동 정답 및 해설

한눈에 보는 정답

| 01 | ① | 02 | ④ | 03 | ③ | 04 | ① | 05 | ② | 06 | ① |
| 07 | ③ | 08 | ④ | 09 | ③ | 10 | ② | 11 | ③ | 12 | ④ |

1. 1875년~1883년 사이의 경제 상황

키워드

운요호 사건(1875) ▶ (가) ▶ 개정 조·일 통상 장정 (1883)

정답 설명

① (가) 시기 이후인 1889년에 함경도 관찰사 조병식은 일본의 반출되는 곡물이 많아지면서 식량난이 가중되고, 흉년이 들자 곡물의 수출을 막는 방곡령을 선포하였다.

오답 설명

②, ④ 1876년에 강화도 조약이 체결되면서 부산, 원산, 인천이 차례로 개항되었고, 이들 지역에는 외국인과 무역을 허용한 개항장이 형성되었다. 조·일 수호 조규 부록(1876)에 따라 일본 상인은 개항장을 중심으로 10리 이내의 거류지에서만 활동할 수 있었기 때문에 객주, 여각 등 조선 상인은 일본 등의 외국 상인과 내륙의 조선 상인을 중개하며 이익을 얻었다.

③ 1882년에는 서울 양화진에 청국인 상점을 허용하는 조·청 상민 수륙 무역 장정이 체결되었다.

정답: ①

2. 황국 중앙 총상회

키워드

요새 외국 상인은 발전함, 외국인의 상업 행위를 허락하지 말고, 우리나라 각 점포는 본회에서 관할 ▶ (가) 황국 중앙 총상회

정답 설명

④ 서울의 시전 상인들은 외국 상인의 침투에 대항하여 이익을 수호하기 위하여 1898년에 황국 중앙 총상회를 조직하였다.

오답 설명

① 대동 상회는 평안도 상인이 자금을 출자하여 인천에 설립한 유통 회사로, 우리나라 최초의 근대적 회사이다.

② 조선 광문회는 최남선, 박은식 등이 민족 전통의 계승을 위한 고문헌의 보존과 간행 등을 목적으로 설립한 단체이다.

③ 헌정 연구회는 국민의 정치의식을 고취하고 입헌 정치 체제 수립을 목표로 활동하였으며, 친일 단체인 일진회의 반민족 행위를 규탄하였다.

정답: ④

3. 러시아와 미국

키워드

(가) 『조선책략』에 따르면 조선의 급선무는 (가)을/를 막는 것보다 급한 것은 없음, 우리와 아무런 감정도 없음 ▶ 러시아

(나) 우리가 원래 잘 모르던 나라 ▶ 미국

정답 설명

③ 러시아는 압록강과 두만강의 삼림 벌채권을 차지하였다.

오답 설명

① 미국은 평안도 운산의 금광 채굴권을 차지하였다.

② 러시아, 프랑스, 독일은 삼국 간섭을 통해 일본을 압박하여 시모노세키 조약으로 할양 받은 랴오둥 반도를 청에 반환하게 하였다.

④ 독일은 강원도 금성의 당현 금광 채굴권을 차지하였다.

정답: ③

4. 화폐 정리 사업

키워드

구 백동화 교환에 관한 사무는 탁지부 대신이 감독함, 백동화가 화폐 기준을 충족할 경우 1개당 금 2전 5리로 교환함, 형태나 품질이 조악한 백동화는 매수하지 않음 ▶ 화폐 정리 사업

정답 설명

① 전환국은 화폐 주조를 담당했던 기구로, 화폐 정리 사업(1905) 이전인 1883년에 설치되었다.

오답 설명

② 화폐 정리 사업으로 백동화가 액면가 이하로 교환되거나 교환이 거부되었다. 그 결과 시중에 유통되던 화폐량이 줄어들고 국내 상인과 은행이 파산하기도 하는 등 한국의 상업 자본은 큰 타격을 받았다.
③ 화폐 정리 사업은 제1차 한·일 협약으로 대한 제국에 재정 고문으로 부임한 메가타의 주도로 시행되었다.
④ 화폐 정리 사업은 일본 제일은행권을 교환용 화폐로 사용하였고, 일본 제일은행이 한국의 중앙은행 지위를 확보하게 되었다.

정답: ①

※ 개념 플러스 - 화폐 정리 사업

배경	일본이 조선의 경제를 침탈
주도	재정 고문 메가타
전개	일본 제일은행권으로 교환하는 백동화를 품질에 따라 갑, 을, 병의 3등급으로 구분하고 갑종은 2전 5리, 을종은 1전, 병종은 매수하지 않음
결과	- 시중에 유통되던 화폐량이 줄어들고, 한국 상인과 은행이 파산하는 등 큰 타격을 입음 - 일본 제일은행이 한국의 중앙은행 지위를 확보하게 됨

5. 국채 보상 운동

키워드

대황제 폐하(고종)께서 진 외채가 1,300만 원이지만 채무를 청산할 방법이 없음, 우리 동포는 의연금을 내어 채무를 상환 ▶ 국채 보상 운동

정답 설명

② 국채 보상 운동은 국민들의 모금으로 국채를 갚아 일본의 경제적 예속에서 벗어나자는 운동으로, 서상돈 등을 중심으로 대구에서 시작되어 전국으로 확산되었다.

오답 설명

① 신사 참배 거부 운동은 1930년대 후반부터 1945년에 광복이 되기까지 주로 기독교인들이 중심이 되어 신앙 수호를 위해 일본의 신사 참배를 거부한 운동이다.
③ 국채 보상 운동은 조선 총독부가 설치(1910)되기 이전인 1907년에 시작되었으며, 통감부의 탄압과 방해로 실패하였다.
④ 물산 장려 운동은 일제 강점기에 만족 산업의 보호와 육성을 위해 국산품 애용을 주장한 운동으로, '내 살림 내 것으로', '조선 사람 조선 것' 등의 구호를 내세웠다.

정답: ②

※ 개념 플러스 - 국채 보상 운동

배경	일본에서 차관을 도입하며 대한 제국은 1,300만 원의 외채를 지게 됨
전개	- 대구에서 서상돈, 김광제 등을 중심으로 시작 - 서울에 국채 보상 기성회가 조직되어 국채 보상 운동 주도 - 대한매일신보, 황성신문 등의 언론사가 적극적으로 후원
결과	통감부의 방해와 탄압으로 실패
관련 기록물	국채 보상 운동의 과정을 보여 주는 기록물이 2017년 유네스코 세계 기록유산으로 등재됨

6. 육영 공원

키워드

문·무관, 유생 중에 어리고 총명한 자를 뽑아 입학시킴, 벙커와 길모어 등을 교사로 초빙함 ▶ **육영 공원**

정답 설명

① 육영 공원은 문·무 현직 관료 중에서 선발된 학생을 수용하는 좌원, 양반 자제에서 선발된 학생을 수용하는 우원으로 편성되었다.

오답 설명

② 한성 사범 학교 등은 교육 입국 조서에 근거하여 세워졌다. 한편, 육영 공원은 우리나라 최초의 근대식 공립 교육 기관으로, 교육 입국 조서(1895)가 발표되기 이전인 1886년에 설립되었다.
③ 연무 공원은 근대식 사관 양성을 목적으로 설립되었다.
④ 원산 학사는 관민이 합심하여 원산에 세운 우리나라 최초의 근대식 사립 학교이다.

정답: ①

7. 근대 문물의 수용

키워드

(가) ▶ **명동 성당 완공(1898)**
(나) ▶ **원각사 건립(1908)**
(다) ▶ **경복궁에 전등 처음 설치(1887)**
(라) ▶ **서대문에서 청량리 사이에 전차 운행 시작(1899)**

정답 설명

③ 순서대로 바르게 나열하면 (다) 경복궁에 전등 처음 설치 → (가) 명동 성당 완공 → (라) 서대문에서 청량리 사이에 전차 운행 시작 → (나) 원각사 건립이다.

(가) 1898년에 고딕 양식 건물인 명동 성당이 완공되었다(**명동 성당 완공**).
(나) 1908년에 우리나라 최초의 서양식 극장인 원각사가 건립되었다(**원각사 건립**).
(다) 1887년 경복궁에 전등이 처음 설치되었다(**경복궁에 전등 처음 설치**).
(라) 1899년 서대문에서 청량리 사이에 전차 운행이 시작되었다(**서대문에서 청량리 사이에 전차 운행 시작**).

정답: ③

8. 대한 제국 시기에 볼 수 있는 모습

정답 설명

④ 대한 제국(1897~1910) 시기인 1905년에 서울과 부산을 연결하는 경부선이 개통되었다. 따라서, 대한 제국 시기에는 경부선 철도 개통식에 참여한 청년의 모습을 볼 수 있다.

오답 설명

① 당오전은 1883년에 주조되어 1894년까지 유통된 화폐이다. 따라서, 대한 제국 시기에는 당오전을 발행하는 기사의 모습을 볼 수 없다.
② 이광수의 소설「무정」은 1917년 매일신보에 연재되었다. 따라서, 대한 제국 시기에는 소설「무정」을 읽는 학생의 모습을 볼 수 없다.
③ 우정총국은 우편 업무를 담당하는 관청으로, 1884년 3월에 설치되었다가 갑신정변으로 1884년 12월에 폐쇄되었다. 따라서, 대한 제국 시기에는 우정총국으로 출근하는 관리의 모습을 볼 수 없다.

정답: ④

9. 여권 통문이 발표된 시기

키워드

우리보다 문명개화한 나라들을 보면 남녀평등권이 있음 ▶ **여권 통문(1898)**

(가) 병인양요(1866) ~ 한성 조약(1884)
(나) 한성 조약(1884) ~ 청·일 전쟁(1894)
(다) 청·일 전쟁(1894) ~ 통감부 설치(1906)
(라) 통감부 설치(1906) ~ 국권 피탈(1910)

정답 설명

③ (다) 시기인 1898년에 서울 북촌의 여성들은 우리나라 최초의 여성 인권 선언서로 여성 교육의 중요성을 강조한 여권 통문을 발표하였다.

정답: ③

10. 헐버트

키워드

육영 공원의 교사, 『사민필지』를 저술함 ▶ (가) 헐버트

정답 설명

② 헐버트는 육영 공원의 교사로 조선에 왔으며, 한글로 쓰여진 지리 교과서인 『사민필지』를 저술하였다.

오답 설명

① 알렌은 갑신정변 때 부상당한 민영익을 치료하면서 조선 정부로부터 신뢰를 얻었으며, 고종에게 우리나라 최초의 서양식 병원인 광혜원의 설립을 건의하였다.
③ 아펜젤러는 1885년 서울에 중등 과정의 사립 학교인 배재학당을 설립하였다.
④ 묄렌도르프는 임오군란 이후 청의 실권자인 이홍장의 추천으로 우리나라 최초의 서양인 고문으로 부임하였다.

정답: ②

11. 한성순보

키워드

박문국, 외국의 신문을 번역하고 국내의 일까지 기재하여 나라 안에 알리는 동시에 다른 나라에까지 공포함 ▶ (가) 한성순보

정답 설명

③ 한성순보는 우리나라 최초의 신문으로, 박문국에서 순한문으로 발행되었으며 열흘마다 발행하는 것이 원칙이었다.

오답 설명

① 대한매일신보, 황성신문, 제국신문 등은 1907년에 제정된 신문지법으로 탄압받았다.
② 대한매일신보, 황성신문, 제국신문은 국채 보상 운동의 확산에 기여하였다. 한편, 한성순보는 국채 보상 운동(1907) 이전인 1884년에 폐간되었다.
④ 대한매일신보는 을사늑약의 불법성을 폭로한 고종의 친서를 발표하였다.

정답: ③

12. 대한매일신보

키워드

영국인 베델을 발행인으로 내세워 창간됨, 일제의 국권 침탈을 비판하거나 의병 운동을 호의적으로 보도함 ▶ 대한매일신보

정답 설명

④ 대한매일신보는 영국일 베델을 발행인으로 내세웠으며 일제의 국권 침탈을 비판하거나 의병 운동을 호의적으로 보도하는 등 민족의식을 고취하는 기사를 게재하였다. 또한 순한글과 국한문, 영문 세 종류로 발행되어 독자층이 넓었고 발행 부수도 가장 많았다.

오답 설명

① 만세보는 천도교에서 창간한 신문으로 친일 단체인 일진회를 비판하였다.
② 제국신문은 순한글로 간행되어 주로 서민층과 부녀자를 주된 독자층으로 삼았으며, 교육과 실업의 발달을 강조하였다.
③ 한성주보는 박문국에서 1886년에 창간한 신문으로, 일주일에 한 번씩 발행되었으며 우리나라 최초로 상업 광고를 게재하였다.

정답: ④

20일 일제의 식민 정책과 민족의 수난 정답 및 해설

한눈에 보는 정답

01	②	02	①	03	④	04	④	05	④	06	①
07	③	08	④	09	②	10	③	11	①	12	③

1. 회사령이 시행된 시기의 사실

키워드

회사의 설립은 조선 총독의 허가를 받아야 함
▶ 회사령(1911~1920)

정답 설명

② 회사령이 시행된 시기인 1912년에 조선인에 한하여 태형을 적용하는 조선 태형령이 공포되었다.

오답 설명

① 회사령이 폐지된 이후인 1938년에 전시 체제하에서 조선인의 생활을 감시 및 통제하기 위하여 애국반이 조직되었다.
③ 회사령 시행 이전인 1906년에 서울과 신의주를 연결하는 경의선 철도가 개통되었다.
④ 회사령이 폐지된 이후인 1930년대에 일제는 한반도를 원료 공급지로 만들기 위해 남쪽에서는 면화를, 북쪽에서는 양을 키우도록 강요한 남면북양 정책을 추진하였다.

정답: ②

2. 토지 조사 사업

키워드

지세의 부담을 공평히 하고 지적을 명확히 하여 그 소유권을 보호함, 토지의 개량 및 이용을 자유롭게 함 ▶ (가) 토지 조사 사업

정답 설명

① 토지 조사 사업은 농민들의 관습적인 경작권을 인정하지 않았다.

오답 설명

② 토지 조사 사업으로 역둔토와 왕실이 소유한 토지인 궁장토가 조선 총독부 소유가 되었다.
③ 토지 조사 사업은 조선 총독이 정한 기한 내에 토지 소유주가 직접 신고하는 방식으로 진행되었다.
④ 토지 조사 사업으로 미신고 토지나 소유권이 불분명한 토지는 조선 총독부 소유가 되었다. 일제는 이렇게 확보된 토지를 동양 척식 주식회사나 일본인 농업 이주민에게 저렴한 가격으로 넘겨주면서 한국으로의 일본인 농업 이민이 촉진되었다.

정답: ①

※ 개념 플러스 - 토지 조사 사업

목적	공정한 지세 확보 및 근대적 토지 소유권 확립
전개	기한부 신고주의 원칙으로 운영
결과	- 조선 총독부의 지세 수입 증가 - 농민의 관습적인 경작권 부정 - 지주의 권한 강화

3. 1910년대에 있었던 사실

정답 설명

④ 일제는 1918년에 6개의 농공은행을 통합하여 조선식산은행을 설립하였다. 조선식산은행은 일제의 한국에 대한 경제적 침략에 큰 역할을 하였다.

오답 설명

① 일제는 1944년에 전쟁에 필요한 병력을 보충하기 위해 징병제를 시행하여 한국의 청년들을 군인으로 강제 동원하였다.
② 일제는 1908년에 사립 학교의 설립과 운영을 통제하는 사립학교령을 공포하였다.
③ 일제는 1925년에 만주 군벌 장쭤린과 미쓰야 협정을 체결하였다. 미쓰야 협정은 한국의 독립 운동가를 중국 관헌이 체포하여 일본에 인도하기로 한 협정으로, 이로 인하여 독립군의 활동이 위축되었다.

정답: ④

4. 문화 통치 시기에 있었던 사실

키워드

일제는 3·1 운동을 통해 강압적으로 한국을 지배할 수 없다고 생각함, 교묘하게 한국인을 분열시켜 식민 지배를 손쉽게 하고자 함 ▶ (가) 문화 통치(1919~1931)

정답 설명

④ 일제는 문화 통치 시기에 언론·출판·결사의 자유를 일부 허용하였고, 이에 따라 조선일보와 동아일보 등 한국인이 발행하는 신문이 창간되었다. 그러나, 검열을 통해 식민 통치에 비판적이거나 민족의식을 고취하는 기사를 삭제하였으며, 심한 경우에는 신문을 정간시켰다.

오답 설명

① 일제는 무단 통치 시기에 헌병이 일반 경찰의 업무까지 관여하고 담당하는 헌병 경찰제를 실시하였다.
② 일제는 민족 말살 통치 시기에 12세 이상 40세 미만의 여성을 정신대로 편성하는 여자 정신 근로령을 발표하였다.
③ 일제는 민족 말살 통치 시기에 아침마다 일왕이 있는 일본 도쿄의 궁성을 향해 허리 숙여 절을 하도록 하는 궁성 요배를 강요하였다.

정답: ④

※ 개념 플러스 - 문화 통치의 실상

구분	방침	실상
총독	문관 총독 임명 허용	광복까지 문관 총독 실제로 임명 X
통치	헌병 경찰제에서 보통 경찰제로 전환	경찰 수와 예산 증가
언론	조선일보와 동아일보의 발행 허용	사전 검열, 정간, 기사 삭제

5. 치안 유지법이 시행된 기간에 있었던 사실

키워드

국체를 변혁 또는 사유 재산제를 부인할 목적으로 결사를 조직하거나 이에 가입하는 자는 10년 이하의 징역 또는 금고에 처함 ▶ 치안 유지법(1925~1945)

정답 설명

④ 일제는 치안 유지법이 시행된 기간인 1943년에 학도 지원병 제도를 실시하여 학생들을 강제로 전쟁에 동원하였다.

오답 설명

① 일제는 1918년에 조선어를 사용하고, 반일적인 교육을 진행하는 서당을 통제 및 탄압하기 위하여 서당 규칙을 발표하였다.
② 일제는 1915년에 한국의 광산을 약탈하기 위한 목적으로 광업권에 대한 허가제 실시 등을 규정한 조선 광업령을 공포하였다.
③ 일제는 1924년에 한국인들의 고등 교육에 대한 열망을 무마시키기 위하여 경성 제국 대학을 설립하였다.

정답: ④

6. 산미 증식 계획이 시행된 이후 나타난 현상

키워드

일본은 한국에서 (가)을/를 실시하여 식량 부족 문제를 해결하려 함 ▶ (가) 산미 증식 계획

정답 설명

① 산미 증식 계획을 시행하는 과정에서 농민들은 수리 시설 개선비와 종자 개량 비용 등을 떠맡게 되어 생활이 더욱 어려워졌고, 이에 따라 많은 수의 자작농들이 소작농으로 바뀌었다.

오답 설명

②, ③, ④ 산미 증식 계획으로 쌀 생산량은 어느 정도 늘어났으나 목표를 달성하지는 못하였다. 그러나 증산된 양보다 더 많은 양을 일본으로 반출하여 한국인의 식량 사정이 악화되었다. 이에 따라 한국인의 1인당 연간 쌀 소비량이 감소하였으며, 만주에서 조, 수수, 콩 등의 잡곡 수입이 증가하였다.

정답: ①

※ 개념 플러스 - 산미 증식 계획

목적	조선의 쌀 생산량을 늘려 일본의 부족한 식량을 충당하기 위함
전개	품종과 농법 등의 개량, 수리 시설 개선 등을 통해 쌀 생산력 증대
결과	- 증산량보다 더 많은 양을 일본으로 반출하여 한국인의 식량 사정 악화 - 쌀 중심의 단작형 농업 구조 형성 - 한국인의 1인당 쌀 소비량 감소 - 만주에서 조, 콩 등의 잡곡 수입 증가 - 농민들이 몰락하여 화전민 등으로 전락하거나 만주나 연해주 등으로 이주

7. 제2차 조선 교육령 시행 시기의 사실

키워드

보통학교의 수업 연한은 6년으로 함
▶ (가) 제2차 조선 교육령(1922~1938)

정답 설명

③ 제3차 조선 교육령(1938~1943) 시행 시기인 1942년에 일제가 조선어 학회를 독립운동 단체로 간주하여 회원들을 체포하고 강제로 해산시킨 조선어 학회 사건이 발생하였다.

오답 설명

① 1931년에 일제가 남만주 철도 폭파 사건을 조작하여 만주를 공격한 만주 사변이 발생하였다.
② 1931~1934년에 동아일보의 주도로 농촌 계몽 운동인 브나로드 운동이 전개되었다.
④ 1936년에 일제는 사상 통제책의 일환으로 치안 유지법의 위반자 중 집행유예나 형 집행 종료 또는 가출옥한 자들을 보호 관찰할 수 있도록 하는 조선 사상범 보호 관찰령을 제정하였다.

정답: ③

8. 조선 농지령이 제정된 시기

키워드

조선 총독부는 한국 내의 소작 문제를 해결하기 위하여 조선 농지령을 제정 ▶ **조선 농지령(1934)**

(가) 105인 사건(1911) ~ 3·1 운동(1919)
(나) 3·1 운동(1919) ~ 신간회 조직(1927)
(다) 신간회 조직(1927) ~ 만보산 사건(1931)
(라) 만보산 사건(1931) ~ 8·15 광복(1945)

정답 설명

④ (라) 시기인 1934년에 한국인의 소작 문제를 해결하기 위하여 조선 농지령이 제정되었다. 조선 농지령은 소작지 임대차의 기간 설정을 3년, 7년 등으로 기간을 규정하였으며, 소작료 및 소작 관계에 대하여 소작위원회에 판정을 구할 수 있다는 내용 등을 명시하였다.

정답: ④

9. 민족 말살 통치 시기의 사실

키워드

혈족의 성마저 빼앗으려 함(창씨개명)
▶ 민족 말살 통치 시기(1931~1945)

정답 설명

② 일제는 무단 통치 시기인 1912년에 한국인의 항일 투쟁뿐만 아니라 일상생활도 엄격하게 단속하기 위하여 **경찰범 처벌 규칙을 발표하였다.**

오답 설명

① 일제는 민족 말살 통치 시기에 탄광, 군수 공장 등에 징발하여 노동을 강요하는 국민 징용령을 공포하였다.
③ 일제는 민족 말살 통치 시기에 황국 신민을 양성한다는 목표 아래 한국인에게 강제로 황국 신민 서사를 암송하게 하였다.
④ 일제는 민족 말살 통치 시기에 공출제를 실시하여 미곡을 강제로 거두었다.

정답: ②

10. 국가 총동원법 제정 이후에 볼 수 있는 모습

키워드
국가 총동원, 제국 신민을 징용하여 총동원 업무에 종사하게 할 수 있음 ▶ 국가 총동원법(1938)

정답 설명
③ 일본은 1912년에 조선인에 한하여 태형을 적용하는 조선 태형령을 제정하였다. 따라서, 태형을 집행하는 일본 경찰은 국가 총동원법 제정 이후에는 볼 수 없는 모습이다.

오답 설명
① 몸뻬는 1940년대에 여성의 노동력 동원을 위해 일본이 강제로 보급한 바지이다. 따라서, 국가 총동원법 제정 이후에는 '몸뻬'를 입은 여성의 모습을 볼 수 있다.
② 태평양 전쟁은 일본이 1941년에 진주만을 공격한 것에서 시작되어 1945년 9월 연합군에 항복할 때까지 일본과 미국, 영국 등 연합군 사이에 벌어진 전쟁이다. 따라서, 국가 총동원법 제정 이후에는 태평양 전쟁에 참전한 청년의 모습을 볼 수 있다.
④ 국민학교는 일본이 1941년에 발표한 국민학교령에 따라 소학교에서 명칭이 변경된 초등 교육 기관이다. 따라서, 국가 총동원법 제정 이후에는 국민학교에서 공부하는 학생의 모습을 볼 수 있다.

정답: ③

11. 일제 강점기에 제정된 법

키워드
(가) ▶ 임야 조사령(1918)
(나) ▶ 육군 특별 지원병령(1938)
(다) ▶ 연초 전매령(1921)
(라) ▶ 조선 사상범 예방 구금령(1941)

정답 설명
① 순서대로 바르게 나열하면 (가) 임야 조사령 → (다) 연초 전매령 → (나) 육군 특별 지원병령 → (라) 조선 사상범 예방 구금령이다.

(가) 일제는 1918년에 임야의 조사와 함께 임야 내에 기재되어 있는 임야 이외의 토지를 조사하기 위하여 임야 조사령을 제정하였다(**임야 조사령**).

(나) 일제는 1921년에 연초(담배)의 제조는 정부에 전속하고, 허가를 받은 자가 아니면 경작할 수 없다는 연초 전매령을 제정하였다(**연초 전매령**).

(다) 일제는 1938년에 호적법의 적용을 받지 않는 17세 이상 남자 중에 육군 병역에 복무하기를 지원하는 자는 현역 또는 제1보충역에 편입시킬 수 있는 육군 특별 지원병령을 제정하였다(**육군 특별 지원병령**).

(라) 일제는 1941년에 치안 유지법을 위반하여 형에 처해진 경력이 있는 자를 그 집행이 마치고 석방을 마친 이후에도 범죄를 예방하는 차원에서 필요한 경우 구금할 수 있도록 하는 조선 사상범 예방 구금령을 제정하였다(**조선 사상범 예방 구금령**).

정답: ①

12. 일제가 실시한 시기별 경제 정책

정답 설명
③ 일제는 토지 조사 사업을 진행하기 위하여 1912년에 토지 조사령을 제정하였다.

오답 설명
① 일제는 1911년에 어업령을 제정하여 조선인의 어업 활동을 억압하였다.
② 일제는 1920년에 미곡 증산을 표방한 산미 증식 계획을 실시하였다.
④ 일제는 1943년에 조선 식량 관리령을 제정하여 식량의 수급 및 배급을 통제하였다.

정답: ③

21일 민족 운동의 전개 정답 및 해설

한눈에 보는 정답

| 01 | ③ | 02 | ② | 03 | ① | 04 | ④ | 05 | ③ | 06 | ① |
| 07 | ③ | 08 | ③ | 09 | ③ | 10 | ② | 11 | ② | 12 | ③ |

1. 이회영

키워드
여러 형제들이 모여서 만주로 갈 준비를 함, 이은숙(이회영의 아내), 『서간도 시종기』 ▶ (가) 이회영

정답 설명
③ 이회영을 비롯한 여섯 형제들은 전 재산을 팔아 독립운동 자금을 마련하여 경술국치(1910. 8. 29.) 이후에 압록강을 건너 만주로 이주하였고, 삼원보에 독립운동 단체인 경학사를 조직하였다.

오답 설명
① 김구는 대한민국 임시 정부의 침체를 극복하고, 독립운동에 활력을 불어넣고자 한인 애국단을 조직하였다.
② 주시경은 문법서인 『국어문법』을 편찬하였다.
④ 이동휘는 대한민국 임시 정부의 초대 국무총리를 역임하였다.

정답: ③

2. 대한 광복회

키워드
부호의 의연금 및 일본인이 불법 징수하는 세금을 압수하여 무장을 준비함, 행형부를 둠 ▶ 대한 광복회

정답 설명
② 대한 광복회는 공화 정체의 국가 건설을 지향하였으며, 독립 전쟁을 목표로 군대식 조직을 갖추고 무관 학교 설립을 추진하였다.

오답 설명
① 대한 광복회는 대한 독립 선언서를 발표하지 않았다. 한편, 대한 독립 선언서는 신채호, 박은식, 신규식 등 우리나라의 독립 운동가 39명이 한국의 독립을 선포한 선언서이다.
③ 독립 의군부는 임병찬이 고종의 밀명을 받고 각지의 유생을 모아 조직하였다.
④ 독립 의군부는 국권 반환 요구서를 조선 총독부에 제출할 것을 계획하였다.

정답: ②

3. 3·1 운동

키워드
태화관, 탑골 공원, 학생들이 조선 독립 만세를 외침 ▶ 3·1 운동

정답 설명
① 6·10 만세 운동은 대한 제국의 마지막 황제인 순종의 인산일을 계기로 계획되었다.

오답 설명
② 3·1 운동을 계기로 독립 운동을 지도할 조직의 필요성이 대두되면서 대한민국 임시 정부가 수립되었다.
③ 3·1 운동은 독립 만세를 외치며 거리를 행진하는 평화적 시위에서 일제의 무자비한 탄압에 대항하여 점차 군청, 면사무소 등 식민 통치 기관을 습격하는 폭력적 투쟁으로 변모되어 갔다.
④ 3·1 운동이 발생하자 헌병 경찰과 일본군이 시위를 폭력적으로 진압하는 경우가 많았고, 경기도 화성의 제암리에서는 일본군이 주민을 감금하고, 학살하는 만행을 저질렀다.

정답: ①

4. 1919~1926년 사이의 사실

키워드
3·1 운동(1919) ▶ (가) ▶ 6·10 만세 운동(1926)

정답 설명

④ (가) 시기인 1920년에 김좌진이 이끄는 북로 군정서군은 백운평, 어랑촌 등 청산리 일대에서 일본군에 승리하였다.

오답 설명

① (가) 시기 이후인 1927년에 신간회의 자매 단체인 근우회가 조직되었다.
② (가) 시기 이후인 1942년에 조선 독립 동맹이 결성되었다. 조선 독립 동맹은 화북 조선 청년 연합회를 개편하여 결성된 사회주의 단체이다.
③ (가) 시기 이전인 1911년에 제1차 조선 교육령이 발표되었다. 제1차 조선 교육령은 보통학교의 수업 연한을 4년으로 규정하였으며, 한국인에게 낮은 수준의 실업 교육만 실시하려고 하였다.

정답: ④

5. 대한민국 임시 정부

키워드

연통제를 실시함 ▶ (가) 대한민국 임시 정부

정답 설명

③ 대한민국 임시 정부는 신흥 강습소가 설립(1911)된 이후에 수립(1919)되었다. 한편, 신흥 강습소는 이동녕, 이회영 등이 독립군을 양성하기 위하여 서간도 지역에 설립한 기관이다.

오답 설명

① 대한민국 임시 정부는 독립운동을 위한 자금을 마련하기 위하여 국외 거주 동포에게 독립 공채를 발행하였다.
② 대한민국 임시 정부는 외교 활동을 위해 미국 워싱턴에 구미 위원부를 설치하였다.
④ 대한민국 임시 정부는 임시 사료 편찬소를 두고 『한일 관계 사료집』을 간행하여 일제 침략의 부당성을 널리 알리고자 하였다.

정답: ③

※ 개념 플러스 – 대한민국 임시 정부

체제	우리나라 최초의 민주 공화제
구성	입법 기관인 임시 의정원, 사법 기관인 법원, 행정 기관인 국무원으로 구성
주요 활동	- 비밀 행정 조직인 연통제 설치 - 통신 기관인 교통국 설치 - 국내외 동포에게 독립 공채 발행 - 기관지로 독립신문 발행 - 『한일 관계 사료집』 간행 - 미국 워싱턴에 구미 위원부 설치

6. 국민 대표 회의

키워드

독립운동이 나아갈 방향을 확립하여 통일적 기관 아래에서 대업을 완성하고자 함 ▶ 국민 대표 회의

정답 설명

① 국민 대표 회의는 연통제와 교통국이 일제에 의해 발각되고, 대한민국 임시 정부 초기의 주요 정책이었던 외교 독립론이 성과를 거두지 못하자 독립운동의 방향을 논의하기 위해 1923년에 상하이에서 개최되었다. 국민 대표 회의는 임시 정부를 해체하고 새 정부를 수립할 것을 주장한 창조파와 임시 정부를 존속하고 개조할 것을 주장한 개조파가 대립하면서 큰 성과를 거두지 못하고 결렬되었다.

오답 설명

② 국민 대표 회의가 결렬된 이후인 1941년에 대한민국 임시 정부는 조소앙의 삼균주의를 바탕으로 한 건국 강령을 채택하였다.
③ 파리 강화 회의는 제1차 세계 대전의 전후 처리에 관한 회의로, 국민 대표 회의 이전인 1919년에 개최되었다. 미국에 있던 대한인 국민회는 1918년에 회의를 소집하여 파리 강화 회의에 파견할 민족 대표를 선출하기로 결정하였다. 이 결정에 따라 상하이에 있던 독립운동가들은 신한청년당을 결성하고 대표로 김규식을 파리 강화 회의에 파견하였다.
④ 국민 대표 회의가 결렬된 이후인 1940년에 3당(한국 국민당, 한국 독립당, 조선 혁명당) 통합을 통한 한국 독립당이 결성되었다.

정답: ①

7. 안창호

키워드

신민회 조직, 대성 학교 설립, 미국 샌프란시스코에서 흥사단 조직 ▶ (가) 안창호

정답 설명

③ 안창호는 양기탁 등과 비밀 결사인 신민회를 조직하였고, 평양에 대성 학교를 설립하여 인재를 양성하였다. 또한, 미국 샌프란시스코에서 흥사단을 조직하였으며, 대한민국 임시 정부에 참여하여 내무총장, 국무총리 대리 등을 역임하였다.

오답 설명

① 안재홍은 정인보 등과 함께 정약용 서거 99주년을 기념하여 조선학 운동을 전개하였다.
② 이동휘는 하바로프스크에서 우리나라 최초의 사회주의 정당인 한인 사회당을 창당하였다.
④ 이승만은 대한민국 임시 정부의 초대 대통령을 역임하였다.

정답: ③

8. 6·10 만세 운동

키워드

왕조의 마지막 군주인 창덕궁 주인(순종)이 서거함 ▶ 6·10 만세 운동

정답 설명

③ 6·10 만세 운동은 1926년에 대한 제국의 마지막 황제인 순종이 사망한 것을 계기로 조선 공산당이 중심이 된 사회주의 계열과 천도교를 비롯한 민족주의 계열, 학생 단체 등이 준비하였다. 그러나, 일제에 의해 사회주의 계열과 민족주의 계열은 발각되었지만, 조선 학생 과학 연구회를 비롯한 학생 조직은 발각되지 않았다. 이에, 순종의 장례일인 6월 10일에 조선 학생 과학 연구회 등의 주도로 6·10 만세 운동이 전개되었다.

오답 설명

① 3·1 운동은 중국의 5·4 운동 등 세계 약소민족의 반제국주의 운동에 영향을 끼쳤다.

② 6·10 만세 운동은 조선 청년 총동맹(1924)이 결성된 이후인 1926년에 전개되었다.
④ 광주 학생 항일 운동은 광주 지역의 학생 비밀 결사인 성진회와 각 학교 독서회에 의해 전국적으로 확산되었다.

정답: ③

9. 정우회 선언이 발표된 시기

키워드

민족주의적 세력에 대하여는 타락하는 형태로 출현되지 아니하는 것에 한하여는 적극적으로 제휴 ▶ 정우회 선언(1926)

(가) 회사령 제정(1910) ~ 청산리 전투(1920)
(나) 청산리 전투(1920) ~ 미쓰야 협정(1925)
(다) 미쓰야 협정(1925) ~ 중·일 전쟁(1937)
(라) 중·일 전쟁(1937) ~ 태평양 전쟁(1941)

정답 설명

③ (다) 시기인 1926년에 사회주의 단체인 정우회는 비타협적 민족주의 세력과의 제휴를 주장한 정우회 선언을 발표하였다.

정답: ③

10. 광주 학생 항일 운동

키워드

검거된 학생들을 즉시 우리 손으로 탈환하자, 식민지적 노예 교육 제도를 철폐하라, 전국 학생 대표자 회의를 개최하라 ▶ 광주 학생 항일 운동

정답 설명

② 광주 학생 항일 운동이 일어나자 신간회는 진상을 규명하고자 조사단을 현지에 파견하고, 민중 대회를 열어 한국 학생에 대한 차별 조치를 규탄하고자 하였다.

오답 설명

① 광주 학생 항일 운동은 광주 지역의 학생들이 주도하여 일으킨 항일 운동으로, 학도 지원병제 실시(1943) 이전인 1929년에 시작되어 1930년 3월까지 전개되었다.
③ 3·1 운동(1919)은 일제가 이른바 문화 통치를 실시하는 배경이 되었다.
④ 국채 보상 운동은 대구에서 서상돈, 김광제 등의 주도로 시작되었으며 대한매일신보, 황성신문 등 언론의 후원을 받아 전국적으로 확산되었다.

정답: ②

※ 개념 플러스 - 광주 학생 항일 운동

배경	식민지 차별 교육에 대한 불만
전개	통학 열차 안에서 한·일 학생 간의 충돌 → 일본 경찰의 편파적인 처리 → 광주에서 학생들을 중심으로 시위 시작 → 전국적 항일 투쟁으로 확산
의의	3·1 운동 이후 최대 규모의 민족 운동

11. 상하이에서 조직된 단체

키워드

윤봉길이 홍커우 공원에서 폭탄을 던짐 ▶ (가) 상하이

정답 설명

② 옳은 것을 모두 고른 것은 ㄱ, ㄹ이다.

ㄱ. 상하이에서는 신규식, 박은식 등의 주도로 1912년에 동제사가 조직되었다. 동제사는 독립운동을 담당할 청년들을 교육하기 위해 박달학원을 설립하기도 하였다.
ㄹ. 상하이에서는 여운형, 김규식 등의 주도로 1918년에 신한청년당이 조직되었다. 신한청년당은 파리 강화 회의에 김규식을 한국 대표로 보내는 등 외교 활동을 전개하였으며, 기관지로 『신한청년보』를 발행하였다.

오답 설명

ㄴ. 미주에서는 샌프란시스코의 공립협회와 하와이의 한인합성협회가 통합되어 1909년에 대한인 국민회가 조직되었다. 대한인 국민회는 기관지로 『신한민보』를 발행하였으며, 의연금을 모아 대한민국 임시 정부에 송금하였다.
ㄷ. 연해주에서는 이상설, 이범윤 등의 주도로 1910년에 성명회가 조직되었다. 성명회는 선언서와 격문을 발표하여 한일 합방의 부당성을 각국 정부에 호소하였다.

정답: ②

12. 연해주에서 전개된 사실

키워드

국내와 가까워 1860년대부터 한국인이 이주해 살았음, 권업회가 조직되기도 함 ▶ 연해주

정답 설명

③ 연해주에서는 1914년에 이상설과 이동휘를 정·부통령으로 하는 대한 광복군 정부가 조직되었다.

오답 설명

① 북간도에서는 대종교 계열의 무장 단체인 중광단이 결성되었다.
② 멕시코에서는 독립군 양성을 위한 숭무 학교가 설립되었다.
④ 미주 하와이에서는 박용만에 의해 군사 양성 기관인 대조선 국민 군단이 창설되었다.

정답: ③

22일 무장 독립 전쟁의 전개 정답 및 해설

한눈에 보는 정답

| 01 | ② | 02 | ④ | 03 | ④ | 04 | ② | 05 | ② | 06 | ③ |
| 07 | ③ | 08 | ② | 09 | ③ | 10 | ① | 11 | ④ | 12 | ② |

1. 의열단

키워드

민중은 우리 혁명의 대본영, 폭력은 우리 혁명의 유일한 무기(「조선 혁명 선언」) ▶ 의열단

정답 설명

② 한인 애국단은 침체된 임시 정부의 활동에 활기를 불어넣고자 김구가 1931년에 결성하였다.

오답 설명

① 의열단은 나석주, 최수봉, 김상옥, 김익상 등이 단원으로 활동하였다.
③ 의열단은 한국 독립당, 조선 혁명당 등과 함께 1935년에 중국 관내 최대 규모의 민족 통일 전선 정당인 민족 혁명당을 결성하였다.
④ 의열단은 의열 활동만으로는 독립이 어렵다고 판단하여 일부 구성원들을 중국 국민당 정부가 장교를 양성하기 위해 세운 군사 학교인 황푸 군관 학교에 보내 군사 훈련을 받도록 하였다.

정답: ②

※ 개념 플러스 - 의열단

조직	1919년에 김원봉, 윤세주 등이 조직
활동 지침	신채호의 「조선 혁명 선언」
주요 단원	- 최수봉(밀양 경찰서에 폭탄 투척) - 김익상(조선 총독부에 폭탄 투척) - 김상옥(종로 경찰서에 폭탄 투척) - 나석주(조선식산은행과 동양 척식 주식회사에 폭탄 투척)

2. 이봉창의 활동

키워드

폭탄 두 개, 동경(도쿄), 영원한 쾌락을 누리고자 이 길을 떠남 ▶ 이봉창

정답 설명

④ 이봉창은 상하이에서 한인 애국단에 참가하였으며, 1932년 1월 동경(도쿄)에서 일왕이 탄 마차를 향해 폭탄을 투척하였지만 실패하였다.

오답 설명

① 안중근은 한국, 청나라, 일본의 삼국이 연대하여 서양에 대적하고 평화적인 동양의 질서를 만들어 나가자는 『동양평화론』을 집필하였다.
② 김익상은 의열단의 단원으로 일제 강점기에 우리나라를 지배한 최고 식민 통치 기구인 조선 총독부에 폭탄을 투척하였다.
③ 김원봉은 중국 국민당의 지원을 받아 중국 난징에 군사 간부 양성 학교인 조선 혁명 간부 학교를 설립하였다.

정답: ④

3. 일제 강점기에 활동한 주요 인물

정답 설명

④ 유관순은 3·1 운동으로 휴교령이 내려지자 고향인 천안으로 내려가 아우내에서 독립 만세 운동을 주도하였다. 한편, 일본 궁성의 이중교에 폭탄을 투척한 인물은 의열단원인 김지섭이다.

오답 설명

① 강우규는 1919년에 남대문역(현재 서울역)에서 사이토 마코토 총독에게 폭탄을 투척하였으나 암살하지는 못하였다.
② 김상옥은 의열단원으로 1923년 일본 경찰의 본거지인 서울 종로 경찰서에 폭탄을 투척하였다.
③ 조명하는 1928년에 대만 타이중에서 일왕 히로히토의 장인이자 일본 육군 대장 구니노미야를 저격하였다.

정답: ④

4. 1920년대 무장 독립 전쟁의 전개

키워드

(가) ▶ 청산리 전투(1920. 10.)
(나) ▶ 자유시 참변(1921)
(다) ▶ 신민부 조직(1925)
(라) ▶ 대한 독립 군단 조직(1920. 12.)

정답 설명

② 순서대로 바르게 나열하면 (가) 청산리 전투 → (라) 대한 독립 군단 조직 → (나) 자유시 참변 → (다) 신민부 조직이다.

(가) 1920년 10월에 김좌진과 홍범도 등이 이끄는 독립군 연합 부대는 일본군을 청산리로 유인하여 큰 승리를 거두었다(**청산리 전투**).

(나) 1921년에 러시아령 자유시로 이동한 독립군은 내부 주도권 다툼과 러시아 적군의 무장 해제 요구에 따라 큰 피해를 입었다(**자유시 참변**).

(다) 1925년에 북만주 지역의 독립 운동 단체들은 효과적인 항일 투쟁을 위하여 신민부를 조직하였다(**신민부 조직**).

(라) 1920년 12월에 일본군의 공세를 피해 러시아 국경에 가까운 북만주 밀산에 집결한 여러 독립군 부대는 서일을 총재로 하여 대한 독립 군단을 조직하였다(**대한 독립 군단 조직**).

정답: ②

5. 홍범도

키워드

평안도 양덕 사람, 1907년에 차도선, 송상봉, 허근 등과 의병을 일으킴 ▶ 홍범도

정답 설명

② 홍범도는 대한 독립군을 이끌었으며 최진동의 군무도독부군, 안무의 국민회군 등의 독립군 부대와 연합하여 봉오동 전투에서 승리하였다.

오답 설명

① 박상진, 채기중 등은 1915년 대구에서 대한 광복회를 조직하였다.
③ 김두봉은 화북 조선 청년 연합회를 개편하여 1942년에 결성된 사회주의 단체인 조선 독립 동맹의 주석을 역임하였다.
④ 김구는 1919년 상해 임시 정부에 현재의 경찰청이라 볼 수 있는 경무국이 설치되면서 초대 경무국장(경찰청장)으로 선임되어 활동하였다.

정답: ②

6. 조선 혁명군

키워드

중국(의용군)과 한국 양국의 군민은 한마음 한뜻으로 일제에 대항함 ▶ 조선 혁명군

정답 설명

③ 조선 혁명군은 중국 의용군 등과 연합하여 영릉가 전투에서 일본군을 물리쳤다.

오답 설명

① 한국 독립군과 한국 광복군은 지청천을 중심으로 활동하였다. 한편, 조선 혁명군은 양세봉을 중심으로 활동하였다.
② 한국 독립군은 한국 독립당의 산하 부대로 북만주 지역에서 주로 활동하였다. 한편, 조선 혁명군은 조선 혁명당의 산하 부대로 남만주 지역에서 주로 활동하였다.
④ 조선 의용대는 중국 국민당 정부가 항일 투쟁에 소극적인 모습을 보이자 화북으로 이동하여 조선 의용대 화북 지대를 결성하였고, 김원봉이 이끄는 일부 대원은 한국 광복군에 편입되었다.

정답: ③

7. 대전자령 전투가 발생한 시기

키워드

일본군의 부대가 대전자령의 계곡으로 들어오기 시작함, 일본군은 거의 궤멸됨 ▶ 대전자령 전투(1933)

(가) 국권 피탈(1910) ~ 국민 대표 회의(1923)
(나) 국민 대표 회의(1923) ~ 만주 사변(1931)
(다) 만주 사변(1931) ~ 중·일 전쟁(1937)
(라) 중·일 전쟁(1937) ~ 8·15 광복(1945)

정답 설명

③ (다) 시기인 1933년에 한국 독립군은 지청천의 지휘 아래 중국 항일 무장 세력과 연합하여 대전자령 전투에서 일본군에 승리하였다.

정답: ③

8. 민족 혁명당

키워드

1935년에 난징에서 창당된 중국 관내 최대 규모의 민족 통일 전선 정당 ▶ (가) 민족 혁명당

정답 설명

② 동북 항일 연군은 중국 공산당이 만주 지역의 항일 투쟁을 체계화할 목적으로 조직한 동북 인민 혁명군이 확대 및 개편된 부대로 민족 혁명당과는 관련이 없다.

오답 설명

① 민족 혁명당은 중국 관내 최대 규모의 민족 통일 전선 정당이었지만, 김구는 대한민국 임시 정부의 약화를 우려하여 참여하지 않았다.
③ 민족 혁명당은 의열단 계열인 김원봉이 주도권을 잡자, 지청천과 조소앙 등 민족주의 세력의 일부가 이탈하였다.
④ 민족 혁명당은 중·일 전쟁 이후 여러 단체를 통합하여 조선 민족 전선 연맹을 결성하였다.

정답: ②

9. 조선 의용대

키워드

중국 한커우에서 조직됨, 대원은 대부분 조선 민족 혁명당원, 총대장은 진국빈(김원봉) ▶ (가) 조선 의용대

정답 설명

③ 조선 의용대는 중국 관내에서 결성된 최초의 한인 무장 부대로 정보 수집, 포로 심문 등의 활동을 하였다.

오답 설명

① 조선 의용대는 미쓰야 협정이 체결(1925)된 이후인 1938년에 조직되었다.
② 조선 혁명군은 양세봉의 지휘 아래 흥경성 전투에서 참여하였고, 일본군을 상대로 승리하였다.
④ 한국 광복군은 중국 국민당 정부로부터 지원을 받는 대신 초기에는 중국 군사 위원회의 지휘와 간섭을 받았다.

정답: ③

※ 개념 플러스 - 조선 의용대

창설	1938년에 한커우에서 창설
활동	일본군에 대한 심리전, 첩보 활동, 포로 심문 등
분열	- 중국 국민당 정부가 항일 투쟁에 소극적인 모습을 보이자 일부가 화북으로 이동(조선 의용대 화북 지대) - 화북으로 이동하지 않은 대원은 김원봉의 지휘 아래 한국 광복군에 편입

10. 한국 광복군

키워드

충칭, 이범석 장군, OSS 특별 훈련 ▶ 한국 광복군

정답 설명

① 한국 광복군은 대한민국 임시 정부의 군대로, 1940년 충칭에서 창설되었다. 한국 광복군은 미국 전략 첩보국(OSS)의 도움을 받아 특수 훈련을 실시하였으며, 국내 정진군을 편성하여 국내 진공 작전을 계획하였다.

오답 설명

② 북로 군정서는 1919년에 결성된 부대로, 청산리에서 일본군을 상대로 승리하였다.
③ 조선 의용군은 중국 의용대 화북 지대가 개편되어 1942년에 결성된 부대로, 중국 공산당의 팔로군 등과 함께 대일 항전을 전개하였다.
④ 조국 광복회는 동북 항일 연군의 한인 간부들이 만주와 한반도 북부의 사회주의자와 민족주의자를 포괄하여 1936년에 결성한 단체이다.

정답: ①

※ 개념 플러스 - 한국 광복군

창설	1940년에 충칭에서 창설
전투력 강화	김원봉이 이끄는 조선 의용대의 일부가 합류하면서 전투력 강화
활동	- 인도·미얀마 전선에서 영국군과 연합 작전 수행 - 국내 정진군을 조직하여 국내 진공 작전 계획

11. 대일 선전 성명서 발표 이후의 사실

키워드
한국 전 인민은 추축국(독일, 이탈리아, 일본 등)에 선전함 ▶ 대일 선전 성명서(1941)

정답 설명
④ 대일 선전 성명서가 발표된 이후인 1943년에 영국군의 요청에 따라 인도·미얀마 전선에 한국 광복군이 파견되었다. 한국 광복군은 일본군 포로의 심문, 전단 살포와 같은 선전 활동, 정보 수집 등을 담당하였다.

오답 설명
① 1929년에 민족 유일당의 일환으로 국민부가 결성되었다.
② 1917년에 박은식, 신채호 등은 대동단결 선언을 발표하여 독립의 의지를 밝히고 국민이 나라의 주인임을 확인하였다.
③ 1920년에 일제는 봉오동 전투에서 패배하자 중국 마적단을 매수하여 훈춘의 영사관을 공격하게 하였다(훈춘 사건). 이를 구실로 일제는 만주 지역에 군대를 동원하여 독립군을 공격하였다.

정답: ④

12. 김원봉

키워드
밀양 출생, 민족 혁명당 조직, 조선 의용대 창설, 한국 광복군 부사령관 역임 ▶ 김원봉

정답 설명
② 김원봉은 1919년 만주 길림에서 윤세주 등과 의열단을 조직하였다. 의열단은 신채호의 「조선 혁명 선언」을 활동 지침으로 삼아 일제의 요인 처단과 식민 통치 기관 파괴 등에 주력하였다.

오답 설명
① 이동녕은 대한민국 임시 정부의 입법 기관인 임시 의정원의 초대 의장을 맡았다.
③ 김구는 대한민국 임시 정부의 주석을 역임하였다.
④ 이상설은 대한 광복군 정부의 정통령으로 선임되었다.

정답: ②

23일 민족 문화 수호 운동 정답 및 해설

한눈에 보는 정답

| 01 | ④ | 02 | ① | 03 | ④ | 04 | ④ | 05 | ② | 06 | ① |
| 07 | ④ | 08 | ③ | 09 | ④ | 10 | ② | 11 | ② | 12 | ③ |

※ 개념 플러스 - 물산 장려 운동

배경	일본 상품에 대한 관세 철폐 추진
전개	조만식 등을 중심으로 평양에서 시작 → 서울에서 조선 물산 장려회가 조직되면서 전국적으로 확산
한계	- 물가 상승 - 사회주의 계열의 비판

1. 물산 장려 운동

키워드

일본 제품 배척 운동, 일부 사회주의자들이 유산 계급의 이익을 위한 것이라고 함 ▶ **물산 장려 운동**

정답 설명

④ 물산 장려 운동은 민족 산업과 자본을 보호·육성하여 민족 경제의 자립을 이루자는 운동으로, 자작회, 토산 애용 부인회 등의 다양한 단체가 참여하여 국산품 애용, 금주, 단연 등을 주장하였다.

오답 설명

① 민립 대학 설립 운동은 한국인의 힘으로 대학을 설립하여 고등 교육을 실현하자는 운동으로, 일제의 방해 및 가뭄과 홍수가 계속되어 모금이 저조해지면서 중단되었다.

② 물산 장려 운동은 황국 중앙 총상회가 설립(1898)된 이후인 1920년대에 전개되었다.

③ 물산 장려 운동은 일제의 회사령이 폐지(1920)된 이후에 전개되었다. 회사령이 폐지되면서 한국인의 회사 설립이 활발해졌지만 일본 기업이 한국에 본격적으로 진출하고, 조선 총독부가 면직물과 주류를 제외한 일본에서 수입되는 상품의 관세를 없애려 하자 규모가 영세했던 한국인 자본가들은 위기의식을 느꼈다. 이에 국산품 애용을 통해 민족의 경제적 자립을 이루고자 물산 장려 운동을 전개하였다.

정답: ④

2. 형평 운동

키워드

갑오년(1894)부터 백정의 칭호가 없어지고 평민이 된 우리들, 생활의 안정을 도모하고 공동의 존영을 기하려 함 ▶ **형평 운동**

정답 설명

① 형평 운동은 일제 강점기인 1923년부터 일어난 백정들의 신분 해방 운동이다. 형평 운동은 갑오개혁으로 신분제는 폐지되었지만 실질적으로 여러 가지 차별 대우를 받고 있던 백정에 대한 사회적 철폐를 주장하였으며, 이학찬 등이 경상남도 진주에서 조직한 조선 형평사의 주도로 전개되었다.

오답 설명

② 물산 장려 운동은 조만식 등의 주도로 평양에서 시작하여 전국적으로 확산되었다.

③ 고려 시대의 특수 행정 구역으로 일반 군현에 비해 차별을 받았던 향·소·부곡은 조선 전기인 15세기 후반에 군·현으로 승격되거나 소속 군·현에 흡수되어 완전 소멸하였다.

④ 민립 대학 설립 운동은 '한민족 1천만이 한 사람 1원씩'이라는 구호를 내세웠다.

정답: ①

3. 대종교

키워드

공(나철)이 제창하고 교주를 자임 ▶ **(가) 대종교**

정답 설명

④ 대종교는 나철과 오기호 등이 창시하였으며, 단군 숭배 사상을 통해 민족의식을 고취시켰다.

오답 설명

① 천주교는 의민단을 조직하여 무장 투쟁을 전개하였다.
② 원불교는 박중빈을 중심으로 남녀평등, 허례허식 폐지 등의 새생활 운동을 추진하였다.
③ 천도교는 『개벽』, 『신여성』, 『어린이』 등의 잡지를 발행하였다.

정답: ④

4. 2·8 독립 선언과 원산 총파업 사이의 사실

키워드

(가) 조선 청년 독립단이 도쿄에서 2·8 독립 선언 발표
▶ 2·8 독립 선언 발표(1919)

(나) 문평 라이징 선 석유 회사의 일본인 감독이 조선인 노동자를 구타, 노동자들이 파업 전개 ▶ 원산 총파업(1929)

정답 설명

④ (나) 시기 이후인 1936년에 손기정이 베를린 올림픽에서 마라톤 금메달을 획득하였다.

오답 설명

① (가)와 (나) 사이인 1923년에 전라남도 신안군 암태도에서 지주 문재철이 7할 또는 8할의 고율 소작료를 징수하자, 소작인들이 소작료를 4할로 인하할 것 등을 요구하며 쟁의를 일으킨 암태도 소작 쟁의가 일어났다.
② (가)와 (나) 사이인 1927년에 전국적인 농민 운동 단체인 조선 농민 총동맹이 조직되었다.
③ (가)와 (나) 사이인 1923년에 김기진, 박승희 등 일본 유학생을 중심으로 신극 운동 단체인 토월회가 결성되어 다양한 연극과 공연을 소개하였다.

정답: ④

5. 근우회

키워드

조선 자매 전체의 역량을 공고히 단결 ▶ (가) 근우회

정답 설명

② 근우회는 신간회의 자매 단체였으며, 기관지로 『근우』를 발간하였다.

오답 설명

① 천도교 소년회는 방정환, 김기전 등이 조직하였다.
③ 근우회는 3·1 운동(1919) 이후인 1927년에 조직되었다.
④ 선교사 스크랜튼은 1886년에 여성 교육을 위해 우리나라 최초의 여학교인 이화 학당을 설립하였다.

정답: ②

※ 개념 플러스 - 근우회

조직	김활란 등이 여성 단체들을 통합하여 신간회의 자매 단체로 조직
강령	여성의 공고한 단결과 지위 향상
활동	- 기관지로 『근우』 발간 - 여성 계몽 운동 전개

6. 일제 강점기 조선인의 생활 모습

정답 설명

① 일제 강점기에는 서민의 주택난을 해결하기 위하여 일종의 국민 연립 주택인 영단 주택이 만들어졌다. 한편, 상류층은 응접실, 침실 등 개인의 독립된 공간이 있는 문화 주택에 주로 거주하였다.

오답 설명

② 일제 강점기에는 음식 조리 과정에서 왜간장, 조미료 등을 사용하였다.
③ 일제 강점기에는 도시의 변두리에 빈민이 거적때기로 지붕과 출입구를 만든 토막집을 짓고 살았다.
④ 일제 강점기에는 모자, 넥타이, 구두 등의 서양식 옷차림을 한 모던 보이와 모던 걸이 활동하였다.

정답: ①

7. 조선어 학회

키워드

이극로, 조선의 어문 운동 전개 ▶ (가) 조선어 학회

정답 설명

④ 조선어 학회는 한글 맞춤법 통일안과 표준어를 제정하였으며, 「우리말 큰 사전」 편찬을 시도하였으나 일제의 방해로 실패하였다.

오답 설명

① 황국 협회는 독립 협회의 활동에 대항하기 위하여 보부상들이 중심이 되어 1898년에 조직한 단체이다.
② 진단 학회는 이병도, 손진태 등이 우리나라의 역사, 언어 및 주변국의 문화를 연구하기 위하여 1934년에 조직한 단체이다.
③ 국문 연구소는 한글의 체계적인 연구를 목적으로 대한 제국 학부 안에 설치된 한글 연구 기관으로 주시경, 지석영 등이 활동하였다.

정답: ④

8. 박은식

키워드

「유교구신론」, 『한국독립운동지혈사』 ▶ 박은식

정답 설명

③ 박은식은 '나라는 형(形, 형체)이고 역사는 신(神, 정신)'이라고 주장하였으며, 민족정신으로서 국혼을 강조하였다.

오답 설명

① 손병희는 동학의 제3대 교주로, 동학을 천도교로 개칭하였다.
② 손진태는 신민족주의 사관에 입각하여 『조선민족사 개론』을 저술하였다.
④ 신채호는 대한매일신보에 민족을 역사 서술의 주체로 설정한 「독사신론」을 연재하였다.

정답: ③

※ 개념 플러스 - 박은식

국혼 강조	민족정신으로 국혼 강조
주요 활동	- 신규식 등과 동제사 조직 - 대한민국 임시 정부의 제2대 대통령 역임
저술	「유교구신론」, 『안중근전』, 『한국통사』, 『한국독립운동지혈사』 등

9. 신채호

키워드

역사는 아와 비아의 투쟁(『조선상고사』) ▶ 신채호

정답 설명

④ 신채호는 의열단의 단장 김원봉의 요청으로 민중의 직접 혁명을 강조한 「조선혁명선언」을 작성하였다.

오답 설명

① 신채호는 조선 총독부가 식민 지배를 합리화하려는 목적으로 설치한 한국사 연구 기관인 조선사 편수회에 참여하지 않았다. 한편, 조선사 편수회에는 이병도, 이완용 등이 참여하였다.
② 한용운은 불교의 부흥을 위하여 승려 교육, 포교의 강화, 불교 의식의 간소화 등을 제시한 『조선불교유신론』을 저술하였다.
③ 박은식은 '태백광노(나라를 잃고 미쳐 버린 노예)', '무치생(부끄러움도 모르는 인간)'이라는 별호를 사용하였다.

정답: ④

10. 정인보

키워드

5천 년간 조선의 얼 ▶ 정인보

정답 설명

② 정인보는 민족정신으로 '얼'을 강조하였으며, 5천 년간 조선의 얼을 동아일보에 연재하여 민족정신을 고취시켰다.

오답 설명

① 이육사는 장진홍의 조선은행 대구 지점 폭파 사건에 연루되어 대구 형무소에 투옥되었으며, 광복의 염원을 담고 있는 '청포도'와 '광야' 등의 시를 남겼다.
③ 윤동주는 조국의 광복을 염원하는 시인의 열망을 담은 '별 헤는 밤', 끊임없이 자신을 반성하고 성찰하는 '참회록' 등의 시를 남겼다.
④ 문일평은 조선의 문화를 조선심이라 불렀으며, 조선심의 결정체를 한글로 보았다. 또한, 국제 관계에서 실리적 감각이 필요함을 절감하고, 『대미 관계 50년사』를 저술하였다.

정답: ②

11. 1920년대의 문화계 동향

정답 설명

② 옳은 것을 모두 고른 것은 ㄱ, ㄷ이다.

ㄱ. 1926년에는 나운규가 나라를 빼앗긴 민족의 비애와 저항 정신을 담아 제작한 영화 '아리랑'이 종로 단성사에서 개봉하였다.
ㄷ. 1925년에 김기진, 박영희 등의 신경향파 작가들이 카프(KAPF, 조선 프롤레타리아 예술가 동맹)를 결성하였다.

오답 설명

ㄴ. 1908년에 문명개화에 대한 동경과 민중 계몽의 내용을 담고 있는 창가인 '경부철도가'가 최남선에 의해 만들어졌다.
ㄹ. 1908년에 최남선이 서구 및 일본의 선진 문화 수용을 통해 새 사회를 건설하고자 하는 열망을 담은 신체시인 '해에게서 소년에게'를 발표하였다.

정답: ②

12. 조소앙

키워드

우리나라의 건국 정신은 삼균 제도의 역사적 근거를 두었음(대한민국 건국 강령) ▶ **조소앙**

정답 설명

③ 조소앙은 정치, 경제, 교육에서의 균등을 강조하며 개인과 개인, 민족과 민족, 국가와 국가 간의 균등을 이루자는 삼균주의를 제창하였다.

오답 설명

① 조소앙은 5·10 총선거에 불참하여 제헌 국회의원으로 당선되지 않았다.
② 백남운은 유물 사관에 입각하여 세계사의 보편적 발전 법칙에 따라 한국사 연구를 체계화하여 『조선 사회경제사』를 저술하였다.
④ 박은식은 대한민국 임시 정부의 제2대 대통령을 역임하였다.

정답: ③

24일 대한민국 정부 수립 과정 정답 및 해설

한눈에 보는 정답

01	②	02	③	03	①	04	③	05	④	06	②
07	④	08	①	09	④	10	③	11	①	12	④

1. 카이로 회담

키워드

연합국은 한국을 적절한 시기에 자유롭게 독립시킬 것을 결의(카이로 선언) ▶ 카이로 회담

정답 설명

② 카이로 회담은 1943년 이집트의 카이로에서 미국의 루스벨트, 영국의 처칠, 중화민국의 장제스가 모여 제2차 세계 대전의 수행과 전후 처리 문제를 협의한 회담으로, 국제적으로 한국의 독립을 처음으로 보장하였다.

오답 설명

① 얄타 회담은 1945년 2월에 개최되었으며, 소련의 대일전 참전을 결의하였다.

③, ④ 포츠담 회담은 독일 항복(1945. 5.) 후인 1945년 7월에 전후 처리 문제를 협의하기 위하여 개최되었으며, 마지막까지 남아 있는 일본에 무조건 항복을 요구하였다.

정답: ②

2. 조선 건국 준비 위원회

키워드

새 국가 건설의 준비 기구인 동시에 진보적 민족주의적 세력을 집결하기 위하여 각층 각계에 완전히 개방된 통일 기관 ▶ 조선 건국 준비 위원회

정답 설명

③ 옳은 것을 모두 고른 것은 ㄴ, ㄷ이다.

ㄴ. 조선 건국 준비 위원회는 미군이 진주하였을 때 대등한 입장에서 교섭하기 위해 조선 인민 공화국의 수립을 선포하였다.

ㄷ. 조선 건국 준비 위원회는 광복 후 조직된 우리나라 최초의 건국 준비 단체로, 전국에 지부를 설치하고 치안대를 조직하였다.

오답 설명

ㄱ. 조선 건국 준비 위원회는 여운형, 안재홍 등이 주도하였다. 한편, 김성수와 송진우 등의 우익 세력은 조선 건국 준비 위원회에 참여하지 않았다.

ㄹ. 좌·우 합작 위원회는 토지 개혁과 친일파 처리 등에 대한 좌익과 우익의 의견을 절충하여 좌·우 합작 7원칙을 발표하였다.

정답: ③

※ 개념 플러스 - 조선 건국 준비 위원회

조직	여운형과 안재홍 등이 조직
강령	- 자주 독립의 건설 - 민주주의 정권의 수립 - 국내 질서의 자주적 유지를 통한 대중 생활의 확보
활동	- 전국에 지부를 설치하고 치안대 조직 - 조선 인민 공화국의 수립 선포

3. 모스크바 3국 외상 회의 개최 이후의 사실

정답 설명

① 조선 건국 동맹은 모스크바 3국 외상 회의가 개최(1945. 12.)되기 이전인 1944년에 여운형 등이 광복에 대비하기 위하여 국내에서 조직한 단체이다.

오답 설명

② 1946년 12월에 미군정이 정권을 인도하기 위해 입법 기관인 남조선 과도 입법 의원이 설립되었다.

③ 1946년 3월에는 모스크바 3국 외상 회의의 결정에 따라 한국의 임시 정부 수립을 원조할 목적으로 제1차 미·소 공동 위원회가 개최되었다.

④ 1948년 2월에 유엔 소총회에서 선거가 가능한 지역인 38도선 이남 지역만의 총선거를 결정하였다.

정답: ①

4. 이승만

키워드

남방만이라도 임시 정부 혹은 위원회 같은 것을 조직 (정읍 발언) ▶ 이승만

정답 설명

③ 이승만은 좌·우익을 망라한 민족 통일 기관 형성을 위해 조직된 단체인 독립 촉성 중앙 협의회의 회장으로 추대되었다.

오답 설명

① 여운형은 조선 인민 공화국이 좌파만의 기관으로 전락하자, 새로운 정치 활동을 위한 기반을 마련하기 위해 1945년 11월에 조선 인민당을 조직하였다.
② 안재홍은 만민공생(모든 사람이 서로 도우며 함께 사는 일)의 신민주주의를 표방하였다.
④ 김구는 국민 대표 회의의 해산을 명하는 내무부령을 공포하였다.

정답: ③

5. 좌·우 합작 위원회

키워드

토지 개혁에 있어서 몰수, 유조건 몰수, 체감매상 등으로 토지를 농민에게 무상으로 나누어 줌, 친일파 민족 반역자를 처리할 조례를 본 합작 위원회에서 제안 ▶ 좌·우 합작 위원회

정답 설명

④ 좌·우 합작 위원회는 제1차 미·소 공동 위원회의 결렬과 이승만의 단독 정부 수립 주장으로 분단의 위기가 높아지자, 좌·우 합작에 의한 통일 정부 수립을 위해 여운형, 김규식 등 중도 세력을 중심으로 결성되었다.

오답 설명

① 좌·우 합작 위원회는 처음에는 중도 세력을 지원하고자 한 미군정의 지지를 받았지만 이후 트루먼 독트린이 발표되면서 냉전이 심화되어 우익 세력을 옹호하는 방향으로 정책을 변경한 미군정이 지원을 철회하면서 어려움을 겪었다.
② 좌·우 합작 위원회에는 박헌영이 주도한 조선 공산당과 송진우가 주도한 한민당(한국 민주당)이 참여하지 않았다.
③ 좌·우 합작 위원회는 좌·우 합작 7원칙에서 모스크바 3국 외상 회의 결정에 따른 민주주의 임시 정부 수립을 주장하였다.

정답: ④

6. 미군정

키워드

북위 38도선 이남의 조선 영토와 조선 인민에 대한 통치의 모든 권한은 본관의 권한 하에 시행 ▶ 미군정

정답 설명

② 미군정은 38도선 이남 한반도의 유일한 정부임을 선언하며 대한민국 임시 정부와 조선 인민 공화국 등을 인정하지 않았다.

오답 설명

① 미군정은 1946년 1월에 국내 치안 유지에 부족한 경찰력을 지원한다는 명목으로 남조선 국방 경비대를 창설하였다. 남조선 국방 경비대는 이후 대한민국 국군의 모체가 되었다.
③ 미군정은 1946년 3월에 신한 공사를 설립하여 일제의 귀속 재산을 관리하였다.
④ 미군정은 1945년 9월에 '최고 소작료 결정의 건'을 발표하여 소작료가 수확량의 1/3을 초과할 수 없도록 제한하였다.

정답: ②

7. 김규식

키워드

파리 강화 회의 민족 대표, 대한민국 임시 정부 부주석
▶ 김규식

정답 설명

④ 김규식은 남한만의 단독 선거가 결정되자 분단을 막기 위하여 김구 등과 함께 통일 정부 수립을 위한 남북 협상을 추진하였고, 김일성과 김두봉이 이에 호응하자 1948년 4월에 평양에서 열린 남북 협상 회의(전조선 제정당 사회단체 대표자 연석 회의)에 참석하였다.

오답 설명

① 김규식은 남한만의 단독 선거에 반대하며 5·10 총선거에 불참하였다.
② 김구는 자택인 경교장에서 육군 소위 안두희에게 암살당하였다.
③ 이승만은 대한민국의 초대 대통령으로 선출되었다.

정답: ④

8. 5·10 총선거

정답 설명

① 5·10 총선거는 임기 2년의 국회의원 198명을 선출하였다.

오답 설명

② 5·10 총선거는 제주도에서 발생한 4·3 사건으로 인하여 선거가 제대로 치러지지 않아 무효 처리된 2곳의 선거구가 있었다.
③ 5·10 총선거는 유엔 한국 임시 위원단의 감시 아래 1948년 5월 10일에 실시되었다.
④ 5·10 총선거는 직접·평등·비밀·보통의 원칙에 따라 만 21세 이상의 모든 국민에게 투표권이 부여된 우리나라 최초의 민주 선거였다.

정답: ①

9. 제헌 국회

키워드

단기 4281년(1948년) 7월에 헌법(제헌 헌법)을 제정함
▶ 제헌 국회(1948. 5. ~ 1950. 5.)

정답 설명

④ 제헌 국회는 1949년에 유상 매수, 유상 분배 원칙의 농지 개혁법을 제정하였다.

오답 설명

① 제헌 국회는 4·19 혁명(1960) 이전인 1948년 5월에 구성되었다.
② 제5대 국회는 1960년에 구성되었으며 민의원과 참의원의 양원제로 운영되었다. 한편, 제헌 국회는 단원제로 운영되었다.
③ 6·3 항쟁(1964) 때 한·일 기본 조약에 반대하는 성명을 발표하였다.

정답: ④

※ 개념 플러스 - 제헌 국회

특징	- 우리나라 최초의 의회(임기 2년) - 국호를 대한민국으로 결정 - 제헌 헌법 공포 - 대한민국의 대통령에 이승만, 부통령에 이시영 선출
제정	- 농지 개혁법 - 반민족 행위 처벌법 - 귀속 재산 처리법

10. 대한민국 정부 수립 과정

키워드

(가) ▶ 좌·우 합작 7원칙 발표(1946. 10.)
(나) ▶ 제2차 미·소 공동 위원회 개최(1947. 5.)
(다) ▶ 조선 건국 준비 위원회 조직(1945. 8.)
(라) ▶ 제주 4·3 사건 발생(1948. 4.)

정답 설명

③ 시기순으로 바르게 나열하면 (다) 조선 건국 준비 위원회 조직 → (가) 좌·우 합작 7원칙 발표 → (나) 제2차 미·소 공동 위원회 개최 → (라) 제주 4·3 사건 발생이다.

(가) 1946년 10월에 좌·우 합작 위원회는 토지 개혁과 친일파 처리 등에 관한 좌익과 우익의 의견을 절충하여 좌·우 합작 7원칙을 발표하였다(**좌·우 합작 7원칙 발표**).

(나) 1947년 5월에 미국과 소련은 제2차 미·소 공동 위원회를 개최하였지만 협의 참여 단체에 대한 이견을 좁히지 못하고 결렬되었다(**제2차 미·소 공동 위원회 개최**).

(다) 1945년 8월에 여운형 등은 조선 건국 동맹을 기반으로 조선 건국 준비 위원회를 조직하였다(**조선 건국 준비 위원회 조직**).

(라) 1948년 4월에 제주도의 좌익 세력이 단독 선거 저지, 통일 정부 수립을 내세우며 무장 봉기를 일으킨 제주 4·3 사건이 발생하였다(**제주 4·3 사건 발생**).

정답: ③

11. 반민족 행위 처벌법

키워드

일본 정부와 통모하여 한·일 합병에 적극 협력한 자, 일본 정부로부터 작위를 받은 자 등을 처벌함 ▶ **반민족 행위 처벌법**

정답 설명

① 반민족 행위 처벌법은 농지 개혁법이 제정(1949. 6.)되기 이전인 1948년 9월에 제정되었다.

오답 설명

② 반민족 행위 처벌법은 반공 정책을 우선하였던 이승만 정부의 비협조로 1950년 6월에서 1949년 8월로 공소 시효가 단축되었다.

③ 반민족 행위 처벌법에 따라 친일 경력을 지닌 고위 경찰 간부인 노덕술, 일제에 협력하며 친일 행위를 한 최남선과 이광수 등을 체포하였다.

④ 반민족 행위 처벌법은 일제 강점기 당시 일본에 협력한 반민족 행위자를 처벌하여 민족정기를 바로 세우기 위한 목적으로 제정되었다.

정답: ①

12. 대한민국 정부 수립 이후에 일어난 사실

정답 설명

④ 옳은 것을 모두 고른 것은 ㄷ, ㄹ이다.

ㄷ. 대한민국 정부 수립(1948. 8.) 이후인 1956년에 조봉암이 평화 통일론을 제기하며 진보당을 창당하였다.

ㄹ. 대한민국 정부 수립(1948. 8.) 이후인 1948년 10월에 여수·순천 10·19 사건이 발생하였다. 여수·순천 10·19 사건은 제주 4·3 사건의 진압을 위해 출동 명령을 받은 여수에 주둔한 군부대 일부가 '제주도 출동 반대', '통일 정부 수립' 등을 내세우며 무장 봉기를 일으키고 여수·순천 지역을 점령한 사건이다.

오답 설명

ㄱ. 1947년에 민주주의와 민족 통일을 위하여 김규식 등의 주도로 민족 자주 연맹이 조직되었다.

ㄴ. 1948년 3월에 귀속 재산을 관리하는 신한 공사가 중앙 토지 행정처로 개편되었다.

정답: ④

25일 민주주의의 시련과 발전
정답 및 해설

한눈에 보는 정답

01	②	02	③	03	①	04	①	05	④	06	③
07	②	08	①	09	④	10	④	11	②	12	②

1. 6·25 전쟁 발발과 1·4 후퇴 사이의 사실

키워드

6·25 전쟁 발발(1950. 6. 25.) ▶ (가) ▶ 1·4 후퇴 (1951. 1. 4.)

정답 설명

② (가) 시기인 1950년 9월에 유엔군과 국군이 인천 상륙 작전에 성공하여 전세를 역전시켰다.

오답 설명

① (가) 시기 이후인 1953년 6월에 이승만 정부가 정전에 반대하며 반공 포로의 석방을 단행하였다.
③ (가) 시기 이후인 1951년 4월에 맥아더 장군이 유엔군 총사령관직에서 해임되었다. 맥아더는 중공군의 개입으로 전쟁이 새 국면에 접어들자 만주를 폭격할 것을 주장하였지만 세계 대전으로의 확대를 우려한 미국 정부에 의해 저지되었고, 결국 유엔군 총사령관직에서 해임되었다.
④ (가) 시기 이전인 1950년 1월에 미국이 극동 방위선에서 한국을 제외한다고 선언하였다.

정답: ②

2. 정전 협정

키워드

쌍방이 2km씩 비무장 지대를 설정, 군사 정전 위원회와 중립국 감독 위원회를 운영 ▶ 정전 협정

정답 설명

③ 옳은 것을 모두 고른 것은 ㄴ, ㄹ이다.

ㄴ. 정전 협정은 정전에 반대한 이승만 정부의 불참 속에 유엔군, 중국군, 북한군이 조인하였다.
ㄹ. 정전 협정은 포로 송환 문제와 군사 분계선 설정 등으로 인해 체결이 지연되었다. 포로 송환 방식의 경우 유엔군은 포로가 돌아갈 나라를 선택할 것을, 공산군은 무조건 본국으로 송환할 것을 주장하였다.

오답 설명

ㄱ. 미국과 소련의 군정은 1948년 8월 15일에 대한민국 정부가 수립되면서 종식되었다.
ㄷ. 정전 협정은 한·미 상호 방위 조약 체결(1953. 10.) 이전인 1953년 7월에 체결되었다.

정답: ③

3. 사사오입 개헌안

키워드

대통령과 부통령의 임기는 4년으로 함, 헌법 공포 당시의 대통령에 대하여는 제55조의 제한을 적용하지 아니함 ▶ 사사오입 개헌안

정답 설명

① 사사오입 개헌안(1954)은 이승만의 장기 집권을 위해 헌법 공포 당시의 초대 대통령(이승만)의 중임 제한을 철폐하였다. 사사오입 개헌안이 통과됨에 따라 이승만은 1956년에 열린 제3대 대통령 선거에 출마하여 당선되었다.

오답 설명

② 발췌 개헌안은 정부의 대통령 직선제 개헌안을 중심으로 국회가 제출한 내각 책임제 개헌안의 일부 조항을 절충하였으며 6·25 전쟁 중인 1952년에 임시 수도인 부산에서 공포되었다.
③ 발췌 개헌안은 계엄하에서 군인과 경찰이 국회를 포위하여 공포 분위기를 조성하고, 국회의원의 기립 표결로 통과되었다.
④ 8차 개헌안(1980)은 대통령 선거인단에 의한 간접 선거제를 규정하였다.

정답: ①

4. 4·19 혁명

키워드

상아의 진리탑을 박차고 거리에 나섬, 선거권마저 권력의 마수 앞에 농단됨, 김주열 ▶ 4·19 혁명

정답 설명

① 4·19 혁명은 3·15 부정 선거에 대항하여 전개된 민주화 운동으로, 이승만 대통령이 하야하고, 허정 과도 정부가 수립되는 결과를 가져왔다.

오답 설명

② 6월 민주 항쟁은 대통령 직선제 개헌 등을 요구한 민주화 운동으로, 시위 도중 대학생 이한열이 희생되었다.
③ 6·3 항쟁은 한·일 회담 과정에서 식민 지배에 대한 일본의 사과와 배상 등이 외면되었다는 소식이 폭로되자 박정희 정부의 굴욕적인 한·일 국교 정상화에 반대한 시위이다.
④ 5·18 민주화 운동은 신군부의 비상계엄 확대가 원인이 되어 일어났으며 전남 도청에서 시민군이 계엄군에 맞서 싸웠다.

정답: ①

※ 개념 플러스 - 4·19 혁명

배경	- 3·15 부정 선거 - 미국의 원조 축소로 경기 침체
전개	마산 시민들의 부정 선거 규탄 시위 전개 → 김주열의 시신 발견, 전국으로 시위 확산 → 학생·시민들의 경무대(청와대) 진입 시도 → 대학 교수단의 시국 선언문 발표 → 이승만 대통령 하야
결과	허정 과도 정부 수립 후 헌법 개정(내각 책임제, 양원제 국회)

5. 장면 내각 시기의 사실

키워드

내각 책임제 정치, 3·15 부정 선거 원흉의 처단은 이미 공소 제기와 구형을 함 ▶ 장면 내각

정답 설명

④ 장면 내각 시기에는 경제 발전을 국정 지표로 내세웠으며 경제 개발 5개년 계획을 수립하였다.

오답 설명

① 이승만 정부 시기에는 여러 우익 단체를 규합하여 자유당이 창당되었다.
② 노태우 정부 시기에는 제24회 하계 올림픽인 서울 올림픽이 개최되었다.
③ 박정희 정부 시기에는 적 또는 무장 공비의 공세에 대처하고, 향토방위 체제를 확립하기 위하여 향토 예비군이 창설되었다.

정답: ④

6. 한·일 기본 조약이 체결된 시기

키워드

대한민국과 일본은 양국 관계의 정상화를 상호 의망함, 양 체약 당사국 간에 외교 및 영사 관계를 수립함 ▶ 한·일 기본 조약(1965)

(가) 8·15 광복(1945) ~ 4·19 혁명(1960)
(나) 4·19 혁명(1960) ~ 6·3 항쟁(1964)
(다) 6·3 항쟁(1964) ~ 10·26 사태(1979)
(라) 10·26 사태(1979) ~ 3당 합당(1990)

정답 설명

③ (다) 시기인 1965년에 한·일 기본 조약(한·일 협정)이 체결되었다. 한·일 기본 조약은 한국과 일본 양국의 국교 관계를 규정하였지만, 과거사 청산과 독도 문제 등이 제대로 처리되지 않았다는 한계를 가지고 있다.

정답: ③

7. 유신 헌법이 적용된 시기의 사실

키워드

통일 주체 국민회의는 국회의원 정수의 3분의 1에 해당하는 수를 선거, 대통령은 국정 전반에 걸쳐 긴급 조치를 할 수 있음 ▶ 유신 헌법(1972~1980)

정답 설명

② 유신 헌법(제7차 개헌안) 적용 시기인 1976년에 긴급 조치 철폐, 민주 인사 석방 등을 요구한 3·1 민주 구국 선언이 발표되었다.

오답 설명

① 제헌 헌법 적용 시기인 1951년에 국민 방위군의 장교들이 방위군의 예산과 물자를 부정으로 착복함으로써 보급품을 받지 못한 수많은 병력들이 추위와 굶주림으로 사망한 국민 방위군 사건이 일어났다.
③ 4차 개헌안 적용 시기인 1961년 5월에 국가 재건 최고 회의가 조직되었다. 국가 재건 최고 회의는 5·16 군사 정변이 주도 세력들이 입법·사법·행정이 3권을 행사하였던 국가 최고 통치 의결 기구이다.
④ 8차 개헌안 적용 시기인 1987년 5월에 4·13 호헌 조치 철회와 대통령 직선제 개헌을 위해 야당 정치인과 시민 단체, 학생 운동권, 종교계 인사들이 모여 민주 헌법 쟁취 국민 운동 본부를 결성하였다.

정답: ②

8. 박정희 정부 시기의 사건

키워드

(가) ▶ 부·마 항쟁(1979)
(나) ▶ 브라운 각서 체결(1966)
(다) ▶ 광주 대단지 사건(1971)
(라) ▶ 7·4 남북 공동 성명 발표(1972)

정답 설명

① 시기순으로 바르게 나열하면 (나) 브라운 각서 체결 → (다) 광주 대단지 사건 → (라) 7·4 남북 공동 성명 발표 → (가) 부·마 항쟁이다.

(가) 1979년에 야당인 신민당의 총재 김영삼이 유신 체제를 비판하다가 국회에서 제명되자 그의 정치적 근거지였던 부산과 마산 일대의 학생과 시민들이 '독재 타도, 유신 철폐' 등을 외치며 시위를 전개하였다(**부·마 항쟁**).

(나) 1966년에 베트남 추가 파병의 대가로 미국으로부터 한국의 경제 발전을 돕기 위한 AID 차관과 군사 원조를 제공받는 것 등을 명시한 브라운 각서가 체결되었다(**브라운 각서 체결**).

(다) 1971년에 서울시 철거민 대책 중 하나로 경기도 광주 대단지(지금의 성남시)로 이주한 주민 수만여 명이 정부의 무계획적인 도시 정책과 졸속 행정에 반발하여 도시를 점령한 광주 대단지 사건이 일어났다(**광주 대단지 사건**).

(라) 1972년에 남북이 자주·평화·민족 대단결의 3대 원칙에 합의한 7·4 남북 공동 성명이 발표되었다(**7·4 남북 공동 성명 발표**).

정답: ①

9. 5·18 민주화 운동

키워드

광주 시민, 계엄 당국은 무차별한 사격을 가하여 사망자가 발생함 ▶ 5·18 민주화 운동

정답 설명

④ 5·18 민주화 운동은 공공 기관이 생산한 5·18 민주화 운동 자료, 시민들이 당시 생산한 성명서 및 선언문, 국회의 진상 규명 회의록, 각종 사진 자료 등의 관련 기록물이 2011년에 유네스코 세계 기록유산으로 등재되었다.

오답 설명

① 4·19 혁명은 이승만과 자유당이 자행한 3·15 부정 선거가 원인이 되어 전개되었다.
② 6월 민주 항쟁은 호헌 철폐와 독재 타도 등의 구호를 내세웠다.
③ 4·19 혁명은 경무대(청와대)로 향하던 시위대가 경찰의 총격을 받았다.

정답: ④

※ 개념 플러스 - 5·18 민주화 운동

배경	신군부의 비상계엄 확대
전개	광주 지역 학생·시민들의 시위 → 계엄군의 무자비한 진압 → 시민들의 무장 봉기 → 계엄군이 시민군을 무력 진압
의의	- 5·18 민주화 운동 기록물이 유네스코 - 세계 기록유산으로 등재됨 - 1980년대 이후 민주화 운동의 기반

10. 전두환 정부 시기의 사실

키워드

새 헌법에 의한 대통령 선거를 통해 평화적 정부 이양을 실현, 대통령 직선제를 택하지 않을 수 없음(6·29 민주화 선언) ▶ 전두환 정부

정답 설명

④ 전두환 정부 시기인 1987년에는 서울대학교 학생인 박종철이 치안본부 남영동 대공분실에서 조사를 받던 중 경찰의 고문으로 사망한 박종철 고문치사 사건이 발생하였다.

오답 설명

① 김대중 정부 시기에는 제17회 월드컵 축구 대회인 한·일 월드컵이 개최되었다.
② 박정희 정부 시기에는 서울과 부산을 연결하는 경부 고속도로가 개통되었다.
③ 이승만 정부 시기에는 『우리말 큰 사전』이 완간되었다.

정답: ④

11. 김영삼 정부 시기의 사실

정답 설명

② 노태우 정부 시기에는 북방 외교를 추진하여 사회주의 국가인 소련과 수교하였다.

오답 설명

① 김영삼 정부 시기에는 전두환, 노태우 등 육사 11기 생들의 주도로 결성된 신군부의 사조직인 하나회를 해체하였다.
③ 김영삼 정부 시기에는 역사 바로 세우기를 내세우며 경복궁 자리에 있던 옛 조선 총독부 건물을 철거하였다.
④ 김영삼 정부 시기에는 지방 자치 단체장 선출을 포함한 지방 자치제를 전면적으로 실시하였다.

정답: ②

12. 김대중 정부 시기의 사실

키워드

IMF 관리 체제에서 벗어남, 국민 기초 생활 보장법 시행 ▶ 김대중 정부

정답 설명

② 김대중 정부 시기인 1998년에는 금강산 해로 관광이 처음 시작되었다.

오답 설명

① 김영삼 정부 시기에는 무역 자유화를 통한 전 세계적인 경제 발전을 목적으로 하는 국제기구인 세계 무역 기구(WTO)에 가입하였다.
③ 이명박 정부 시기에는 선진 7개국(G7)과 유럽 연합 의장국, 신흥 시장 12개국 등 세계 주요 20개국을 회원으로 하는 국제기구인 G20의 정상 회의를 서울에서 개최하였다.
④ 박정희 정부 시기에는 장준하, 함석헌 등의 주도로 개헌 청원 백만인 서명 운동이 전개되었다.

정답: ②

26일 현대의 경제 발전과 통일 정책 정답 및 해설

한눈에 보는 정답

| 01 | ④ | 02 | ② | 03 | ③ | 04 | ② | 05 | ② | 06 | ③ |
| 07 | ② | 08 | ② | 09 | ① | 10 | ④ | 11 | ③ | 12 | ① |

1. 농지 개혁법

키워드

본법은 헌법에 의거하여 농지를 농민에게 적절히 분배함, 상환은 5년간 균분 연부로 함 ▶ 농지 개혁법

정답 설명

④ 농지 개혁법의 시행으로 지주·소작제는 거의 사라졌으며, 대부분의 소작농이 자신 소유의 토지를 갖는 자작농이 되었다.

오답 설명

①, ② 농지 개혁법은 가구당 농지 소유를 3정보 이내로 제한하였으며, 그 이상의 토지는 국가가 유상으로 매수하고, 유상으로 분배하는 것을 원칙으로 하였다.

③ 농지 개혁법에 따라 농지를 매각한 지주는 지가 증권을 교부받았다.

정답: ④

※ 개념 플러스 – 농지 개혁법

제정	1949년 제정(1950년 시행)
목적	농민 생활의 향상 및 국민 경제의 균등과 발전
특징	- 산림이나 임야를 제외한 농지만 대상 - 3정보를 초과하는 농지 소유 금지 - 유상 매수, 유상 분배 원칙 - 농지를 매각한 지주에게는 지가 증권 교부
결과	많은 수의 소작농이 자작농으로 바뀜

2. 이승만 정부 시기의 경제 상황

키워드

귀속 재산은 대한민국 정부에 이양된 일체의 재산을 지칭, 귀속 재산은 대한민국의 국민 또는 법인에게 매각 ▶ 이승만 정부

정답 설명

② 이승만 정부 시기에는 미국의 원조 물자를 가공하는 면방직, 제분, 제당 등 삼백 산업이 발달하였다.

오답 설명

① 박정희 정부 시기에는 연간 수출액 100억 달러가 달성되었다.

③ 전두환 정부 시기에는 저금리, 저유가, 저달러의 3저 호황이 있었다.

④ 박정희 정부 시기에는 서독에 광부와 간호사를 파견하여 외화를 획득하였다.

정답: ②

3. 1960년대 정부의 경제 정책

정답 설명

③ 박정희 정부 시기인 1962~1966년에는 값싼 노동력을 활용하여 의류, 신발, 가발 등 경공업 중심의 제1차 경제 개발 5개년 계획이 추진되었다.

오답 설명

① 전두환 정부 시기인 1986년에 근로자에 대하여 임금의 최저 수준을 보장하여 근로자의 생활 안정과 노동력의 질적 향상을 꾀하는 최저 임금법이 제정되었다.

② 이승만 정부 시기인 1952년에 미국의 원조와 관련하여 한·미 양자 간의 역할과 관계를 조정한 한·미 경제 조정 협정이 체결되었다.

④ 김영삼 정부 시기인 1997년에 외환 부족으로 경제 위기를 맞게 되자 국제 통화 기금(IMF)에 구제 금융 지원을 요청하였다.

정답: ③

4. 금융 실명제가 실시된 시기

키워드

금융 실명제 실시, 모든 금융 거래는 실명으로만 이루어짐 ▶ 금융 실명제(1993. 8.)

(가) 노태우 대통령 취임(1988. 2) ~ 김영삼 대통령 취임(1993. 2.)
(나) 김영삼 대통령 취임(1993. 2.) ~ 김대중 대통령 취임(1998. 2.)
(다) 김대중 대통령 취임(1998. 2.) ~ 노무현 대통령 취임(2003. 2.)
(라) 노무현 대통령 취임(2003. 2.) ~ 이명박 대통령 취임(2008. 2.)

정답 설명

② (나) 시기인 1993년 8월에 김영삼 정부는 금융 기관과 거래할 때 본인의 실명으로 거래해야 하는 제도인 금융 실명제를 실시하였다.

정답: ②

5. 5·16 군사 정변과 12·12 사태 사이의 사실

키워드

5·16 군사 정변(1961) ▶ (가) ▶ 12·12 사태(1979)

정답 설명

② (가) 시기인 1970년에 농가 소득을 높이고, 낙후된 농촌을 근대화하여 도시와 농촌을 균형 있게 발전시킨다는 명분으로 새마을 운동이 시작되었다.

오답 설명

① (가) 시기 이후인 2001년에 여성의 권익 증진과 여성 정책 등을 관장하는 여성부가 신설되었다.
③ (가) 시기 이후인 1998년에 노동자·사용자·정부 간의 협의체인 노사정 위원회가 구성되었다.
④ (가) 시기 이전인 1959년에 이승만 정부에 비판적인 경향신문이 폐간되었다.

정답: ②

6. 우리나라의 시기별 노동 운동

정답 설명

③ 옳은 것을 모두 고른 것은 ㄴ, ㄹ이다.

ㄴ. 1970년에 서울 동대문 평화 시장의 노동자 전태일이 근로 기준법 준수를 요구하며 분신자살하였다.
ㄹ. 1995년에 노동자의 권익을 도모하기 위한 노동 조합 연맹체인 전국 민주 노동조합 총연맹(민주노총)이 결성되었다.

오답 설명

ㄱ. 1979년에 가발 제조업체인 YH 무역 노동자들이 회사의 일방적인 폐업 조치에 항의하며 야당인 신민당사에서 농성을 벌였다.
ㄷ. 1991년에 우리나라는 노동자의 노동 조건 개선 및 지위 향상을 위해 설치된 국제기구인 국제 노동 기구(ILO)에 가입하였다.

정답: ③

7. 김영삼 정부 시기의 교육 정책

키워드

문민 민주주의, 제14대 대통령에 취임, 신한국을 창조 ▶ 김영삼 정부

정답 설명

② 김영삼 정부 시기에는 국민학교라는 명칭을 초등학교로 변경하였다.

오답 설명

① 신군부 시기에는 과외 금지와 대학 졸업 정원제를 시행하였다.
③ 박정희 정부 시기에는 교육의 기본 지표로 국가주의 이념을 강조한 국민 교육 헌장이 발표되었다.
④ 박정희 정부 시기에는 중학교 입시 시험을 폐지하고 무시험 추첨제가 도입되었다.

정답: ②

8. 통일 정책의 전개 과정

키워드

(가) ▶ 4·27 판문점 선언 발표(2018)
(나) ▶ 남북 조절 위원회 설치(1972)
(다) ▶ 남북한 유엔 동시 가입(1991)
(라) ▶ 7·7 선언 발표(1988)

정답 설명

② 시기순으로 바르게 나열하면 (나) 남북 조절 위원회 설치 → (라) 7·7 선언 발표 → (다) 남북한 유엔 동시 가입 → (가) 4·27 판문점 선언 발표이다.

(가) 문재인 정부 시기인 2018년에 핵 없는 한반도 실현, 연내 종전 선언 등을 포함한 4·27 판문점 선언을 발표하였다(**4·27 판문점 선언 발표**).

(나) 박정희 정부 시기인 1972년에 7·4 남북 공동 성명의 합의 사항을 추진하고 통일 문제를 해결할 목적으로 남북 조절 위원회가 설치되었다(**남북 조절 위원회 설치**).

(다) 노태우 정부 시기인 1991년에 남북한이 유엔에 동시 가입하였다(**남북한 유엔 동시 가입**).

(라) 노태우 정부 시기인 1988년에 남북 간 교역을 위한 문호 개방 등을 포함한 7·7 선언(민족자존과 번영을 위한 특별 선언)이 발표하였다(**7·7 선언 발표**).

정답: ②

9. 7·4 남북 공동 성명

키워드

자주, 평화, 민족적 대단결 ▶ 7·4 남북 공동 성명

정답 설명

① 7·4 남북 공동 성명은 자주, 평화, 민족적 대단결이라는 통일의 3대 원칙을 명시하였지만, 박정희와 김일성은 각각 유신 헌법과 사회주의 헌법을 제정하여 고조된 통일 분위기를 독재 체제를 강화하는 데 이용하였다.

오답 설명

② 10·4 남북 공동 선언은 노무현 정부 시기인 2007년에 발표되었으며, 서해 평화 협력 특별 지대 설치를 명시하였다.
③ 7·4 남북 공동 성명은 박정희 정부 시기인 1972년에 발표되었다.
④ 6·15 남북 공동 선언은 김대중 정부 시기인 2000년에 발표되었으며, 남측의 연합제와 북측의 낮은 단계의 연방제가 서로 공통성이 있음을 인정하였다.

정답: ①

※ **개념 플러스 - 7·4 남북 공동 성명**

내용	- 자주, 평화, 민족적 대단결의 통일 3대 원칙 합의 - 서울과 평양 사이에 상설 직통 전화 개설 합의 - 남북 조절 위원회 구성 합의
의의	- 분단 이후 처음으로 남북이 통일 원칙에 합의 - 이후 통일 논의의 기본 원칙
한계	남과 북에서 독재 체제 강화에 이용됨

10. 노태우 정부 시기의 통일 정책

키워드

남과 북은 잠정적으로 형성되는 특수한 관계라는 것을 인정, 남과 북은 상대방을 무력으로 침략하지 아니함 (남북 기본 합의서) ▶ 노태우 정부

정답 설명

④ 노태우 정부 시기에는 남과 북이 한반도를 비핵화하여 평화 통일을 위한 환경을 조성하고, 세계 평화와 안전에 이바지하고자 한반도 비핵화 공동 선언을 채택하였다.

오답 설명

① 박정희 정부 시기에는 남북 간 상호 내정 불간섭과 상호 불가침, 모든 국가에 문호 개방 등의 내용을 명시한 6·23 평화 통일 외교 정책 선언이 발표되었다.
② 문재인 정부 시기에는 평창 동계 올림픽 여자 아이스하키 종목에서 남북 단일팀이 참가하였다.

③ 김대중 정부 시기에는 평양을 방문하여 북한의 김정일 국방 위원장과 분단 이후 최초로 남북 정상 회담을 개최하였다.

정답: ④

11. 8차 개헌과 9차 개헌 사이의 사실

키워드

8차 개헌(1980) ▶ (가) ▶ 9차 개헌(1987)

정답 설명

③ (가) 시기인 1985년에 남북 이산가족 상봉이 최초로 이루어졌다.

오답 설명

① (가) 시기 이전인 1974년에 재야 민주인사들의 유신 헌법 개헌 청원 서명 운동을 저지하기 위하여 긴급 조치 1호가 공포되었다.
② (가) 시기 이후인 1993년에 대학 수학 능력 시험이 처음 실시되었다.
④ (가) 시기 이전인 1979년에 유신 체제를 비판한 김영삼 신민당 총재가 국회의원직에서 제명되었다.

정답: ③

12. 북한이 일으킨 사건

키워드

(가) ▶ 제2차 연평 해전(2002)
(나) ▶ 1·21 청와대 습격 사건(1968)
(다) ▶ 판문점 도끼 만행 사건(1976)
(라) ▶ 아웅산 묘소 폭탄 테러 사건(1983)

정답 설명

① 시기순으로 바르게 나열하면 (나) 1·21 청와대 습격 사건 → (라) 아웅산 묘소 폭탄 테러 사건 → (다) 판문점 도끼 만행 사건 → (가) 제2차 연평 해전이다.

(가) 김대중 정부 시기인 2002년에 북한군이 서해 연평도 인근 북방 한계선을 넘어 대한민국의 영해를 침범한 제2차 연평 해전이 발생하였다(**제2차 연평 해전**).

(나) 박정희 정부 시기인 1968년에 김신조 등 북한의 무장 공비들이 청와대를 기습하기 위해 서울에 침투한 1·21 청와대 습격 사건이 발생하였다(**1·21 청와대 습격 사건**).

(다) 박정희 정부 시기인 1976년에 판문점 인근 공동 경비 구역 내에서 미루나무 벌목 작업을 하던 유엔군이 북한군에 의해 살해된 판문점 도끼 만행 사건이 발생하였다(**판문점 도끼 만행 사건**).

(라) 전두환 정부 시기인 1983년에 미얀마의 아웅산 묘역을 방문하는 전두환 대통령의 암살을 시도한 아웅산 묘소 폭탄 테러 사건이 발생하였다(**아웅산 묘소 폭탄 테러 사건**).

정답: ①

27일 근현대사 통합 정답 및 해설

한눈에 보는 정답

| 01 | ④ | 02 | ③ | 03 | ③ | 04 | ② | 05 | ① | 06 | ③ |
| 07 | ③ | 08 | ② | 09 | ④ | 10 | ③ | 11 | ③ | 12 | ④ |

1. 병인양요와 신미양요 사이의 사실

키워드
(가) 적군(프랑스군)이 정족산성 아래로 몰려옴, 양공(양헌수)이 강화부를 수복함 ▶ 병인양요(1866. 9.)

(나) 미국 배가 광성진을 습격함, 어재연이 힘껏 싸우다가 목숨을 바침 ▶ 신미양요(1871)

정답 설명
④ (가)와 (나) 사이 시기인 1868년에 오페르트가 통상 문제를 흥정하기 위하여 흥선 대원군의 아버지인 남연군의 묘 도굴을 시도하였다.

오답 설명
① (나) 시기 이후인 1875년에 일본의 운요호가 영종도를 공격하였다.
② (나) 시기 이후인 1902년에 이범윤이 간도 시찰원으로 파견되었다.
③ (나) 시기 이후인 1885년에 청과 일본 사이에 양국이 조선에서 군대를 철수하고, 장차 조선에 군대를 파병할 때는 사전에 서로 알리기로 한 톈진 조약이 체결되었다.

정답: ④

2. 홍범 14조

키워드
14개 조목의 홍범을 하늘의 계신 우리 조종의 신령 앞에 맹세 ▶ 홍범 14조

정답 설명
③ 고종이 국정 개혁의 기본 방향을 제시한 홍범 14조 제7조에는 조세의 부과와 징수, 경비 지출은 탁지아문에서 관할한다는 내용이 있다.

오답 설명
① 동학 농민군이 제시한 폐정 개혁안 제4조에는 불량한 유림과 양반들을 징벌한다는 내용이 있다.
② 갑신정변 때 급진 개화파들이 발표한 14개조 혁신 정강 제12조에는 의정부와 6조 이외 모든 불필요한 기관을 없앤다는 내용이 있다.
④ 동학 농민군이 제시한 폐정 개혁안 제6조에는 7종 천인의 대우를 개선하고 백정이 쓰는 평량갓은 벗겨 버린다는 내용이 있다.

정답: ③

3. 정미의병

키워드
대한 관동 창의대장 이인영 ▶ 정미의병

정답 설명
③ 정미의병은 해산된 군인들이 합류하여 전투력이 강화되었으며, 이인영을 총대장으로 하는 13도 창의군이 결성되어 서울 진공 작전을 시도하였다.

오답 설명
① 을미의병은 유인석, 이소응 등 유생들이 주도하였다.
② 을미의병의 잔여 세력들은 활빈당, 영학당 등을 조직하였다.
④ 을사의병은 외교권을 박탈한 조약(을사늑약)의 체결에 반발하여 일어났다.

정답: ③

4. 독도

키워드
우리나라 가장 동쪽에 위치함, 대한 제국은 칙령 제41호를 통해 관할 영토임을 명시함 ▶ 독도

정답 설명

② 간도는 일본이 안봉선 철도 부설권을 얻는 대가로 청에 귀속시켰다.

오답 설명

① 독도는 일본 메이지 정부 최고 행정 기관인 태정관에서 1877년 내무성에 내린 지령에 일본과의 무관한 지역임이 명시되었다.
③ 독도는 러·일 전쟁 중이던 1905년에 일본이 시마네현 고시 제40호를 통해 자국의 영토로 불법 편입하였다.
④ 독도는 이승만 정부가 1952년에 평화선 선언(해양 주권에 관한 선언)을 발표하여 우리의 영토임을 분명히 하였다.

정답: ②

※ 개념 플러스 - 독도가 대한민국의 영토인 증거

고대	신라 지증왕 때 우산국을 복속함
조선	- 『세종실록지리지』에 강원도 울진현 소속으로 구분 - 일본 문헌인 『은주시청합기』에 고려(조선)의 영토로 인식 - 안용복이 숙종 때 일본에 건너가 조선의 영토임을 확인 받음
근대	- 태정관 지령문에 일본과 무관한 지역임이 명시됨 - 대한 제국 칙령 제41호를 통해 관할 영토임을 명시
현대	이승만 정부가 평화선 선언을 발표하여 대한민국의 영토로 분명히 함

5. 이상설

키워드
이준이 헤이그 평화 회의에 참석할 것을 상의하니 그 뜻을 따름, 이준·이위종과 함께함 ▶ 이상설

정답 설명
① 이상설은 북간도 용정에 민족 교육 기관인 서전서숙을 설립하였다.

오답 설명
② 대한인 국민회는 미주 지역의 한인들이 연합하여 조직한 단체이다. 한편, 이상설은 대한인 국민회를 조직하지 않았다.
③ 손병희, 한용운 등은 3·1 운동 민족 대표 33인 중 한 명이었다. 한편, 이상설은 3·1 운동(1919)이 전개되기 이전인 1917년에 순국하였으며 3·1 운동 대표 민족 대표 33인에 포함되지 않았다.
④ 이동휘는 하바로프스크에서 우리나라 최초의 사회주의 정당인 한인 사회당을 결성하였다.

정답: ①

6. 신간회

키워드
정치적, 경제적 각성을 촉진함, 단결을 공고히 함, 기회주의를 일체 부인함 ▶ 신간회

정답 설명
③ 신간회는 광주 학생 항일 운동이 일어나자 진상을 규명하고자 조사단을 현지에 파견하고, 민중 대회를 열어 한국 학생에 대한 차별 조치를 규탄하고자 하였다.

오답 설명
① 대한 자강회는 보안법에 의해 강제로 해산되었다.
② 신간회는 1926년에 전개된 6·10 만세 운동 이후인 1927년에 창립되었다.
④ 천도교 소년회는 방정환 등을 중심으로 소년 운동을 전개하였으며 어린이날을 제정하고, 잡지 『어린이』를 발간하였다.

정답: ③

7. 1920년대에 있었던 사실

정답 설명
③ 1920년 6월에 홍범도의 대한 독립군, 최진동의 군무 도독부군, 안무의 국민회군 등의 독립군 연합 부대는 봉오동 전투에서 일본군에 승리하였다.

오답 설명

① 1912년에 임병찬은 고종의 밀명을 받고 각지의 유생을 모아 독립 의군부를 조직하였다.
② 1945년에 조문기 등 대한애국청년단 단원들이 한국인을 일제의 침략 전쟁에 동원하기 위한 친일 어용 집회가 열리던 부민관에 폭탄을 터뜨린 부민관 폭파 의거를 일으켰다.
④ 1933년에 한국 독립군이 한·중 연합 작전으로 동경성에서 일본군에 승리하였다.

정답: ③

8. 만주 사변과 태평양 전쟁 사이에 볼 수 있는 모습

키워드
만주 사변(1931) ▶ (가) ▶ 태평양 전쟁(1941)

정답 설명
② (가) 시기인 1937년에 일제는 황국 신민화의 정책으로 일본 천황에게 충성을 다짐하는 내용의 황국 신민 서사를 제정하였다. 따라서 만주 사변과 태평양 전쟁 사이에는 황국 신민 서사를 암송하는 학생의 모습을 볼 수 있다.

오답 설명
① (가) 시기 이전인 1910년에 조선에서 회사를 설립할 경우 조선 총독부의 허가를 받도록 규정한 회사령이 공포되었다.
③ (가) 시기 이전인 1910년대에는 교사들이 제복을 입고 칼을 차고 다녔다.
④ (가) 시기 이후인 1942년에는 일제가 조선어 학회를 독립운동 단체로 간주하여 회원들을 체포하고 강제로 해산시킨 조선어 학회 사건이 발생하였다.

정답: ②

9. 김구

키워드
통일된 조국을 건설하려다가 38선을 베고 쓰러질지언정 단독 정부를 세우는 데는 협력하지 아니함('삼천만 동포에게 읍고함') ▶ 김구

정답 설명
④ 김구는 모스크바 3국 외상 회의의 결정 사항이 알려지자 신탁 통치를 또 다른 식민지 지배로 보아 신탁 통치 반대 운동을 전개하였다.

오답 설명
① 이승만은 한국의 자립 능력이 부족한 상황이므로 일정 기간 국제 연맹에 의한 위임 통치를 청원하였다.
② 김규식은 미군정이 정권을 인도하기 위해 설립한 입법 기관인 남조선 과도 입법 의원의 의장을 역임하였다.
③ 여운형은 안재홍 등과 조선 건국 준비 위원회를 조직하였다.

정답: ④

※ 개념 플러스 - 김구의 주요 활동

광복 이전	- 한인 애국단 조직 - 한국 국민당 조직 - 대한민국 임시 정부의 주석 역임
광복 이후	- 신탁 통치 반대 운동 전개 - 평양에서 열린 남북 협상 회의 참석

10. 브라운 각서가 체결된 이후의 사실

키워드
한국군의 현대화를 위하여 상당량의 장비 제공, AID 차관 제공 ▶ 브라운 각서(1966)

정답 설명
③ 진보당의 당수 조봉암이 국가 보안법 위반 등의 혐의로 처형된 것은 1959년으로, 브라운 각서 체결 이전이다.

오답 설명
① 1987년에 전두환 대통령은 국민들의 민주화 요구를 거부하고, 대통령 간선제인 현행 헌법을 유지한다는 4·13 호헌 조치를 발표하였다.
② 1973년에 유신 체제를 비판하였던 김대중이 일본 도쿄에서 납치되었다.
④ 1980년에 신군부는 통치권을 확립하기 위하여 국가 보위 비상 대책 위원회를 조직하였다.

정답: ③

11. 대한민국의 헌법 개정 과정

키워드

(가) ▶ 6차 개헌안(1969)
(나) ▶ 7차 개헌안(1972)
(다) ▶ 제헌 헌법(1948)
(라) ▶ 9차 개헌안(1987)

정답 설명

③ 순서대로 바르게 나열하면 (다) 제헌 헌법 → (가) 6차 개헌안 → (나) 7차 개헌안 → (라) 9차 개헌안이다.

(가) 박정희 정부 시기인 1969년에 대통령의 3선 연임을 허용한 6차 개헌안이 발표되었다(**6차 개헌안**).

(나) 박정희 정부 시기인 1972년에 대통령은 통일 주체 국민 회의에서 토론 없이 무기명 투표로 선거된다는 7차 개헌안이 발표되었다(**7차 개헌안**).

(다) 1948년에 대통령과 부통령은 국회에서 무기명 투표로 각각 선거한다는 제헌 헌법이 발표되었다(**제헌 헌법**).

(라) 전두환 정부 시기인 1987년에 대통령의 임기는 5년으로 하며, 중임할 수 없다는 9차 개헌안이 발표되었다(**9차 개헌안**).

정답: ③

12. 노무현 정부 시기의 사실

키워드

남과 북은 6·15 남북 공동 선언을 고수, 남과 북은 군사적 적대 관계를 종식(10·4 남북 공동 선언)
▶ 노무현 정부

정답 설명

④ 노무현 정부 시기인 2005년에는 항일 독립 운동, 한국 전쟁 민간인 희생, 권위주의 통치기 인권 침해 등을 조사하고 진실을 규명하는 기관인 진실·화해를 위한 과거사 정리 위원회가 처음으로 출범하였다.

오답 설명

① 이승만 정부 시기에는 일제 강점기 당시 일본에 협력한 친일파를 반민족 행위로 규정하고 처벌하기 위하여 반민족 행위 처벌법이 제정되었다.
② 박정희 정부 시기에는 북한 원산항 앞 공해상에서 미국의 정보수집함인 푸에블로호가 북한 해군에 의해 납치된 사건이 발생하였다.
③ 김영삼 정부 시기에는 경제 협력 개발 기구(OECD)에 가입하였다.

정답: ④

28일 전범위 통합(1) 정답 및 해설

한눈에 보는 정답

01	①	02	②	03	③	04	③	05	①	06	②
07	④	08	②	09	③	10	③	11	②	12	④

1. 비변사

키워드
변방 방비에 대한 긴급한 일이 있을 때 계책을 세우기 위하여 설치 ▶ (가) 비변사

정답 설명
① 비변사는 중종 때 발생한 삼포왜란을 계기로 임시 기구로 설치되었으며, 명종 때 발생한 을묘왜변을 계기로 상설 기구화되었다.

오답 설명
② 비변사는 흥선 대원군이 집권한 시기에 혁파되었다. 흥선 대원군은 왕권을 강화하기 위해 세도 정치 시기 외척의 세력 기반이었던 비변사를 혁파한 뒤 의정부와 삼군부의 기능을 부활시켰다.
③ 비변사는 안동 김씨, 풍양 조씨 등의 세도 정치 시기에 외척의 세력 기반이 되었다.
④ 비변사는 현직의 3정승(영의정, 좌의정, 우의정)이 우두머리인 도제조를 겸임하기도 하였다.

정답: ①

2. 안동에서 있었던 사실

키워드
하회 마을, 봉정사, 병산 서원 ▶ (가) 안동

정답 설명
② 안동은 공민왕이 홍건적의 2차 침입 때 피란하였다.

오답 설명
① 공주에서는 선덕왕이 사망하였을 때 원성왕으로 즉위하는 김경신에 밀려 아버지(김주원)가 왕이 되지 못한 것을 이유로 김헌창이 반란을 일으켰다.
③ 전주에서는 동학 농민군이 외세의 개입을 막기 위해 청·일 양군에 대한 철병 요구와 폐정 개혁을 조건으로 정부와 화약을 체결하였다.
④ 개성에서는 남북한 경제 협력 사업으로 공단이 설치되었다.

정답: ②

3. 신석기 시대

키워드
애니미즘, 샤머니즘, 토테미즘 ▶ 신석기 시대

정답 설명
③ 신석기 시대에는 빗살무늬 토기에 음식물을 저장하였다.

오답 설명
① 철기 시대에는 철제 농기구를 제작하였다.
② 구석기 시대에는 먹을 것을 찾아 이동 생활을 하였다. 한편, 신석기 시대에는 농경과 목축이 시작되면서 정착 생활을 하였다.
④ 청동기 시대에는 정교하고 날카로운 간돌검을 사용하였다.

정답: ③

4. 우리나라의 유네스코 세계 문화유산

정답 설명
③ 익산 미륵사지 석탑에서는 백제 무왕의 왕후가 넣은 사리기가 발견되었다. 한편, 정림사지 5층 석탑은 부여에 있는 백제의 탑으로, 당나라 장군 소정방이 백제를 평정한 후에 새긴 기공문이 있어 '평제탑'으로 불리기도 하였다.

오답 설명

① 석굴암은 통일 신라 경덕왕 때 김대성이 전생의 부모를 위해 조성한 인공 석굴 사원으로 1995년 유네스코 세계 문화유산으로 등재되었다.
② 종묘는 조선 시대 역대 왕과 왕비의 신주를 모신 왕실의 사당으로 1995년 유네스코 세계 문화유산으로 등재되었다.
④ 도산 서원은 이황의 학문과 덕행을 기리고 추모하기 위해 지어진 서원으로 '한국의 서원'이라는 이름으로 소수 서원, 남계 서원, 옥산 서원, 필암 서원, 도동 서원, 병산 서원, 무성 서원, 돈암 서원과 함께 2019년 유네스코 세계 문화유산으로 등재되었다.

정답: ③

5. 『농사직설』

키워드

세종 때 정초·변효문 등이 간행, 우리나라의 풍토에 맞는 농법 정리 ▶ 『농사직설』

정답 설명

① 『농사직설』은 세종 때 정초, 변효문 등이 농민들의 경험을 토대로 우리나라의 풍토에 맞는 농법을 정리하였으며, 종자의 선택, 벼의 재배, 보리의 재배 등을 서술하였다.

오답 설명

② 『금양잡록』은 강희맹이 금양(경기도 시흥)에서 직접 농사지은 경험과 견문을 토대로 농경 방법과 농작물에 대한 주의 사항 등을 정리하여 편찬한 농서이다.
③ 『구황촬요』는 조선 명종 때 영양실조로 중태에 빠진 사람들의 구급법·대용식물의 조제법 등 흉년에 대비하는 내용으로 편찬된 서적이다.
④ 『농상집요』는 원나라 때 중국 북방 지역의 농법을 정리하여 편찬된 농서로, 고려 말 이암에 의해 우리나라에 전래되었다.

정답: ①

6. 경정 전시과

키워드

문종 30년에 양반 전시과를 다시 고침 ▶ 경정 전시과

정답 설명

② 옳은 것을 모두 고른 것은 ㄱ, ㄹ이다.
ㄱ. 경정 전시과는 이전까지 18과에 속하지 못하고 토지를 받던 계층이 과내로 편입되면서 한외과가 소멸되었다.
ㄹ. 경정 전시과는 무반과 일반 군인에 대한 대우가 전반적으로 향상되었다.

오답 설명

ㄴ. 경정 전시과는 전직 관리는 제외되고, 현직 관리에게만 지급되었다.
ㄷ. 시정 전시과는 관품과 함께 인품도 반영하여 전·현직 관리에게 지급되었다.

정답: ②

7. 진덕 여왕 재위 기간에 있었던 사실

키워드

김춘추의 요청에 따라 당 태종이 병사의 파견을 허락함(나·당 군사 동맹 체결) ▶ 진덕 여왕

정답 설명

④ 진덕 여왕 재위 기간에는 당의 고종을 칭송하는 내용인 오언태평송(五言太平頌)을 지어 당에 보냈다.

오답 설명

① 진흥왕 재위 기간에는 한강 유역을 순수(巡狩)한 것을 기념하여 북한산 순수비를 건립하였다.
② 진성 여왕 재위 기간에는 사벌주(상주)에서 원종과 애노의 난이 발생하였다.
③ 선덕 여왕 재위 기간에는 백제의 장군인 윤충의 공격으로 대야성을 빼앗겼다.

정답: ④

8. 여운형

키워드

조선 총독부 엔도 정무총감을 만나 다섯 가지의 요구 사항을 제시함 ▶ (가) 여운형

정답 설명

② 여운형은 김규식과 좌·우 합작 위원회를 조직하는 등 좌·우 합작을 주도하다가 극우 세력에 의해 암살되었다.

오답 설명

① 안재홍은 우리나라 고대사와 관련된 여러 논문을 모아 『조선상고사감』을 저술하였다.
③ 여운형은 반민족 행위 특별 조사 위원회에서 활동하지 않았다.
④ 이승만은 전라북도 정읍에서 무기 휴회된 제1차 미·소 공동 위원회가 재개될 기색도 보이지 않으니 남한만이라도 먼저 정부를 수립할 것을 주장하였다.

정답: ②

※ 개념 플러스 - 여운형의 주요 활동

1918년	신한청년당 조직
1933년	조선중앙일보 사장 취임
1944년	조선 건국 동맹 조직
1945년	- 조선 건국 준비 위원회 조직 - 조선 인민당 결성
1946년	좌·우 합작 위원회 조직

9. 독립신문

키워드

한글로 써서 남녀 상하 귀천에 모두 보게 함, 한쪽에 영문으로 기록함 ▶ 독립신문

정답 설명

③ 독립신문은 서재필 등이 정부의 지원을 받아 창간한 신문으로, 한글판뿐만 아니라 영문판으로도 간행되어 국내의 사정을 외국인에게 전하였다.

오답 설명

① 한성주보는 우리나라 신문 중 처음으로 상업 광고를 실었다.
② 만세보는 천도교의 기관지로 발행되었다.
④ 황성신문은 주필 장지연이 을사늑약을 비판한 '시일야방성대곡'을 게재하여 정간을 당하기도 하였다.

정답: ③

10. 천주교 박해 과정

키워드

(가) 김대건을 효수함 ▶ 병오박해(1846)

(나) 죄수 윤지충과 권상연을 사형에 처함 ▶ 신해박해(1791)

(다) 남종삼을 참형에 처해야 함, 베르뇌 등의 서양인을 효수 ▶ 병인박해(1866)

정답 설명

③ 순서대로 바르게 나열하면 (나) 신해박해 → (가) 병오박해 → (다) 병인박해이다.

(가) 헌종 때인 1846년에 우리나라 최초의 신부인 김대건이 순교하였다(**병오박해**).

(나) 정조 때인 1791년에 전라도 진산에서 천주교 신자인 윤지충이 모친상을 당하였을 때 전통적인 유교 방식으로 치르지 않고 신주를 불태웠다는 소식이 알려지면서 윤지충과 그를 옹호한 권상연이 순교하였다(**신해박해**).

(다) 고종 때인 1866년에 프랑스 선교사 베르뇌와 천주교 신자인 남종삼 등이 순교하였다(**병인박해**).

정답: ③

※ 개념 플러스 – 천주교 박해 과정

신해박해 (정조, 1791)	모친상에서 신주를 불사르고 천주교식으로 장례를 치룬 윤지충과 그를 옹호한 권상연 처형
신유박해 (순조, 1801)	- 중국인 신부 주문모와 이승훈 등 처형 - 정약용, 정약전 등을 유배형에 처함
기해박해 (헌종, 1839)	정하상(정약용의 조카) 처형
병오박해 (헌종, 1846)	우리나라 최초의 신부인 김대건 순교
병인박해 (고종, 1866)	- 베르뇌 등 프랑스 신부와 남종삼 등 천주교 신자 처형 - 병인양요의 원인이 됨

11. 고국천왕

키워드

매년 봄부터 가을까지 관청의 곡식을 내어 백성에게 빌려주었다가 10월에 상환하게 하는 것을 법규로 정함(진대법) ▶ 고국천왕

정답 설명

② 고국천왕은 순노부, 소노부 등 부족적 성격의 5부를 동·서·남·북·중의 방위를 표시하는 행정적인 성격의 5부로 개편하였다.

오답 설명

① 고국원왕은 평양성을 공격한 백제 근초고왕의 침입으로 전사하였다.
③ 광개토 대왕은 신라에 침입한 왜군을 낙동강 유역에서 물리쳤다.
④ 소수림왕은 전진에서 불교를 수용하여 사상적 통합을 꾀하였다.

정답: ②

12. 백남운

키워드

우리 조선의 역사적 발전의 전 과정은 세계사적인 일원론적 역사 법칙에 의해 다른 민족과 거의 같은 궤도로 발전 과정을 거쳐옴 ▶ 백남운

정답 설명

④ 백남운은 마르크스 유물 사관을 바탕으로 한국사를 연구하였고, 한국의 역사가 세계의 여러 나라와 마찬가지로 보편적인 법칙에 따라 발전하였다고 강조하며 식민 사관의 정체성론을 비판하였다.

오답 설명

① 신채호는 『조선사연구초』, 『조선상고사』 등을 저술하였다.
② 이병도, 손진태 등은 진단 학회의 발기인으로 활동하였다. 한편, 백남운은 진단 학회의 발기인으로 활동하지 않았다.
③ 박은식은 『한국통사』에서 '나라는 형(形)이고 역사는 신(神)'이라고 주장하였다.

정답: ④

29일 전범위 통합(2) 정답 및 해설

한눈에 보는 정답

| 01 | ④ | 02 | ③ | 03 | ② | 04 | ② | 05 | ④ | 06 | ② |
| 07 | ② | 08 | ② | 09 | ① | 10 | ④ | 11 | ③ | 12 | ② |

1. 『삼국사기』

키워드
사람들이 우리나라의 사실에 이르러서는 잘 알지 못하니 유감임, 일관된 역사를 완성하고 만대에 물려주어야 됨 ▶ 『삼국사기』

정답 설명
④ 『삼국사기』는 고려 인종 때 왕명에 따라 김부식 등이 편찬한 역사서로, 기전체로 서술되어 본기, 지, 열전 등으로 구성되었다.

오답 설명
① 단군 신화는 『삼국유사』, 『제왕운기』 등에 수록되어 있다. 한편, 『삼국사기』에는 단군 신화가 수록되어 있지 않다.
② 『삼국유사』는 원 간섭기인 충렬왕 때 일연이 편찬하였으며 불교사를 중심으로 고대의 민간 설화 등을 수록하였다.
③ 『발해고』는 조선 후기에 유득공이 편찬하였으며, 통일 신라와 발해가 함께 존재한 시기를 남북국 시대로 설정하여 '남북국'이라는 용어를 처음 사용하였다.

정답: ④

2. 의상

키워드
왕(문무왕)이 성을 쌓으려고 하자 이를 만류함
▶ 의상

정답 설명
③ 의상은 『화엄일승법계도』를 지어 모든 존재가 상호 의존적인 관계에 있으면서 서로 조화를 이루고 있다는 화엄 사상을 정리하였다.

오답 설명
① 원효는 누구나 부처님의 가르침을 알 수 있도록 불교 교리를 쉽게 풀어서 지은 무애가를 통해 불교 대중화에 기여하였다.
② 원광은 진평왕의 요청으로 수나라에 군사를 청하는 글(걸사표)을 지어 바쳤다.
④ 자장은 선덕 여왕 때 대국통에 임명되어 승려의 규범과 계율을 주관하였다.

정답: ③

※ 개념 플러스 - 의상

화엄 사상 정립	모든 존재는 상호 의존적 관계에 있으면서 조화를 이루고 있다는 화엄 사상 정립
관음 신앙 제시	현실의 고난에서 구제받고자 하는 관음 신앙 제시
기타	- 당에 유학하여 지엄의 문하에서 화엄학을 배움 - 문무왕이 경주에 성을 쌓으려고 하자 이를 만류함 - 부석사, 낙산사 등 창건 - 『화엄일승법계도』 저술

3. 한국 독립군

키워드
사도하자, 아군이 급습하니 적군이 쓰러져 감(사도하자 전투) ▶ (가) 한국 독립군

정답 설명
② 한국 독립군은 쌍성보 전투에서 일본군을 상대로 승리하였다.

오답 설명

① 조선 혁명군은 조선 혁명당의 산하 부대였다. 한편, 한국 독립군은 한국 독립당의 산하 부대였다.
③ 한국 광복군은 미군과 연계하여 국내 진공 작전을 준비하였다. 국내 진공 작전은 그 직전에 일본이 항복함으로써 실행되지 못하였다.
④ 한국 광복군은 초기에 중국 군사 위원회의 지휘와 간섭을 받았다.

정답: ②

4. 강화도에서 있었던 사실

키워드

몽골의 대군이 침입하자 최이(최우)가 천도를 논의함
▶ (가) 강화도

정답 설명

② 강화도에서는 1876년에 우리나라 최초의 근대적 조약인 강화도 조약이 체결되었다.

오답 설명

① 완도에서는 신라 흥덕왕 때 장보고의 건의에 따라 청해진이 설치되었다.
③ 제주도에서는 남한만의 단독 정부 수립에 반대하는 4·3 사건이 일어났다.
④ 거문도는 영국이 러시아의 남하를 견제하기 위하여 불법 점령하였다.

정답: ②

※ 개념 플러스 - 강화도의 역사

고려 시대	대몽 항전기 고려의 임시 수도
조선 시대	정제두 등이 강화 학파 형성
근대	- 병인양요 때 양헌수가 정족산성에 프랑스군에 승리 - 신미양요 때 어재연이 광성보에서 미군에 항전 - 우리나라 최초의 근대적 조약 체결

5. 1940년대 대한민국 임시 정부의 활동

정답 설명

④ 옳은 것을 모두 고른 것은 ㄷ, ㄹ이다.
ㄷ. 대한민국 임시 정부는 1944년에 주석·부주석 지도 체제를 채택하였다.
ㄹ. 대한민국 임시 정부는 1940년에 일본과의 전쟁에 대비하여 정규군인 한국 광복군을 창설하였다.

오답 설명

ㄱ. 대한민국 임시 정부는 1923년에 독립운동의 방향을 논의하기 위해 국민 대표 회의를 개최하였다.
ㄴ. 대한민국 임시 정부는 침체를 극복하고, 독립운동에 활력을 불어넣고자 1931년 김구의 주도로 한인 애국단을 조직하였다.

정답: ④

6. 광해군 즉위와 효종 즉위 사이의 사실

키워드

광해군 즉위(1608) ▶ (가) ▶ 효종 즉위(1649)

정답 설명

② (가) 시기 이전인 1510년에 부산포, 제포, 염포의 삼포에 거주하던 왜인들이 조선 정부의 무역 통제에 반발하여 난(삼포왜란)을 일으켰다.

오답 설명

① (가) 시기인 1636년에 병자호란이 발생하여 청군이 수도인 한양 근처에 이르렀다는 소식이 전해지자 인조는 남한산성으로 피신하였다.
③ (가) 시기인 1627년에 정묘호란이 발생하자 정봉수가 의병을 일으켜 용골산성에서 후금군에 항전하였다.
④ (가) 시기인 1608년에 광해군은 방납의 폐단을 해결하기 위하여 대동법을 경기도에서 처음 시행하였다.

정답: ②

7. 시기별 대외 교역

정답 설명

② 고려 시대에는 수도인 개경과 가까운 예성강 하구의 벽란도가 국제 무역항으로 번성하였다. 한편, 통일 신라는 수도인 경주와 가까운 울산항이 무역항으로 번성하였다.

오답 설명

① 발해는 담비 가죽과 인삼, 자기 등을 수출하였고, 서적과 비단 등을 수입하였다.
③ 고려 시대에는 송나라 상인뿐만 아니라 대식국인이라 불리는 아라비아 상인까지 왕래하였다.
④ 조선은 국경 지역인 경성과 경원에 무역소를 설치하여 여진과 교역하였다.

정답: ②

8. 대한 자강회

키워드

나라의 독립은 자강의 여하에 달려 있음, 교육과 산업의 발달이 자강의 방도임 ▶ 대한 자강회

정답 설명

② 대한 자강회는 고종이 강제로 퇴위되자 이에 반대하는 운동을 전개하다가 보안법에 의하여 강제로 해산되었다.

오답 설명

① 독립 협회는 고종에게 자주 독립을 굳건히 하고 내정 개혁을 단행하라는 '구국 운동 상소문'을 올렸다.
③ 신민회는 일제가 날조한 105인 사건으로 와해되었다.
④ 독립 협회는 박정양 내각과 협의하여 자문 기관인 중추원의 개편을 통한 의회 설립을 추진하였다.

정답: ②

9. 우리나라의 역대 의서

키워드

(가) ▶ 『향약구급방』(고려 고종, 1236년경)
(나) ▶ 『동의수세보원』(조선 고종, 1894)
(다) ▶ 『향약집성방』(세종, 1433)
(라) ▶ 『마과회통』(정조, 1798)

정답 설명

① 순서대로 바르게 나열하면 (가) 『향약구급방』 → (다) 『향약집성방』 → (라) 『마과회통』 → (나) 『동의수세보원』이다.

(가) 고려 고종 때인 1236년경에 현존하는 우리나라 최고(最古)의 의서인 『향약구급방』이 편찬되었다 (『**향약구급방**』).

(나) 조선 고종 때인 1894년에 이제마가 사람의 체질을 4가지(태양인, 소양인, 태음인, 소음인)로 나누고, 해당 체질에 맞는 치료법을 수록한 『동의수세보원』을 편찬하였다(『**동의수세보원**』).

(다) 세종 때인 1433년에 우리 풍토에 알맞은 약재와 치료 방법 등을 정리한 의서인 『향약집성방』이 편찬되었다(『**향약집성방**』).

(라) 정조 때인 1798년에 정약용이 홍역(마진)의 증상과 치료법을 수록한 『마과회통』을 편찬하였다(『**마과회통**』).

정답: ①

※ 개념 플러스 - 우리나라의 주요 의서

『향약구급방』	현존하는 우리나라 최고(最古)의 의서
『향약집성방』	우리 풍토에 맞는 약재와 치료 방법 정리
『의방유취』	중국과 우리나라의 최신 의학 이론을 집대성한 의학 백과사전
『동의보감』	허준이 우리나라의 전통 한의학을 체계적으로 정리
『마과회통』	정약용이 홍역(마진)의 증상과 치료법 수록
『동의수세보원』	이제마가 사람의 체질에 맞는 치료법 수록

10. 고이왕 재위 기간의 사실

키워드

내신좌평, 내두좌평, 병관좌평 등을 둠 ▶ 고이왕

정답 설명

④ 고이왕은 목지국을 몰아내어 한강 유역을 장악하고 한 군현과 대립하였다.

오답 설명

① 성왕 재위 기간에는 신라 진흥왕의 공격으로 한강 하류 지역을 상실하면서 나·제 동맹이 결렬되었다.
② 성왕 재위 기간에는 국호를 남부여로 변경하였다.
③ 근초고왕 재위 기간에는 고구려의 평양성을 공격하였다.

정답: ④

11. 팔만대장경

키워드

부처의 힘으로 몽골군의 침입을 물리치고자 하는 염원에 판각, 해인사 장경판전에서 보관 ▶ (가) 팔만대장경

정답 설명

③ 팔만대장경은 고려 시대에 몽골의 침입으로 대구 부인사에 보관되어 있던 초조대장경이 소실되자 부처의 힘으로 몽골군을 물리치고자 하는 염원에서 판각되었다. 다시 대장경을 판각하였기 때문에 '재조대장경'이라고도 불리며 현재는 경상남도 합천 해인사 장경판전에서 보관하고 있다.

오답 설명

① 교장은 고려 시대의 승려인 의천이 대장경에 대하여 해석한 장소(章疏)를 수집하여 목록을 정리한 불교 주석서로, 속장경으로 잘못 알려지기도 하였다.
② 초조대장경은 부처의 힘으로 거란의 침입을 물리치기 위하여 판각한 우리나라 최초의 대장경이다.

④ 무구정광대다라니경은 통일 신라 시대인 8세기 초에 간행된 현존하는 세계 최고(最古)의 목판 인쇄본으로, 경주 불국사 석가탑을 보수하는 과정에서 발견되었다.

정답: ③

12. 박정희가 집권한 시기의 사실

키워드

제3공화국의 대통령으로 취임, 경제 개발 5개년 계획의 추진 ▶ 박정희

정답 설명

② 박정희 정부 시기인 1965년에 한국과 일본은 국교를 정상화하는 한·일 기본 조약을 체결하였다.

오답 설명

① 김영삼 정부 시기에는 금융 기관과 거래할 때 본인의 실명으로 거래해야 하는 제도인 금융 실명제를 실시하였다.
③ 이승만 정부 시기에는 장준하의 주도로 잡지 『사상계』가 창간되었다.
④ 김대중 정부 시기에는 분단 이후 최초로 남북 정상 회담을 개최하고, 6·15 남북 공동 선언을 발표하였다.

정답: ②

30일 전범위 통합(3) 정답 및 해설

한눈에 보는 정답

01	③	02	③	03	④	04	①	05	④	06	①
07	②	08	②	09	④	10	④	11	③	12	①

1. 우리나라의 문화유산

정답 설명

③ 황해도 사리원의 성불사 응진전은 대표적인 고려 시대의 다포 양식의 건물이다. 한편, 고려 시대 주심포 양식의 대표적인 건물은 안동 봉정사 극락전, 영주 부석사 무량수전, 예산 수덕사 대웅전이 있다.

오답 설명

① 김제 금산사 미륵전은 조선 후기의 대표적인 불교 건축물로, 다층 건물이나 내부가 하나로 통하는 구조이다.
② 여주 고달사지 승탑은 고려 시대의 승탑으로, 통일 신라의 팔각원당형 양식을 계승하였다.
④ 『직지심체요절』은 고려 우왕 때인 1377년 청주 흥덕사에서 간행되었으며, 세계에서 현존하는 가장 오래된 금속 활자본이다.

정답: ③

2. 제1차 왕자의 난과 이종무의 대마도 정벌 사이의 사실

키워드

(가) 정도전, 남은 등이 여러 왕자를 해치려다 성공하지 못하고 참형을 당함 ▶ **제1차 왕자의 난(태조, 1398)**

(나) 이종무 등으로 대마도에 나가 적이 돌아오기를 치게 함, 상왕(태종)이 그렇게 여김 ▶ **이종무의 대마도 정벌(세종, 1419)**

정답 설명

③ (가)와 (나) 사이 시기인 1413년에 태종은 16세 이상의 양인 남자에게 오늘날의 신분증과 같은 호패를 차고 다니도록 한 제도인 호패법을 처음 시행하였다.

오답 설명

① (나) 시기 이후인 1434년에 세종은 경자자가 가늘고 빽빽하여 보기가 어려워지자 주자소에서 갑인자를 주조하였다.
② (가) 시기 이전인 1391년에 경기 지방에 한정하여 전·현직 관리에게 수조권을 지급한 과전법이 공포되었다.
④ (나) 시기 이후인 1493년에 성종은 음악의 원리, 악기, 악보 등을 정리한 『악학궤범』을 편찬하였다.

정답: ③

3. 최승로

키워드

왕(성종)이 신하의 진언을 요구하자 5대 조정에서 정치와 교화가 잘되었거나 잘못된 사적을 기록하여 조목별로 아룀(「5조 정적평」) ▶ **최승로**

정답 설명

④ 최승로는 유교 사상을 치국의 근본으로 삼아 고려 성종에게 시무 28조의 개혁안을 올렸다.

오답 설명

① 최충은 고려 문종 때 벼슬에서 물러난 후 사립 교육 기관인 9재 학당을 설립하여 유교 경전인 9경과 역사서인 3사를 중심으로 후진을 양성하였다.
② 정도전은 성리학의 입장에서 『불씨잡변』을 지어 불교를 비판하였다.
③ 정몽주는 성리학의 내용을 연구하고, 깊이 이해하고 있어 스승인 이색으로부터 '동방 이학(理學)의 조(祖)'라고 불렸다.

정답: ④

4. 근대 교육 기관

정답 설명

① 옳은 것을 모두 고른 것은 ㄱ, ㄴ이다.

ㄱ. 동문학은 정부가 1883년에 설립한 외국어 교육 기관으로 통역관을 양성하였다.
ㄴ. 원산 학사는 1883년에 관민이 합심하여 원산에 세운 우리나라 최초의 근대식 사립 학교이다.

오답 설명

ㄷ. 육영 공원은 1886년에 설립된 우리나라 최초의 근대식 관립 학교로 1894년에 폐교되었으며, 1924년 일제에 의해 설립된 경성 제국 대학으로 계승되지 않았다.
ㄹ. 한성 사범학교는 교원 양성을 목적으로 설립한 사범학교이다. 한편, 경신 학교는 선교사 언더우드가 1886년에 설립한 중등 과정의 사립 학교이다.

정답: ①

5. 6월 민주 항쟁

키워드

꽃다운 젊은이(박종철)를 야만적인 고문으로 죽임, 현 정권(전두환 정부)에게 국민의 분노가 무엇인지 보여줌, 4·13 폭거를 철회시키기 위한 민주 장정을 시작함
▶ 6월 민주 항쟁

정답 설명

④ 6월 민주 항쟁은 호헌 철폐, 독재 타도, 직선제 개헌 쟁취를 요구하였고, 5년 단임의 대통령 직선제 개헌(9차 개헌)이 이루어지는 계기가 되었다.

오답 설명

① 5·18 민주화 운동은 계엄령 철폐와 김대중 석방 등을 요구하였다.
② 5·18 민주화 운동은 전개 과정에서 계엄군의 잔혹한 진압에 맞서 시민군이 자발적으로 조직되었다.
③ 4·19 혁명은 전개 과정에서 대학 교수단이 이승만 대통령의 퇴진을 요구하며 시위행진을 벌였다.

정답: ④

※ 개념 플러스 - 6월 민주 항쟁

배경	국민들의 대통령 직선제 개헌 요구, 민주화에 대한 열망 고조
전개	박종철 고문치사 사건 → 전두환 정부의 4·13 호헌 조치 발표(현행 헌법 유지) → 이한열의 희생 → 6·10 국민 대회 등 반대 시위 전개(호헌 철폐 및 민주 헌법 쟁취 요구)
결과	민주 정의당 대표인 노태우가 대통령 직선제 개헌을 수용하는 6·29 민주화 선언 발표 → 9차 개헌(5년 단임의 대통령 직선제)

6. 박제가

키워드

생산할 줄 모르니 백성은 나날이 궁핍해짐, 『북학의』
▶ 박제가

정답 설명

① 박제가는 서얼 출신으로, 정조 때 규장각 검서관으로 활동하였다.

오답 설명

② 최한기는 세계 지리서인 『지구전요』를 저술하였다.
③ 정제두 등은 양명학을 연구하여 강화도에서 강화학파를 형성하였다.
④ 유형원은 『반계수록』에서 신분에 따라 차등 있게 토지를 분배하는 균전론을 주장하였다.

정답: ①

7. 을미사변이 발생한 시기

키워드

일본 자객들은 왕후 폐하(명성 황후)를 찾아내고 칼로 범함 ▶ 을미사변(1895)

(가) 임오군란(1882) ~ 갑오개혁(1894)
(나) 갑오개혁(1894) ~ 아관 파천(1896)
(다) 아관 파천(1896) ~ 을사늑약(1905)
(라) 을사늑약(1905) ~ 경술국치(1910)

> 정답 설명

② (나) 시기인 1895년에 삼국 간섭으로 동아시아에서 러시아의 영향력이 강화되면서 고종은 러시아의 힘을 이용하여 일본을 견제하고자 하였다. 이 과정에서 조선에서 일본의 영향력이 약화되자 일본 공사 미우라 등은 친러 정책을 주도하던 명성 황후를 시해하는 만행을 저질렀다(을미사변).

정답: ②

8. 유네스코 세계 기록유산

> 정답 설명

② 옳은 것을 모두 고른 것은 ㄱ, ㄹ이다.

ㄱ. 『일성록』은 정조가 세손 시절부터 쓰던 개인 일기인 존현각 일기에서 시작되어 1910년 8월까지 국왕의 동정과 국정의 주요 내용을 담은 기록으로 2011년에 유네스코 세계 기록유산으로 등재되었다.

ㄹ. 『동학 농민 혁명 기록물』은 동학 농민군이 작성한 문서, 정부 보고서, 개인 문집, 각종 임명장 등 동학 농민 혁명 관련 기록물로 2023년에 유네스코 세계 기록유산으로 등재되었다.

> 오답 설명

ㄴ. 『비변사등록』은 국방과 군사에 관한 기밀뿐만 아니라 국정 전반을 총괄하였던 기관인 비변사에서 논의·결정된 사항을 기록한 자료이지만 유네스코 세계 기록유산으로 등재되지 않았다.

ㄷ. 『상정고금예문』은 고려 인종 때 최윤의 등이 지은 의례서로, 고려 고종 때 몽골의 침입에 대항하기 위하여 강화도로 천도할 당시, 예관이 가지고 오지 못하자 최우가 보관하던 것을 1234년에 금속 활자로 인쇄하였다는 기록이 남아 있지만 현존하지는 않으며 유네스코 세계 기록유산으로 등재되지 않았다.

정답: ②

9. 근초고왕과 진흥왕의 업적

> 키워드

(가) 고흥이 『서기』를 편찬함 ▶ 근초고왕

(나) 거칠부가 『국사』를 편찬함 ▶ 진흥왕

> 정답 설명

④ 신라의 진흥왕은 후기 가야 연맹을 주도한 대가야를 정복하였으며, 함경도 지역까지 진출하였다.

> 오답 설명

① 백제의 침류왕은 동진으로부터 불교를 수용하여 공인하였다.
② 신라의 지증왕은 왕호를 마립간에서 왕으로 바꾸었다.
③ 백제의 문주왕은 수도를 한성에서 웅진(공주)으로 옮겼다.

정답: ④

※ 개념 플러스 - 근초고왕과 진흥왕의 업적

근초고왕	- 고구려의 평양성 공격 - 부자 상속제 확립 - 역사서인 『서기』 편찬
진흥왕	- 한강 유역 장악 - 대가야 정복 - 화랑도를 국가적인 조직으로 개편 - 역사서인 『국사』 편찬 - 황룡사 건립

10. 3·1 운동 이후에 전개된 사실

> 키워드

파고다 공원에 모인 학생들이 독립 만세를 외침, 붕어하신 고종에게 조의를 표함 ▶ 3·1 운동(1919)

> 정답 설명

④ 1911년에 보통학교 수업 연한을 4년으로 정한 제1차 조선 교육령이 공포되었다.

오답 설명

① 1937년에 일제가 중국 대륙을 공격하여 중·일 전쟁을 일으켰다.
② 1929년에 일본인 남학생이 한국인 여학생을 희롱한 사건을 계기로 발생한 한국인 학생과 일본인 학생의 충돌에서 비롯되어 광주 학생 항일 운동이 전개되었다.
③ 1923년에 이상재, 이승훈 등을 중심으로 민립 대학 설립을 위한 조선 민립 대학 기성회가 창립되었다.

정답: ④

11. 우리나라의 역대 반란

키워드

(가) 임어을운이 철퇴로 김종서를 쳐서 쓰러뜨림, 김종서 부자와 황보인 등을 모두 저자에 효수함 ▶ **계유정난(조선 단종, 1453)**

(나) 도적이 나라의 서남쪽에서 일어남, 바지를 붉은 색으로 입어 적고적이라 부름 ▶ **적고적의 난(통일 신라 진성 여왕, 896)**

(다) 평서대원수는 격문을 띄움 ▶ **홍경래의 난(조선 순조, 1811)**

정답 설명

③ 순서대로 바르게 나열하면 (나) 적고적의 난 → (가) 계유정난 → (다) 홍경래의 난이다.

(가) 조선 단종 때인 1453년에 세종의 둘째 아들인 수양 대군(세조)은 나이 어린 조카인 단종을 보좌하던 영의정 황보인, 좌의정 김종서 등을 제거하고 정권을 장악하였다(**계유정난**).

(나) 통일 신라 진성 여왕 때인 896년에 붉은 바지를 입은 도적인 적고적이 난을 일으켜 수도인 경주의 서부인 모량리까지 와서 민가를 노략질하였다(**적고적의 난**).

(다) 조선 순조 때인 1811년에 평안도에 대한 차별 정책과 지배층의 수탈에 항거하여 몰락 양반인 홍경래가 주도하여 난을 일으켰다(**홍경래의 난**).

정답: ③

12. 서울의 유적지

정답 설명

① 서울 송파구에 위치한 삼전도비(대청황제공덕비)는 병자호란 때 삼전도에서 인조의 항복을 받은 청나라 태종의 요구에 따라 그의 공덕을 적은 비석이다.

오답 설명

② 서울 종로구에 위치한 우정총국은 우리나라 최초의 우편 업무 관청으로, 개국 축하연을 계기로 갑신정변이 발생하였다.
③ 서울 강동구에 위치한 암사동 유적은 신석기 시대의 대표적인 유적지로, 빗살무늬 토기, 그물추, 집터 등이 출토되었다.
④ 서울 송파구에 위치한 석촌동 고분군은 백제가 한성을 도읍으로 삼은 시기에 조성된 돌무지무덤으로, 백제 건국 세력이 고구려계 이주민임을 입증하는 고고학적 증거이다.

정답: ①